Cómo educar Niños más Listos, Sanos y Felices

Las 10 habilidades que marcan la diferencia

Amat Editorial
Comte Borrell, 241
08029 - Barcelona
Tel. 93 410 67 67
Fax 93 410 96 45
e-mail: info.amat@gestion2000.com

Cómo educar Niños más Listos, Sanos y Felices

Las 10 habilidades que marcan la diferencia

Dr. Ron Taffel,
Melinda Blau

Amat
editorial

Título original: *Nurturing Good Children Now*
Autor: Dr. Ron Taffel con Melinda Blau
© The Berkeley Publishing Group, New York 1999
© para la edición en lengua castellana: Gestión 2000, S.A. Barcelona, 2001
Traducción: Denise Despeireoux
Diseño de cubierta: Jordi Xicart
ISBN: 84-8088-465-7
Dep. legal: B-4477-2001
Primera edición: Febrero 2001
Fotocomposición: Pàgina 98
Impreso por Talleres Gráficos Vigor, S.A. (Barcelona)
Impreso en España - *Printed in Spain*

A Stacey, quien cultiva la Luz

RT

A Jennifer y a Jeremy, quienes tienen Alma y Corazón

MB

Agradecimientos

Durante más de dos décadas he visto en mi experiencia clínica a personas que pasan por la vida sin llegar nunca a conocerse profundamente. Esto es especialmente cierto en el caso de la mayoría de padres con los que trabajo, cuya máxima preocupación es responder a su responsabilidad para con los demás. Mi esposa, Stacey, y yo, no somos diferentes. Nuestra vida está principalmente dedicada a educar a nuestros hijos, Leah y Sammy, de la mejor manera posible. Rara vez hacemos una pausa lo suficientemente larga para reconocer nuestro esfuerzo.

Este libro trata sobre el arte de desarrollar la esencia interior del niño, una labor que no puede hacerse si las madres y los padres no tienen una idea positiva de sí mismos. Si no nos sentimos orgullosos de nosotros mismos, nuestros hijos encontrarán más difícil sentirse orgullosos de los esfuerzos que hacen por convertirse en seres humanos buenos y fuertes.

Así que, antes de seguir adelante de la manera acostumbrada, voy a invertir por completo la tradición educativa y literaria: Me gustaría primero felicitarme a mí mismo.

Concretamente porque lo que encontrarán en este libro representa veinticinco años de estar al servicio de los pacientes, incluso sobrepasando mi responsabilidad; muchas veces me preocupaba tanto como las mismas familias. Siempre intentando no defraudarlos y aprendiendo de mis propios errores.

Y algo igual de importante, pero mucho menos evidente: el constante esfuerzo que hice para no desatender a mis hijos, ni siquiera en cuestiones mínimas, mientras escribía este libro. Casi todos sabemos lo difícil que es terminar un trabajo duro sin que los niños paguen un precio terrible. En un proyecto que versa sobre la educación, perder esa posibilidad sería muy duro:

decir a los demás cómo vivir mejor con sus familias mientras generamos conflictos en la propia.

Al igual que la mayoría de nosotros, no siempre he resultado ganador; ha habido, de hecho, demasiados fines de semana en los que mi capacidad de concentración se vio irremediablemente dividida. Pero no sucedió con frecuencia, y de ello estoy orgulloso.

Me gustaría también destacar una de las razones de fondo por las que he tenido tanto éxito con los niños. Yo fui un niño difícil. Cuando digo esto quiero decir obstinado, irritable, y demasiado temeroso. Muchos de sus hijos tampoco son fáciles. Debido a mis propias vivencias es casi imposible para mí tener actitud de juez hacia las experiencias que comparten padres e hijos. Creo que esta vulnerabilidad mía se nota. Sé lo que es dudar de mí mismo y preocuparme y, sin embargo, a pesar de todo, sigo luchando, igual que ustedes.

*   *   *

Tras estas aclaraciones, quiero hacer un reconocimiento a quien me dio la inspiración y gran parte del enfoque de este libro sobre el fortalecimiento de la esencia interior: mi esposa, Stacey, que cuando mira a nuestros hijos tiene la misteriosa habilidad de poder ver lo mejor de ellos. Observándola durante todos estos años, he llegado a entender hasta qué punto puede ser transformadora esta mirada amorosa. Hasta el momento, Leah y Sammy son niños amables que cuidan de sí mismos y de los demás. Amar a alguien que encarna los valores en que uno cree es de enorme ayuda. Gracias, Stacey.

Lo mismo tengo que agradecer a algunos de mis viejos amigos, especialmente a Robert Gaines, psicólogo clínico y colega durante casi treinta años. Varias veces durante el proceso de redacción, Robbie me ayudó con generosidad. Esto fue especialmente notorio cuando tuvimos que escoger un colegio para nuestro hijo menor, Sammy. Por sus esfuerzos, le estaré eternamente agradecido.

Nancy Ruben y Peter Selwyn también estuvieron conmigo cuando los necesité. La mayoría de los escritores que conozco pasan por impredecibles rachas de analfabetismo. Peter y Nancy siempre estaban disponibles, exactamente de la forma en que los necesitaba, cuando me sentía con la mente cerrada. Amigos que responden con respeto y generosidad, eso es lo que todos necesitamos.

*   *   *

Ahora quiero referirme al propio libro y a mi coautora, Melinda Blau. Melinda, por si aún no lo saben, es una escritora de enorme talento. Pero tras diez años de colaboración, es para mí mucho más que una periodista con talento. Nuestra relación de trabajo es notablemente fluida. Con Melinda, me siento como una de esas afortunadas estrellas tan felices como para decir: «No puedo creer que me gane la vida haciendo algo que me gusta tanto». Esa es la sensación que produce trabajar con Melinda.

Quiero mostrar mi agradecimiento también a mi asistente, Sue Marantz, ahora, por todas las veces que no lo hice durante el proceso de trabajo. Tiene más paciencia y determinación de lo que ella cree. Debo reconocer, además, que para poder trabajar conmigo tuvo que aprender un nuevo lenguaje. En esta época en que la calidad de las impresoras es perfecta, todavía me las arreglo para convertir una página limpia en un jeroglífico.

Está también Laura Yorke, mi agresiva editora, que siendo alguien de gran ferocidad intelectual, es además una persona sinceramente tierna. Buenos escritores, tomen nota, si tienen la suerte de dar con Laura, han encontrado una de las personas más inteligentes y vitales que quedan en el mundo de la edición. Como una arqueóloga talentosa, reconoce de inmediato el material valioso oculto tras las primeras páginas de un libro. Además, Laura es capaz de transformar la difícil tarea de la edición en una experiencia divertida.

Mi reconocimiento también para Lara Asher, editora asistente. Su inteligente alegría es el verdadero oro de la empresa (*Golden Books Family Entertainment*). Ella supo controlar los pequeños detalles que convierten un libro en un éxito o un fracaso.

Por último, Harriet Lerner, visionaria y práctica, que apareció un día como por arte de magia desde lo profundo del corazón del país. A pesar de que el éxito de *The Motherdance* no le dejaba tiempo para nada, nos echó una mano durante las etapas finales del manuscrito. Harriet sabe reconocer qué es lo importante. Y sabe especialmente cómo comunicarlo, sin rodeos.

*   *   *

Un libro de este alcance necesita años de preparación. Por el camino, hubo varias personas que pusieron su sello particular sobre mí y sobre el proceso. Mis agentes literarios, Barbara Lowenstein y Eileen Cope, compensaron mi ignorancia en el negocio editorial. Gracias también a Peter Guzzardi y a Isabel Geffner. Desde el comienzo del proyecto su saludable valor me dio la fortaleza necesaria para presentar esta idea.

Están, además, aquellas personas que sin saberlo me ayudaron a construir una base sólida y profunda para mi proceso creativo. Los atributos esenciales de cada capítulo de este libro me fueron enseñados por mis amigos de toda la vida: Martin David, Steven Goldstein, Marc Gordon, Martin Haber, Ron Heller, Martin Rock y Kenneth Wolpin. ¿Cuántos hombres hoy en día se esfuerzan por mantener las amistades de la infancia, desarrollando una red de apoyo que, de hecho, se hace más fuerte con el paso de los años?

Finalmente, toda persona que trabaja en profesiones orientadas a la ayuda, lleva oculta en algún lugar, incluso durante los contactos más impersonales, la presencia de unos padres que están vivos o el poderoso fantasma de uno de ellos. Los míos fallecieron hace muchos años. Pero sin duda se habrían sentido muy orgullosos de este libro. En las sinceras descripciones de la vida familiar que encontrarán en estas páginas, mis padres también se habrían visto reflejados: seres imperfectos luchando siempre por mantener intacta su bondad esencial.

Mis hijos y mis padres no llegaron a conocerse, pero cuando miro a Leah y a Sammy, el pasado y el presente convergen. En sus caras jóvenes y luminosas, veo la misma esperanza que mis padres debieron haber visto en la mía.

Este libro es un reconocimiento a esa promesa implícita entre padres e hijos. Es la promesa de hacer las cosas lo mejor posible; de esforzarnos hasta que simplemente ya no queden fuerzas. Para que, un día, nuestros hijos hayan aprendido cómo ser fieles a sus esperanzas y cómo hacer realidad sus propios sueños.

Dr. Ron Taffel
New York City

No tengo palabras —triste destino para un escritor— a la hora de describir la colaboración que mantengo con Ron Taffel. Nos completamos las frases el uno al otro, nos reímos de nuestros chistes, y compartimos los momentos altos y bajos de nuestras vidas. Somos más que colaboradores y más que amigos y nuestros libros son, verdaderamente, obras de amor. Que su esposa, Stacey, me permita referirme a mí misma, en plan de broma, como a su «segunda esposa», que Leah y yo compartamos el gusto por ciertos programas de televisión y que conversemos extensamente sobre sus argumentos, que incluso Sammy esté aprendiendo quién soy, ha servido sólo para enriquecer el vínculo que hay entre Ron y yo. Me siento bendecida por tenerlos a todos en mi vida.

Me siento igualmente agradecida de poder trabajar una vez más con Laura Yorke. Además de ser una excelente editora se ha convertido en una amiga. Su asistente, Lara Asher, es inteligente, entusiasta y eficiente. También quiero expresar mi agradecimiento a Ellen Lefcourt por su aguda mirada editorial: ha hecho realidad mi sueño. Y siempre me siento agradecida de tener a Barbara Lowenstein y a Eileen Cope a mi lado, dándome agudos consejos, una dosis de realismo y muchas ganas de reír.

Finalmente, quiero mostrar mi agradecimiento a mis hijos, Jennifer y Jeremy, quienes me llenan de orgullo. Sin ellos, seguramente no tendría ni el discernimiento ni la comprensión que tengo en asuntos educativos. Ahora tienen veintinueve y veintiséis años y ya no necesitan mi atención diaria, pero siempre tienen mi afecto y mi aprecio, especialmente cuando escuchan mi voz distraída por el teléfono y se dan cuenta al instante: Mamá tiene que entregar un trabajo. A ambos les debo, por este libro, muchos brownies.

Melinda Blau
Northampton, Massachusetts

Índice

Introducción
Es hora de recuperar a nuestros hijos

«Cada persona alberga algo único que pide ser vivido y que ya está presente antes de que pueda ser vivido.»

—James Hillman, *The Soul's Code* (El código del alma)

Su hijo y la segunda familia

«¿Cómo puedo proteger la bondad de mi hijo de cinco años en un mundo como éste?» preguntaba una madre que asistía a uno de mis talleres. Su sencilla pregunta captó de inmediato la atención de todo el mundo. Fue un momento intenso de preocupación compartida. Entre los más de trescientos padres que había en la sala, algunos se aclaraban la garganta y miraban nerviosos a su alrededor; otros asentían en señal de aprobación. Podía sentir la ansiedad colectiva. Entonces, uno por uno, madres y padres se expresaron, y todos manifestaban preocupaciones semejantes: en una época tan conflictiva como la nuestra, ¿cómo podemos conseguir que nuestros hijos se conviertan en niños buenos y firmes, capaces de prosperar en el mundo?

Éste ha sido un tema recurrente en casi todos los talleres para padres que he dirigido. Incluso los padres de niños muy pequeños temen que sus habilidades y su autoridad sean cuestionadas debido a influencias culturales externas a la familia. Antes, las madres y los padres se preocupaban exclusivamente de cuál era la mejor manera de educar a sus hijos. Hoy en día, con frecuencia formulan una pregunta que refleja una preocupación adicional:

«¿Cómo puedo mantener la bondad de mi hijo y protegerle de lo que sucede en el mundo?»

Los padres tienen derecho a preocuparse por estas cuestiones. Es verdad que estamos viviendo en un mundo poco seguro, donde la vida familiar es vulnerable y la educación de los hijos se encuentra más afectada que nunca por influencias sociales. Debido a la proliferación de los medios de comunicación, el fácil acceso a los ordenadores y a Internet, los niños se relacionan fácilmente con una cultura impulsada por lo comercial y se comunican entre sí por la vía informática. No todas las consecuencias son negativas: en muchos niños de hoy percibo una mayor independencia y capacidad de adaptación. Sin embargo, desde el momento en que los niños aprenden a relacionarse de esta forma, las influencias que reciben inciden sobre su carácter y su relación con nosotros. He dado un nombre a estas fuerzas: la segunda familia. Ésta es una fusión casi invisible entre la cultura moderna y las amistades del niño.

La segunda familia no debe confundirse con la familia extensa formada por parientes, amigos, y otros adultos cercanos bien intencionados y deseosos de ayudarnos en la educación de nuestros hijos. Utilizo el término «segunda *familia*» para destacar la importancia de esas influencias sobre nuestros hijos. Veamos algunos ejemplos de ellas:

- Un niño de dos años camina distraídamente cantando «*Have it your way*» (Que sea como tú quieres), el estribillo publicitario de Burger King, mientras su hermana de cuatro años hace campaña en pro de unos zapatos deportivos de marca.

- La madre de un niño de tres años, experto a la hora de la negociación, se pregunta dónde aprendió su hijo la expresión «los padres no son justos».

- Un niño de cinco años grita enfadado «¡Cállate!» cuando su padre le dice que es hora de irse del parque. El padre no puede menos que recordar su propia infancia, cuando no se le habría ocurrido utilizar ni esas palabras ni ese tono hacia su padre.

- Un niño de seis años grita con frustración «Simplemente no me entiendes» a su confundida madre, quien no esperaba ese tipo de quejas hasta la adolescencia.

- Una niña de siete años está obsesionada por ser «popular» en su clase y se preocupa por ser percibida como «fuera de onda».

- Una niña de ocho años ostenta un ademán de aburrimiento cuando está con adultos; prefiere estar con sus amigos o en su habitación, enchufada a la televisión o a un estimulante juego de ordenador.

A medida que los niños crecen, situaciones como las anteriores son cada vez más frecuentes. Los padres, percibiendo las limitaciones de su propio poder, se dan cuenta del creciente impacto de la segunda familia sobre los valores de sus hijos. Se sienten abrumados por los personajes de moda y por los famosos de quienes hablan sus hijos y a quienes imitan en la ropa que usan, en las letras de canciones que repiten y en las frases ingeniosas de la televisión que adoptan como propias.

Debo hacer énfasis en que no se trata de un fenómeno de la adolescencia. Ya en la guardería empieza a notarse el poder que la segunda familia tiene sobre el emergente carácter de los niños. Desde que empiezan a ver la televisión y a jugar en el parque con otros niños, la segunda familia está tratando de competir por lo que yo llamo su «esencia», el interior de los niños. En la adolescencia ya es tarde para empezar a preocuparse; las dificultades de esa época no se desarrollan de la noche a la mañana. Debemos anticiparnos al efecto de la segunda familia y empezar a fortalecer el interior de nuestros hijos desde que son pequeños.

En su best-seller *Cómo ayudar a su hija adolescente* (Amat Editorial), Mary Pipher habló del efecto de esta contaminación cultural sobre las niñas adolescentes. En su libro posterior *In the Shelter of Each Other* (En el refugio mutuo), ella sugiere, como lo hago yo, que el problema afecta por igual a ambos géneros. Aclaro aquí que incluso los niños más pequeños están en situación de riesgo. Desde la más temprana edad, la segunda familia amenaza con perjudicar la esencia interior de su hijo.

Algunos padres perciben este fenómeno, pero no saben exactamente qué hacer. Puede que se culpen a sí mismos o a sus hijos. Tal vez la vida familiar no es como debería ser, horarios apretados, largas horas de trabajo, disciplina poco consistente. Pero no son muchos los padres que se dan cuenta de hasta qué punto las influencias externas afectan las relaciones con sus hijos. Por otra parte, muchos padres y madres que sí identifican el problema se sienten impotentes para combatir a la segunda familia. Se sienten solos tratando de aferrarse a sus hijos en medio de una corriente en contra que los arrastra y los aleja. En palabras de una desesperada madre que participó en los seminarios: «Es como si estuviera sola contra toda la cultura moderna».

Cada vez con mayor frecuencia, terapeutas acostumbrados a trabajar con las familias en el hogar cuando un niño tiene problemas, están intentando ayudar a los padres a tener mayor conciencia del impacto de la segunda familia. De hecho, el artículo donde presenté el concepto de segunda familia, que apareció en el *Family Therapy Networker* («*The Second Family*», Mayo-Junio 1996) suscitó más atención por parte de terapeutas, consejeros, profesores y clérigos que ningún otro artículo que yo haya escrito para audiencias profesionales. El artículo puso el dedo en la llaga, porque muchos de mis colegas en el campo de la educación y de la salud mental estaban empezando notar que las intervenciones acostumbradas ya no funcionaban. También ellos estaban buscando respuestas.

¿Qué deben hacer los padres? o mejor aún, ¿qué debe hacer una sociedad? ¿Cómo podemos intervenir efectivamente y pronto? ¿Cómo educar hijos, buenos hijos, que se sientan apegados a nosotros y que tengan una personalidad fuerte que les permita no sucumbir ante esa segunda familia? Las respuestas tienen que ver con un cambio radical en la manera de enfocar los asuntos de nuestros hijos y de apoyarlos a medida que se mueven por nuestro mundo incierto, y a menudo difícil. Más importante aún, debemos reconocer que en el interior de cada niño existe una esencia fundamental, su «centro», que debe ser protegido y fortalecido desde el nacimiento del niño.

Cómo descubrir la esencia interior del niño

La clave para formar un niño bueno hoy en día está en ayudarle a reconocer, cultivar y proteger su esencia interior. Soy consciente de esta necesidad porque he trabajado con miles de niños en mi práctica profesional y con muchos otros miles en colegios a lo largo y ancho de Estados Unidos. También me ha servido de experiencia un reciente estudio que llevé a cabo, una encuesta a 150 niños de la escuela pública, desde la guardería hasta sexto de primaria. Hice a estos niños una serie de preguntas sobre sus padres y manifestaron tener dos necesidades: quieren que sus padres los vean tal como son y los respeten, y necesitan también que les protejan.

La necesidad de protección es quizás la más evidente. Cuando le pedí a una de las niñas una definición de qué era un «buen» padre, me contestó, «alguien que me cuida». Aunque los niños no siempre pueden expresar sus temores, son conscientes de las presiones que los acosan. Esto se hace evidente cuando hablamos de la necesidad de normas. Los niños quieren que los adultos les proporcionen una estructura segura, que les dé tranquilidad y sea consistente. Quieren que los padres hagan oír sus voces por encima del murmullo de la cultura de moda y quieren ser guiados por los valores de sus padres.

Lo que es menos evidente, y sin embargo igualmente cierto, es que un niño necesita y tendrá más éxito en la vida si tiene unos padres que protege su individualidad. Cada niño llega a este mundo con una esencia interior única. No es algo que podamos ver a través de una prueba o con la ayuda de un microscopio, y sin embargo, esta esencia interior define quién es el niño. Para describir esta esencia, este centro, el psicólogo James Hillman utiliza términos como «imagen innata» y «bellota». Dentro de la esencia interior de un niño, dice él, reside la razón por la cual ese niño está en el mundo. Pero si no somos cuidadosos, puede ser asfixiada o pasada por alto; puede extinguirse. Y esa semilla única quizás nunca alcance la plenitud de su potencial.

Para entender mejor en qué consiste un centro o esencia interior sana, imagínense a su hijo cuando era pequeño, justo en el momento en que su interés por lo que lo rodeaba comenzó a manifestarse. Recuerden cuán curioso y fascinado estaba con todo. Ese espíritu aventurero emanaba de su esencia. Ahora, imagínense a su hijo un poco mayor, tal vez entre los dos y los cinco años, despertando esa ternura que podía derretirles el corazón; o recuerden cómo, en una simple frase, su hijo, que acababa de aprender a hablar, se expresaba con mayor precisión que nosotros en párrafos enteros. Esas virtudes también emanaban de su esencia. Ahora cierren los ojos e imaginen la cara serena y concentrada de una preadolescente en el momento de dominar una tarea por primera vez. Ahora, recuerde la insólita actitud amistosa que exhibe a veces un adolescente incluso aunque se hayan puesto límites a sus salidas. Por último, observen su hijo adolescente cuando se siente a gusto con su cuerpo, al bailar con sus amigos o al correr por el campo de fútbol. Estos son simplemente algunos de los atributos de una esencia interior sana que se deleita en la exploración, en el aprendizaje, en crecer, y en conseguir el lugar que le corresponde en el mundo.

El papel de ustedes como padres es el de descubrir la esencia interior de sus hijos, cultivarla, y protegerla de los peligros de la vida diaria y de las influencias culturales que pueden afectar su crecimiento. En estas páginas, les ofrezco estrategias específicas que no solamente les ayudarán a entender los diez aspectos claves de la esencia interior de sus hijos, sino también los peligros que la amenazan. También exploraré los caminos que hacen que nuestros hijos se alejen de nosotros; y demostraré cómo los problemas de nuestra cultura apagan la voz de los padres en el momento en que los niños más necesitan oírla. No podrán evitar la existencia de la segunda familia, es un hecho de la vida, pero si saben a qué se están enfrentando, pueden fortalecer la esencia interior de sus hijos de manera que estén protegidos ante ella.

Cuál ha sido nuestro papel como padres... hasta ahora

He escogido el título porque creo que estamos en medio de un cambio en el paradigma de cómo ser padres. Estamos a punto de dejar atrás décadas de teorías ya caducas. Ninguna está a la altura de las realidades de hoy. Mirando hacia atrás se puede ver claramente por qué.

En el siglo pasado, los victorianos opinaban que los niños debían verse, pero no oírse, y esta opinión se mantuvo firme hasta los años 30 y el inicio de los 40. Las madres eran instruidas para alimentar a sus bebés según horarios estrictos, no tenerlos demasiado en brazos, y no darles demasiada atención para que no fueran a «malcriarse». De acuerdo con este modelo, un niño no era exactamente una persona, y mucho menos alguien con una esencia interior.

En los Estados Unidos de la postguerra, el nacimiento de los primeros *baby boomers* (bebes de la guerra), dio paso a un enfoque psicológico y permisivo de la paternidad. Un bebé era percibido como una materia maleable que debía ser acogida y formada por las manos de la madre. A ésta se le echaba la culpa de todo cuanto salía mal. Este período se prolonga hasta los años sesenta, marcado por enfoques relativamente iluminados, pero más bien simplistas y estereotipados.

La «etapa terapéutica» de la educación tuvo lugar durante los 70, 80, e incluso entrando en los 90 se continuó haciendo gala de este modelo uniforme, cuyas investigaciones sobre desarrollo infantil colmaban los manuales de educación. Se exponían puntos claves sobre el desarrollo físico y emocional, de manera que los padres pudieran comparar a sus hijos de acuerdo con los cánones estándar. Al mismo tiempo, se hacía énfasis en los valores que fomentaban la salud emocional del niño, tales como la autoestima, la seguridad y la creatividad.

En los últimos años, y sobre todo en respuesta a lo que se percibe como demasiadas décadas de «permisividad», los cambios van en la otra dirección. Los moralistas, queriendo regresar a los buenos viejos tiempos cuando los padres tenían una autoridad indiscutible, sugieren que debemos inculcar valores. Diseñan programas para ayudar a los jóvenes a desarrollar la ética y el buen criterio. Expertos en comportamiento recomiendan que «entrenemos» a los niños utilizando sistemas que los premian por ser buenos. Dadas las travesuras de algunos niños hoy en día, ¿quién podría estar en desacuerdo con ese enfoque?

Los viejos esquemas educativos pueden ser extremadamente valiosos. Entre otras cosas, han ayudado a los padres a entender mejor la mente y el comportamiento de los niños. Sin embargo, esas viejas teorías atienden sólo a una pequeña parte del rompecabezas, mente o cuerpo, o alma y corazón. Ninguno descubre la esencia interior que integra todo lo que el niño es.

El nuevo paradigma

Durante años, cuando los periodistas me llamaban para preguntarme por un problema educativo concreto, sobre un niño en particular, siempre he dicho lo mismo: «Hábleme sobre el niño, su temperamento, la manera en que se expresa, cómo controla sus estados de ánimo». El hecho es que los enfoques uniformizadores desembocan con frecuencia en fracaso y frustración. ¿Por qué? Porque cada niño tiene una esencia interior única que busca expresarse, y las estrategias educativas deben diseñarse a la medida de ese niño en particular.

A mi modo de ver, y confirmado por las últimas investigaciones en desarrollo infantil, los niños tienen problemas debido a un fracaso en la vinculación con su esencia. Los padres de niños pequeños acuden a mí con frecuencia preocupados por pataletas, desobediencia, distanciamiento, dificultades de aprendizaje, o malas relaciones. Preadolescentes y adolescentes vienen a mi consultorio con síntomas de desórdenes alimenticios, problemas de drogas, robos menores, o sexualidad precoz. Todos estos son asuntos muy conocidos, y tratados por textos profesionales y por la psicología moderna.

A diferencia de enfoques que van de un extremo a otro, y que abogan por el control o la indulgencia, mi modelo educativo integra y equilibra ambos: lo que sugiero es que definan con claridad cuáles son sus expectativas respecto al comportamiento de sus hijos y que utilicen a la vez técnicas de formación que se adapten a la esencia interior de sus hijos. Las habilidades que propongo a lo largo del libro responden a la convicción de que cada niño debe ser tratado como individuo, respetando todas sus posibilidades internas. Como nos recuerda James Hillman: «Hay más en la vida humana de lo que cabe en nuestras teorías. Tarde o temprano algo parece llamarnos a un camino en particular. Tal vez recuerden ese «algo» como un momento señalado de la infancia en el cual un deseo repentino, una fascinación, un peculiar desarrollo de los acontecimientos parecía decirnos: «Esto es lo que tengo que hacer, esto es lo que tengo que tener. Esto es lo que yo soy».

De hecho, las investigaciones demuestran que incluso los bebés más pequeños dan señales indudables de tener personalidades y estilos diferentes. Los niños no son masas sin forma, que simplemente esperan nuestra intervención. Estas investigaciones a la vez reflejan y confirman el despertar de una nueva época en la manera de ser padres, la de un estilo personal y específico. Este enfoque tiene en cuenta quién es su hijo en lugar de tratar de hacer que se adapte a un molde preconcebido. Hace énfasis en que tenemos que ver las cosas de esa forma desde que nuestros hijos son bebés, no solamente porque cada niño es diferente, sino también porque queremos que cada uno de ellos crezca sabiendo cuál es su esencia interior y siendo consciente de su derecho y responsabilidad a la hora de cultivarla y protegerla.

Los niños necesitan ser vistos como son: individuos únicos. Si necesitan justificar esta afirmación, miren a su alrededor y tomen nota de la gran cantidad de adultos que hoy en día buscan respuestas sobre sí mismos. Hillman opina (y yo estoy de acuerdo), que «hemos sido despojados de nuestra verdadera biografía... y asistimos a terapias para recuperarla». No es accidental que tantos adultos hoy en día estén también buscando respuestas espirituales a sus problemas. Buscan desesperadamente ponerse en contacto con su propia identidad.

Sobre las nuevas habilidades de los padres

El principal objetivo de este libro es proporcionarles las habilidades que les permitan fortalecer la identidad de sus hijos desde los primeros días. Un segundo objetivo, igualmente importante, es hacerlos conscientes de los aspectos negativos de la segunda familia y más capaces de combatirlos. Ustedes pueden descubrir y proteger la esencia interior de sus hijos y prepararse y prepararlos para superar los retos de nuestra cultura.

Con esta finalidad, he escogido diez cualidades que los niños necesitan para tener éxito en la labor de conectarse consigo mismos, con ustedes, y con el mundo. Las llamaremos «constructores de esencia». Cada una tiene una correspondiente «habilidad básica» que les servirá de guía:

Control de las emociones:	Habilidad básica núm. 1: Enseñen a sus hijos a tranquilizarse a sí mismo de manera saludable de acuerdo con su temperamento.
Respeto:	Habilidad básica núm. 2: Animen a sus hijos a escuchar a los adultos responsables y a sentirse a gusto con ellos.
Expresividad:	Habilidad básica núm. 3: Fomenten ese estilo único de sus hijos cuando hablan de lo que realmente les importa.
Pasión:	Habilidad básica núm. 4: Protejan en sus hijos el entusiasmo y el amor por la vida.
Talento en las relaciones:	Habilidad núm. 5: Orienten a sus hijos en sus relaciones con amigos y compañeros de juego.
Atención:	Habilidad básica núm. 6: Ayúden a sus hijos a prestar atención y a que les guste aprender.
Comodidad con el cuerpo:	Habilidad núm. 7: Ayúden a sus hijos a aceptar su aspecto físico y a sentirse cómodos con su cuerpo.
Precaución:	Habilidad núm. 8: Enseñen a sus hijos a pensar antes de actuar y a sopesar el impacto que sus acciones tienen sobre sí mismos y sobre los demás.
Inteligencia de equipo:	Habilidad núm. 9: Fomenten en sus hijos la capacidad de formar parte de un grupo sin perder la individualidad.
Gratitud:	Habilidad núm. 10: Esperen de sus hijos que sean agradecidos y, de esta forma, desarrollen su fe y su espiritualidad.

Las investigaciones que respaldan la teoría de las habilidades

Cada capítulo de este libro está basado en uno de los anteriores «constructores de esencia». A medida que vayan leyendo estas páginas, verán que con frecuencia tomo información de investigaciones y trabajos clínicos inspirados en programas de intervención temprana que están dirigidos a niños con problemas serios. Sé que la gran mayoría de los niños no han sido diagnosticados ni tratados clínicamente, ni deberían serlo. Sin embargo, en nuestra cultura, todos los niños están en peligro. Permítanme ofrecer algunos ejemplos de lo que quiero decir:

- Pocos niños presentan déficit en su capacidad de atención, pero dada la gran variedad de distracciones que ofrece nuestra cultura muchos niños tienen dificultades para concentrarse.

- Un número muy reducido de niños sufre depresión clínica, pero debido a que a menudo los niños tienen todas sus actividades programadas, muchos de ellos presentan dificultades para desarrollar intereses propios que los hagan felices.

- Una minoría de niños son verdaderamente hiperactivos, pero en nuestra cultura frenética y sobre cargada, muchos niños pueden ser impulsivos, a veces hasta niveles peligrosos.

- Muy pocos niños padecen de un verdadero trastorno de ansiedad, sin embargo, en una cultura que sobrevalora el aspecto físico muchos niños tienen una malsana preocupación por el cuerpo.

- La mayoría de los niños no tienen dificultades de aprendizaje, pero por la dependencia, desde edades tempranas, a la televisión y a los juegos de vídeo, pierden capacidad imaginativa y muchos encuentran dificultades para expresarse verbalmente o por escrito.

Debido a que las dificultades de la infancia se ven con frecuencia reforzadas por los problemas culturales, y debido a que los padres están inmersos en esa misma cultura, es fácil aceptar como normales ciertos problemas. Por ejemplo, ¿qué importa que Pedrito no pueda sentarse quieto el tiempo suficiente para construir un puzzle o esté excesivamente agitado tras demasiados juegos de vídeo? Muchos de los niños de su clase son iguales. ¿Y qué importa que Juanita pase de una actividad a otra o esté obsesionada con qué ropa ponerse? Es igual a sus amigas. Con frecuencia, cuando vemos a un niño preocupado por sus deberes escolares o sufriendo por conflictos con sus compañeros, racionalizamos el comportamiento como normal y decidimos simplemente esperar a que pase. Y cuando se presentan problemas más serios acudimos inmediatamente al especialista. Es importante saber que entre los dos extremos, hay acciones efectivas que se pueden emprender.

Propongo una intervención adecuada, pasos que uno puede dar antes de que se presente la dificultad, basándome en investigaciones con los llamados grupos de riesgo, tomadas de programas diseñados para ayudar a estos grupos. He adaptado lo mejor de lo que hay allí, traduciéndolo en habilidades cotidianas y en técnicas que cualquier padre puede usar. Debo agregar que solamente he escogido técnicas que han sido probadas con resultados positivos. Todas las estrategias que propongo tienen un prolongado historial de éxito, que ha sido medido con técnicas de investigación, uso clínico, o experiencias con familias comunes.

También he recogido una gran cantidad de casos de los miles de padres y niños con los que trabajo en mi consulta y a través de varios proyectos de investigación propios. Estoy especialmente entusiasmado con mi reciente estudio, una encuesta a 150 niños, entre los cuatro y los doce años, que representan todos los niveles socio económicos y una amplia gama de grupos étnicos. He dicho a menudo que los padres son verdaderos «expertos», pero tengo que agregar que los niños son muy elocuentes cuando se trata de evaluar lo que los padres hacen y lo que no hacen. Escucho, tomo muy en serio sus opiniones, y, ante tanta atención, los niños hablan con frecuencia desde su esencia.

Cómo usar este libro

Podrían, desde luego, leer el libro de principio a fin. Sin embargo, sabiendo cómo somos los padres, pienso que eso es quizás poco probable. Nosotros los padres a duras penas tenemos tiempo para leer un artículo de una revista, ¡mucho menos vamos a poder sentarnos tranquilamente con un libro de más trescientas páginas sobre cómo ser buenos padres! Además, hay mucha información entre estas dos cubiertas, ideas, investigación, estrategias, demasiado para absorber de una vez. Sugiero en cambio que empiecen directamente por el capítulo que trate de aquella cualidad que tenga más relación con las necesidades inmediatas de su hijo. Todos los capítulos son importantes, pero, con el tiempo, verán que todos están relacionados y se fortalecen entre sí.

Cada capítulo los anima a usar el enfoque que mejor se adapta al estilo y a la personalidad de su hijo. Consecuentemente, cada capítulo ofrece:

- Una comprensión más profunda de la habilidad básica, su importancia en relación con la esencia interior, y cómo proteger a los niños contra el influjo de la segunda familia;

- Una mirada a las «amenazas» principales, o las maneras en que la segunda familia va en contra de cada una de las cualidades esenciales;

- Habilidades concretas de los padres que fomentan el desarrollo de la cualidad constructora de esencia;

- Habilidades específicas que los niños pueden dominar (con la ayuda de los padres), que refuerzan la cualidad constructora de esencia.

También he adornado generosamente el libro con acrósticos apropiadamente escogidos, por ejemplo, en el capítulo sobre la precaución, ofrezco a los niños uno llamado «Deténgase», en el capítulo sobre la Inteligencia de equipo, los insto a hacer «Relevos», en el capítulo sobre la Gratitud les recordaremos «Agradecer». Las técnicas para padres pueden ser difíciles de recordar en la agitación diaria de nuestras atareadas vidas. Los acrósticos están allí para ayudar a recordar las estrategias que se necesitan en el momento oportuno, cuando uno más necesita el consejo pero tiene menos posibilidades de ir a consultar el libro.

Finalmente, espero que además de información rigurosa este libro también les proporcione inspiración. La idea de que podemos proteger a nuestros hijos respetando y fomentando lo que ellos son, es esperanzadora. Espero que estas nuevas habilidades les ayuden a dar lo mejor de sí como padres, y a descubrir lo mejor en sus hijos.

1

Dominio de las emociones

Habilidad básica núm. 1: Enseñen a sus hijos a tranquilizarse a sí mismos de manera saludable de acuerdo con su temperamento.

Niños que quizá ustedes conozcan

En todos los tiempos, los padres han entendido que cada niño llega a este mundo con una personalidad única. Con independencia de las modas en asuntos educativos, que pasan de dar prioridad a lo innato a dar prioridad a lo adquirido a través de la educación y atribuyen a los padres diferentes niveles de «culpa», en el fondo, cada uno de nosotros sabe la verdad: La identidad fundamental de un niño no depende realmente de lo que hacemos o dejamos de hacer. Sus facilidades innatas no son el resultado de «buenas» prácticas educativas así como sus dificultades innatas no son el resultado de «malas» prácticas. Sobre todo los que tenemos hijos un poco mayores podemos mirar retrospectivamente sus primeras semanas de vida y podemos recordar ciertos parámetros de comportamiento que han sido constantes desde el primer día.

Atendamos a cuatro ejemplos que pueden ilustrar este hecho. Alguno de ellos, estoy seguro, le recordará su caso particular:

- Silvia, de tres años y medio, es grande en todos los sentidos, alta para su edad y excesiva en todo lo que quiere o hace. Cuando Silvia come fresas, se come toda la caja. Quiere todos los juguetes que ve. Y Silvia juega con tal intensidad que a los minutos de haber entrado en una habitación, parece como si allí no hubiera estado un niño sino tres. Silvia es amistosa y agradable, pero su carácter fuerte y directo tiende a alejar a sus compañeros. Además Silvia estalla en cólera cuando no logra lo que quiere.

- Mateo es un alegre niño de cinco años, que aprendió a caminar, hablar y entablar relaciones sociales en los momentos adecuados. Puesto que es tan fácil simpatizar con él, hace amigos con facilidad. Sin embargo, Mateo es a la vez hipersensible a estímulos, ruidos, luces, al tacto de cierta ropa. Cuando siente estas molestias, se retira (sale de la habitación, por ejemplo, si el volumen de la música es demasiado alto) o se rebela (se arranca la camisa quejándose de que le produce escozor).

- David, de cuatro años, a menudo se encierra en sí mismo. Cuando no consigue lo que quiere se queja mucho, pone mala cara o se vuelve insolente. Le resulta difícil relacionarse, especialmente con niños a quienes no conoce bien. Como era de esperar, sus primeros días de guardería no quería despegarse de las faldas de su madre y lloraba amargamente cuando ella intentaba marcharse.

- Jessica, ahora de seis años, empezó a dormir toda la noche sin interrupción a la edad de dos meses. Comía con gusto y era una niña encantadora; su buen carácter le acompaña aún. Claro que Jessica tiene algunos temores y sensibilidades, pero son moderados. Aunque a veces se encuentra malhumorada, es, casi siempre, una niña equilibrada. Su madre dice que Jessica ha sido una niña fácil desde el día en que nació.

Después de veinticinco años de trabajo clínico, sin mencionar la crianza de mis dos hijos, Leah y Sam, he comprobado que las viejas teorías sobre el desarrollo infantil, aunque han sido de enorme utilidad, tienen mucho que mejorar. Lo digo por dos razones. En primer lugar, porque gran parte de la personalidad de un niño tiene que ver con su constitución genética o predisposición temperamental y ya está presente antes de que el niño nazca. Y en segundo lugar, porque las soluciones de molde, estereotipadas, no funcionan.

Los estudios recientes sobre desarrollo infantil dejan lo suficientemente claro que la educación exitosa no es, como lo creímos alguna vez, cuestión de hacer encajar a los niños en una técnica de educación unificadora; es más bien cuestión de adaptar sistemas específicos a las personalidades muy específicas e innatas de nuestros hijos. Profesionales como yo antes eran capaces únicamente de describir la personalidad; ahora, haciendo uso de las últimas investigaciones, también podemos recomendar ciertas habilidades y comportamientos paternos que sirvan para aprovechar positivamente la personalidad básica de un niño. Con dichas habilidades podrán enseñar al niño a controlar su temperamento y a interactuar de manera positiva con su entorno. A este proceso lo llamo Dominio de las emociones, y es la habilidad sobre la que se sostienen los otros factores que ayudan a fortalecer la esencia interior del niño.

Por qué es importante el Dominio de las emociones

El reto primordial de los padres de hoy es el de enseñar a sus hijos a controlar las emociones, es decir formar en ellos la capacidad de identificar y controlar sus propias emociones y ansiedades. Es una habilidad fundamental que capacita al niño para vivir en el mundo, en armonía y control de sí mismo cuando está con otros. Y lo principal: para enseñar a dominar el estado de ánimo debemos sugerir formas de tranquilizarse hechas a la medida del temperamento del niño.

Desde finales de los años cincuenta, los investigadores en el campo de la personalidad han llamado «temperamento» al conjunto de atributos fisiológicos, psicológicos y emocionales. Jerome Kagan, investigador en materia de desarrollo infantil, define el temperamento como aquellas «reacciones emocionales y de comportamiento estables que aparecen a edad temprana y que están influidas en parte por la constitución genética». A menudo, nosotros los padres, pensamos que se trata sencillamente de la personalidad de nuestros hijos. Es la materia fundamental con la cual está hecha su esencia interior.

Realmente no necesitamos una definición formal porque incluso cuando nuestro hijo acaba de nacer, intuitivamente percibimos su constitución básica, la naturaleza de su esencia. Casi de inmediato empezamos a pensar en esa pequeña criatura como un «tigre» o «una delicada flor» o «un terremoto». Nos fijamos en su forma de dormir y comer, en si llora mucho o parece satisfecho la mayor parte del tiempo, si es paciente o inquieto. Observamos si es extrovertido o introvertido, si reacciona a las cosas leve o intensamente, o si es capaz de dejarse llevar por la corriente. Nos volvemos especialmente ilustrados en cuanto al temperamento el día en que nace nuestro segundo hijo. Recuerdo haber pensado cuando nació Sammy, el hermano menor de Leah, «¿Cómo pueden ser tan diferentes mis dos hijos?» Era como si mi esposa, Stacey, y yo tuviéramos que aprender a ser padres de nuevo.

A medida que nuestros hijos crecen, nos sorprende ver hasta qué punto está definida la naturaleza de sus personalidades. En realidad todos los padres sabemos intuitivamente cómo son nuestros hijos. Y en los últimos años, investigaciones sorprendentes y esperanzadoras llevadas a cabo, entre otros, por Stanley Greenspan en la fundación *Zero to Three en Washington, D.C.*, Jerome Kagan en *Yale* y William Carrey en el *Children's Hospital de Filadelfia*, finalmente tienden a comprobar lo que siempre hemos sabido: el temperamento hace que cada niño reaccione de manera diferente a su entorno, a la gente, incluso a sus propios estados de ánimo interiores.

¿Recuerdan a David, de cuatro años? Es un niño muy sensible, y responde a las sensaciones físicas intensas, como el hambre y la fatiga, llorando. En contraste, Silvia, que tiene un carácter muy fuerte, manifiesta su incomodidad exigiendo atención o con una rabieta.

¿Qué es lo que padres de niños tan diferentes pueden esperar conseguir de sus hijos? Los psicólogos lo llaman autocontrol que es la capacidad de controlar la propia disposición temperamental. Los padres de David, y de Silvia a lo mejor no utilizan este término, pero saben que quieren entenderse con sus hijos y acabar con sus comportamientos negativos. Quieren enseñarles estrategias efectivas que les ayuden a calmarse y dominar los momentos conflictivos. Y quieren que se sientan seguros, que confíen en sus padres y en sí mismos, en su propia capacidad de autocontrol.

Ahora bien, he aquí el punto crítico: un niño sensible, más bien introvertido, como David, requiere un tratamiento diferente del que necesita una niña enérgica como Silvia. En otras palabras, David necesita que se le hable con suavidad y se le marquen límites firmes pero con delicadeza, mientras que Silvia necesita que se la distraiga cuando se obsesiona o que se le hable de una manera tajante que no dé lugar a luchas de poder. Con el tiempo, a medida que los padres utilicen enfoques adecuados al temperamento de cada uno, David y Silvia empezarán a autocontrolarse en el proceso de desarrollar el control de sus emociones.

El control de las emociones es la piedra angular de una identidad esencial sólida. Nuevamente, las investigaciones son irrefutables: Los padres podemos hacer que los caminos de nuestros hijos sean mucho más fáciles y podemos aumentar sus posibilidades de tener éxito si sencillamente los educamos a partir de lo que ellos son. David, Silvia y cualquier niño que logre dominar sus emociones se sentirá más controlado y se sentirá también mejor consigo mismo.

Desde 1990, el Johnson Institute de Minneapolis ha estado estudiando los patrones en el abuso de drogas a través de StudentView, y entre otras sugerencias para prevenir la drogadicción, citan el «control de las emociones» como el fundamento de la autoestima. «Las personas más propensas a intoxicarse son las de gran intensidad de sentimientos, ansiedad, ira, frustración, o las que sufren de aburrimiento y depresión», dice Bud Remboldt, presidente del Instituto. «Debemos enseñar a los niños a vivir en la zona intermedia, tranquilos pero emocionados con la vida».

Un niño que ha aprendido a controlar sus emociones puede:

- expresar sus necesidades

- moderar sus emociones

- mejorar sus relaciones con los demás

El control de las emociones incrementa la sensación de bienestar con uno mismo y con el mundo. En lugar de preguntarse quién es, o, peor aún, de sentirse mal consigo mismo, su hijo pensará:

«Me siento bien como soy».

«Puedo lograr que el mundo me entienda y me acepte».

«Quiero a mis padres porque ellos entienden quién soy yo».

«Me siento cómodo y orgulloso de quién soy».

¿Qué mejores sentimientos podrían tener sus hijos hacia sí mismos? Por eso, nuestra primera Habilidad básica es la que venimos sugiriendo:

Habilidad básica núm. 1: Enseñe a sus hijos a tranquilizarse a sí mismos de manera saludable de acuerdo con su temperamento.

Implícito en esta descripción está el hecho de que los padres deben empezar por entender quién es su hijo. Más adelante en este capítulo, cuando describa los cuatro tipos de temperamentos, les ayudaré a identificar característiticas específicas de las cuales deben ser conscientes. Sin embargo, el control de las emociones, al igual que las otras nueve Habilidades básicas que presento en este libro, no es un asunto exclusivo entre sus hijos y ustedes.

Amenazas esenciales: factores que no favorecen el control de las emociones

Por cada constructor de esencia que cito hay ciertos factores contraproducentes, algunos dentro de la familia y otros que pueden surgir de los compañeros o de la cultura de moda, es decir del poder colectivo de la «segunda familia». Como expliqué en la introducción, la cultura social y los compañeros pueden influir profundamente en los niños. Con independencia de lo que ustedes quieran enseñar y de las estrategias educativas que utilicen como padres, la segunda familia puede influir en las expectativas de sus hijos, sus creencias y sus experiencias, incluso antes de que empiecen a hablar.

Permítanme decir con franqueza que cuando advierto sobre la influencia de la segunda familia, no estoy moralizando sobre los males de la televisión o de la comercialización, y tampoco estoy abogando por dar marcha atrás al reloj cultural. De hecho, como antes he sugerido, los medios de comunicación y los ordenadores acercan a nuestros hogares y a las vidas de nuestros hijos todo un mundo de información valiosa. No obstante, si atendemos a lo que se necesita para fortalecer y proteger la esencia interior de los niños, observaremos que la segunda familia también opera de manera concreta y sutil contra cada una de las diez Habilidades básicas.

Aunque se ha hablado mucho del impacto negativo que tienen la televisión y los medios sobre los niños, pocos críticos advierten lo que yo creo que es su más grave amenaza: los mensajes de los medios y de la cultura moderna van en contra del autocontrol. De hecho, la segunda familia con frecuencia fomenta cualidades que son precisamente contrarias a las que los niños necesitan para aprender el control de las emociones.

AGRESIÓN E IMPULSIVIDAD. La televisión, los ordenadores y los juegos de vídeo son las principales vías por las que los medios y la cultura moderna, –la segunda familia–, se infiltran en nuestra familia. El problema es que en muchos hogares la televisión, y cada vez más los juegos de ordenador, funcionan como niñeras: dependemos demasiado de ellos. En mi práctica clínica, por ejemplo, no es extraordinario descubrir que hay niños que pasan de cuatro a seis horas al día, y hasta diez horas el fin de semana, viendo la televisión y jugando a juegos de ordenador. Las cifras nacionales, según la American Academy of Pediatrics, la American Psychological Association y el Center for Science in the Public Interest, no varían mucho (ver recuadro).

Es cierto que si la televisión se da en dosis limitadas y cuidadosamente seleccionadas, puede educar e incluso tranquilizar a los niños, pero las cifras anteriores representan lo que la mayoría de investigaciones consideran demasiada televisión, es decir más de tres horas al día. Obviamente, las reacciones de cada niño dependen de su temperamento: a lo mejor a Silvia no la exalta el mismo programa de miedo que asusta a David. Pero al margen de cada respuesta individual, demasiada televisión no calma a los niños ni los ayuda a dominar el estado de ánimo. De hecho, con frecuencia influye negativamente en aquellos aspectos del autocontrol con los que el niño tiene mayores dificultades.

Además, más de mil estudios diferentes demuestran que ver demasiada televisión fomenta el comportamiento agresivo. Al analizar las investigaciones, el *Center for Media Eduacation* en Washington D.C., concluye que los niños que ven cuatro o más horas de televisión al día tienden a ser menos activos físicamente, se inclinarán al uso de la agresión física para resolver los conflictos y tienen mayores probabilidades de exhibir un comportamiento impulsivo. Es evidente que ninguna de estas consecuencias ayuda al control de las emociones.

DATOS SOBRE LA TELEVISIÓN

- En Estados Unidos el promedio de televisiones por hogar es de 2,24 y el 99 por ciento de la población tiene por lo menos una.

- Más del cincuenta por ciento de los niños estadounidenses, en edades entre los seis y los diecisiete años, tienen televisión en su dormitorio.

- Un joven estadounidense dedica un promedio de novecientas horas al colegio y pasa viendo la televisión mil quinientas horas al año.

- Los sábados por la mañana constituyen sólamente el diez por ciento de las horas en que los niños ven la televisión; disfrutan de ella sobre todo por las tardes y las noches entre semana, cuando tienen mayor probabilidad de ver programas para adultos, cargados de acción, sexo y violencia.

- Cuando un niño termina la escuela elemental, el promedio de asesinatos que ha visto en televisión es de 8.000, y a los dieciocho años ha visto 200. 000 actos de violencia.

Los juegos de vídeo, –armas de la segunda familia–, actúan contra el control de las emociones de manera semejante. Recientes investigaciones, en las que los psicólogos están estudiando cómo estos juegos afectan a distintos tipos de niños, apuntan a las razones por las que los niños los encuentran tan atractivos. Los diferentes elementos que definen el juego de ordenador (es interactivo, estimulante y el nivel de dificultad puede ser controlado por el jugador) nos ayudan a entender porqué los niños pasan tantas horas en esa actividad. Aunque es cierto que esas características también los convierten en poderosas herramientas de aprendizaje, sólo un pequeño porcentaje de niños usa realmente los juegos de ordenador con fines educativos. Esa cifra disminuye drásticamente a medida que los niños crecen; entre los niños de cuatro años, por ejemplo, solamente el 18 por ciento de las niñas y el 3 por ciento de los niños utilizan juegos didácticos; a los trece años, solamente lo hacen el 6 por ciento de las niñas y el 0,5 de los niños.

Tengan presente que, a pesar de sus buenas intenciones cuando adquirieron esos costosos CD-ROMS didácticos, el 50 por ciento de los niños y niñas en todos los niveles escolares, prefieren lo que las investigadoras Debra Buchman y Jeanne Funk denominan juegos de «fantasía y violencia humana». Estos juegos de acción intensa tienen como característica principal el hecho de que la «habilidad» premiada es la agresión impulsiva. Los descubrimientos más recientes indican que estos juegos excitan a los niños hasta un punto que va contra el control de las emociones. Las emociones no son procesadas; los problemas no son resueltos analíticamente. El ganador es alguien capaz de atacar rápidamente al otro y defenderse con temeridad contra los invasores. Estos valores, repetidamente afianzados, no actúan en beneficio del autocontrol.

Los «QUIERO». Cuando ese primer anuncio televisivo es descubierto por su bebé (aunque su mensaje esté más allá de su comprensión) o cuando, acostado en su cuna, mira los dibujos animados, o abraza su manta de los *Muppet Babies,* ya le están llegando los mensajes de los medios. Y cuando empieza a ir al parque de juegos y ve a los otros niños desfilar con diversos juguetes de moda, entra a una cultura que valora altamente lo material, especialmente la mercancía relacionada con la última moda en los medios. Los anuncios difunden la idea de que la satisfacción y el alivio deben venir de afuera, e incluso nuestros hijos más pequeños a veces empiezan a competir entre sí por sus «cosas». Queremos enseñar a nuestros niños que uno debe tranquilizarse y autocontrolarse desde adentro, pero es una batalla contra corriente cuando uno tiene en cuenta que el promedio de anuncios televisivos que los niños ven al año es de veinte mil, espacios de treinta segundos astutamente elaborados que con seguridad harán que sus «quiero» estén bien sustentados.

GRATIFICACIÓN INSTANTÁNEA. Los anuncios televisivos ocupan un promedio de más de un año y medio en la vida de un niño, y cada anuncio comunica mensajes similares contrarios al control de las emociones:

«¡Hazlo!»

«¡Diviértete!»

«¡Hazlo ya!»

«¡No te contentes con menos!»

«¡Obedece a tu sed!»

«¡Simplemente hazlo!»

En la segunda familia, que depende de los medios, la capacidad de soportar la frustración y de aplazar la gratificación, ambos aspectos integrales del control de las emociones, son nociones pasadas de moda. Cuando se tienen en cuenta además los ordenadores, los juegos de vídeo y tantas películas dirigidas a nuestros hijos, es fácil entender porqué los niños han llegado a esperar, o a exigir, soluciones y satisfacción instantáneas. Los juegos de vídeo son un claro exponente del mensaje «Sencillamente, hazlo (*just do it*)». No hay necesidad de esperar, ni de medir las palabras, los pensamientos o las acciones, simplemente hay que dejarse llevar.

Si bien es cierto que la revolución tecnológica ofrece valiosos recursos, educación e información, los anteriores aspectos de la segunda familia bombardean a nuestros niños y socavan las bases del control de las emociones. Pero existe una amenaza adicional que se origina dentro de la familia, y a lo mejor los sorprende:

LA NEGACIÓN DE LOS PADRES. Durante años, mis colegas y yo hemos estudiado las formas en que los padres niegan la personalidad de sus hijos. Algunos padres y madres hacen caso omiso de la constitución innata de sus hijos; otros la combaten o sencillamente desearían que fuera diferente. E incluso cuando los padres ven a sus hijos con claridad, con frecuencia no tienen fe en lo que ven. Existen causas complejas y de hondas raíces que explican el por qué los padres no confían en sus percepciones. Puede ser temor («¿Será que es igual a mí?» «¿Cometerá los mismos errores?») o culpabilidad («Yo lo volví inseguro [o bullicioso, o agresivo], su comportamiento es enteramente culpa mía»). Y casi siempre es por amor. La mayoría de madres y padres quieren ser buenos padres. Sin embargo, por razones que describiré más adelante, sus estrategias son desacertadas y no sintonizan con el temperamento de sus hijos. Se generan entonces batallas, y los padres se sienten decepcionados de sí mismos y de sus hijos. Y esto empeora aun más la situación.

Imaginemos que la madre y el padre de David, que tiene cinco años, abrigan el deseo secreto de que sea un niño diferente, más decidido, menos susceptible a cualquier pequeñez. Con la idea de fortalecerlo, lo tratan de un modo mucho más seco que a los otros niños. Herido y confundido, sintiendo que sus padres no lo entienden, David se vuelve cada vez más sensible y nervioso. Por el contrario, si sus padres dejan de intentar que sea diferente y en lugar de ello aceptan y protegen su temperamento básico y le ayudan a dominar su estado de ánimo, David se sentirá más comprendido. Tal vez siga siendo un niño cauteloso y reflexivo, su esencia fundamental no habrá cambiado, pero su manera de comportarse y sentirse en relación consigo mismo será muy diferente a la que se produciría si sus padres continuasen luchando contra lo que él es.

De manera semejante, si el temperamento de Silvia no es aceptado y controlado eficazmente, si sus padres continúan esperando que su naturaleza agresiva desaparezca un día por arte de magia (¿y quién de nosotros no ha abrigado la esperanzas de un milagro semejante?), podría fácilmente convertirse en una niña violenta y obstinada. Pero si los padres de Silvia reconocen cómo es su hija, esas características negativas pueden ser transformadas en seguridad y decisión. Un día, esa niña obstinada que se comía todas las fresas ¡podría ser directora de una multinacional!

Sin embargo, la aceptación es una habilidad que a los padres nos cuesta adquirir. Como admitía un padre con sentimiento de culpa: «Todavía me despierto cada día con la ilusión de que mi hijo sea un poco más duro y menos sensible. Y todos los días me siento defraudado. Pienso que estoy injustamente enfadado con él simplemente porque es el mismo niño». Puede ser una reacción humana muy comprensible la de seguir guardando la esperanza de que ese niño sea más parecido a los otros. Pero, recuerden, esa esperanza les impide ver a su hijo con claridad. Sin embargo uno puede superar esa negación. La clave es ser consciente del propio prejuicio y también de de la segunda familia que van contra el autocontrol. Tras estas observaciones voy a sugerirles una serie de pasos concretos que los harán capaces de mirar a su hijo con mayor claridad y realismo para ayudarle a controlar su estado de ánimo.

Habilidades de los padres: cómo fomentar el control de las emociones

Como expliqué antes en este capítulo, las investigaciones en el tema del temperamento dejan claro que uno no puede cambiar el temperamento fundamental de sus hijos: es innato. Pero uno sí puede adaptar sus propias respuestas y ayudar a sus hijos a reconocer y controlar su temperamento.

Por lo tanto, enseñar el «constructor de esencia» primordial, el control de las emociones, involucra tres principios claves:

1. Reconocer y aceptar el temperamento del niño.

2. Modificar las expectativas y adaptarlas a la personalidad del niño y orientarla hacia el control de sus emociones.

3. Premiar a su hijo cuando demuestra un comportamiento constructivo y autocontrolado y actuar de manera consecuente cuando exhibe una falta de autocontrol.

De acuerdo a estos principios, he dividido las habilidades de los padres en tres secciones: La primera les ayudará a entender mejor qué es el temperamento, concretamente, las cuatro clases de temperamentos que se observan en los niños. La segunda les ayudará a percibir más claramente a su hijo y adaptar sus estrategias educativas a las necesidades específicas de éste. Y la tercera ofrece una serie de habilidades concretas que les ayudarán a fomentar y a mantener el control de las emociones.

Cómo reconocer el temperamento de su hijo

Apenas nace el niño, la mayoría de los padres empiezan instintivamente a fomentar el control de las emociones mediante respuestas empáticas. Este proceso, conocido como armonización, fue descrito originalmente por el investigador y psicólogo infantil Daniel Stern. Mediante el sistema de filmar la comunicación madre-bebé, Stern demostró que la armonización empieza cuando una madre percibe claramente el estado emocional y psicológico de su bebé y actúa para tranquilizar o motivar a su hijo.

Otros investigadores ahora sugieren que esa armonización es importante a lo largo de toda la relación padres-hijos, independientemente de la edad del niño. En otras palabras, constantemente reflejamos y afectamos los estados emocionales del otro. Por tanto, las reacciones de sus hijos a los retos en el desarrollo y las de los padres hacia los hijos en el proceso de tratar de conquistar estos retos, son de igual importancia.

Por ejemplo, Tatiana, una madre joven, está armonizando cuando, al sentir la incomodidad de Juana, su bebé, la arrulla con actitud amorosa y a continuación le cambia el pañal, acciones que inmediatamente hacen sentirse más cómoda a su pequeña. Luis, padre de Martín, en edad preescolar, entiende que su hijo, en plena pataleta, necesita espacio y en lugar de escoger otras opciones se mantiene pacientemente alejado pero disponible. Igualmente, Beatriz, la madre de Jerónimo, de seis años de edad, sabe, al observar los gestos de su hijo y su expresión confundida, que necesita hacerle preguntas sobre los sucesos del día. En estos casos los padres están respondiendo a una necesidad específica, y al hacerlo permiten que el niño se sienta comprendido.

La razón de que estos padres sean sensibles a las necesidades de sus hijos no es sólo que sean conscientes de lo que pasa en determinado momento, son también conscientes de un asunto de mayor importancia, el temperamento específico de cada niño. Tatiana ya ha observado que Juana es muy sensible a la incomodidad física y no tolera un pañal húmedo. Desde que nació su hijo Martín, Luis ha sido testigo de sus agudos episodios de llanto y pataleta; aprendió que siempre es más efectivo no hablarle cuando está tan molesto. Y Beatriz ha observado durante años que cuando Jerónimo tiene problemas las preguntas le ayudan a relajarse y sentirse comprendido.

Para fomentar el control de las emociones, por tanto, es crucial no fijarse simplemente en «momentos» de sus hijos, debe tenerse en cuenta cuál es su temperamento. Aunque los investigadores han hecho muchas clasificaciones y múltiples descripciones, lo que he aprendido de los padres es más sencillo y práctico. A continuación presento las cuatro clases de temperamento que he encontrado con mayor frecuencia en mi trabajo clínico y en la consulta escolar. Los niños que les presenté al inicio de este capítulo reaparecen como ejemplos en las siguientes descripciones. Puede que sus hijos exhiban variaciones mayores o menores, pero, muy probablemente, uno de estos estilos temperamentales y emocionales será predominante.

INTENSO/AGRESIVO. Los niños como Silvia tienen un nivel de actividad alto. Puede que sean enérgicos o simplemente extrovertidos, que dé la sensación de que «están en todo». Tienen tendencia a la pataleta, con frecuencia no toleran ni la frustración ni las demoras, y les cuesta mucho trabajo contenerse. Nos fatigan. Si ustedes tienen un hijo con este perfil, seguramente habrán dicho o pensado lo siguiente muchas veces:

«Da trabajo todo el tiempo».

«Es como tener tres hijos en uno».

«Es una líder innata, allí donde llega toma las riendas».

«No sé si la energía que tengo será suficiente para ella».

Intenso/sensible. Niños como Mateo son especialmente sensibles. Al igual que los niños Intensos/agresivos, ellos, también pueden dar trabajo todo el tiempo. Estos niños tienden a ser más reactivos, y todo lo que perciben como crítica con frecuencia los afecta. La probable respuesta de Mateo al menor indicio de desaprobación verbal por parte de un adulto es una exclamación de «¿Por qué me estás gritando?» Las frases que utilizamos para describir al niño Intenso/sensible son:

«Parece hecho de mantequilla».

«Es una princesa».

«Todo tiene que hacerse como él diga».

«Hay que tratarlo (con pies de plomo)».

«Este niño da mucho trabajo».

Reservado/dependiente. Este término lo adapté de Alan Sroufe y June Fleeson, investigadores en desarrollo infantil en la Universidad de Minnesota, quienes han estudiado muchos niños como David. Él y otros como él son irritables, temerosos, frágiles y cautelosos. Lloran con facilidad. Tienen dificultad para hacer amigos, temen separarse de sus seres amados, y buscan evitar situaciones nuevas. Este es el tipo de niño que se esconde detrás de papá y mamá durante los primeros minutos de la visita, incluso en casa de la abuela. Es posible que entre en confianza, pero con tiempo y esfuerzo. Lo que los padres frecuentemente dicen de un niño así:

«No se puede separar de mí».

«Todo es un drama».

«Es un pozo sin fondo de necesidades».

«¿Por qué es tan dependiente?»

«Nunca va a aprender a valerse por sí mismo».

Tranquilo/equilibrado. Los niños como Catalina son la personificación de lo que todos los padres sueñan. Comen y duermen bien; son sociables, con emociones y comportamiento moderado. Como su nombre indica, los niños Tranquilos/equilibrados se comportan normalmente de forma equilibrada . Sin embargo, ningún niño es perfecto. Así que, a veces, estos niños ponen en evidencia algunas características de los otros tres tipos de temperamento, pero generalmente en menor grado. En una palabra, nada es excesivo ni extremo. Otros padres miran a los de un niño Tranquilo/equilibrado con una mezcla de admiración y envidia. Los padres de estos niños suelen decir:

«Es un niño que no da trabajo».

«Somos realmente afortunados».

«No sé si cambiará, pero hasta ahora...»

«Podría tener diez hijos como ella».

Probablemente han reconocido a sus hijos en las anteriores descripciones. Los padres casi siempre tienen razón cuando dicen, «Así es mi hijo». El problema surge cuando no confían en sus percepciones o se empeñan en negarlas.

Cómo descorrer el velo

Es importante que confíen en lo que perciben ustedes mismos y muestran las investigaciones: el temperamento innato existe y cada niño es único. Reconocer y aceptar estas verdades son los pre-requisitos para entender cómo adaptar sus estrategias de padres a la esencia interior de sus hijos.

Por ejemplo, desde que Oscar, un niño Intenso/sensible, tenía dos años, su madre, Margarita, ha estado diciendo: «¿Cuál es el problema de mi hijo? ¿Por qué es tan variable y tan sensible con los extraños? ¿Por qué se cansa tan pronto y no puede ir al mismo ritmo que los otros niños?»

Durante los últimos ocho años, aunque las percepciones de Margarita permanecían iguales, continuaba dudando si actuar en consecuencia. Algunos días creía que eran exageradas, opinión que su esposo compartía. «Seamos sensatos —decía Pedro— el comportamiento de Oscar no es tan diferente al de otros niños, ni al mío, sin ir más lejos». Otros días, Margarita se culpaba a sí misma, seguramente algo había hecho ella para «volver» así a Oscar. ¿Serían los genes de ella? Al fin y al cabo, su madre siempre le había advertido,

«Algún día vas a ver lo que es tener un hijo como tú». El pediatra de Oscar lo tomaba con calma. «Déle tiempo —decía—. He visto esta semana cien niños como él». A pesar de todas las explicaciones diferentes y plausibles, exceptuando cuando excepcionalmente Oscar se mostraba despreocupado, la inquietud de su madre persistía.

Las dificultades de Margarita para aceptar que su hijo no era el niño fácil con el que ella había soñado, son, como explicaba anteriormente, un fenómeno común. Los siguientes puntos tal vez les ayuden a dilucidar los factores que estén influyendo en ustedes.

Los temperamentos se dan por familias. Tendemos a no darnos cuenta de lo que es conocido. Sin embargo, cuando uno se da cuenta de un comportamiento particular en el niño, por ejemplo agresividad, la historia familiar quizás los lleve a pensar que no hay nada que hacer al respecto. Sandra, por ejemplo, se había resignado a que Pablo, su hijo, fuera un niño Intenso/agresivo. Al fin de cuentas, los hombres de la familia eran unos tercos. Nadie prestaba mucha atención cuando Pablo golpeaba a otros niños o cuando se enfadaba si alguien le ponía límites. Sencillamente así eran los hombres de la familia Serrano.

A uno lo ciega su propio temperamento. Quizás alguno de sus padres era como mi madre. Frustrada por mis selectivos hábitos de comida cuando era niño, me advertía reiteradamente: «Algún día, Ronnie, será tu turno. Entonces entenderás lo duro que es ser padres». Mi fama de difícil con la comida era tan conocida que cuando nació Leah, nuestra hija, la primera pregunta que hicieron sus emocionados tíos fue: «¿También come poco?».

Creen que están condenados a repetir la historia. Se sienten como Margarita: «Mamá tenía razón. Sencillamente tengo que esperar a que pase, como ella hizo conmigo». En algún lugar en el fondo de la mente de Margarita había una creencia en la retribución, estaba destinada a sufrir las decepciones y dificultades a las que ella había sometido a su madre.

Quieren que su hijo sea un «modelo». Es normal que comparen a sus hijos con otros niños, desear que sean tan sociables, tan rápidos para aprender, tan estudiosos, tan populares. Nos sentimos mal cuando pensamos que nuestros hijos en cierto sentido no son lo que deseábamos. Esta sensación y, desde luego, la culpa que la acompaña nos pueden cegar ante la esencia de nuestros hijos. Intentamos ceñirlos al modelo que nos gustaría en lugar de ayudarles a sentirse cómodos en el molde con el que ya han sido formados.

Sabrán que tienen una vieja canción sonando en su cabeza si:

- Las interacciones con su hijo le resultan muy familiares.

- Cree que no hay nada que pueda mejorar la situación.

- Rápidamente le pone una etiqueta a su hijo. No importa cuál sea la etiqueta, terco, quisquilloso, llorón, tarde o temprano su hijo se identificará con ella.

- Usted cree que el temperamento de su hijo es «idéntico» al suyo. La etiqueta que le aplica a él es una que antes usaban con usted.

La buena noticia es que no tienen que quedarse anclados en la negación del temperamento de su hijo. Y tampoco tienen que cambiar lo que ustedes creen que son defectos. Una vez tras otra los padres han acudido a mí angustiados por el comportamiento de un hijo. En realidad, la única razón por la que tienen tantas dificultades para «controlar» a su hijo o a su hija es su empeño en cambiar el temperamento básico del niño en lugar de amoldarse a él. Una vez entiendan esto, y aceptan a su hijo como es, los padres pueden actuar eficazmente para maximizar las cualidades positivas de su hijo y minimizar las dificultades. Descorrer el velo requiere tres pasos importantes.

Sean detectives familiares. (Investiguen en los antecedentes familiares). Busquen vertientes en el temperamento que les ayuden a explicar la dotación genética y biológica de su hijo. Los temperamentos sí se dan por familias. Inicien una misión de investigación y hablen con familiares mayores. Pregúntenles no solamente cómo eran ustedes de pequeños, sino también cómo eran sus padres, abuelos, tías, tíos. Procuren hacer preguntas concretas. En lugar de un «¿Cómo era?» general, pregunten por estados de ánimo, primeros días de colegio, hábitos de dormir y comer, patrones de socialización, popularidad, obediencia. A lo mejor el abuelo era el típico «sabio distraído», y con razón a menudo su hijo y su nieto parecen no darse cuenta de lo que pasa a su alrededor. Recuerden que las descripciones coloquiales esconden con frecuencia importantes revelaciones sobre el temperamento, así que escuchen atentamente para ver si hay expresiones o frases que ocultan significados más profundos, como «ordenado», «tranquilo», «encerrado en sí mismo», «atrevida», «siempre está en algo», «polvorín».

Construyan un mapa de estado de ánimo. Entre los Serrano, el temperamento Intenso/agresivo era obvio, y una vez que Sandra observó cuidadosamente a la familia, lo percibió inmediatamente. Pero los temperamentos familiares no siempre son tan evidentes; quizás necesite ayuda para descubrirlos. Por eso, sugiero que hagan un mapa familiar de estado de ánimo, se llama genograma y es lo que hacen muchas veces los costosos terapeutas familiares para identificar patrones de comportamiento generacionales.

A continuación hay un genograma de muestra que representa a la familia Torrado. Les ayudó a Gabriel y Carolina Torrado a entender por qué Alejandro, su hijo, era tan intransigente y lloraba con tanta facilidad cuando cambiaban de planes en el último momento. Ninguno de los padres sabía mucho acerca de sus abuelos, pero con el simple hecho de observar las tres generaciones, el patrón se hizo evidente. La abuela paterna de Alejandro tenía fama de ser «tensa», su abuelo materno era siempre percibida como «voluble» y Carolina reconoció que a ella siempre le habían dicho que era «susceptible». En parte, esa instantánea generacional explica por qué Alejandro es del tipo Intenso/sensible, y por qué su hermana es Tranquila/equilibrada.

Seguir los tres simples pasos que se explican a continuación les permitirá trazar el genograma de su familia. Observen la generación de su hijo, la de ustedes y la de sus padres. Casi con seguridad, empezarán a ver que su hijo no es el único con un perfil temperamental particular.

1. Hagan una lista de los miembros de cada generación en las dos ramas de la familia: padres, tías y tíos; usted y su esposo o esposa y sus respectivos hermanos.

2. Hagan un cuadro de su familia extensa en un trozo grande de papel, representando a los hombres con un cuadrado, y a las mujeres con un círculo. Utilicen como guía el modelo que muestro a continuación.

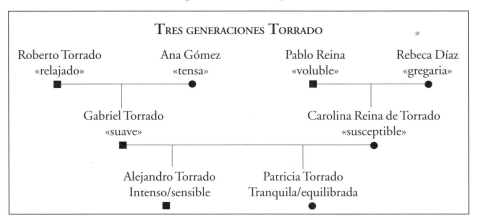

TRES GENERACIONES TORRADO

Roberto Torrado «relajado» — Ana Gómez «tensa»

Pablo Reina «voluble» — Rebeca Díaz «gregaria»

Gabriel Torrado «suave»

Carolina Reina de Torrado «susceptible»

Alejandro Torrado Intenso/sensible

Patricia Torrado Tranquila/equilibrada

3. Procuren asignar a cada miembro de la familia una de las cuatro clases básicas de temperamento: *agresivo, sensible, dependiente, tranquilo.* Puede que también descubran patrones de peculiaridades, como el mal comer, la desorganización, los problemas de aprendizaje, las dificultades de atención.

Recuerden que las diferentes generaciones tienen sus propias medidas para el comportamiento de los niños. Por ejemplo, en la época en que los niños eran educados para «ser vistos pero no oídos», ser «obedientes» era importante. Tengan en cuenta que incluso un niño moderadamente voluntarioso era quizá considerado «desobediente».

Además puede ser que las generaciones anteriores hayan calificado ciertas características con otros términos. Por lo tanto, tendrán que decodificar las frases de épocas específicas. Por ejemplo, hoy en día tal vez llamemos «hiperactivo» al niño agresivo. Hace una generación, estos niños tal vez eran calificados como «salvajes» o «mala semilla».

Pasen de la toma de conciencia a la aceptación. Al identificar ciertos patrones tendrán menos probabilidades de negar el temperamento de su hijo o de culparlo o culparse a sí mismos, y más probabilidades de responder adecuadamente a su comportamiento. Lo observé en mi propia familia. Como si Leah hubiera oído esas preguntas familiares al nacer, pronto empezó a dar señas de las mismas dificultades con la comida por las que yo era tan famoso. Por fortuna, debido a mi entrenamiento, Stacey y yo hicimos el mapa de nuestras historias familiares. Mi madre, calificada de «palillo», había sido la de peor apetito en el vecindario, hasta que llegué yo. Entonces el genograma reveló exactamente el mismo problema con dos de mis primos por el lado paterno.

El genograma me mostró de una manera muy concreta que las dificultades con la comida eran simplemente parte de la forma de ser de nuestra familia. Leah no se estaba portando mal ni ensañándose con nosotros, como tampoco lo había hecho yo con mi madre. Tampoco éramos «defectuosos». Tanto mis primos como yo habíamos pasado la infancia sin contraer ninguna terrible enfermedad; simplemente éramos delgados. A lo mejor un día los especialistas en hacer mapas de los genes encontrarán el gen del remilgo con la comida; si ese es el caso, nosotros definitivamente lo tenemos. En lugar de luchar con Leah por el último sorbo del biberón, o enfadarme conmigo mismo, fui literalmente capaz de decir, «Ella es así, y no tiene ningún sentido convertirla en alguien con buen apetito».

Pero aquí debo agregar una aclaración: no esperen interpretar correctamente a sus hijos siempre, no pueden y ni siquiera es necesario. Jerome Kegan cita investigaciones hechas por la psicóloga Doreen Arcus en las que sugiere que unos padres «perfectos» no es lo que los niños necesitan; lo que necesitan es que acertemos la mayor parte del tiempo.

Cómo fomentar el control de las emociones

Una vez acepten el temperamento básico del niño, se harán posibles cambios importantes, incluso con niños mayores. Las investigaciones del momento prueban lo que Haim Ginott y las generaciones anteriores de especialistas en el tema de los niños sugerían: a los niños se les puede enseñar a encontrar sus propias soluciones a los problemas cotidianos y a los retos emocionales. Si (con la guía de los padres) a los niños se les permite trabajar con tenacidad en los momentos cotidianos que ponen a prueba su comportamiento, desarrollarán el control de las emociones y, en el proceso, aumentarán la confianza para encarar y resolver esos problemas por sí mismos.

Las siguientes estrategias y habilidades no son complicadas. Algunas pueden incluso parecer obvias, pero, créanme, tendrán un profundo impacto en la habilidad de su hijo a la hora de autocontrolar su comportamiento y su disposición:

Respondan, no combatan. Con demasiada frecuencia, nuestra incapacidad para aceptar el temperamento de un niño nos lleva a presionarlo, intentando, a veces incluso de manera brusca, hacerlo cambiar. Esto casi nunca funciona. Pamela combatía la timidez natural de su hijo Iván programándole montones de actividades que, ella esperaba, lo «sacarían de su encierro». Al cabo de varios años de frustración, Pamela comenzó finalmente a adaptarse al temperamento Reservado/dependiente de Iván; dejó de desear que se convirtiera de repente en un niño extrovertido. Una vez que Pamela aceptó el verdadero temperamento de su hijo, la estrategia concreta fue simple y obvia: programarle menos actividades.

Aunque resulte increíble, dos semanas después, Iván era un niño diferente, más relajado y más imaginativo en sus juegos. Experimentaba con juegos de construcción difícil, primero en casa, con sus padres, y luego con sus compañeros en la guardería. Pamela estaba profundamente entusiasmada. Al entender la timidez de Iván como precaución, pudo dejar de expresar desaprobación o irritación. En cambio, fue capaz de aceptarlo como él era. Esto fortaleció su relación y los acercó.

Cuando hablo de no combatir quiero decir, enfáticamente, no emprendan el camino de los gritos constantes. A cualquier tipo de niño lo desgastan los gritos.

- A un niño Intenso/agresivo como Pablo, recibir gritos sencillamente aumenta sus ganas de conseguir lo que quiere. Por ejemplo, cuando Pablo y su madre van de compras, él exige de forma grosera que Sandra le compre un nuevo juguete. Ella responde diciendo con brusquedad: «¡No! ¿Cuántas veces tengo que decirte que no puedes tener todo lo que ves?» Pablo grita desafiante: «¡Lo quiero!» y su madre, sin querer, aumenta el reto y responde gritando. No se da cuenta de que su hijo ha salido corriendo y que, enojado y frustrado, acaba empujando a un niño que tiene el juguete que él quiere. En esta clase de situaciones, alzar la voz sólo puede empeorar las cosas. Su «dinamita» explota y usted acaba sintiéndose un monstruo a quien su hijo ha vencido. De cualquier manera, ambos están perdidos.

- Un niño Intenso/sensible lo oye y siente todo de manera exagerada. Si una entonación de enfado es percibida como un grito, imagínese cómo le sonará una frase dicha en tono alto. Mi hijo, Sam, se encuentra en este grupo, y he llegado a darme cuenta de que él me oye de una manera diferente a como lo hace mi hija. Si yo hago una llamada de atención corta pero seca, no entenderá ni una sola palabra porque estará abrumado por mi intensidad. Para evitar lo que para él es una agresión, un niño Intenso/sensible como Sam responde retirándose o llorando. Una vez que uno empieza a gritar, por decirlo de otra forma, el significado de las palabras se pierde, y el niño sufre sin entender lo que está sucediendo. Es una situación en la que ambos se extravían.

- El niño Reservado/dependiente se vuelve más retraído o dependiente si uno le grita. No existe manera de llegar hasta él una vez que ha levantado el muro a su alrededor, y cada vez que le griten se volverá mas impenetrable. Por ejemplo, Sonia estaba exasperada, e incluso un poco avergonzada, porque todas las mañanas Cristina, su hija de tres años, intentaba impedirle irse de la guardería. La frustración de Sonia le produjo una crisis porque el comportamiento de su hija la hacía llegar tarde al trabajo todos los días. Más de una vez, le gritaba, «No lo soporto. Vas a tener que comportarte como una niña mayor», y se alejaba a pesar de oír los alaridos de Cristina. La niña cada vez se separaba de ella con más dificultad. Peor aún, las batallas aumentaron, incluyendo la hora de dormir, cuando Cristina decía llorando, «¡No me dejes, Mami! Si me duermo, pronto será la hora en que tengo que ir al colegio».

Cuando Sonia vino a verme, le sugerí que antes que nada, debía gritarle menos a su hija, que sencillamente no se podía luchar contra el temperamento de Tina. Dos semanas más tarde, Sonia me contó que cuando dejó de presionar, Cristina empezó a hablar. Es increíble, pero una buena conversación las liberó a ambas de su destructivo patrón.

- Puesto que el niño Tranquilo/equilibrado puede con frecuencia adoptar cualquiera de los tipos de comportamiento que mencionamos anteriormente, tal vez reaccione con respuestas también agresivas y contribuyendo a la exaltación, o desentendiéndose, o retirándose. En cualquier caso, gritar sólo sirve para exacerbar el comportamiento.

CUANDO GRITAR SÍ ES EFECTIVO

- En situaciones peligrosas, cuando existe la necesidad de que el niño reaccione de inmediato.

- Cuando el grito no se ha convertido en un patrón repetitivo puede tener para su hijo un significado preciso y efectivo.

- Cuando está relacionado con la preocupación, los niños logran a veces entender un grito como una expresión de amor.

- Cuando su hijo está a punto de tener un rabieta, su voz puede ser firme, cortante, incluso más fuerte, sin gritar descontroladamente.

Actuar antes de que su hijo se descontrole emocionalmente. Al observar a niños pequeños jugando, los investigadores han descubierto lo que llaman el momento de la «autoestimulación hacia la agresión». Un niño como Pablo, por ejemplo, con frecuencia se descontrola. Su padre, Roberto, me describió el patrón relatándome un incidente típico: Pablo estaba afuera en el jardín jugando con sus hermanos y con algunos de los niños del barrio. En determinado momento, todos se exaltaron un poco, la violencia aumentó, y, Roberto dijo, «es como si a Pablo le conectaran el interruptor». Se descontroló por completo, dando golpes, gritando, lanzando al aire los juguetes, y empujando a los niños del columpio.

Cada vez que Roberto era testigo de una escena semejante, se sentía fatal, porque imaginaba lo que pasaría; el juego brusco de su hijo inevitablemente se convertiría en una clara agresión. Y después de cada incidente, también Pablo se sentía fatal consigo mismo. Sabía que todo el mundo estaba pensando: «Pablo, el problemático». Lo sabía; Roberto lo sabía; los otros niños y sus padres lo sabían.

¿Cuántas veces se han dicho ustedes mismos «lo veíamos venir», o «sabía que acabaría furioso», y, sin embargo, no hicieron nada para prevenir lo que sabían inevitable? Incontables veces, estoy seguro. Todos tenemos esos momentos; a veces nos atormentamos después preguntándonos por qué no hicimos algo. He ideado una palabra clave, ACTUAR, que le ayudará a acordarse de intervenir antes de que su hijo tenga una crisis.

Las claves de ACTUAR son:

Anticípese a la reacción típica de su hijo, e intervenga antes de que sea demasiado tarde.

Cálmense, usted y su hijo.

Tienda una mano a su hijo para encarar la situación de otra manera.

ACTUAR también les puede servir para dejar de obsesionarse con que las reacciones y estados de ánimo de su hijo cambien, y empezar, sin embargo, a hacer algo para facilitar el proceso. Una vez que ustedes intervengan, pronto les sorprenderá comprobar con cuánta facilidad se les ocurren ideas productivas que disminuyen las dificultades. Observemos con más detalle cada una de las claves que hemos sugerido.

Anticípense a la reacción típica de su hijo, e intervengan antes de que sea demasiado tarde. Los investigadores han descubierto que casi la mitad de los niños que tienen temperamentos difíciles o negativos al principio, no desarrollan problemas emocionales más adelante en la vida. Por lo tanto, debemos estar haciendo algo bien por el simple hecho de utilizar nuestra intuición, lo cual incluye anticiparnos. Escúchense a sí mismos, atiendan a sus «corazonadas». Al volverse más hábiles para controlar las respuestas típicas de su hijo, le estarán ayudando a aprender a reconocerse y a controlarse por sí mismos.

En el caso de Roberto, por ejemplo, le pregunté, «Si pudiera aceptar que, dado el temperamento básico de Pablo, siempre acabará perdiendo el control ante cualquier estímulo excesivo, ¿qué haría para ayudarle a controlarse?»

Pensó un momento y dijo, «Bien, primero, dejar de esperar... esperar a que pase, o a que él cambie. Supongo que estaría atento a la primera señal e intervendría de inmediato». Sugerí que intentara precisamente eso cuando tuviera la corazonada de que el problema estaba a punto de empezar. Con el tiempo, la madre y el padre de Pablo mejoraron su capacidad de anticiparse al ciclo típico de acontecimientos y podían intervenir antes de que su hijo perdiera el control.

Igualmente, cuando Tomás y María empezaron a anticipar y a aceptar, en lugar de intentar cambiar a Silvia, Intensa/agresiva, ansiando convertirla en una niña delicada, comenzaron a tener ideas útiles y simples. ¡Por un lado, la madre dejó de colocar grandes cajas de fresas al alcance de Silvia! Y, conociendo la tendencia de Silvia a acaparar todos los juguetes cuando sus amigas la visitaban, los padres se aseguraban siempre de que hubiera suficientes juguetes para todas las niñas.

Cálmense, ustedes y a su hijo. Intervenir significa interrumpir la situación en cuestión. Ni siquiera intenten hablar hasta que tanto usted como su hijo hayan recobrado la compostura. Investigadores en asuntos de relaciones, en especial John Gottman de la Universidad de Washington y autor de *Why Marriages Succeed and Fail*, (Por qué algunos matrimonios tienen éxito y otros fracasan), han demostrado que cuando tratamos de comunicarnos durante un momento intenso, disminuimos las posibilidades de encontrar soluciones y de fomentar el autocontrol. Si usted está demasiado agitado para hablar, haga una pausa; ni siquiera intente abordar el problema. Y si su hijo ya está descontrolado, cálmelo a él primero; más adelante describo técnicas concretas de relajación, pero algunos niños simplemente necesitan tiempo y espacio para tranquilizarse solos. Silvia era así; una vez que «arrancaba», sus padres tenían que esperar a que pasara la rabieta. Por eso, aconsejé a María que esperase un momento de tranquilidad para hablar con Silvia de una manera positiva y serena sobre cómo controlarse:

María: ¿Crees que va a ser muy difícil para ti compartir tus juguetes con Estefanía cuando ella venga esta tarde?

Silvia: Sí.

María: ¿Qué podríamos hacer?

Silvia: ¿Esconder todos mis juguetes?

María: Bien, ¿y entonces con qué vais a jugar?

Silvia: Quiero esconder mis muñecas preferidas.

María: ¿Cuántas?

Silvia: ¡Todas!

María: ¿Qué tal tres? ¿Quieres esconderlas ya?

Silvia: Pitufita no. Quiero jugar con ella.

María: Está bien, ¿cuáles guardamos, entonces?

Tienda una mano a su hijo para abordar la situación de manera diferente. En la conversación anterior, María empezó a mostrarle a Silvia un nuevo enfoque hacia circunstancias que en el pasado eran problemáticas para su hija. Una vez que Pamela y Jorge, los padres del tímido Iván, empezaron a ACTUAR también ayudaron a su hijo a aprender que es posible un nuevo comportamiento. Desarrollaron señales para ayudar a Iván a darse cuenta de que estaba hablando como un niño pequeño (cosa que hacía cuando no podía dominar la ansiedad) o pareciendo desagradable al no contestar a las preguntas de alguien. Los padres le ayudaban, tocándose la nariz, imitando el tono de niño pequeño o rascándose la cabeza cuando veían a Iván esquivar la mirada.

Además de enseñarle estas señales, Pamela preparó a Iván especialmente para la visita de la tía Sara, la cariñosa familiar que siempre expresaba su afecto pellizcando la mejilla con ahínco. «A veces la tía Sara se emociona tanto que pellizca con demasiada fuerza —le dijo Pamela a Iván—. A mí tampoco me gustaría. A lo mejor si tú tomas la iniciativa, por ejemplo de abrazarla, ella también te abrazará y no podrá pellizcarte la mejilla». Su padre agregó, «Y yo voy a estar muy cerca, al lado tuyo, para asegurarme de que funcione». Sintiéndose preparado y protegido por sus padres, en la siguiente reunión familiar Iván no se sintió cohibido ante la tía Sara. Empezó a buscar refugio en su madre solamente al final de la tarde, cuando ya estaba cansado.

Después de unos cuantos éxitos, Iván empezó a hacer observaciones como esta: «Hoy he conseguido no hablar como un niño pequeño, ¿verdad, mamá?» Estaba desarrollando la conciencia de sí y el orgullo que van de la mano del control de las emociones.

Esta secuencia simple, anticiparse, calmar y tender una mano, casi siempre funciona. En el caso de Pablo, cuando habían pasado varios meses, empezó a darse cuenta de cómo se sentía cuando estaba demasiado agitado y entró a casa a decirle a Sandra, «Mamá, no quiero ponerme furioso ahora». También él estaba empezando a lograr el control de las emociones. «Me doy cuenta de que ahora que tiene más control sobre su vida, también está mucho más contento consigo mismo», me decían sus padres. Puesto que Pablo había experimentado crecientes beneficios, cada vez estaba más motivado a cambiar su comportamiento; era más popular entre los otros niños y lo incluían en sus juegos con entusiasmo; la relación con sus padres se hizo más fácil, todos se sintieron aliviados al ver que las viejas tensiones se desvanecían. Esto no es inusual. Cuando los viejos esquemas empiecen a cambiar, habremos dado un paso decisivo a favor del control de las emociones.

Distraigan a sus hijos, pero sin consentirlos. Para fomentar el autocontrol es importante enseñar a los niños cómo distraerse. Sin embargo, se debe procurar a la vez que el niño se sienta escuchado. Ensaye esta estrategia de dos pasos:

1. Hagan saber al niño que conocen sus sentimientos. Antes de que su hijo pueda interesarse en otra cosa es importante que usted primero le haga saber que entiende sus sentimientos («Sé que estás asustado») y que después le ofrezca formas de salir de ese espacio emocional.

2. Escojan una distracción o un plan alternativo. Eso no significa decirle al niño que «lo olvide», sino ayudarle a dar el paso siguiente ofreciéndole una alternativa sobre la que volcarse.

Paula, por ejemplo, sabe que cuando dice «basta» o «no más» en un tono firme, produce invariablemente en su hija de cuatro años una reacción dramática. Al igual que muchos otros niños Intensos/sensibles, Rebeca percibe el tono de una manera exagerada y reacciona consecuentemente. Se queja de que le gritan y todos los intentos frontales por convencerla o explicarle las cosas son inútiles.

Después de pasar varias sesiones con Paula explicándole la inutilidad de sus reacciones, finalmente probó otro sistema. Una noche, cuando la familia regresaba a casa en el coche después de una visita a la abuela, Paula y Jaime estaban jugando con su hija, que iba en el asiento de atrás, un juego de contar. Cada vez que Rebeca contaba hasta tres, su padre encendía la luz interior. Al principio Jaime estaba encantado con las risas de su hija de cuatro años, pero pronto empezó a notar que le era difícil conducir con el efecto de la luz intermitente. Le decía, «Rebeca, es la última vez», pero con cada intento de terminar el juego, Rebeca se enfadaba más y más.

Finalmente Paula intervino. En lugar del temido «basta», dijo: «Sé que te estás divirtiendo, Rebeca», y continuó rápidamente con una distracción: «Pero creo que se fundirá la luz si continuamos con este juego. Entonces cuando vayamos la semana que viene a la fiesta de cumpleaños de la abuela, no podremos jugar con la luz. ¿Qué crees que le debemos hacer para la fiesta, un pastel de chocolate, o un bizcocho de cabello de ángel?» De repente, Rebeca fue capaz de interesarse por otra cosa. Su madre le demostró que conocía los sentimientos de Rebeca (que quería jugar) y luego, sin embarcarse en una confrontación, le propuso otro asunto en el que centrar su interés.

Utilicen el arte de contar historias para calmar a sus hijos. La distracción tal vez no surta efecto en niños Intensos/agresivos, pero contar historias generalmente funciona. Esto no es sorprendente. Prácticamente todos los grandes sanadores de la historia han sido brillantes contadores de historias, y la tradición continúa. Sin calificarlo como tal, un psiquiatra que guía a su paciente en un ejercicio imaginativo o un chamán nativo que trata de curar una herida colectiva en su pueblo, utiliza historias para enseñar control de las emociones. Los oyentes aprenden a buscar en su interior la manera de tranquilizarse a sí mismos. Lamentablemente, nosotros los padres con frecuencia confundimos contar historias con pontificar. El mensaje del sermón es: «Quiero que cambies». En contraste, la narración de historias ofrece un mensaje que no aumentará la resistencia de su hijo sino que le propondrá otra manera de pensar en el asunto.

Tranquilice a su hijo, no lo «salve». Cuando un niño está herido emocionalmente, con frecuencia nos apresuramos a acercarnos con la solución. Pero «arreglar» las cosas no incrementa el control de las emociones. Los niños crecen emocionalmente a fuerza de encontrar sus propias formas de desenvolverse. He aquí cómo funcionó esta estrategia con una niña pequeña: Un niño mayor en la guardería le dio un empujón a Magdalena, de tres años, para adelantarse cuando la profesora estaba repartiendo calcomanías por su buena participación en la clase de gimnasia. Magdalena no quería hablar del tema. Pero su silencio camino a casa era elocuente para Saúl, su padre, quien se daba cuenta de que algo inquietaba a la niña. Puesto que Saúl conocía la naturaleza Intensa/sensible de su hija, pudo adivinar que lo que había sucedido le había hecho daño. En lugar de tratar de cambiar sus sentimientos, o de preguntarle directamente, «¿Qué te pasa?», permaneció en silencio hasta que llegaron a casa. Entonces Saúl cogió a Perrito, el muñeco de peluche preferido de Magdalena. Lo abrazó y dijo «Perrito está enfadado por algo. Siéntalo en tu regazo para que se pueda tranquilizar. A lo mejor podemos hablarle a Perrito para ayudarle a sentirse mejor».

No salgan de la historia. Si intenta dar una lección, o dejar algo claro directamente, no funcionará. Cuando Saúl empezó a hablar a Perrito, ni miraba a Magdalena, ni dirigía la historia directamente hacia ella. Le daba palmaditas al animal de peluche, lo miraba a los ojos y le decía, «Perrito, tienes cara de necesitar que te cuenten un cuento. Bien, había una vez una niña pequeña que detestaba que los niños la empujaran. La asustaba y quería llorar, pero tenía miedo de que los otros niños se rieran de ella. Así que mantenía sus sentimientos en secreto. Entonces, un día, vio a un niño pequeño que lloraba en una esquina del gimnasio, «¿Qué te pasa?», le preguntó. Y para su sorpresa, el niño le dijo que también estaba asustado de que lo empujaran. Le dijo, «Pero ahora me siento mejor porque le conté a alguien lo que me pasaba».

Permitan que su hijo resuelva el dilema. El padre de Magdalena hizo una pausa de un segundo, con la esperanza de que Magdalena interviniera entusiasmada, como lo harían la mayoría de los niños, y así sucedió. «¡Papá! —exclamó— ese niño necesita un amigo. A lo mejor Perrito está triste porque él también necesita un amigo». Aunque la historia tenía varios personajes que la alejaban de su propia situación, sirvió para tranquilizar a Magdalena y, después de varios minutos imaginando lo que haría Perrito, empezó a hablar sobre sí misma. La historia destinada a tranquilizarla hizo posible que trajera a la superficie sus temores y que los compartiera.

Con niños en edad escolar, las historias pueden ser un poco más personales. Por ejemplo, cuando Laura, de seis años, mostraba dificultad en separarse de sus padres la primera vez que fue a dormir a otra casa, su madre le contó una historia sobre su primera noche fuera de casa, e hizo énfasis en los sentimientos de entonces y de ahora.

A los niños más pequeños les gusta identificarse con sus padres; los hace sentirse más seguros. Con niños mayores estos paralelismos son menos efectivos porque están intentando desarrollar su propia identidad. Por tanto se rebelan si se les compara con sus padres. Con ellos hay que ser más indirecto. Cuenten su historia a través de un personaje ficticio o de una persona que ambos conozcan. Una madre que se estaba divorciando utilizó la película *Rich Kids* (Niños ricos) para que sus hijos hablaran de sus sentimientos; uno de ellos era un niño Tranquilo/equilibrado, el otro Intenso/sensible, así que cada uno tenía reacciones diferentes ante la reorganización de la familia. Sin embargo la película, que sigue las reacciones de dos preadolescentes cuyos padres están en proceso de divorcio, sirvió de estímulo adecuado para conversar con los dos niños.

Utilice premios sin hacer chantaje. Los resultados son inequívocos: tanto los investigadores como los clínicos que trabajan con niños intensos, bien sean Intenso/sensibles o Intenso/agresivos, encuentran que es imposible prescindir de los premios. Los niños necesitan que sus pasos contructivos hacia el autocontrol sean reconocidos. Y nada motiva tanto como el elogio sincero y realista. Por ejemplo, después de los méritos de Iván durante la cena de Acción de Gracias, cuando era obvio para Pamela que había dado pasos concretos para sobreponerse a su timidez, manifestó lo orgullosa que estaba de él. Lo elogió honestamente, y le proporcionó así un premio simple y muy importante que significaba mucho para Iván. Cada pequeña victoria fue acogida de la misma manera, y lentamente Iván pasó de la decepción hacia un sentimiento de bienestar consigo mismo y una mayor fortaleza de su esencia interior.

CÓMO USAR LOS RELATOS DE MANERA EFICAZ

1. Hablen en un tono de voz tranquilizador, pero coherente con el estado de ánimo de su hijo.

   Si su hijo está enfadado dé a sus voz cierta fuerza.

   Si está triste, utilicen una voz más suave.

   Si está retraído, una voz neutral.

2. Sitúen los problemas «afuera» de su hijo, de manera que él pueda tener una distancia emocional respecto a éstos: Otra persona está enfadada; un muñeco está enfadado; otras personas se sienten así.

3. Utilicen un objeto, por ejemplo un muñeco de peluche, con el que su hijo se identifique de manera positiva.

4. Cíñanse al relato. No lo interrumpan con comentarios del tipo: «¿Ves?», «¿Entiendes lo que intento decir?»

5. Ayuden a su hijo a resolver sus dudas preguntándole cómo podría el muñeco sentirse mejor, sugieran diversas maneras de tranquilizarse uno mismo: «¿Perrito cantó una canción?, ¿Habló con sus padres?»

6. No den una interpretación a la historia. Cuando se termine, simplemente déjenla acabar. No le pregunten al niño si la entendió, ni le repitan la moraleja para asegurarse de que la asimiló.

Imaginemos a Mateo, nuestro niño Intenso/sensible, luchando ahora para controlar sus emociones en el parque de juegos cuando uno de los niños mayores le quita su gorra de béisbol y le dice «debilucho». Debido al entrenamiento de su padre en casa, Mateo dijo en voz muy baja: «Quiero ser valiente». En lugar de ponerse a llorar, se acercó a una profesora y le contó lo que estaba sucediendo. Cuando esa noche le contó el incidente a su padre, éste le dijo, «Bien hecho, Mateo. Estás empezando a defenderte mejor».

Su padre también sugirió a Mateo que fueran a comprar la pelota de béisbol que Mateo había estado pidiendo. Aunque no era todavía su cumpleaños, su padre sabía que sería buena idea asociar ese regalo con su triunfo en el parque de juegos. Le serviría como recuerdo de ese importante paso hacia el control de las emociones. Es posible que aquel niño vuelva a provocarlo, pero Mateo está fortaleciendo su esencia interior cada vez que logra de alguna forma sencilla hacerse escuchar.

Utilicen el sentido del humor. Siempre hemos sabido que a los niños les encanta el humor. Pero además, en los dos últimos años, los investigadores han descubierto que está considerado entre las cualidades que más valoran los niños en sus padres. Según afirmaba en 1996 un representante del Yankelovich Youth Monitor, «Recientemente, por primera vez hemos descubierto que el humor en los adultos es una de las características que los niños más admiran». Y en cientos de entrevistas que he hecho con niños, el humor ha sido mencionado repetidamente.

Deben aprender a adaptar el humor al temperamento de su hijo. Para algunos niños, especialmente los sensibles, el humor a ciertas edades es interpretado como falta de respeto. Al igual que con otras disposiciones temperamentales, combatir la sensibilidad del niño servirá únicamente para hacerlo sentirse peor. No esperen cambiar los gustos de su hijo en referencia al humor, utilicen recursos que sí funcionen. Y continúen con esos mismos recursos mientras sigan obteniendo una respuesta positiva.

Una noche, Daniel, de cinco años, un niño Intenso/sensible, estaba armando un escándalo por el olor del champú que su padre, Carlos, usaba para lavarle el pelo. Ninguno de los chistes de Carlos daba resultado. Sin embargo, recordando que a Daniel le encantaban las bromas, Carlos se metió a la bañera con toda la ropa. Daniel estalló en carcajadas estruendosas y todavía se estaba riendo durante la segunda lavada y enjuague.

No hay necesidad de llegar a tales extremos, desde luego, simplemente sigan la tendencia de la disposición natural del niño. Cuando los niños Restrepo, Antonio, de cuatro años, y Manuela, de diez años, se enfadaron porque sus padres apagaron el canal de televisión que estaban viendo antes de que se terminara un programa, un comentario entre gracioso y sarcástico logró maravillas con la hija, de temperamento Tranquilo/equilibrado, pero en cuanto al hijo, sólo empeoró su mal humor. Los Restrepo son lo suficientemente experimentados para saber que no deben luchar contra esta diferencia básica en el temperamento de sus hijos. Así que, mientras la madre intercambiaba bromas con Manuela, el padre ayudó a Antonio a distraerse haciendo como que perdía el equilibrio y caía al suelo .

COMEDIA EN VIVO PARA UNA AUDIENCIA DIFÍCIL: PAUTAS PARA EDUCAR CON GRACIA

- No vayan contra el temperamento de su hijo.

- No le hablen mucho cuando esté de mal humor.

- No se ofendan si no les responde a una broma, ni le digan cosas como «No tienes sentido del humor» o «Eres demasiado sensible».

- Cuando están ante dos o más niños, hagan lo que funciona para cada uno de ellos.

Desgraciadamente, rara vez oigo a los padres modernos hablar sobre el humor como una forma de ayudar al autocontrol. Entendemos la educación de los hijos como un asunto demasiado serio. Sin embargo, si utilizan el humor adaptándolo al temperamento de sus hijos pueden ayudarles a autocontrolarse, y a superar los momentos difíciles. Y, lo mejor de todo, los niños quizás también aprendan a tener sentido del humor.

Vigilen las amistades de sus hijos. La mayoría de padres creen que la influencia de los compañeros empieza pronto. Todos, a veces, hacemos a nuestro cónyuge comentarios como el siguiente: «No me gusta que Santiago juegue con Bernardo. Ese niño es una mala influencia». Dejando de lado los prejuicios de los padres, las investigaciones han demostrado que tenemos razón: los niños se influyen mutuamente en su capacidad de dominar sus emociones.

Incluso los niños más pequeños regresan de jugar en casa de un amigo habiendo absorbido el sistema de autocontrol que predominaba en esa otra familia. Por ejemplo, cuando Laura, de cuatro años, una niña Tranquila/equilibrada, regresaba de jugar, sus padres siempre podían identificar la amiga con la que había estado. Si había sido Raquel, con su temperamento exigente y apasionado, Laura regresaba dispuesta a quejarse o expresar descontento. Si, por el contrario, había pasado la tarde con su buena amiga Amanda, de carácter más tranquilo, Laura regresaba a casa sosegada y con una nueva reserva de paciencia. Sus padres observaban el mismo fenómeno con Antonio, el hermano menor, a quien molestaban los ruidos y la conmoción. Cuando jugaba con Gustavo, un niño Intenso/sensible como él, no había problema. Pero después de una mañana con Julián, de temperamento Intenso/agresivo, y un poco tirano, Antonio regresaba a menudo a casa hecho un mar de lágrimas.

Es crucial empezar a vigilar desde el principio las relaciones de sus hijos con sus compañeros, cuando ustedes todavía pueden tener algún control sobre ellas. Si ayudan desde el principio a sus hijos a escoger amigos que se compenetran mejor con su naturaleza, más adelante tendrán mayores probabilidades de escoger bien por sí mismos y de desarrollar el control de las emociones (ver más acerca de las amistades de los niños en el capítulo 5, «Talento en las relaciones»).

Cuando dispongan los encuentros de sus hijos con otros niños, consideren el temperamento de los otros niños tan detenidamente como el de sus hijos. Con frecuencia las madres intentan rechazar lo inevitable y esperan contra toda esperanza que dos niños Intensos/agresivos no pasen un mal rato o que puedan jugar bien sin supervisión. Me decía Estela, madre de Alvaro, de tres años, «Yo sé que cuando Alvaro y Félix se juntan, alguno de los dos acaba generalmente con la nariz ensangrentada. A lo máximo que aspiramos es a que la casa no quede como si hubiera estallado una bomba».

El control cuidadoso es importante siempre que sea posible. Recuerden que la hija de su mejor amiga tal vez no resulte ser la mejor amiga de su hija, o peor aún, las dos podrían resultar ser como el agua y el aceite, de caracteres totalmente incompatibles. Sin embargo, pocas combinaciones de temperamento representan un reto insuperable, si se tiene en cuenta el carácter de los dos niños, se puede llegar a conseguir que conserven el control de sí mismos y del rato que están compartiendo.

Pongan límites al uso de la televisión y de los juegos de vídeo. En los últimos años se han escrito muchísimos libros sobre la manera sensata de ver televisión, y hay buenas razones para ello. Como explicaba en un apartado anterior de este capítulo titulado «Amenazas esenciales: factores que no favo-

Dos niños Intensos/agresivos: Planeen una cita más corta y estructurada, quizás supervisada por más de un adulto. Si no lo hacen así, los dos niños acabarán dándose contra las paredes

Un niño Intenso/agresivo con un niño tranquilo o Reservado/dependiente: intervengan a la menor señal de tensión estableciendo límites firmes de manera suave, de manera que el niño tranquilo no se sienta abrumado.

Dos niños Reservados/dependientes: Recuerden, no son antisociales, simplemente están incómodos. Propongan formas de acercamiento y juegos y actividades adecuados desde el punto de vista del desarrollo.

Dos niños sensibles: Piensen primero en maneras de fomentar la integración; actúen como «intérpretes», intentando que ninguno de los dos niños tome las cosas a mal.

Intenso/agresivo con Intenso/sensible: No es una combinación fácil ni constructiva; intenten evitarla.

recen el control de las emociones», la televisión y los juegos de vídeo pueden contrarrestar los esfuerzos educativos por ayudar al niño a desarrollar el control de las emociones. No obstante, la televisión no tiene que ser necesariamente El Enemigo. Simplemente hay que usarla en pequeñas dosis. Como explicaba antes, la mayoría de los expertos están de acuerdo en que más de tres horas al día de juegos de vídeo o televisión son demasiadas. A los padres nos resulta difícil poner límites al uso de la televisión, o bien claudicamos por completo y dejamos que los niños hagan lo que quieran, o por el contrario, nos convertimos en líderes totalitarios, pretendiendo erradicar la televisión por completo. Mi sugerencia es que observen cómo es su hijo y que establezcan un límite razonable basándose en su forma de reaccionar. Los niños Intensos/agresivos tienen el mayor riesgo, pero lo que es tal vez menos obvio es que demasiada televisión puede hacer sentir a su hijo Intenso/sensible temeroso y al niño Reservado/dependiente más aislado y, en última instancia, más dependiente.

Con cualquier tipo de niño, además, es conveniente estar pendientes del contenido de los programas. Más de mil estudios y encuestas demuestran que ver demasiadas escenas de violencia en televisión aumenta la probabilidad de desarrollar un comportamiento agresivo. Esto es particularmente notorio en los niños Intensos/agresivos, pero la violencia también hace su impacto en los otros tipos de niños, especialmente en los Intensos/sensibles. De hecho, una serie de estudios muestran que ver demasiada violencia en televisión lleva a los niños a autoconvencerse de que serán víctimas de un crimen.

Sirvan de modelo para el control de las emociones en sus propios comportamientos cotidianos. Las investigaciones dejan claro que los niños aprenden cómo calmar sus emociones incómodas, en buena medida a partir del comportamiento de sus padres. Hace unos años, Salvador Minuchin, uno de los grandes y de los primeros terapeutas familiares, demostró ese principio en un estudio con niños diabéticos y sus padres. El doctor Minuchin pidió a los niños que se sentaran detrás de un espejo polarizado, a través de él los niños observaban a sus padres en compañía de un terapeuta que los instigaba deliberadamente a discutir. Antes y después de la discusión, los investigadores midieron los indicadores fisiológicos de los niños en busca de estrés y enfado. Presentaron evidencias claras y documentadas de que las emociones atravesaban el espejo.

Al margen de las investigaciones, las peleas de los padres obviamente tienen un impacto en los niños. Yendo un paso más allá, creo que el comportamiento de los padres entre sí y su capacidad de control sobre sus estados de ánimo individuales influyen en el control de las emociones de sus hijos e hijas.

Los niños siempre nos están observando, así que es indispensable que mantengamos comportamientos sanos. Del dicho al hecho, hay mucho trecho, ¿verdad? Pero piensen cuánto pueden ayudar a sus hijos cuando ustedes expresan consistentemente sus emociones de una manera sana. A continuación les sugiero actitudes positivas que pueden practicar en diferentes situaciones:

En lugar de decir: Estoy tan furioso, que voy a enloquecer.

Diga: Estoy muy enfadado, así que me iré a correr.

En lugar de decir: Estoy tan triste con lo de Jorge que creo que me moriré.

Diga: Estoy muy triste con lo de Jorge, pero creo que un poco de música me hará sentir mejor.

En lugar de decir: Mi jefe me está arruinando la vida.

Diga: Pasé un día duro en la oficina y necesito tranquilizarme, así que voy a darme un baño caliente.

Este tipo de frases son ejemplos de un sano control de las emociones. Proporcionarán a los niños ideas para tranquilizarse a sí mismos y para aprender a distraerse, y darán un resultado mucho más positivo que sermonear al niño cuando está alterado. Nuestro autocontrol les demuestra que tienen diferentes opciones, que pueden enfrentarse a sus sentimientos de distintas formas o incluso dejarlos de lado un rato.

Ayuden a sus niños a inventar sus propias frases y actividades tranquilizantes. El control de las emociones es para los niños un reto permanente. Encaran situaciones nuevas todos los días, a veces todas las horas, con muy pocas habilidades concretas para controlar sus sentimientos. Como padres, necesitamos hacer sugerencias concretas: «Tal vez te sentirás mejor si te sientas tranquilamente a leer un rato», o «¿Por qué no me ayudas en el jardín?, a lo mejor eso te sirve para pensar en algo diferente a la pelea que tuviste con Javier». Hacer sugerencias de este tipo es como «sembrar semillas». Con el tiempo, su hijo aprenderá a cosecharlas, y a producir sus propias estrategias para tranquilizarse.

Por ejemplo Amanda, una niña de ocho años Tranquila/equilibrada, a veces no se siente integrada en el grupito que admira de su clase. Sus padres son lectores ávidos y han estado recomendando a Amanda con delicadeza la lectura como una manera de buscar serenidad emocional desde que tenía seis años. No es sorprendente que escoja un libro cada vez que se siente un poco triste; ahora decide «por sí misma» que leer puede ser a la vez consuelo y compañía.

Así mismo Diana, una niña Reservada/dependiente, sufría de ansiedad cada primavera, viendo que se acercaba el momento de partir hacia el campo en verano. Diana tuvo dificultades cuando, a los siete años, se separó por primera vez de sus padres, y a pesar de haber conseguido pasar tres veranos sin ellos, cada vez que se marchaban los echaba muchísimo de menos. Ahora, a los once años, la diferencia es que Diana anticipa ese sentimiento. El verano pasado, le pidió a su madre que le diera un paquete de tarjetas como regalo de partida. Su idea se había desarrollado gracias a que sus padres le sugirieron que escribir cartas la ayudaría a sentirse más tranquila y conectada a su hogar.

Los niños no nacen con estas habilidades preparadas. Necesitan de nuestra ayuda para aprender palabras y técnicas tranquilizantes. Por ejemplo, cuando a Silvia le dicen que tiene que esperar a terminar la comida para comerse su helado, es probable que se ponga demasiado nerviosa. Cuando la madre de Oliver no llega a casa a tiempo, él se pone muy nervioso. Cuando Alejandro, de cinco años y Reservado/dependiente, se da un golpe en la rodilla, su primera reacción es llorar descontroladamente y buscar el par de piernas más cercano para agarrarse de éstas.

Ahora, cuando Silvia está fuera de sí, preguntando cada cinco minutos, «¿Me puedo comer ya el helado?» su madre le dice, «cuando todos los platos estén limpios, y haya acabado de organizar la cocina, podrás comértelo». Al cabo de unas cuantas veces, se puede oír a Silvia murmurando para sí, «Cuando la cocina esté organizada, me podré comer el helado».

Los padres de Oliver le recuerdan a la niñera que lo tranquilice cuando uno de ellos se retrasa diciéndole, «generalmente es por causa del tráfico». Ahora, Oliver pude decirse a sí mismo, «Mami viene a casa. Mami volverá. Lo que pasa es que el tráfico está lento».

Y, conmovedoramente, he oído a Alejandro susurrar para sí después de una caída sin importancia, «Seré valiente. No voy a llorar».

Es agradable observar a los niños en estos momentos. Uno puede ver cómo se van formando a medida que se esfuerzan por recordar palabras que les ayudan a calmarse. La expresión más tranquila de sus rostros, la seguridad y el orgullo que sienten por el hecho de estar controlando la situación por ellos mismos, demuestra la importancia del control de las emociones como constructor de esencia.

Tengan paciencia. Quizás estas estrategias fallen a veces, y puede que sus intentos de comunicarlas se vean saboteados. Puede que su hijo actúe incluso como si no lo oyera, como si no le hubieran dicho nada. Los niños más pequeños a lo mejor se quejan escandalosamente o gritan de manera histérica cuando usted intenta ayudarles a conseguir dominar su estado de ánimo. Y prepárense a medida que los niños crecen, porque en los años de la preadolescencia la respuesta es a menudo un sarcástico, «¡Sí, como no!»

No se desanimen. Lo crean o no, las semillas del autocontrol germinarán, y precisamente cuando menos lo esperen, su hijo los sorprenderá con su crecimiento y su dominio.

Habilidades de los niños: técnicas para tranquilizarse solos

Como demuestran las nuevas investigaciones cognitivas, de comportamiento y de desarrollo, a la mayoría de los niños, independientemente de cuál sea su temperamento, se les puede enseñar desde pequeños a controlarse y serenarse solos. La siguiente es una lista de estrategias que pueden empezar a desarrollarse en niños desde los dos y tres años.

Cómo reconocer los indicios físicos de la ansiedad

Los niños con frecuencia experimentan y expresan sus emociones refiriéndose a su propio cuerpo. Cuando están ansiosos pueden decir cosas como «siento algo raro en el estómago» o «me duele la cabeza». Y casi con seguridad ellos no relacionan estos síntomas con la ansiedad a menos que nosotros lo hagamos. Es importante que ustedes se den cuenta de lo que sucede y animen al niño a describirlo de manera que, juntos, puedan identificar el qué, cuándo y dónde de sus sentimientos. Entonces podrán hacer algo al respecto.

Cómo ayudarles a identificar los síntomas. Cuando Mateo regresó del colegio a su casa con expresión de ansiedad y vergüenza, diciendo que lo «odiaba», su madre le hizo preguntas sobre su cuerpo. ¿Cómo se sentía físicamente? Dijo que tenía «cosquillas» en el estómago.

Haciéndole más preguntas su madre se dio cuenta de que las «cosquillas» siempre se presentaban en un momento en particular, cuando Mateo se sentaba al lado de David. Mateo no odiaba el colegio, simplemente le tenía pavor a David, un niño mucho más grande que él que lo asustaba con sus gritos. La madre intervino, pidiéndole a la profesora que no sentara juntos a los dos niños. Además, felicitó a Mateo por darse cuenta de las «cosquillas» y le dijo que prestara atención cada vez que las sintiera. Era su cuerpo «hablándole», le explicó. En este caso, las cosquillas le decían que se alejara de David. Con el tiempo, Mateo pudo comprender que las sensaciones de su cuerpo tenían un significado y dejó de sentir vergüenza. Entonces pudo usar positivamente esas sensaciones, en otras palabras, aprendió a autocontrolarse mediante una acción constructiva. Ya no se sentía ni avergonzado ni impotente.

Nuestro objetivo debe ser ayudar al niño a interpretar su propio termostato emocional. Tamara, de seis años, ponía mala cara y se alejaba de sus amigos por causa de conflictos mínimos, lo cual era una respuesta reactiva y autodestructiva. Así que sus padres aplicaron técnicas de solución de problemas, con la esperanza de producir una respuesta activa y positiva que la capacitara para comportarse de una manera que le evitara ese sentimiento de rechazo. Sus padres le preguntaron, «¿Cómo te sientes cuando estás enfadada?». Les dijo que se sentía «furiosa por dentro». La ayudaron a ver que era importante hacer algo cuando se sentía apenas un poco molesta, antes de que los sentimientos se acumularan y de que perdiera verdaderamente el control. Su padre le explicó, «si esperas y no haces nada, simplemente te vas a sentir peor». Entonces su madre preguntó, «¿Qué podrías hacer cuando te sientes un poco enfadada?» Tamara pensó un momento y dijo, «Podría abandonar el juego, o el grupo, antes de ponerme furiosa de verdad». Esta simple conversación hizo que Tamara sintiera que ella podía controlar su ira y no dejarse dominar por ella. Se dio cuenta de que podía hacer algo antes de que la situación escapara de su control, algo que le permitiera volver a estar con sus amigos más fácilmente.

Cómo pedir ayuda a los padres

Una buena manera de que los niños cuiden de sí mismos es que aprendan a pedir ayuda de forma adecuada. Es fundamental controlar este aspecto, ya que a veces los niños utilizan comportamientos negativos para llamar la atención. Estos comportamientos incomodan a los adultos. Los niños que no saben cómo pedir ayuda suelen ser calificados con «etiquetas» que los acompañan a lo largo de su experiencia escolar: difíciles, bulliciosos, tímidos, mandones, asustadizos... El peligro es que la etiqueta fácilmente puede llegar a marcar gravemente su personalidad: Teresa la llorona, Gregorio el malhumorado, Carlos el terco. En el capítulo siguiente me refiero a la habilidad de los niños para desarrollar relaciones con otros adultos, pero esta habilidad se educa primero en casa, con ustedes, los padres.

Cuando algo es difícil o preocupante para el niño, háganle saber que su manera de pedir las cosas producirá resultados diferentes. Jugar a representar papeles es una técnica maravillosa, que le permite al niño oírse a la vez que se le da la oportunidad de volverse más consciente de sí mismo. Ana, de cuatro años, tiene la costumbre de gemir y quejarse, cosa que es, comprensiblemente, irritante. Pero en lugar de decirle con brusquedad, «¡Deja de quejarte!» su madre le propone un juego en el que ella hace como si fuera Ana, y Ana hace de su madre. La madre empieza a hablar en un tono de lamento, «No es justo, nunca me dejas hacer nada divertido». Ana se ríe de la representación de su madre, pero entiende el mensaje, Ana se oye. La madre entonces le propone un cambio: «A ver si se te ocurre una manera de pedirme algo sin gemir. Seguro que te entenderé mejor».

Cuando Vicente, de siete años, quería algo, con frecuencia se acercaba demasiado a su interlocutor y hablaba en voz demasiado alta. Esto enloquecía a Dolores, su madre, especialmente porque ella era de un temperamento bastante reservado. Dolores le ayudó a entender que su tono de voz la incomodaba (y que seguramente también incomodaba a los demás): «Obsérvame, Vicente, cuando haga esto —dijo, sosteniendo la mano en alto como un agente de tránsito—. Probablemente significa que me estás pidiendo algo a gritos. Dilo con mayor suavidad a ver si puedes conseguir que baje la mano».

Cómo anticiparse a las dificultades

A medida que vaya trabajando en estas habilidades para conseguir el control de las emociones, su hijo irá desarrollando la capacidad de darse cuenta de sus propias dificultades. Finalmente aprenderá a controlarse antes de que una situación difícil empeore. Esto ocurrirá con el tiempo y gracias a la educación. Observen por ejemplo la manera en que Sandra ayudó a Pablo, de seis años, a controlarse cuando jugaba con otros niños. Pablo acababa casi siempre peleándose por no querer compartir sus juguetes. Como expliqué anteriormente en este capítulo, su comportamiento era especialmente malo cuando jugaba en el jardín; algo en el ambiente abierto del exterior hacía que su temperamento agresivo se manifestara. Sandra aconsejaba siempre a Pablo que buscara ayuda antes de haberse excedido. «Si sientes que estás demasiado agitado, por ejemplo cuando empiezas a gritar en lugar de hablar, y te parece que vas a quebrantar alguna de las reglas, pídeme ayuda.»

No funcionó de inmediato. Sandra tuvo que llamar la atención a Pablo en varias ocasiones, pero lo hizo recordándole que ella estaba allí para ayudarle. Un día, el autocontrol de Pablo comenzó a funcionar. Él y otro niño con el que estaba jugando habían recibido pistolas de agua con la condición de que no se dispararan a los ojos. Al cabo de unos cinco minutos de juego, Pablo se detuvo de repente y se acercó corriendo a Sandra: «Mamá, quiero echarle agua a Horacio en la cara». Ella le recomendó que hiciera una pausa y descansase un rato a su lado. En otras ocasiones, Pablo se habría enfadado ante la sugerencia, pero ahora la aceptó. Sandra le dijo a Pablo que se sentía muy orgullosa de que estuviera aprendiendo a conocerse a sí mismo.

«No podía creer lo satisfecho que estaba —me dijo Sandra—. Después fuimos, bajo el impulso del momento, a recompensarnos.» El elogio de su madre y el helado fueron premios que ayudaron a Pablo a reforzar su buen comportamiento y a interiorizar su nueva habilidad.

Cómo «revalorar» o encontrar atributos positivos en el propio temperamento.

«Revalorar» es un término que utilizan los psicólogos para describir un técnica mediante la cual aprendemos a ver de una manera nueva un comportamiento en particular. Esto generalmente significa cambiar una descripción negativa por algo más positivo. Tomemos como ejemplo a Roberto: no es un niño «malo», pero últimamente muestra un comportamiento conflictivo en casa y en el colegio. Es su manera de intentar que sus padres, que se están distanciando, hablen y trabajen juntos. Una perspectiva diferente muestra que se trata de un niño bastante «inteligente».

Revalorar ayuda a la gente a pensar y actuar de una manera diferente. En sus investigaciones pioneras sobre la depresión, el psicólogo Martin Seligman, autor de *The Optimistic Child*, (El niño optimista), encontró una correlación directa entre la depresión y la forma en que un niño piensa sobre el fracaso, la derrota, la pérdida y la impotencia. El significado está claro: si alguien piensa negativamente sobre sí mismo o sobre un suceso, entonces su comportamiento será acorde con esa manera de pensar. Si espera ser un fracasado, ser derrotado o ser impotente, seguramente lo será. Seligman y otros especialistas en el aspecto cognitivo creen que cuando una persona cambia de manera de pensar, puede no solamente cambiar su perspectiva sino también los resultados.

¿Por qué no enseñarle lo mismo a su hijo? En lugar de permanecer impasible mientras el niño se castiga o se critica, pueden ayudarle a pensar en su comportamiento de manera más positiva. ¿Recuerdan a Diana, que se sentía ansiosa cuando se iba de colonias en verano? Ana, su madre, esperaba que su hija se adaptara con facilidad al campo ese verano, pero teniendo en cuenta las dificultades de Diana con las separaciones, le expliqué que era mucho más constructivo no solamente esperar lo inevitable sino revalorarlo de una manera positiva. Siguiendo mi consejo, Ana le dijo a Diana, «Decir que vas a estar con "mamitis" y "papitis", suena como si te fuera a atacar una enfermedad. Claro que nos vas a extrañar y vas a llorar cuando nos marchemos. Yo también voy a llorar porque voy a estar triste de que no estés en la casa. Extrañarnos es normal. Es una buena señal. Me sentiría mal si no te echáramos de menos».

Receta para relajación
(¡Adecuada para adultos también!)

Pidan al niño que se acueste sobre la cama o sobre una colchoneta en el suelo. Díganle con un tono de voz suave y tranquilizador:

«Cierra los ojos y respira muy profundamente, contando hasta cuatro al inspirar y al expirar. Hazlo cinco veces».

«Concéntrate en la sensación que se produce en tu cuerpo cuando tomas aire y cuando lo expulsas».

«Con los ojos cerrados todavía, concéntrate en tu cuerpo y nota cómo empieza a relajarse. Concéntrate en los dedos de tus pies. Encógelos un momento y luego relájalos».

«Mentalmente, recorre tus piernas hacia arriba; ténsalas y luego relájalas».

«Ahora concéntrate en la mitad de tu cuerpo. Aprieta el abdomen y luego relájalo».

«Ahora concéntrate en los brazos, ténsalos y luego relájalos. Haz lo mismo con el pecho y los hombros».

«Finalmente, concéntrate en tu cara. Aprieta sus músculos y luego relájalos».

«Todo tu cuerpo siente ahora como un cosquilleo. Disfruta la sensación».

Éste es un buen momento para sugerir una «visualización». Pidan a su hijo que se imagine en uno de sus lugares favoritos, haciendo una de sus actividades preferidas, o estando en compañía de sus personas preferidas. Con un niño mayor, esta técnica puede utilizarse para resolver problemas. Sugieran a su hijo que se imagine resolviendo una situación triste o difícil de la mejor manera posible. Este ejercicio puede arrojar increíbles resultados y estrategias de resolución de problemas.

«Toma aire profundamente otras cuatro veces. Ahora quédate en el lugar que has escogido unos pocos minutos, y cuando estés listo, abre los ojos lentamente».

El hecho de que Ana reconociera los sentimientos de su hija y que revalorara lo de «mamitis» y «papitis» le daba a Diana permiso para experimentar su natural inseguridad y soledad sin sentirse deficiente. Igualmente importante, al no convertir su experiencia en tema de discusión, Ana le dio a Diana la oportunidad de relajarse y de sugerir alguna idea positiva. Diana lo llamaba su «plan cuando me hace falta la casa»: Hablarían todos los días dos minutos por teléfono, hasta que Diana sintiera que ya no necesitaba que hablaran. En definitiva, el hecho de que Ana aceptara el comportamiento de su hija como algo «normal» le permitió a Diana ser ella misma.

Margarita hizo algo semejante con Oscar, que tenía dificultades cuando cambiaba de niñera. Le explicó a Oscar que era «inteligente» tener desconfianza hacia las personas nuevas y reconoció que tener una persona nueva al lado sería difícil para cualquiera. Entonces Margarita le dijo, «He conocido a una nueva niñera, pero quiero que también tú me digas que te parece». Esto modificó la percepción de Oscar sobre su problema. Sintiéndose más seguro de sí mismo, sacó sus juegos de construcción para estar ocupado cuando llegara la niñera. Su madre también le sugirió que mirara el reloj, porque sabía que eso le ayudaría. Cuando Margarita regresó a casa, Oscar había hecho una gran construcción con sus piezas. También había calmado su ansiedad haciendo una lista mental de las cualidades buenas y malas de la niñera, que orgullosamente explicó a su madre cuando la niñera se marchó.

Cómo emplear técnicas de autorrelajación

Las técnicas de autorelajación progresivas fueron originalmente desarrolladas en los años setenta para pacientes con problemas cardíacos y personas con úlceras y otros males relacionados con el estrés. Los ejercicios ayudaban a los pacientes a calmar su mente, lo cual, a su vez, hacía que el cuerpo reflejara una respuesta tranquila al estrés. Desde entonces, las investigaciones actuales sobre la conexión mente-cuerpo se volvieron tan convincentes que las compañías de asistencia sanitaria están empezando a emplear técnicas alternativas de relajación, tales como la meditación. Éstas funcionan también con los niños.

Sin embargo, he conocido pocas madres y pocos padres que les enseñen estas técnicas a sus hijos, incluso cuando ellos mismos practican la meditación. ¡Lástima! La relajación progresiva es muy adecuada para los niños. Les encanta. Los principios básicos son fáciles de adaptar para niños incluso desde los tres y cuatro años. Al cabo de un corto tiempo, ellos mismos ponen en práctica estas técnicas, y puede que incluso se las recomienden a ustedes. Un día, Melisa llegó a casa cansada y de mal genio después de un día difícil en la oficina. Juana, de cuatro años, que había aprendido ejercicios de relajación y a quien le encantaban para dormirse o para protegerse de un resfriado, le dijo, «Ven, Mamá, acuéstate que voy a hacerte relajación».

Su usted practica la meditación, seguramente no necesita ayuda para adaptar su método a su hijo. Si no, siga las instrucciones anteriores. O busque un libro de guía. Les he leído durante años a mis hijos *Moonbeam* y *Starburst* de Maureen Garth, y los encuentro extraordinariamente relajantes. Ambos contienen visualizaciones e historias simples para ayudar a los niños a relajarse. Otras buenas fuentes incluyen: *The Joy or Ritual; Recipies to Celebrate Milestones, Transitions and Everyday Events in Our Lives* de Barbara Biziou, y *The Joy Within: A Beginner's Guide to Meditation*, de Joan Goldstein y Manuela Soares.

2

Respeto

Habilidad básica núm. 2: Animen a sus hijos a escuchar a los adultos responsables y a sentirse a gusto con ellos.

Una tendencia desconcertante

Hace unos meses estaba en un centro comercial esperando a un amigo que se retrasaba un poco. Me senté en uno de los bancos de madera simplemente a ver pasar la gente. Aunque había algunos padres que llevaban a sus hijos de la mano, lo que vi, fundamentalmente, fueron grupos de niños, no solamente adolescentes, sino niños y niñas de seis o siete años, caminando juntos mientras sus padres iban unos pasos más atrás. A pesar de las diferentes edades de los niños, sus cortes de pelo semejantes y los cordones de sus zapatillas atados de una manera peculiar dejaban claro que eran parte de un mismo grupo que seguía determinada moda. Incluso los niños de cinco años, a pesar de su ternura, tenían también un aire de precocidad. Los niños se reían entre sí; los adultos a veces parecían ir tras ellos. Hasta que llegaba el momento de hacer compras. Entonces estallaban discusiones serias, incluso faltas de respeto, entre prácticamente todos los niños y los padres.

En nuestra cultura orientada a los niños, las personas mayores son vistas con frecuencia por los niños como adversarios. Esto no debería sorprender a nadie. Dado que la edad no está asociada ni a la belleza ni a la sabiduría, es prácticamente absurdo esperar que los niños admiren verdaderamente a los adultos. Ésta es una cruel ironía para la mayoría de los padres, la misma generación que una vez advirtió, «Nunca confíes en un mayor de treinta años».

Ahora somos los de después de los treinta, y, a unas edades escandalosamente tempranas, nuestros hijos no nos toman con la seriedad que debieran. Lo sé porque, además de entretenerme observando a la gente en el centro comercial, paso mucha parte de mi tiempo escuchando atentamente lo que los niños dicen sobre los adultos:

- Erica me sorprendió con los comentarios que hacía a sus padres, que incluían frases tales como «Cállate», o «Eres estúpido».

- Álvaro y su gran amigo Jaime siempre se delataban cuando iban a meterse en problemas, susurraban en un tono despectivo que en generaciones anteriores sólo era usado por los adolescentes: «¡Silencio, no queremos que ellos nos oigan!»

- José con frecuencia se dirigía a su madre de forma autoritaria diciéndole: «¡Mamá, deja lo que estás haciendo ya mismo!»

- Carolina dejó de referirse a los amigos de sus padres por sus nombres o sus apellidos; prácticamente hacía como si no existiesen. Todas sus actitudes demostraban desdén por los adultos. Hace unos años oí que Carolina le decía a mi hija, «Si quieres hacer las cosas con astucia, no dejes que los adultos se enteren de nada».

Ustedes pueden pensar que hablo de adolescentes, pero no es ese el caso. Erica, Álvaro, José y Carolina tienen edades comprendidas entre los tres y los ocho años. Quizás ustedes piensen que los padres de estos niños no son personas demasiado responsables. ¡Se equivocan ustedes otra vez! Les he conocido durante por lo menos diez años y son personas razonables que se preocupan por sus hijos y están intensamente involucradas en el tema de la educación.

¿Qué está pasando?

*   *   *

Erica, Alvaro y Carolina están expresando una tendencia profunda, culturalmente reforzada, en la que los niños y los adultos se van acostumbrando poco a poco a mirarse mutuamente desde orillas opuestas. Con demasiada frecuencia, al principio de maneras que pueden hasta parecer tiernas, los niños llegan a ver a los adultos como adversarios, en lugar de verlos como personas cercanas merecedoras de respeto. Los padres con frecuencia no entendemos esta tendencia. No nos damos cuenta de que incluso nuestros hijos pequeños están desarrollando una falta de respeto elemental. Y hay muchos niños como ellos.

Es por eso que el respeto es el segundo de los constructores de esencia que hay en este libro. La experiencia diaria nos demuestra que nuestros hijos se alejan de nosotros cada vez desde más pequeños. Según la sabiduría popular, y lo que recordamos de nuestra propia educación, las actitudes de rebeldía no aparecen hasta la adolescencia. Los niños mayores que se muestran rebeldes están simplemente «comportándose como adolescentes». Sin embargo actualmente los niños más pequeños necesitan nuestra ayuda para percibir a los adultos como una valiosa fuente de sabiduría y alegría, de comprensión y aceptación, de apoyo y consuelo. Si no los ayudamos a conseguir esta percepción tendremos problemas.

Por ejemplo, en diciembre de 1996, el Rockford Register Star, de Rockford, Illinois, realizó una encuesta entre casi trescientos adolescentes entre los trece y los diecisiete años. Los investigadores descubrieron un hecho bastante sorprendente: Cuando les preguntaron cómo se formaban sus valores, casi ninguno de estos jóvenes del interior de los Estados Unidos mencionó a sus padres. Se citaban muchas otras influencias, especialmente compañeros y los medios de comunicación, lo que yo llamo «la segunda familia». En lo referente a asuntos éticos relacionados con la vida cotidiana, estos niños sencillamente no veían a sus padres como algo central en sus vidas. Existía una fría distancia y falta de respeto hacia los adultos por parte de este grupo de muchachos.

La encuesta de Rockford es únicamente una pequeña demostración de lo que hoy en día está sucediendo en nuestra cultura. Las investigaciones en todos los rincones del país hacen eco de esos descubrimientos. Si no lo creen, miren a su alrededor. Casi con seguridad, niños incluso menores, están distanciándose de los adultos y faltándoles el respeto, quizá de manera que ustedes no identifican de inmediato. A lo mejor comen en compañía de los adultos cada vez con menos frecuencia, ven la televisión en lugar de hablar con ellos, pasan menos tiempo en reuniones familiares. Y cuando se reúnen con adultos, los niños tienden a contestar de mala manera, discuten y se muestran irrespetuosos.

Por razones que describiré, incluso los niños más pequeños corren el riesgo de alejarse de los adultos de su entorno y de faltarles al respeto, lo cual tiene a menudo consecuencias tristes y a veces desastrosas.

Por qué es importante el Respeto

Antes de que los niños puedan respetar lo que dicen los adultos, o interiorizar la ética que éstos les transmiten, deben pasar muchos de sus primeros años observando a los adultos portarse de manera benévola y valiosa. Depende de nosotros. Necesitamos fomentar las relaciones significativas de nuestros hijos con los adultos, de lo contrario cada vez estarán más influidos por el mundo de la segunda familia.

De ahí nuestra siguiente habilidad básica:

> Habilidad básica núm. 2: Animen a sus hijos a escuchar
> a los adultos responsables y a sentirse a gusto con ellos.

El Respeto es una red de seguridad para la esencia interior del niño. Antes que nada y sobre todo, llevará al niño a asociar un significado positivo con los adultos que lo rodean.

Al hacerlo, interiorizará una serie de características maduras que ni sus compañeros ni la cultura de moda le pueden proporcionar. Llegará a ver a los adultos como personas cuyas opiniones cuentan, en cuyas respuestas puede de verdad confiar. Y el Respeto permite a los niños curiosear sobre sus raíces. Se empiezan a interesar por el pasado, las historias y costumbres de sus familias y se vuelven deseosos de aprender de su ejemplo. Esto les proporciona una mayor comprensión de sí mismos.

Finalmente, los niños respetuosos no se convertirán en «Peter Pan» , ese síndrome que evoca a personas temerosas de las responsabilidades y retos de la edad adulta. No se apegarán a un mundo infantil de diversión interminable. Lo difícil para nosotros los padres es conseguir que empiecen por el camino correcto.

Amenazas esenciales: Por qué la falta de respeto ha alcanzado niveles de epidemia

En mi experiencia clínica he podido observar que la mayoría de los niños quieren a sus padres. No les temen, ni los odian, ni se sienten oprimidos por ellos. Ese no es el problema. Por el contrario, nuestra presencia parece ser mucho menos central y autoritaria de lo que convendría. ¿Cómo ha sucedido esto?

Algunos padres creen que la expresión personal es más importante que el Respeto básico. Las faltas de Respeto hacia los padres en forma de respuestas altaneras y de un lenguaje grosero son muy comunes en la actualidad. Erica, que ustedes recordarán solía decir «¡Cállate!»; es tan sólo un ejemplo de los miles de jóvenes groseros con los que me encuentro cada año. Madres y padres demasiado ocupados dan por sentado que esa grosería es algo normal y ni siquiera se dan cuenta del tono irrespetuoso del niño hasta que éste no se presenta en público.

Puesto que quieren que sus niños no teman a los adultos y no sigan ciegamente figuras de autoridad, los padres de hoy en día con frecuencia toleran una falta de respeto que hace veinte años era inconcebible. Desafortunadamente, con el tiempo, las palabras irrespetuosas erosionan la estima natural del niño por el valor, sentimiento y sabiduría de los adultos. Y un niño que se dirige a sus padres con desprecio encontrará difícil comportarse de manera respetuosa con otros adultos que formen parte de su vida cotidiana, miembros mayores de la familia, profesores, entrenadores, etc...

Los niños y los adultos comparten poco tiempo. En este momento, es posible que su hijo esté acogedoramente en sus brazos. Pero muchos padres e hijos son como barcos que se cruzan en la noche. Prácticamente todos los estudios que se han hecho sobre actividades familiares demuestran que las dos generaciones cada vez comparten menos tiempo debido a horarios demasiado apretados, tanto de los niños como de los padres. El trabajo, el colegio y el entretenimiento, han ido robando, desde 1960 entre diez y doce horas a la semana a lo que solía ser «tiempo en familia». Y la distancia no es como el fuego que aviva el amor. Al cabo del tiempo y por culpa de la agitación de una vida demasiado llena de actividades, se intensifican los conflictos que alimentan la falta de respeto.

Puede que pensemos que estar bajo el mismo techo es lo mismo que estar «juntos», pero nos equivocamos. En muchos hogares, los miembros de la familia se interesan sólo por lo suyo, y de esta manera van disminuyendo progresivamente el tiempo que pasan en familia. De esta forma no se construye la clase de conexión que profundiza el respeto mutuo. Por ejemplo, el promedio de horas semanales que un niño mira la televisión es de 28, según el Media Reform Information Center (MRIC), frente a los 38,5 minutos que emplean en mantener una «conversación interesante» con sus padres. Un estudio comprobó que el 40 por ciento de los niños entre los seis y los once años, y el 25 por ciento de los niños entre los dos y los cinco años tienen su propio televisor. El MRIC también pidió a un grupo de niños entre los cuatro a los seis años que escogieran entre ver la televisión o pasar tiempo con sus padres. ¿Se aterrarían de saber que el 54 por ciento escogió ver la televisión? Yo sí me quedé aterrado.

Es curioso que los padres encuestados en un estudio de 1996 para Advertising Age, dijeron que estaban «pasando más tiempo con sus hijos». Pero Brit Beamer, presidente de American Research Group, la organización que dirigió el estudio, encontró que las cifras no encajaban. «Estar juntos significa escucharse, y no simplemente estar sentados cerca en la misma habitación —concluyó Beamer—. Cuando las familias comparten tiempo, lo más probable es que estén viendo un programa de televisión o una película de vídeo.» Yo añadiría que tanto los niños como los adultos probablemente estén también haciendo alguna otra cosa a la vez: hablando por teléfono, calculando cuentas que hay que pagar, haciendo tareas escolares o trabajo de casa. De nuevo, esta manera de estar juntos aumenta la probabilidad de que los niños y los padres interactúen sobre todo a la hora de hacer pactos, precisamente los momentos que están plagados de tensión y enfado.

Tenemos miedo de que los niños se aburran. Es inquietante que se hagan tan pocos esfuerzos para ayudar a los adultos y a los niños a sentirse cómodos entre ellos; los padres mismos son cómplices de este problema. Mientras que, comprensiblemente, queremos que nuestros hijos se diviertan, también estamos desesperadamente asustados de que se aburran y estamos constantemente a la caza de lugares orientados a los niños. Esta actitud que prioriza a los niños hace perder puntos a los adultos como miembros centrales y valiosos de la familia. Por ejemplo, hacemos fiestas orientadas única y exclusivamente a los niños. Esto no parece malo, sin embargo fomenta la idea de mundos separados. A los expertos en recreación infantil, como payasos, monitores y organizadores de juegos, se les paga por entretener a los niños, dejando a los adultos totalmente de lado. Generalmente ni siquiera se ofrece comida más o menos apetitosa a los adultos. A mí realmente no me importa que me den comida sabrosa (aunque sería agradable) o que me entretengan adecuadamente. Sin embargo el hecho de que los adultos no estén integrados en las actividades infantiles hace que el mensaje de que los niños y los adultos necesitan actividades diferentes, no actividades familiares cómodas para ambos, se convierta en el mensaje dominante y todos salimos perdiendo.

También llevamos a los niños a programas familiares donde el énfasis no está puesto realmente en la familia, sino en el mero hecho de divertir a los niños. Centros de actividades especializados en niños, que hace dos décadas no existían, han proliferado de manera sorprendente; estos centros son tan típicos como los teatros locales o los supermercados. Discovery Zone pasó de tener 250 locales cuando empezó, a comienzos de los ochenta, a tener 4.000 hoy en día. Puede que estos centros sean maravillosos para estimular a los niños, pero pueden convertirse también en otra de las formas de establecer mundos diferentes para padres e hijos. Lo mismo es cierto de los restaurantes familiares, como McDonald's, Burger King y otros por el estilo. Muchos han añadido a sus servicios actividades centradas en los niños, brillantemente diseñadas, que son, por un lado, un valor agregado, comemos en paz mientras que nuestros hijos juegan cerca en un lugar seguro, mientras que por otro lado el valor de nuestro tiempo compartido se diluye.

Debido al agitado calendario de nuestra vida moderna y la multitud de distracciones que se ofrecen a los niños, ¿cuándo van a aprender nuestros hijos a sentarse cómodamente con los adultos, a comer de una manera reposada y con educación, a participar con naturalidad en una conversación? Ciertamente no en las reuniones familiares. El temor a que los niños no se diviertan es también la razón por la cual no les pedimos con frecuencia a nuestros hijos que pasen tiempo con nuestros familiares mayores, o, si lo hacemos, a los mejor los sobornamos con premios. No puedo ni empezar a contarles cuántos padres y madres mencionan, como un hecho normal, que para lograr que sus hijos los acompañen a dar un paseo, no porque necesiten su ayuda, sino porque es una oportunidad de estar juntos, tienen que ofrecer un incentivo material. ¿Entonces por qué nos sorprendemos cuando los niños nos saludan irrespetuosamente al regresar con un «¿Qué me has traído?»

La cultura moderna alienta a los padres y a los niños a disputar entre sí. Reconozcamos que la televisión siempre se ha burlado de los padres. Algunos de nosotros quizá hayamos pensado que no era mala idea hacer críticas en los autoritarios Estados Unidos de los cincuenta y los sesenta, cuando las tensiones entre generaciones iban en aumento. Ahora, sin embargo, la autoridad de los padres es objeto de burlas, no como una manera de ventilar quejas culturales, sino como una manera de impulsar las metas comerciales de muchos programas. La televisión no funciona todavía como un compañero de juegos, pero sí incita a los niños constantemente a «¡Querer! ¡Gastar! ¡Comprar!». Sus padres son el único obstáculo. Y es casi imposible no ceder a las continuas peticiones de los niños, que suman billones de dólares. Uno tras otro, los programas de televisión convencen a nuestros hijos de que deben aprender a negociar bien, de manera que puedan ganarnos y obtener más «cosas».

Escuchen a Clarissa en Nickelodeon, explicarles todo a los niños, y decirles que si quieren que los padres estén de acuerdo con una opinión o accedan a una exigencia, simplemente se aseguren de que Mamá o Papá estén distraídos con otra cosa cuando se presente la conversación. Observen a Kevin en Aquellos maravillosos años describir con tremenda precisión y relevancia la reacción «típica» de los padres ante una situación determinada.

Los adultos de la televisión también son presentados como unos modelos extremadamente poco funcionales. Observen todos los padres (casi ausentes) en *Dawson's Creek*, en *Homer Simpson*, el padre torpe de la serie Los Simpsons, o su correspondiente real, Al Bundy en Matrimonio con hijos.

La vida en estas familias de la televisión es un compendio de crisis, desventuras y tonterías de padres ineptos. ¿Qué efecto tienen sobre nuestros hijos estas comedias que distorsionan la vida familiar en favor del humor? En un artículo de 1997 publicado en el *New York Times* y titulado «*Disfunction Wears Out its Welcome*» (La disfunción ¿está agotando su éxito?), el escritor Caryn James hace notar lo siguiente: «En busca de ser realistas y relevantes, las comedias de familia han hecho énfasis en asuntos sociales, creando una abundancia de programas populares sobre familias disfuncionales. Pero en la medida en que las comedias se acercan a la saturación en el tema de la disfunción, han empezado a parecerse más al melodrama y a las telenovelas que a la vida real».

Tal vez el grupo más maltratado en la televisión sean las personas de sesenta y setenta años. En primer lugar, hay que hacer notar que prácticamente no aparecen; a pesar de que las personas mayores conforman el segmento más grande de la población, los programas de niños rara vez los incluyen. Cuando los publicistas revisan los distintos papeles representados en televisión, pocos se molestan en averiguar cuántas personas mayores hay. Sin embargo, un repaso informal de los programas de televisión infantiles y de las películas del momento dirigidas a los niños, revela que hay muy pocos personajes mayores de sesenta años. Cuando figuran en el reparto, no suelen ser presentados de una manera muy positiva, sino que son tontos, pesados, olvidadizos o todo lo anterior junto. Estas presentaciones despectivas, combinadas con la ausencia en los medios de personas mayores apasionantes e inteligentes, sirven solamente para reforzar las expectativas negativas de los niños respecto al hecho de hacerse mayores. Los padres son un desastre, los jubilados son todavía peores. ¿Quién quiere crecer y ser como ellos?

La lealtad a la segunda familia separa a los niños de los adultos y viceversa. *Una quinta amenaza contra el Respeto, es la lealtad de los niños a la poderosa segunda familia, ya que esta lealtad les separa de los adultos.* Empieza desde la guardería y se hace cada vez más intensa a medida que los niños se acercan a la adolescencia, y es promovida por la cultura de moda y por los compañeros. Como le dijo su amiga a mi hija, «No dejes que los mayores se enteren de nada». En un reciente programa de premios, en Nickelodeon, el lema favorito de Nick, «¡*Kids Rule*!» (Los niños mandan), fue repetido al menos doce veces, confirmando a los adultos de todas partes el orden natural de las cosas: los adultos no importan, o, por lo menos, no deberían importar.

Para poner a prueba esta teoría, pregunté recientemente a un grupo de niños entre los ocho y los doce años, «¿Se os ocurre alguna situación en la que contaríais a vuestros padres o a alguna profesora algo malo que le estuviera sucediendo a un compañero o a un amigo?» La respuesta fue unánime: «Solamente si la vida de mi amigo estuviera en peligro». Existe una distancia bastante grande entre los problemas comunes y las situaciones que amenazan la vida, y estos niños relativamente jóvenes sencillamente no percibían a los adultos como personas a las que acudir.

Existen además pruebas de que los sentimientos irrespetuosos son de doble dirección, ya que los adultos tampoco parecen tener mucha confianza en los niños. «*What a Nice Kid*», (Qué buen niño) un artículo de 1997 aparecido en la revista *Child*, escrito por la doctora Ava Siegler, citaba una encuesta reciente: «Solamente el 12 por ciento de los dos mil adultos entrevistados opinaba que los niños se tratan entre sí con respeto; la mayoría los describía como "groseros", "irresponsables" y "faltos de disciplina"». ¿Es posible que, como sociedad, simplemente no nos gusten nuestros niños? Ciertamente no parece que tengamos confianza en ellos. De hecho, otra encuesta indica que solamente el 37 por ciento de los adultos creía que los niños de hoy conseguirán que los Estados Unidos sea un país mejor cuando ellos crezcan. Es evidente que existe tensión y distancia entre las generaciones, y cuando uno relaciona los factores que describí anteriormente, descubre lo terriblemente negativa que puede llegar a ser la imagen que los niños tienen del mundo adulto. Es triste, pero no sorprendente que los niños no se sientan especialmente atraídos por los adultos.

Habilidades de los padres: cómo fomentar el Respeto

No tenemos que quedarnos simplemente sentados observando cómo sucede todo lo que venimos explicando, y no debemos esperar hasta la adolescencia para ocuparnos de un problema cuyos inicios se remontan a los años de preescolar. Incluso frente a enormes fuerzas que trabajan contra el Respeto, creo que los padres pueden adquirir habilidades que ayuden a los niños a valorar a los adultos y a reencontrarse con ellos si es que ya han empezado a alejarse. En definitiva, debemos recuperar nuestra autoridad.

Recuperar la autoridad

Para fomentar la característica constructora de esencia llamada Respeto, los padres deben ser capaces de recuperar su autoridad y conservarla. Digo recuperarla porque en nuestra época, la autoridad no es automáticamente conferida por el simple hecho de ser padres; hoy en día, necesitamos arrancársela a todas las fuerzas sociales en competencia. Un reto igualmente formidable es el de mantener nuestra autoridad frente al relativismo moral moderno que confunde seriamente a nuestros niños, y nos puede empujar a nosotros mismos casi más allá de nuestros límites.

Para ayudarles con estas difíciles cuestiones, he definido una serie de habilidades para padres que explico en las páginas que vienen a continuación. Éstas les incitan a ser conscientes de sus propias creencias y desarrollar métodos efectivos para enseñar a sus hijos a apropiarse de los valores que ustedes defienden. Estas habilidades les ayudarán a fortalecer su autoridad de padres, transmitiendo a sus hijos, de una manera instintiva y no verbal, el hecho de que ustedes son adultos responsables en cuya orientación se puede confiar. Mediante la práctica, pueden desarrollar una voz de padres que se oiga y que equilibrará la poderosa influencia de la segunda familia.

Tomen conciencia de sus propias creencias. Los niños comienzan a desarrollar sus previsibles respuestas mucho antes de lo que pensamos. En su trabajo sobre armonización, Daniel Stern, a quien mencioné en el primer capítulo, al igual que otros investigadores, ha descubierto que dentro de las primeras semanas de vida, los bebés desarrollan expectativas sobre las horas regulares de alimentación, calor, estimulación y comodidad.

Es curioso que los niños mayores me hablen sobre su necesidad de tener expectativas coherentes y reglas predecibles. En entrevistas recientes con 150 niños, en edades desde parvulario hasta quinto de primaria, expresaban de manera muy contundente que los padres tenían que establecer y hacer cumplir normas coherentes o de lo contrario, advertía una elocuente niña de siete años, «Habrá caos». Sus compañeros estuvieron de acuerdo con entusiasmo. Todos asintieron cuando otro niño dijo: «No digáis nada a los padres, pero yo creo que ellos no deberían ceder con tanta facilidad...».

A pesar de lo que los niños dicen y de la creciente evidencia que presenta la investigación sobre el tema, un estudio, por ejemplo, señalaba que solamente el 19 por ciento de los estadounidenses piensa que sus padres les proporcionaron un buen modelo o les ayudaron a distinguir el bien del mal. Cuando pregunto al público adulto de todas partes del país, «¿Cuáles son sus creencias?», todos se quedan sin habla. Incluso las personas más elocuentes y expertas en asuntos educativos han pensado muy poco sobre este asunto en relación con sus propias familias. ¿Ustedes lo han pensado?

Dispongan de un tiempo en este instante para pensar qué virtudes les gustaría inculcar a sus hijos. Prácticamente cualquier cualidad puede empezar a desarrollarse cuando su hijo tiene solamente dos o tres años. Por ejemplo, ustedes pueden ser modelos de empatía a través de las expresiones faciales y del lenguaje corporal cuando el niño es pequeño; más adelante podrán utilizar ya el lenguaje hablado. Supongamos que la tolerancia y la aceptación (la ausencia de prejuicios) son importantes para ustedes. A la edad de tres años esta virtud ya se puede estar formando. A lo mejor ustedes creen en el empuje y en la determinación, no en términos de querer ganar a toda costa, sino en el sentido de esforzarse al máximo. El éxito en los propósitos comienza a ser importante en los años de guardería. Cualquier cualidad en la que ustedes piensen, la sinceridad, la cortesía, incluso la espiritualidad, empezará a formar parte de la esencia de su hijo tan pronto como comience a aprender a hablar.

En otras palabras, saber en qué creen y actuar de una forma capaz de transmitir esas creencias es algo que deberían empezar a hacer desde los primeros días de la vida de su hijo. Si ha empezado desde la etapa preescolar a absorber sus valores, será mucho menos vulnerable a la influencia negativa de la segunda familia. Por eso es importante para ustedes no solamente saber en qué creen, sino también comunicar sus expectativas de una manera clara y consistente. Este proceso es crucial para el desarrollo de una esencia sólida en su hijo, por eso, independientemente de la edad que tenga, deben hacer una pausa y evaluar la situación. Háganse usted y su compañero o compañera una pregunta, «¿En qué creemos?»

Ahora dividan una hoja de papel por la mitad. Al lado izquierdo de la hoja anoten todo lo que, en el mejor de los mundos, querrían dejar a sus hijos como legado. En otra columna a la derecha hagan una lista de las cualidades que verdaderamente consideran importantes.

A continuación un ejemplo del ejercicio.

Cualidades Teóricas	Cualidades Esenciales
1. Se esfuerza al máximo	1. Se esfuerza al máximo
2. Es popular	2. Es tolerante
3. Tiene buenos amigos	3. Es abierto
4. Es generoso	4. Tiene buenos amigos
5. Es tolerante	
6. Es abierto	

Recuerden, lo anterior es simplemente un ejemplo; yo no estoy proponiendo en qué deben creer ustedes. Sin embargo, el hecho de que ustedes sepan en qué creen hará que los niños se sientan conectados a ustedes y que los respeten. Deben trabajar más rigurosamente en la lista «esencial». Si quieren tener autoridad y ser eficaces, esas cualidades esenciales son las que deben ustedes demostrar a sus hijos, no sólo a través de palabras, sino de su propio comportamiento.

Enseñen lo que creen. Mostrar autoridad no debe confundirse con ser «autoritarios». Esto último no consiste más que en imponer normas arbitrariamente. En contraste, un padre con autoridad tiene expectativas claras, es capaz de mantener el control y al mismo tiempo tiene en cuenta las necesidades del niño según su edad y sus sentimientos. Los padres con autoridad son capaces de inculcar sus valores de una manera que fortalezca la esencia interior del niño y haga más sólida la conexión padres-hijos.

No dejen de vigilar la segunda familia, cuyos mensajes, buenos o malos, siempre amenazan con ahogar el de ustedes. ¿Cómo recupera un padre o una madre la autoridad cuando tantos factores externos a la familia se disputan la atención y el alma de sus hijos? Para empezar, deben educar de manera:

- Compasiva

- Que transmitan el mensaje de que ustedes son razonables y a la vez conservan firmemente el control.

- Que proyecten expectativas claras y tengan consecuencias prácticas.

- Que produzcan un impacto fuerte

Investigaciones reportadas recientemente en la edición de septiembre de 1997 del *Journal of American Medical Association* (JAMA) confirma que, entre los puntos arriba mencionados, tener expectativas claras permite entender a los niños cuál es la postura de sus padres en relación a asuntos importantes. Los autores afirman que las expectativas claras crean conexiones fuertes entre padres e hijos sobre asuntos específicos como el rendimiento académico, la sexualidad, y el consumo de drogas. Además, esta conexión influirá de una manera importante en el hecho de que su hijo se involucre o no en comportamientos de alto riesgo. Ustedes y su hijo a lo mejor no estarán siempre de acuerdo, pero por lo menos el niño sabrá de dónde viene y a dónde pertenece.

Preparen una reserva de técnicas de disciplina efectivas que refuercen sus creencias. Para recuperar y mantener la autoridad, necesitarán un buen conocimiento práctico de la clase de técnicas de disciplina que ayudarán a sus hijos a escucharles y permanecer unidos a ustedes. La disciplina arbitraria puede conducir a su hijo directamente a las garras de la segunda familia, mientras que la falta de autoridad le irá acercando a ésta a la deriva. Recuerden que, como explicaba en el capítulo 1, es muy importante adaptar las técnicas al temperamento de su hijo. De cualquier forma, la mejor oportunidad de permanecer unido a su hijo, y de esta manera fomentar el Respeto, es utilizar una disciplina basada en el cariño y demostrarle que los adultos importantes en su vida son fuertes y razonables. En pocas palabras: lo que funciona mejor son las estrategias que se basan en el amor y el establecimiento de límites. Éstas son el resultado de trabajar con familias durante 25 años, y de seleccionar las técnicas más eficaces para enseñar disciplina. He resumido estas técnicas al final de este capítulo en una guía de fácil referencia.

Sean capaces de cambiar de parecer. A pesar de las buenas intenciones y de las maravillosas técnicas educativas, es inevitable que a veces actuemos de formas poco razonables que probablemente nos distancien de nuestros hijos. Por lo tanto, una de las habilidades más importantes es saber cómo dar marcha atrás después de un incidente semejante. Imaginemos que dos niños se están peleando en la mesa a la hora de comer. La hermana mayor, de trece años, le dice «tonto» a su hermano menor, de nueve años, y él responde dándole un empujón. En medio de la conmoción, un vaso de leche se derrama accidentalmente. Esto enerva a uno de los padres, que exclama de manera cortante, «¡Se acabó la televisión y se acabaron los vídeos esta semana!»

Más adelante, se entiende que esto ha sido un error, especialmente porque el castigo que se pretendió aplicar va a ser más duro para los padres que para los niños. Pero retractarse parece contradictorio y débil, dado que los niños se están quejando de lo «injustos» y «malos» que han sido sus padres. A pesar de saber que reaccionó de manera desproporcionada, el adulto teme cambiar de parecer.

El problema es que estas reacciones impulsivas (que casi todos los padres tenemos), les parecen arbitrarias a los niños. La respuesta a éste y a miles de otros dilemas de disciplina es más simple de lo que creen: recuperarse y reflexionar. Al final, cambiando de parecer, conservarán su autoridad firme, pero compasiva. He aquí cómo hacerlo:

1. Asuman la responsabilidad. Digan a su hijo, «Estábamos enfadados y reaccionamos con demasiada severidad».

2. Den explicaciones. «Vosotros no os estabais portando bien, pero esa no es razón para prohibiros la televisión durante una semana».

3. Propongan una alternativa. Elijan una consecuencia más adecuada en lugar de la consecuencia reactiva.

No crean, como hacen muchos padres, que su hijo va a infravalorarlos. Nunca he oído que un niño diga, «Mi padre es un debilucho», o «mi madre es poco coherente», cuando sus padres han reflexionado seriamente sobre algo y se han dado cuenta de que algún castigo en particular no se ajusta verdaderamente a la falta. Y lo que es más importante, una respuesta adecuada le enseñará a su hijo que espera usted de él, y eso dejará una huella más marcada.

Aprendan a pedir disculpas. Un niño de voz suave me confesó: «Me siento mejor después de una pelea cuando papá y mamá me dicen que lo sienten». Al principio esto puede parecer una paradoja, pero recuerden que mantener la autoridad también implica pedir disculpas por los errores. Esto es muy difícil de hacer para los padres. Pero reconocer que estaban equivocados es fundamental para ganarse y conservar el respeto de un niño. He conocido cientos de adultos, a lo mejor ustedes están entre ellos, que albergan un profundo resentimiento hacia sus padres sencillamente porque ellos nunca fueron capaces de decir, «Lo sentimos, estábamos equivocados».

Actúen más y hablen menos. Otra ironía en cuanto a tomar una postura de autoridad y mantenerla es que nuestros momentos de mayor «control» tienen lugar durante esos períodos tranquilos en los que no utilizamos un montón de palabras. De hecho, lo que hacemos importa tanto y a menudo incluso más que las cosas que decimos. La amabilidad con nuestros niños sirve de modelo para la empatía. Demostrar preocupación por un buen amigo es ejemplo de lealtad. Y además de pedir disculpas por un error, debemos hacer algo para enmendar la falta. En resumen, debemos practicar lo que predicamos. Actuar de acuerdo con nuestras convicciones es esencial para mantener la autoridad compasiva.

Una madre de uno de mis talleres dio un maravilloso ejemplo. Pamela, madre de Gabriela, de cuatro años, nos contó el día que su hija había perdido su amado caballito de peluche en un centro comercial. En vez de darle el conocido sermón aleccionador sobre el deber de cuidar las cosas, Pam llevó comprensivamente a Gabriela de la mano mientras desandaban el camino. Finalmente encontraron el caballito en uno de los estantes inferiores de una tienda de zapatos. La actitud de Pamela, que no se enfadó ni un momento, hizo que madre e hija se acercaran, y además Gabriela aprendió un lección sobre la perseverancia y sobre cómo resolver problemas.

¡Cuidado con el mal genio!

Las investigaciones sobre relaciones del psicólogo John Gottman, de la Universidad de Washington, demostraron que se requieren entre cinco y diez actos de amabilidad para compensar a alguien en el caso de haber perdido los estribos. Aunque estas investigaciones estaban enfocadas a los adultos y nadie ha estudiado el efecto del mal genio sobre los niños, sospecho que estas conclusiones también pueden aplicarse a ellos, especialmente si nos referimos a niños sensibles y vulnerables. Mis pautas para pedir disculpas a los niños y de esta manera fomentar el respeto y la cercanía han sido inspiradas en esas investigaciones.

Pueden empezar a pedir disculpas tan pronto como su hijo sepa hablar. De esta manera entenderá que esa actitud comprensiva forma parte de usted y no es un resultado que ellos consiguen por quejarse después de un conflicto. Dado lo desesperantes que pueden llegar a ser los niños alrededor de los dos años, tendrán oportunidades más que suficientes para practicar el pedir disculpas por haber perdido el control.

A continuación les ofrezco mis pautas.

- No pidan disculpas durante o justo después de un incidente. Será un gesto inútil, dado que el niño seguramente todavía estará alterado. Peor aun, el niño puede incluso interpretar sus disculpas como una prueba de que ha logrado vencerle.

- Que sus disculpas sean cortas y directas. No se expresen de manera excesivamente emocional, ofrezcan simplemente una explicación sencilla.

- Pidan disculpas sin dar sermones («La próxima vez espero que tú...») y sin plantear objeciones («estaba equivocado, pero...»).

- Den alguna muestra física de cariño. La que sea más natural para ustedes y su hijo, un abrazo, un beso, una caricia .

Otro ejemplo relevante de cómo las acciones hablan más que las palabras apareció en un artículo publicado en el *New York Times*, en la columna «His»: El autor recordaba un incidente de su temprana adolescencia que ocurrió durante unas vacaciones familiares en un pequeño lugar de veraneo. En un momento de juerga descontrolada, él y dos de sus amigos, destrozaron el salón recreativo de la comunidad. Cuando se descubrió lo que habían hecho, el padre de cada uno de los muchachos reaccionó de manera diferente: uno abofeteó a su hijo delante de los otros; el segundo se llevó al muchacho a rastras, gritando amenazas e insultos en plena noche. El padre de quien escribía sencillamente se puso a observar lo que había pasado, evaluó la extensión del daño, y sin decir una palabra, se subió al coche. Regresó con todos los materiales necesarios para reparar los daños. El muchacho pudo oír durante toda la noche como trabajaba su padre. Mirándolo con la perspectiva del tiempo, el autor decía no haber sentido nunca tanto respeto hacia su padre como aquella vez. Su padre no le había aplicado una sanción en el sentido tradicional, sino en el mejor sentido. Jamás se dijo una palabra sobre el incidente, sin embargo el niño aprendió una lección valiosísima: Cuando uno hace algo mal hecho, hay que enmendarlo de la manera más correcta.

Muéstrense en su complejidad

Creo que la idea de que los padres se muestren ante sus hijos como seres humanos complejos llegará a ser un tema central en las discusiones sobre cómo educar a los niños. Ustedes son, a fin y al cabo personas con múltiple facetas, merecedoras de consideración y de que se les reconozca. Si permiten que estas múltiples facetas salgan a la luz, los niños percibirán su complejidad, y entenderán que ustedes tienen sus propios conflictos además de los que les corresponden como padres, y en medio de todo eso, tratan de ser personas coherentes. Exponer esta complejidad es esencial si quieren que sus hijos los respeten e interioricen sus valores. Hay varias maneras de mostrarse como seres humanos complejos a los ojos de sus hijos. Algunas de los que expongo a continuación pueden parecer simples y evidentes, pero durante las décadas pasadas se han revelado difíciles de conseguir.

Niéguense a ser percibidos como padres de televisión. Recientemente varias madres en un taller se quejaban de que sus hijos, en edad preescolar, utilizaban un lenguaje que ellas no esperaban oír antes de que tuvieran por lo menos unos diez años: «Ay, Mamá, déjame en paz». «Tu no me mandas». «No te metas». Estaba claro que sus hijos e hijas habían copiado estas frases a los niños de las comedias televisivas.

A medida que los niños van creciendo, la visión que tienen de los padres, que habrá sido sin duda influida por los medios, empezará definitivamente a expresarse en medio de los conflictos reales. Un día, Leah, mi hija de ocho años, intentaba contarme algo que había sucedido entre ella y una amiga del colegio. La escuchaba pacientemente, pero por lo visto entendí mal algo de lo que dijo. De repente exclamó, «Los padres simplemente no entendéis nada», y empezó a gemir acompañándose de un lenguaje corporal melodramático que estaba seguro de haber visto antes en alguna parte.

De pronto, en medio de la confusión, me expresé con claridad: «Leah, me niego a ser convertido en un padre de televisión», grité sin intentar ocultar mi enfado. «No, no lo entiendo todo, es cierto. Pero estoy intentándolo. No soy un bruto sin esperanzas como el padre de Brady Bunch». Leah entendió inmediatamente lo que le estaba diciendo y se tranquilizó un poco. Empezó a hablarme con más paciencia, y fui entonces el padre que intentaba entender y respetar sus sentimientos. Fue para ambos, especialmente para mí, un momento de definiciones. Comprendí que tenía que luchar para ser visto como de verdad soy.

¿A ustedes acaso los están convirtiendo sutil y lentamente en «padres de televisión»? Para saberlo, estén atentos a las frases ingeniosas de la televisión. ¿Acaso sus hijos les faltan el respeto y los ignoran? ¿Hacen más distinciones entre el mundo de los adultos y el de los niños de las que realmente existen en su hogar? Si es así, deben dejarlo claro: «No. Sencillamente no me dejaré convertir en uno de esos padres desentendidos, ensimismados y poco reflexivos que veis en televisión». Demuestren un poco de indignación. Sus hijos no tendrán más alternativa que considerar el asunto de manera más profunda.

A veces, dense importancia a ustedes mismos. En nuestro mundo orientado a los niños, cada vez es más infrecuente que los padres se coloquen como centros de la vida familiar. Hoy en día, por ejemplo, la madre demasiado ocupada puede sentirse incapaz de pedirle a sus hijos que la ayuden cuando no se encuentra bien o que le hagan una fiesta el día de su cumpleaños. Aunque los padres se preocupan de los problemas de los niños en el colegio y se alegran de sus éxitos, no suelen contarles que algo no marcha bien en el trabajo o que ha sucedido algo extraordinariamente bueno. En otras palabras, rara vez pedimos a los niños que se concentren en nosotros. Sin embargo, esta sería una buena manera de humanizarnos a los ojos de nuestros hijos y de darles la oportunidad de respetarnos como personas reales y complejas.

A los niños les fascina mirar a sus padres desde un punto de vista diferente. Hice ese descubrimiento por accidente hace unos años cuando mi esposa y yo fuimos los anfitriones de una fiesta de los 25 años de aniversario de unos viejos amigos. El grupo de adultos, diez o doce en total, estaba reunido en nuestro comedor, hablando e intercambiando historias sobre los viejos tiempos . Nuestros hijos, Leah y Sammy, que entonces tenían cuatro y nueve años, estaban (inusualmente) silenciosos. Al principio me inquieté pensando que estaban aburridos. Pero al observarles nuevamente me di cuenta de que estaban completamente absortos, escuchando atentamente las llamativas historias sobre sus padres según las relataban nuestros amigos más cercanos.

Después, Leah nos preguntaba incrédula, «Papá, ¿de verdad tú jugabas al fútbol en la nieve cuando eras joven?» Y Sammy dijo, «Llévame a pescar a mí también como la vez que fuiste en el bote con el padre de Marc». Desde entonces se han referido muchas veces a esa velada. Que a mis hijos les encantaran estas historias fue para mí una revelación. Lo que sucedió esa velada pone de manifiesto la importancia de que los padres se permitan ser el centro de atención y dejen que los niños formen parte de una reunión de adultos.

Puede que esto les parezca al principio un poco incómodo. Convertirse en el centro de atención no significa dejar de hacer caso a sus hijos, sino simplemente otorgarles de vez en cuando un papel secundario en el drama familiar. Pero cuando los padres están tan acostumbrados a enfocar su atención solamente en los niños, pueden sentirse como si los estuvieran menospreciando por el solo hecho de pedirles que cedan el centro del escenario. En realidad, esos momentos en que ustedes son el punto focal, y que abarcan desde pedirle a su hijo que juegue en silencio porque a uno de ustedes le duele la cabeza, o solicitarle ayuda para algo que ustedes realmente no pueden hacer, hasta hacer reuniones de adultos como la descrita anteriormente, entrenan a los niños para sentirse cómodos cuando la atención no está concentrada en ellos. El maravilloso resultado es que a la mayoría de los niños les encanta ese intercambio de papeles. Les proporciona la oportunidad de dar, lo cual también es indispensable para desarrollar otra de las cualidades constructoras de esencia (pueden leer más sobre este aspecto en el capítulo 10, «Gratitud».)

Programen actividades intergeneracionales. Programar reuniones que incluyan personas de todas las edades y en las que se presenten una variedad de temas de conversación también aumenta la tolerancia de los niños hacia las actividades que no se centran en ellos. En mi juventud, tenía que ir a casa de la tía Berta todas las semanas para una cena familiar. No había televisión y se pretendía que yo me sentara con los adultos, a veces durante horas seguidas. Hoy, la idea de ofrecerles a los niños pocos estímulos y pedirles que interactúen con los mayores les parece «injusto» a los niños, incluso cruel. Asumimos, como lo hicimos en la fiesta de aniversario de nuestros amigos, que se aburrirán infinitamente. Pero no se aburrirán, especialmente si les damos la oportunidad de ampliar sus habilidades sociales al interactuar con adultos que no pertenecen a la familia más cercana.

Tenemos unos amigos cuya familia está dispersa en varios lugares a unas dos horas de distancia pero que se reúnen semanalmente los domingos. Éste es el momento en que los niños y los adultos pasan tiempo juntos. Me ha llamado la atención lo cómodos que se sienten estos niños hablando con adultos; queda clarísimo que no es simplemente que se esfuercen en ser educados. Están desarrollando la habilidad de hablar sin ningún temor a personas de cualquier edad.

¿Es usted alguna vez el centro de atención?

- ¿Esperan tarjetas de cumpleaños?

- ¿Sus hijos celebran el día del padre o de la madre?

- A la hora de la cena, ¿a veces hablan de lo que ha pasado durante el día?

- ¿Organizan fiestas que incluyen a los niños en la celebración de algún logro o aniversario de ustedes?

- ¿Alguna vez en el coche escuchan la música que a ustedes les gusta?

Si su familia extensa no es muy grande o vive muy lejos, consideren a sus amigos como de la familia. Estén también atentos a lo que ocurre en su comunidad de vecinos. Hay pequeños indicios esperanzadores de que las relaciones intergeneracionales volverán a cobrar importancia; empiezan a haber actividades comunitarias como veladas de juegos o cenas en las que cada uno ofrece un plato. George W. Gallup explica que el descenso de la participación en la iglesia ya tocó fondo y que, desde 1991, la participación va en aumento. Lamentablemente, si no pertenecemos a estos grupos será difícil que estemos informados de lo que ofrecen. Sería aconsejable hablar con otros padres para averiguar qué saben ellos.

Cuenten la historia familiar. Los niños están totalmente influidos por la idea que propicia la segunda familia de que lo único que importa es el presente inmediato. En 1995, el *National Assesment of Education Progress in American History* (La evaluación nacional del progreso histórico de la educación en los Estados Unidos) concluyó que más de la mitad de los estudiantes de último año de secundaria no conocía los hechos básicos de la historia estadounidense. A juzgar por los niños con los que me encuentro, agregaría que la mayoría de los niños no conoce tampoco su pasado familiar. Esto engendra un sentimiento de desconexión. Si el pasado de los padres es invisible, a los niños les queda una sensación de desubicación con respecto al continuo pasado-presente. Desconocen las historias y características familiares fascinantes que condicionaron su propia existencia. Es vital ofrecer a nuestros hijos un sentido de identidad colectiva hablándoles sobre nuestro pasado. Es entonces cuando empiezan a ver a sus padres como personas, no simplemente como proveedores de servicios o «cosas». Del mismo modo, he observado que ser concientes de la historia familiar lleva a los niños a tener un mayor respeto por sí mismos.

Lo ideal es que la historia familiar sea transmitida a los niños desde pequeños, de manera que se convierta en algo natural en su vida. Los tres o cuatro años son la mejor edad para empezar, pero nunca es demasiado tarde para apagar el televisor e interesar a los niños en su propia familia. Al principio pueden mostrar cierta resistencia; los niños de diez o más años a quienes no se les ha hablado nunca acerca de la familia a veces se quejan de que es «aburrido». Pero es importante empezar y ser persistentes, como lo hizo mi amiga Marty. Para dormirse, sus hijas, entonces de seis y nueve años, pedían leer la serie *The American Girl: Samantha*, donde se cuenta la historia de una familia ficticia. Después de varios capítulos, Marty se dio cuenta de que sus hijas sabían más sobre el pasado de Samantha que sobre su propia historia, historia que contenía un sinnúmero de relatos dramáticos sobre inmigración, heroísmo y triunfo frente a las adversidades.

Una noche decidió contar a sus hijas la historia de su familia. Al principio se mostraron decepcionadas y se quejaban, «No, léenos *Samantha*». Marty insistió en que por lo menos escucharan uno de los relatos para ver qué les parecía. Pues resultó que las niñas quedaron fascinadas; les picó la curiosidad y pedían más. Ahora, su rutina de irse a la cama incluye regularmente un capítulo de la saga familiar: cómo llegaron a Estados Unidos los abuelos, sus primeros años de lucha, los nacimientos y las muertes, los recuerdos que Marty tenía de su propia infancia, incluyendo las grandes reuniones en las que se encontraban varias generaciones para celebrar sus tradiciones. Al oír estas historias, los niños se sentían más cerca de sus padres y orgullosos de su historia.

Prueben la idea de Marty al acompañar a las niñas a dormirse. O sigan el ejemplo de los Herman, que tienen montones de álbumes familiares con fotografías desde el siglo pasado; con relativa frecuencia, se sientan con los niños y les cuentan historias sobre la gente y los sucesos de las fotografías. Los O'Donnell involucraron directamente a sus hijos en la recopilación de la historia familiar restaurando una serie de viejos álbumes familiares que se estaban estropeando. Los padres compraron un álbum grueso y dieron a sus cuatro hijos las tareas de reconstruir los viejos álbumes y armar uno nuevo. Al pegar sus propias fotos en el nuevo álbum, se incluían simbólicamente en el esquema familiar más amplio.

Recurran a las personas mayores de la familia. A lo mejor tienen una tía o un abuelo que posee esa habilidad mágica de recordar cada detalle de la tradición familiar. Incluso si las anécdotas de la tía Elena son un poco noveladas, proporcionarán a los niños un sentido de conexión que de otro modo jamás conocerían. Recuerden, si ustedes no toman la iniciativa, enseñando activamente su historia familiar, ¡tal vez los niños nunca lo pidan!

Respeten su vida familiar creando hábitos y rutinas predecibles. Cuando pregunté a niños de entre cuatro y once años, «¿Qué es lo que más os gusta hacer?», el ochenta por ciento respondió hablándome de una serie de hábitos cotidianos con sus padres. Claramente, los hábitos proporcionan a los niños una confianza en la seguridad de la vida familiar. Los niños con quienes hablé mencionaron hábitos como las historias antes de acostarse, ir en coche o caminando juntos a la escuela, o actividades que tienen lugar una vez a la semana, como la maratón de juegos de mesa después de haber arreglado la casa los sábados, o las mini-pizzas que se hacen los domingos por la tarde. Siempre que las actividades eran comunes, predecibles y compartidas con los padres, se clasificaban como «favoritas».

Estos descubrimientos confirman las investigaciones de los psicólogos Steven y Sybil Wolin, que han hecho una serie de estudios sobre las rutinas. Concluyeron que cuando una familia está habituada a las rutinas, ceremonias y tradiciones, dicha familia está a salvo de las amenazas externas e incluso de las serias amenazas internas, como el alcoholismo. Mas aún, los Wolin estudian la idea de que los niños de familias sin muchas rutinas, «encontrarán orden y sentido en otro lugar, con frecuencia en comportamientos destructivos fuera de la familia».

Les corresponde a ustedes conseguir que las actividades familiares sean parte respetada de la vida familiar. Bien sea cenar fuera una vez al mes, o la cena del sábado en casa, las actividades regulares proporcionan a los niños una sensación de conexión con la familia y disminuyen las diferencias. Cuando los familiares vivan lejos y no sean posibles las reuniones frecuentes intenten encontrarse por lo menos una o dos veces al año, para pasar unas vacaciones juntos, celebrar un cumpleaños, o simplemente para estar en contacto. Estas ocasiones también proporcionan a los niños la oportunidad perfecta para experimentar el valor de compartir el tiempo con personas que no son de su edad.

Los rituales deben continuar durante toda la vida, y en las mejores familias me he dado cuenta de que es eso lo que sucede. Por ejemplo, a lo largo de los años, he entrevistado a los niños Heller, que crecieron con muchos rituales religiosos. Ahora son adultos jóvenes que conservan la costumbre familiar de reunirse con los mismos amigos todos los viernes para el servicio religioso y los sábados para comer. La reunión sigue incluyendo a los padres, a los hijos mayores, y, en los últimos años, algunos recién nacidos.

Vi crecer a los Heller. Desde que se sentaban sobre los hombros de su padre, estos niños han sido respetuosos y se han mostrado completamente a gusto con los mayores. Recientemente les pregunté, «¿qué experiencias de vuestra infancia os parecen verdaderamente importantes ahora?». Todos estuvieron de acuerdo en que los rituales, familiares y religiosos, combinados y por separado, eran lo que más les importaba. En palabras de la hija mayor, «Era la oportunidad para ver a mis padres actuar según sus convicciones. Eso tenía un profundo impacto sobre mí cuando era pequeña, y aún lo tiene». Siempre que hago esta pregunta a otros niños de familias que cumplen alguna tradición religiosa, contestan remitiéndose a la rica experiencia de los rituales.

Controlen su «complejo de viejos». Los niños toman nota de lo que oyen. Y como los padres también somos víctimas de las modas culturales, a veces sin querer transmitimos actitudes negativas hacia los mayores que son tan perjudiciales como las que los niños ven en la televisión. Hace poco me senté cerca de una familia en una reunión escolar. Un padre y una madre hablaban sobre la profesora de su hija, y uno le comentaba al otro: «¿por qué será que permiten que alguien tan viejo enseñe a niños tan pequeños?». Su hijo, que había conocido a la profesora en los recreos y en la cafetería, se apresuró a defenderla: «La señora Franco es muy amable. A mí me encanta».

En otra situación, Jaime, de tres años y medio, cambio de escuela preescolar. Sus padres estaban decepcionados con la calidad de la clase, demasiados niños, pocos materiales... Pero en lo que hacían énfasis, y me lo dijeron delante de su hijo, era en el «vejestorio» que había como profesora. No fue casualidad que, en un par de semanas, Jaime, que al principio sentía simpatía por la profesora, ahora empezara a llamarla «vejestorio».

Presten especial atención a los comentarios despectivos que ustedes hacen sobre su propia edad. Para un niño pequeño, que está desarrollando su esencia, oír a los padres quejarse de estar envejeciendo les envía señales negativas sobre el acto de crecer. En una familia, por ejemplo, Alberto, el padre, se «negaba» en plan jocoso a cumplir cuarenta. Cuando su hijo, José, tenía cuatro años, Alberto tenía treinta y nueve; dos años más tarde, Alberto todavía tenía treinta y nueve. Cuando José ya era adolescente, me confesó que siempre había sentido algo de temor ante el hecho de crecer, porque su padre quería evitarlo de forma radical.

Habilidades de los niños: respetar a los adultos y sentirse a gusto con ellos

Crear situaciones en las que sus hijos puedan estar con adultos, fomenta las siguientes habilidades, que ayudarán a los niños a sentirse más cómodos en el mundo de los adultos:

Conversar con los adultos

No siempre es fácil salvar la distancia, a veces invisible, que existe entre los mayores y los niños. Por ejemplo, cuando las familias se reúnen, los adultos, sin darse cuenta de que se están tomando libertades con la privacidad de los niños, quizás se acerquen con preguntas directas como «¿Qué tal la escuela?, ¿qué haces allí? ¿Y, qué te ha parecido tener un hermanito? ¿Te gustó el regalo que te hicimos?» Estos conocidos acercamientos pueden resultar un poco difíciles a los niños, especialmente para un niño de tres años, que no logra acordarse de nada del día anterior, ¡excepto que Martín le bajó los pantalones a Mario! Muchos padres, al notar la incomodidad de sus hijos ante las preguntas de los adultos, tienden a «proteger» al niño. Contestamos por él, o lo excusamos por su falta de respuesta: «Ah, es muy pequeño y no entiende».

Lo cierto es que, a menos que sean niños extremadamente tímidos, nuestros hijos deben aprender desde pequeños a mantener conversaciones sencillas. Es, al fin y al cabo, la forma en que la gente se relaciona entre sí. Y la falta de esta habilidad ocasionará en el niño un distanciamiento del mundo de los mayores.

Los niños necesitan nuestra ayuda y podemos proporcionársela de varias maneras simples: anticípense a las posibles preguntas, y hagan un simulacro de las posibles respuestas. Supongamos, por ejemplo, que van a casa de la abuela; atendiendo a situaciones anteriores, probablemente saben exactamente cómo saludará al niño. Pueden proporcionarle las palabras y frases que necesitará para responder. Incluso si al principio parece algo artificial, sin que se den cuenta, su hijo ampliará el repertorio y empezará a abordar estos encuentros con naturalidad. Si uno no se ha adelantado a la situación y de repente ve al niño acorralado por un familiar lejano, pueden ayudar concretando la pregunta o ayudándole a iniciar la respuesta: «Juana estuvo contenta en las vacaciones. Cuéntale a la tía María José qué animales vimos en el zoológico».

Cómo confiar en la autoridad

Cuando un niño tiene problemas es importante para él poder evitar esa dicotomía del tipo «ellos contra nosotros» que separa la segunda familia del circuito de los adultos. Recuerden, no es que los niños de hoy odien o se sientan oprimidos por los adultos; sino simplemente que en edades demasiado tempranas algunos niños sencillamente no creen que los adultos sean personas en las que confiar. Por lo tanto su hijo necesita ser animado a abrir vías de comunicación con los adultos que le rodean.

Ayuden a su hijo a emplear estrategias para acercarse a una figura de autoridad. Como explico detalladamente en el capítulo 4, esto implica saber identificar bien a los adultos responsables y afectuosos. Si su hijo ha sido rechazado o tratado mal por alguien con autoridad, tal vez tengan que trabajar más para que recupere su confianza y para ayudarle a escoger un adulto más amable. Recuerden que una de sus metas importantes es cuestionar la imagen que se tiene de los adultos en la cultura moderna. Encontrar adultos amables, disponibles y dispuestos a apoyar ayudará a comunicar el siguiente mensaje: «No desprecien a todos los adultos por cosas que otros niños digan o porque una persona mayor no fue muy amable». Una vez que el niño haya escogido un buen candidato, por ejemplo uno de sus profesores, pueden ayudarle a elegir el mejor momento para abordarlo, después de clase, cuando el grupo está trabajando sin la ayuda del profesor, etc.

A medida que los niños crecen y van sintiendo el peso de los valores de la segunda familia, puede que sientan miedo de no estar integrados con los otros niños. Sin embargo, ciertas estrategias pueden ayudarles a evitar la censura de sus compañeros, por ejemplo, dirigirse a las personas de autoridad sólo cuando no haya otros niños a su alrededor. Mateo, un niño de cuatro años, poco atlético y no muy agraciado, tenía dificultades para participar en los juegos de la clase. Por sugerencia de sus padres, y armado con una nota de éstos, Mateo se acercó en privado a su dulce profesora para evitar sentirse avergonzado delante de sus compañeros de clase.

EN RESUMEN: CÓMO PEDIR AYUDA A LOS ADULTOS
CUANDO SE TIENEN TRES O MÁS AÑOS.

Las más recientes investigaciones muestran que tenemos muy poco tiempo para comunicar nuestro mensaje sin perder la atención de la audiencia. Sus hijos necesitan aprender a ser buenos comunicadores con los adultos. He aquí lo que los profesores, siempre ocupados, dicen que funciona mejor:

- Ser directos. No dar rodeos.

- Hablar, incluso llorar, pero no gimotear quejándose.

- Tratar a los demás con cortesía, incluso sintiéndose mal.

- No culpar a los otros. Explicar simplemente lo que se siente.

- No exigir. Pedir lo que se necesita.

La cortesía

La cortesía genera mejores respuestas y disminuye la distancia entre los adultos y los niños. Los niños de todas las edades me dicen que se sienten mal consigo mismos cuando les permiten faltarles el respeto a los adultos. Los niños que he entrevistado reconocen, delante de otros niños, que los adultos deberían esperar buenos modales de los niños hacia los adultos. Ciertamente, los adultos se alejan de los niños «mal educados». Los niños aprenden cortesía observando a sus padres. Pero también necesitan que se les recuerden normas concretas. Empiecen antes de que el niño hable, diciendo por él «Gracias, papá» cuando se le pasa un juguete o se le da algo de comer. Palabras como «por favor» o «gracias», «hola» y «adiós», debería ser lo primero que aprenda (ver también el capítulo 10). No toleren la falta de respeto, ni en casa ni fuera de ella.

Cómo asumir la responsabilidad

Los adultos suelen sentirse molestos con los niños que culpan de sus problemas a todos y a todo, y por lo tanto es probable que no estén dispuestos a ayudarles. Esta actitud simplemente confirma la creencia de los niños de que con los adultos no se puede contar. Atiendan al ejemplo de Cristóbal, un niño Intenso/agresivo. Corría en medio de una fiesta de cumpleaños, pinchando a sus compañeros de juego en el trasero con un tenedor de plástico. Al ser detenido por la disgustada anfitriona, la respuesta de Cristóbal fue «no sabía que no les gustaba». La madre y otros familiares estaban enfadadísimos, no solamente por el comportamiento del niño, sino por su respuesta. Si Cristóbal hubiera dicho, «lo siento, me he comportado mal», o «no lo volveré a hacer», a lo mejor la ira se habría apaciguado. De hecho, con su respuesta pasó a formar parte de la lista negra de todo el mundo, más que nada por no asumir la responsabilidad de sus actos.

Es cierto que hay situaciones en que un niño se queja y la única consecuencia negativa es que les parece un pelmazo a los otros niños. Sea como sea, es importante que los niños afronten sus dificultades sin necesidad de echar la culpa a los demás. Por ejemplo, recibí en consulta a los padres de Patricia, de once años, a quien ya había atendido por sus dificultades para integrarse. Nuevamente la utilizaban de chivo expiatorio, esta vez en el campamento.

Cuando sus padres me contaron lo que estaba sucediendo, hablé con Patricia. Para ayudarle a superar la memoria típicamente selectiva de los preadolescentes, le recordé que ella había controlado con éxito experiencias similares en la escuela mediante la táctica de convertir a la profesora en su aliada. Y también le di consejos sobre su estilo de acercamiento: «La mayoría de los adultos admiran la honestidad. Explícale tu situación de manera que no te desprecies ni a ti misma ni a tus compañeros. Por ejemplo, puedes decirle, "Necesito ayuda. Creo que estoy haciendo que los otros niños sean crueles conmigo"».

Alicia, la monitora, tenía muchas sugerencias útiles y concretas: Cambiar un poco su estilo de vestir tal vez ayudaría a Patricia a integrarse mejor en el grupo. Probablemente también sería una buena idea no estar demasiado cerca de los otros niños. La manera suave en que Alicia proporcionó a Patricia estas sugerencias fue vital. Aunque parte del éxito de Patricia con la monitora tuvo que ver con el hecho de que, antes de pedirle ayuda, esperó a que hubiera un momento tranquilo y privado, y además supo demostrar que asumía su problema. El hecho de asumir la responsabilidad, en lugar de quejarse de los otros niños, hizo que su monitora estuviera dispuesta a ayudarla, y gracias a esta ayuda, transformó un verano potencialmente desagradable en una etapa positiva de crecimiento. Patricia no se convirtió instantáneamente en una niña popular. Sí empezó, sin embargo, a ver a Alicia como su aliada y Alicia, a su vez, desarrolló un gran cariño por ella.

La importancia de que los niños confíen en sus percepciones sobre los adultos

Los niños necesitan aprender a confiar en su «sensación instintiva» hacia los adultos. Deben aprender a hacer caso a sus señales internas de alarma, esos momentos en que «algo» les dice que se mantengan alejados de un adulto. No me refiero únicamente a casos extremos, como un extraño de mal aspecto evidente; hoy en día la mayoría de los niños aprenden a esquivar este tipo de amenazas. Pero para no clasificar a los adultos por estereotipos, tienen que aprender a distinguir entre los adultos que merecen confianza y los que no dentro de su círculo inmediato. Por ejemplo Diana, aquella niña que extrañaba su hogar cuando estaba de colonias en verano, a quien conocieron en el primer capítulo, había observado que Bárbara, una de las monitoras, se mostraba insensible tratando a otras niñas. Desgraciadamente, Diana no hizo caso de la voz protectora que oía en su interior y se dirigió a Bárbara para comunicarle sus sentimientos.

Predeciblemente, Bárbara respondió como un adulto malvado sacado de alguna comedia de televisión: «¡Si ahora no aprendes a controlar tu nostalgia de casa, nunca vas a poder hacer nada bien!», le dijo a Diana con dureza. Me sentí furioso cuando me enteré de esto. Claramente, Bárbara no era el adulto indicado a quien acercarse, su respuesta no hacía nada en pro de que Diana percibiera a los adultos con mayor respeto. Peor aún, el incidente la disuadió de hablar con otros adultos en las colonias de verano. Si hubiera confiado en su percepción, Diana podría haber evitado la agresión a sus sentimientos, acercándose a un adulto más dispuesto a comprender.

La importancia de mostrar nuestro reconocimiento a las personas de autoridad que prestan apoyo

Los profesores, rectores, entrenadores, tutores y sacerdotes son personas reales y tienen también sentimientos. Manifestar nuestro aprecio a estas personas, por ejemplo enviándoles una tarjeta de cumpleaños, desafía la creencia de la segunda familia de que los sentimientos de los adultos no son tan importantes como los de los niños, y que, además, los mayores no importan.

Desde que nuestros hijos entraron a preescolar, mi esposa y yo hemos seguido el ejemplo de otros padres que animan a sus hijos a llevarles tarjetas hechas por ellos a los profesores que están de cumpleaños, o que han tenido un bebé, o en cualquier otra ocasión feliz. Como empezamos esta costumbre cuando eran muy pequeños, nuestros hijos no la perciben como «estúpida». Y lo que es todavía más importante, encuentran verdadera satisfacción en ver la alegría de quien recibe las tarjetas. Por ejemplo, cuando se casó una de las profesoras de nuestra hija y cuando la ayudante de la clase de nuestro hijo se graduó en la universidad, ayudamos a nuestros hijos a hacer galletas para ambas ocasiones. Estos gestos de gratitud expresan el reconocimiento a los adultos que participan con su cariño en la vida del niño.

Disciplina compasiva: técnicas que generan respeto hacia los adultos

Asumir la autoridad de una manera compasiva fomenta la confianza de los niños en los adultos y, por lo tanto, fortalece su esencia. Las siguientes pautas han sido escogidas y adaptadas específicamente porque fomentan el Respeto hacia los adultos. Están organizadas según el nivel de desarrollo.

De los dos a los cinco años

Distraigan a los niños. Regla de oro: intervengan cuanto antes intentando distraer al niño para evitar el mal comportamiento, de esta manera serán mayores las probabilidades de éxito. Nunca pretendan distraer a un niño preso de una rabieta; intenten intervenir antes porque, como demuestran las investigaciones sobre la comunicación familiar, el comportamiento descontrolado supera rápidamente la etapa en que la distracción habría servido. Su hijo se sentirá inmediatamente reconfortado cuando un adulto se hace cargo de una situación semejante.

Aprendan a distinguir los diferentes tipos de rabietas. Deben aprender a diferenciar la rabietas manipuladoras, de las que deben hacer caso omiso, de las rabietas temperamentales, que ocurren cuando un niño está cansado, enfermo, con hambre, o excesivamente estimulado. Estas últimas deben ser atendidas de inmediato. Su capacidad para distinguirlas demuestra al niño que ustedes le entienden y saben qué hacer.

Aparten al niño de la situación difícil. Un cambio de contexto puede ser positivo tanto para el niño como para los padres. No es bueno que el niño se sienta siempre asediado por sus padres, ya que hay una gran probabilidad de que entonces se sienta siempre en guerra con los adultos.

Eviten que su hijo se haga daño o le haga daño a otros. Puede ser eficaz abrazar al niño a la vez que se le dice, «No te dejaré golpear de nuevo». Si grita y se retuerce, sujétenlo con más fuerza. Cuando perciba su convicción, dejará de luchar. Esto demuestra a los niños que con frecuencia establecemos límites por su propio bien, esta idea disminuirá la desconfianza preadolescente y adolescente hacia los adultos.

Utilicen breves recesos. Recuerden que deben utilizar períodos cortos y que se puedan hacer cumplir y hacer que el niño vaya a un lugar tranquilo, sin entretenimiento. No empeoren la batalla sugiriendo, piensa en lo que hiciste mal. Explíquenle en frases cortas por qué lo han hecho. («No puedo pensar bien cuando te pones así»). Entretanto, cálmense ustedes. Esto corta la posibilidad de las interacciones explosivas, en las cuales tanto los padres como los niños hacen cosas que pueden ser hirientes a la larga, y puede conducir a una relación de mayor confianza.

Incorporen a la rutina diaria gratificaciones secuenciales. Los mecanismos naturales para hacer que las cosas marchen, como: «Si te vistes más rápido puedes ver otros quince minutos de Barney», hacen que la noción de premio sea menos arbitraria. De este modo, el niño tiene menos probabilidades de sentirse como si tuviera que saltar aros para complacer a los adultos en su vida.

Ofrezcan gratificaciones secuenciales... y negocien. Propongan un trato, como: «Si te pones las medias ya, tendrás cinco minutos adicionales para ver Las Tortugas Ninja». No esperen complacencia inmediata ante el primer «trato» que ofrezcan, a estos niños ya les gusta regatear, y tratarán de que los cinco minutos se extiendan a diez. Sin embargo, mantener un sistema flexible les enseña a los niños a presentar argumentos de manera concisa, una habilidad que el mundo adulto aprecia mucho más que el regateo interminable.

Ofrezcan opciones limitadas. Puedes lavarte la cara primero o cepillarte los dientes primero, ¿cuál escoges? Este estilo positivo hace que el niño sienta que tiene cierta autonomía, en lugar de estar completamente controlado por los mayores.

Desistan de una situación cuando esté demasiado candente. Resístanse a picar el anzuelo cuando el niño pronuncia esa vieja frase preferida, «No es justo». Cuando ustedes cortan la escalada, («Hablaremos de esto más tarde cuando todos nos hayamos calmado»), el niño aprende tres lecciones importantes: que hay buenos y malos momentos para hablar, que los comportamientos tienen consecuencias, y que hay límites a los retos a la reserva de paciencia, la de ustedes y la de otros adultos.

Pídanle al niño que proponga soluciones. Los niños de escuela elemental están ávidos de asumir mayor responsabilidad. Les hace saber que ustedes no tienen todas las respuestas, y que pueden trabajar juntos. Lo que ellos proponen también les permite a ustedes un vistazo a su mundo interior, a lo que han adoptado de sus amigos y de los medios. Esta táctica reduce la distancia que puede separar a los niños de los adultos. También prepara a los niños para el aprendizaje cooperativo y para el trabajo en equipo que es tan central en la vida adulta.

Utilicen el antiguo sistema de premiar con estrellas. El niño de esta edad aprecia las estructuras y los sistemas. Pero esta estrategia tiene un corto período de vencimiento, especialmente si se la utiliza demasiado. Es mejor emplearla hacia una meta específica, deberes que llevan hacia un premio en particular. Este aspecto predecible ayuda a reforzar la idea de que los adultos guardan sus promesas cuando los niños ponen de su parte.

Exhiban horarios y listas de tareas. Al igual que el sistema de estrellas, esto es bien visible, es sistemático y es concreto. Permítanles a sus hijos aportar en la definición de cuáles tareas van a hacer y al orden en que las harán. Este método le parece menos arbitrario al niño que las expectativas que salen de la nada.

Utilicen situaciones hipotéticas para resolver problemas. Por ejemplo, «Mateo no quiere compartir los juguetes. ¿Cómo crees que sus padres le pueden ayudar?» O utilicen personajes de la televisión o tramas de cuentos como iniciadores de conversación. No hagan evidente la aplicación de la lección al caso de su hijo («¿Cómo crees que el caso de Mateo se aplica a ti?»). Una situación hipotética puede servir para desviar la atención del niño, permitiéndole un poco de espacio para respirar, para buscar activamente soluciones sin estar a la defensiva y acompañado de un adulto comprensivo.

Apelen al sentido de empatía de su hijo. Ocasionalmente, sean directos acerca de sus propios sentimientos. «No me parece justo que me hables así. A ti no te gustaría». Esto está bien lejos del estilo rígido, «Hazlo porque te lo ordeno yo».

De los nueve a los once años

Pónganles un límite de tiempo a todas las negociaciones. Díganle a su hijo, «Te damos cinco minutos para que prepares bien tus argumentos; luego tomaremos una decisión». A los preadolescentes les encanta el arte de llegar a acuerdos, fácilmente pueden agotar a los padres. Cuando los agotan, se sienten como si hubieran ganado, una estrategia que probablemente utilizarán con otros adultos.

Hagan contratos específicos. Digan, «Si regresas a casa a las cuatro [contrario a si regresas "a tiempo"] de la casa de tu amigo desde el lunes hasta el jueves [a diferencia de «casi toda la semana»], entonces podrás quedarte hasta las cinco [a diferencia de «otro rato»] el viernes por la tarde». La concreción deja poco espacio para la interpretación o la renegociación. Ofrecer lo concreto y predecible les ayuda a los niños a escuchar a los adultos en quienes confían.

Pídanles que sugieran soluciones, pero prepárense para lo extravagante. Si arreglo el cuarto, ¿puedo ir a Hawaii? Sirve para recordar que a los niños les gusta más la negociación que el privilegio o el objeto que están pidiendo. Comprender esto les permite tranquilizarse o lograr una nueva perspectiva sobre el asunto (Mañana no se sentirá tan dolida por no haber ido a la fiesta) Y elimina parte de la tensión superficial que existe en las negociaciones padres/hijos.

Respeten el estado de ánimo de sus hijos después de una confrontación o después de establecer una norma que no es de su agrado. Tengan en mente, también, el temperamento de su hijo. Esta sensibilidad y sentido del momento le comunica reiteradamente a su hijo que entienden quién es él, lo cual es más importante en una buena relación que el contenido de la confrontación.

Traten de olvidarse de la habitación. Cierren la puerta para no ver el desorden. Si la habitación amenaza el resto de la casa, un olor, epidemia de insectos, entonces plántense dándole al niño una opción limitada: «O lo ordenas solo de hoy a mañana, o lo hacemos juntos, o le pago a tu hermano para que lo haga». Esto le comunica al niño que no se disponen a invadir automáticamente su territorio. Un respeto por las fronteras le ayuda a coexistir tanto con su pares como con los adultos.

Recuerden que los privilegios extendidos deben ser ganados; no son derechos inalienables. Esta es la puerta a la adolescencia. Puesto que los preadolescentes son más que capaces de exhibir empatía en un momento de calma, asocien su experiencia a su libertad en aumento. «Puedes tomar el autobús solo si llegas a casa a las cinco. De esa manera me daré cuenta de que puedes manejarte solo y no me preocuparé tanto». Nuevamente, este enfoque tridimensional hace hincapié en el hecho de que los padres también son personas.

De los doce a los quince años

Hagan contratos de mayor duración. Pueden sugerir, «Si mantienes el promedio en 8, el semestre entrante podrás tomar clases de equitación». Puesto que la mayor parte de los adolescentes piensan que cualquier exigencia paterna es una especie de opresión, los contratos ayudan a que las reglas parezcan menos cargadas emocionalmente. Permitan la participación del adolescente, pero asegúrense de que sabe que ustedes tienen la última palabra. Cualquier cosa que disminuya su normal impresión, desde el punto de vista del desarrollo, de que es perseguido, le ayuda a ser lo más razonable posible hacia sus padres.

Elijan sus batallas con sabiduría. Con un adolescente, existe una infinidad de oportunidades de entrar en conflicto y, a la vez, el influjo de la segunda familia es cada vez más poderoso. Mientras más choques haya, más percibirá el mundo de los adultos como ajeno y sofocante. Así que tal vez sea sensato ceder ante un peinado mientras que se mantienen firmes en una hora de regresar a casa.

Para ganar en colaboración, aprovechen el creciente sentido de empatía del adolescente, e inviertan tiempo en contarle cuál es su perspectiva y cuál es la de otros adultos. Explíquenle, «Necesito que seas puntual, de lo contrario me preocupo», o «¿Cómo crees que el señor Perdomo se siente con lo que hiciste?» Las preguntas que los hacen pensar amplían la estrecha visión del adolescente de que el mundo adulto está arbitrariamente en su contra.

Asegúrense de que todas las consecuencias reflejan estos tres puntos, que establecen límites y sin embargo reconocen la creciente independencia de su hijo:

1. Digan exactamente qué es lo que quieren («No quiero que fumes durante el concierto»).

2. Dejen claro que sucederá si se enteran de que no cumplió («No confiaré en ti y acabaré preocupándome, así que se acabarán los conciertos por tres meses»).

3. Reconozcan que no estarán allí para vigilarlo («Finalmente, tendrás que tomar tu propia decisión, a sabiendas de qué es exactamente lo que pensamos y lo que ocurrirá si no haces caso»).

Aunque los adolescentes están en la cúspide de la edad adulta, la distancia entre dos puntos nunca habrá sido mayor que a esta edad. No obstante, estos tres pasos comunican un mensaje racional: aunque hay límites, no podemos, en realidad, hacerlos cumplir todos. Esta visión razonable fortalece las relaciones con los adolescentes que se erizan ante las restricciones pero desprecian y respetan menos a los padres que son como tigres de papel.

Las anteriores estrategias apropiadas desde el punto de vista del desarrollo por lo menos los ubican a ustedes, como adultos, en una postura razonablemente compasiva, y dan a entender que no son tontos. No solamente les ayudarán a tomar y a mantener la autoridad, sino que ayudarán a fomentar el Respeto en sus hijos.

3

La expresividad

Habilidad básica núm. 3: Fomenten ese estilo único de sus hijos cuando hablan de lo que realmente les importa.

La generación elocuente

Eric, de ocho años, un niño a quien conozco, intercambia cómodamente frases de cortesía con cualquiera que se preste a escucharle. A esta tierna edad, no solamente puede hablar sobre temas de interés social, como el medio ambiente y diferentes sistemas de reciclaje, sino que puede expresar su opinión sobre una serie de cuestiones de adultos. Alicia, su hermana de seis años, ya conversa sobre una serie de temas importantes, siendo su preferido el de las relaciones; al tratar algunas cuestiones interpersonales, como la popularidad, la sensibilidad y la seguridad en uno mismo, suena como una experta entusiasta. Incluso su hermana menor, Patricia, de cuatro años, puede ofrecer opiniones lúcidas, a veces para gran consternación de sus padres, sobre las mejores comidas rápidas, y los juguetes didácticos «buenos». Reconozco que estos niños provienen de familias educadas de clase media, pero aún así, están demostrando un dominio de cuestiones que yo no empecé a intuir hasta la escuela secundaria.

En mi vida profesional y personal me encuentro constantemente sorprendido por las cosas sobre las que son capaces de hablar los niños hoy en día; si escucho con los ojos cerrados, pienso con frecuencia que estoy en presencia de un adolescente. No obstante, también me llaman la atención las quejas de los padres en el sentido de que, aunque los niños estén tan adelantados en su percepción y en su elocuencia, sin embargo no atienden adecuadamente las cosas que realmente importan en un nivel personal profundo. Por ejemplo, a menudo son incapaces de compartir sus sentimientos y preocupaciones, o las causas de estrés en sus jóvenes vidas. En otras palabras, aunque los niños de hoy sean sorprendentemente verbales, no poseen necesariamente esa característica esencial que yo llamo «Expresividad».

Porqué es importante la expresividad

Sencillamente no basta con que los niños tengan facilidad de palabra, por más que nos resulte simpático, divertido y hasta encantador; es necesario que haya algo consistente tras su charla precoz y su entendimiento pseudo adulto del mundo. La expresividad, la habilidad para revelar y articular lo que uno piensa y cree, es una clave vital en la esencia de un niño. Su ausencia puede tener consecuencias serias a lo largo de su ciclo vital. La niña «tímida» en edad preescolar, que no se mete con nadie, tiene en realidad miedo de los niños más alborotados de la clase. Se está perdiendo una interacción social importante con sus compañeros simplemente porque no sabe cómo decírselo a su profesora. La niña de escuela elemental que parece tan agradable, ha sido infeliz, nos enteramos más tarde, porque no tuvo una «mejor amiga» y no sabía cómo hablar de ello. Esa chica de secundaria que siempre estaba sentando cátedra sobre algún asunto de justicia social sufría a escondidas un desorden alimenticio cuyo origen era su incapacidad para expresar sus profundos sentimientos de inseguridad.

Más adelante en este capítulo, hablaré detalladamente de lo que ustedes pueden hacer para prevenir este tipo de daños en la esencia de sus hijos, pero miremos primero por qué la expresividad es un constructor de esencia tan fundamental.

Los niños expresivos son niños más hábiles. Cuando un niño puede expresar un problema, tiene menos probabilidades de sublimarlo a través del comportamiento y mayores probabilidades de conseguir lo que quiere de la vida. Como hace notar Thomas Sowell, especialista en el lenguaje, en *Late Talking Children* (Niños que tardan en hablar), la frustración es común en los niños inexpresivos; no sorprende, entonces, que el impacto se note en el funcionamiento social y académico. Desde la etapa prescolar, cuando un niño pequeño se siente frustrado acaba metido en problemas porque sus sentimientos afloran de manera contraproducente. Los niños que tardan en hablar tienden con frecuencia a emplear el lenguaje de las acciones. De hecho, en muchas de las clases que he visitado, es típico que los niños menos expresivos verbalmente tiendan a participar en juegos bruscos que atemorizan a los niños menos agresivos y más expresivos. En un grupo de guarderías de niños de tres años y medio y de cuatro años, que jugaban a los piratas, se divertían aterrorizando a sus compañeros. En una escuela elemental, los niños más revoltosos imitaban los movimientos y las actitudes de intérpretes de rap. Incluso en edades tan tempranas, la agresión y la frustración tienden a aflorar de manera física cuando los niños son incapaces de expresar sus sentimientos de manera adecuada.

Los niños expresivos tienden a sentirse más seguros. Parece de sentido común que los niños que esconden sus sentimientos o que inconscientemente los expresan a través de acciones son más vulnerables a los peligros sociales o de desarrollo. La expresividad es un antídoto importante. Estar en contacto con los sentimientos, identificarlos, y sentirse animado a compartirlos con personas que pueden proporcionar una guía, principalmente los padres, ayudará a los niños a sentirse seguros. Por eso es tan importante educar la Expresividad cuando los niños son pequeños.

Michael Nerney, asesor en comunicaciones escolares, anota que las bases para la Expresividad se sientan en los años preescolares. Los niños mayores que no han desarrollado esta habilidad crucial tienen dificultades para identificar con precisión sus propios sentimientos y necesidades; y dependerán siempre de informaciones externas, en lugar de poder sintonizar con sus propios estados emocionales y de responder a éstos. Algunos de aquellos piratas del jardín infantil que continúan actuando en lugar de hablar pueden convertirse en adolescentes con problemas y carentes de las habilidades necesarias para desahogarse.

Los niños Expresivos están más cerca de sus padres. El estudio JAMA al cual me refería en el Capítulo 2 es probablemente uno de los estudios longitudinales más importantes que se haya hecho hasta ahora en desarrollo infantil; se les hizo un seguimiento hasta la adolescencia a casi mil trescientos niños. Los investigadores sostenían que la conexión emocional de un niño con sus padres y su apertura verbal con ellos eran los factores que más incidían sobre el rendimiento escolar y sobre la posibilidad de que en la adolescencia se incurriera en comportamientos peligrosos. En realidad, estos dramáticos descubrimientos sencillamente confirman lo que los padres han percibido durante años.

Los niños Expresivos pueden protegerse a sí mismos. El poder de la Expresividad parece empezar desde edades muy tempranas, es decir desde los dos y tres años. Por ejemplo Susana, de tres años, era víctima de sus compañeros en la guardería porque utilizaba unas gafas gruesas para corregir un problema congénito. Aun siendo tan pequeña, pudo identificar su malestar con el hecho de que la llamaran «cuatro ojos» y pudo hablarlo con sus padres. Ser conscientes del problema dio a sus padres la oportunidad de ayudarla aconsejándole que explicara la situación a la profesora. La Expresividad condujo a la comprensión y a la acción, y esto marcó una diferencia vital entre una Susana con sentimientos de vergüenza y una Susana efectiva frente a las provocaciones.

Los niños expresivos consiguen amigos expresivos. Uno de los aspectos más importantes y, sin embargo menos discutidos de esta característica esencial es que los niños que poseen Expresividad se sienten atraídos entre sí. Como leerán en el Capítulo 5, «Talento en las relaciones», los buenos amigos se protegen y fortalecen mutuamente su esencia interior. Las relaciones que mantienen los niños expresivos se centran con frecuencia en intereses comunes y siempre están basadas en el respeto mutuo ante la capacidad de resolver problemas y ante las habilidades. Estos niños son niños exitosos. Los han visto, son los que han triunfado, los especialistas, los que tienen ese don que los lleva a escoger bien. Pertenecen al grupo de niños que van por el camino inteligente. A diferencia de los niños que están sumergidos en la cultura de moda, estos niños realmente hablan de cosas. Puede que sus conversaciones sean simples, pero su Expresividad tiene generalmente resultados muy positivos.

En resumen, la Expresividad es la capacidad de verbalizar lo que está sucediendo interiormente. Para un niño, esto implica por una parte ser capaz de identificar sus propios sentimientos, y por otra, ser capaz de comunicarlos tanto a los adultos importantes como a sus compañeros. De ahí, nuestra tercera Habilidad básica.

Habilidad básica núm. 3: Fomenten ese estilo único de sus hijos cuando hablan de lo que realmente les importa

---

Obviamente, la Expresividad puede constituir la diferencia entre el éxito o el fracaso académico, el buen desempeño social o el aislamiento, la conexión o la desconexión con la familia. Puesto que es tan importante lo que está en juego, los padres tenemos que estar al tanto de las fuerzas que se oponen a que ayudemos a los niños a adquirir esta habilidad.

Amenazas esenciales: lo que va contra la Expresividad

Dada la apertura de nuestra cultura, uno debería pensar que los niños hoy son más expresivos que nosotros cuando éramos niños; sin embargo, mi observación de niños de distintas edades me demuestra precisamente lo contrario. ¿Por qué?

La Segunda familia compite con la Expresividad. Como hacía notar en el Capítulo 2, los niños y los padres invierten aproximadamente 39 minutos a la semana en una conversación significativa con sus hijos, una minucia comparado con los 1.680 minutos que los niños pasan viendo televisión. El mismo estudio muestra que el tiempo promedio que está encendida la televisión en los hogares estadounidenses es de ¡siete horas! Si se le agrega a ese tiempo el que los niños pasan frente a los ordenadores y juegos de vídeo, uno podría argumentar que al menos los niños están recibiendo mucha información; pero el volumen por sí solo no es buen indicador.

La cultura de moda promueve la antítesis de la Expresividad. Cada año, tanto los publicistas como las compañías de actividades lúdicas luchan por encontrar una frase ingeniosa y pegajosa dirigida a una nueva generación. El resultado es el lenguaje que yo llamo «Hablapop» (ver recuadro). Es el vocabulario al que muchos niños se enganchan hoy en día, expresiones fabricadas y palabras superficiales que degradan y vuelven impersonales las relaciones humanas.

Este lenguaje separa al niño de sus sentimientos y es utilizado como una especie de taquigrafía verbal, que resume de forma rápida e incompleta un estado de ánimo, o expresa una opinión o describe una actividad. Además se utiliza para conseguir mayor popularidad. En muchas aulas de todo el país, los que dominan mejor el «hablapop» no solamente son aceptados, sino que son preferidos, forman parte del grupo que está «en la onda». Estos niños no suelen ser verdaderamente expresivos, se limitan a utilizar fórmulas aprendidas. Los niños a quienes se les permite un acceso excesivo a los medios de comunicación reproducen los pensamientos, historias, y el lenguaje universal que promueve la cultura de moda.

El «Hablapop» puede comenzar a desarrollarse desde que los niños son muy pequeños. Un niño de cinco años y medio, saturado de medios de comunicación, me contó la siguiente historia en su peculiar lengua: «Uy, era como, era guay, el niño era como: «Uy, ¿de verdad me van a dar *Donkey Kong Tres* de regalo de cumpleaños? ¡Tan guay».

La segunda familia no exige Expresividad. Este es un factor importante en el grupo de amigos. Cuando le pregunto a un preadolescente saturado de la cultura de moda, que habla como se habla, camina como se camina (con frecuencia una imitación de las posturas del rap gangsta) y que viste pantalones anchos y otros elementos del uniforme, «¿Por qué es tan reconfortante estar con tu grupo de amigos?», invariablemente me dice, «Porque no tengo que esforzarme. No tengo que ser bueno en nada. No hay ninguna presión». A medida que los niños crecen, se acercan a otros que son como ellos y, como resultado, no tienen que decir gran cosa. Carecen a menudo de intereses significativos y parecen incapaces de perseverar frente a problemas y a retos. No saben cómo pedir ayuda; no comparten con facilidad sus triunfos. Los niños inexpresivos rápidamente se amoldan a una forma de desear que consiste en «recibir y consumir en lugar de crear y aportar», como expresaba una inteligente profesora de escuela elemental. Si esta situación continúa a lo largo de la escuela secundaria puede ser una llamativa bandera roja que alerta sobre problemas de comportamiento. Si, además, surgen dificultades de aprendizaje, los problemas pueden agravarse a medida que el niño se va haciendo mayor. Y entonces lo que está en juego es todavía más importante.

Sara, por ejemplo, nunca fue especialmente expresiva cuando era niña. A los trece años ya era prácticamente muda cuando estaba con sus padres. Al igual que muchos adolescentes, cuando Sara estaba en casa, se encerraba en su habitación. Lógicamente se sentía más cómoda con niños que eran como ella, muy inactivos y poco comunicativos. La razón oculta de esta actitud no era principalmente el hecho de que hubiese entrado en la pubertad, sino más bien, la distancia y la incomunicación que se había instalado entre ella y sus padres mucho antes de sus años preadolescentes.

Lamentablemente, los padres de Sara no habían sabido como fomentar su forma personal de comunicarse y ser expresiva en relación a los aspectos emocionales. Lógicamente fue acercándose hacia la segunda familia, menos exigente en lo verbal. Como me confesó Sara en una reunión privada, sus amigas, a diferencia de sus padres, no la hacen hablar mucho, «No necesitamos decirnos mucho. Nos sentimos bien simplemente andando por ahí, viendo la

La fortaleza natural de un niño y su determinación, sumadas a una unidad familiar fuerte, sirven para luchar contra la influencia del «hablapop», el idioma de la incomunicación inspirado en los medios. Muchos niños hablan este lenguaje sin correr necesariamente peligro. Sin embargo, algunos niños son más vulnerables que otros, y si existe un eslabón débil en el funcionamiento familiar, es bastante probable que la cultura de moda se convierta en una influencia peligrosa. Estos niños tienen mayores probabilidades de interiorizar todo aquello que la cultura moderna tiene de mediocre y de contagiarse en exceso del «hablapop». A continuación describo algunos indicios que podrá notar en su hijo en el caso de que esto haya ocurrido:

- Emplea ciertas palabras y frases de moda para describir prácticamente todo: *(cambiar por «¡Cómo mola!, ¡Qué pasada!, ¡Qué cutre!, ¡Tú flipas!»)*. El uso constante de estas expresiones excluye la posibilidad de un vocabulario más rico y expresivo.

- Termina casi todas las frases subiendo el tono, como si formulara una pregunta. No se trata simplemente de una mala costumbre copiada de sus compañeros, sino que además usando este tono evita comprometerse con lo que expresa.

- Tiene un amplio conocimiento sobre la cultura de moda, juegos de ordenador, éxitos musicales, personajes famosos de la televisión, pero no sabe casi nada sobre temas académicos.

- Habla rápido, con fluidez, puede ser incluso gracioso, pero no explica nada que pueda considerarse personal.

televisión o con los juegos de vídeo». La falta de expresividad de Sara era responsable, en parte, del empeoramiento de sus ya malas notas. Estaba a punto de ser expulsada de la escuela, y esa era la razón por la que había ido a parar a mi consultorio.

Lamentablemente me encuentro con muchas niñas como Sara en mi trabajo. Un común denominador entre estos niños es su inexpresividad a largo plazo. En la adolescencia, empeora el trabajo académico, y con frecuencia prueban el tabaco, el alcohol, las drogas y el sexo. Sin embargo, este problema no compete solamente a la segunda familia.

Los padres con frecuencia recurren a la «psicología barata». Muchísimos de nosotros hemos acudido a la psicoterapia y a otros diversos tipos de ayuda. George Gallup Jr. estima que casi el 50 por ciento de la población ha participado en algún grupo de «ayuda» (en la página 308 hay más información sobre esto). Decenas de millones de lectores de libros de psicología moderna, al igual que los miembros de varios grupos de apoyo, se han familiarizado con la «psicología barata», una taquigrafía verbal de máximas terapéuticas estereotipadas. Para algunos padres es prácticamente el equivalente al «habla-pop». Puesto que los padres están, comprensiblemente, desesperados porque sus hijos se comuniquen, intentamos extraer de los niños sus emociones mediante el uso del idioma terapéutico. El problema es que no siempre tenemos éxito. Amanda, de siete años, me dijo, «No me gusta hablar con mi madre, siempre está intentando que yo me exprese». El hijo de un amigo, a los trece años, lo decía de manera más directa: «¿Queréis dejar de intentar analizar todo lo que digo?», dijo después de que su madre usara otra de sus tácticas de comprensión. Y en talleres de todo el país, los niños me han contado experiencias esencialmente similares: Están en pié de guerra ante el hecho de que los padres actúen como psiquiatras, y les exijan someterse a una especie de «apertura» terapéutica.

Tenemos tendencia a buscar un «experto» que ofrezca una solución estereotipada a los problemas de comunicación. En principio, los consejos que ofrecen los manuales educativos no tienen nada de malo y muchas veces ofrecen valiosas ayudas. Sin embargo, muchos de estos libros, incluso el primero que yo escribí, *Parenting by Heart* (Criando con el corazón), parten del supuesto de que las capacidades de los niños cambian a las diferentes edades. Dicho supuesto permite que los padres puedan ceñirse a técnicas generales que son apropiadas para cada edad y que teoricamente funcionarán. Cuando no funcionan, concluimos que o bien nuestro niño es «difícil» o tiene dificultades de aprendizaje, o de alguna forma hemos aplicado la estrategia de manera equivocada. Pero después de escuchar a miles de padres que han intentado emplear varias técnicas, he llegado a otra conclusión: Cada niño tiene un estilo muy diferente de comunicarse y de hablar. La idea de que una serie de principios funcionarán para Juanito, con su particular estilo de expresarse, y con Isabelita, cuyo estilo es totalmente diferente, se ha demostrado muy pasada de moda. Como verán, las investigaciones más recientes en desarrollo del lenguaje nos enseñan que si queremos mantener abiertas las vías de comunicación, primero tenemos que reconocer el estilo particular de cada niño a la hora de comunicarse y partir siempre de esa base.

Cómo entender la expresividad

En otros capítulos de este libro, dedico una sección a lo que los padres deben hacer para ayudar a desarrollar la característica esencial de la que me ocupo, y otra sección a las clases de habilidades constructoras de esencia que los niños necesitan para desarrollarla. Sin embargo, la Expresividad es peculiar. La Comunicación, por definición, relaciona a un hablante con alguien que escucha. Los dos son parte del mismo hecho comunicativo, y la calidad de la comunicación es determinada por ambos. Incluso si su niño ya es expresivo, deben actuar para proteger esa característica esencial, que siempre es demasiado vulnerable a la segunda familia.

La Expresividad puede ser reforzada en prácticamente todos los niños pequeños y en los adolescentes. A continuación expongo el modo de motivarla, que empieza por la comprensión del estilo particular de comunicación de su hijo. Primero explico los elementos de la comunicación, y luego los cuatro «estilos» de comunicación.

Como siempre, les sugiero que acepten la naturaleza de su hijo y se adapten a su propio estilo a la hora de ayudarle. Recuerden que el objetivo es siempre fortalecer la propia esencia interior del niño. Las estrategias específicas que ofrezco más adelante en este capítulo para cada uno de los cuatro estilos de expresión les ayudarán concretamente en esta tarea.

Los componentes de la comunicación

Las palabras «buena» o «mala» no describen adecuadamente la comunicación, por eso ustedes no las usan para hablar de las capacidades verbales de su hijo. Utilizan más bien expresiones como las siguientes:

«Habla bien».

«Me tiene confianza».

«Dice lo que piensa».

«Mi hija me lo cuenta todo».

«Es más cerrado que una ostra».

«Es muy solitario, no se relaciona con nadie».

Cualquiera que sea la descripción que usted haga de su hijo, dicha descripción nos dará la clave para saber cuál es su peculiar «estilo» de comunicación. Muchas de las características expresivas que describo a continuación son innatas. Al hacerse más conscientes de ellas, estarán en mejor disposición para aceptar el estilo individual de su hijo. Y, lo que es igual de importante, se darán cuenta de cuál es la mejor manera de modificar su enfoque para adaptarse a ese estilo. No es difícil comprender mejor cómo se comunica su hijo. A continuación les explico lo que los especialistas en desarrollo del lenguaje tienen en cuenta hoy en día.

Ritmo. Algunos niños sencillamente tardan en encontrar las palabras y hablan con lentitud. Cuando un niño que necesita pararse en cada palabra tiene que conversar con un niño que dispara palabras, los dos tienen dificultades para comunicarse, porque el niño más lento se siente en inferioridad de condiciones. Por ejemplo, hace poco recibí en mi consulta a los padres de tres niños. Allen, de ocho años, era lo que nosotros los terapeutas llamamos «el paciente identificado». Sus padres, Elizabeth y Donald, estaban preocupados porque Allen no hablaba mucho. Cuando conocí al niño, sin embargo, me explicó que: No le gustaba hablar con su madre porque ella le interrumpía constantemente. Elizabeth era realmente una madre comprensiva y bien intencionada, sin embargo, cuando oyó la queja de Allen, se sintió herida y no pudo entender a qué se refería. Sin embargo, después de quince minutos escuchándolos hablar de ciertas dificultades que tenían en casa, se hizo evidente que el niño tenía algo de razón. En ese corto período de tiempo, Elizabeth había interrumpido a Allen por lo menos doce veces sin darse cuenta. El problema era, simplemente, que la velocidad del pensamiento de ella era mucho mayor que el ritmo de verbalización de Allen. Él empezaba a decir algo así como «Hoy en el colegio...» y ella interrumpía «¿En qué clase?»

Concentración. Como explico detalladamente en el capítulo 6, los niños tienen diferentes estilos de concentración que afectan, no solamente su capacidad de asimilar información, sino su habilidad de mantenerse implicados en una misma actividad. A Jaime, por ejemplo, lo distraía el menor ruido o movimiento, cosa que confundía a cualquiera que intentara conseguir que relatara algo. Estoy seguro de que han conocido niños que parecen perderse en la mitad de la conversación. También ocurre lo contrario, por ejemplo, Sammy, mi hijo, cuando está concentrado ¡podría contar una historia en el estadio a la vez que alguien mete un gol!

Pensamiento lineal, versus pensamiento no lineal. El niño lineal va de A a B y a C. Si Lina está describiendo una tarde de juegos con una amiga, hablará sobre cómo llegó allí, lo que sucedió primero, lo que pasó después, etcétera. Pero si uno la interrumpe se confunde y se enfada y ya no quiere hablar del tema.

Los niños que piensan de manera no lineal, cambian de tema a menudo y tardan mucho en llegar al meollo del asunto. Cuando Nataniel, de cinco años, intenta contar una historia, cada nueva idea le lleva a acordarse de otra cosa diferente, y se desvía del tema constantemente. He aquí la respuesta que dio a su madre cuando ella le preguntó si se había divertido en la fiesta de su amigo: «Estábamos jugando fútbol, y Josué estaba allá, y me quitaba el turno, así que fui a donde María y ella tenía el juguete nuevo, el que mostraron anoche en la televisión. Me encanta ese programa nuevo, pero no es tan bueno como *Aventuras en pañales*». La madre de Nataniel se pierde con frecuencia, al igual que sus compañeros y profesores, porque el niño no es capaz de centrarse en una sola historia. Por supuesto que Nataniel no se da cuenta del efecto que produce en su audiencia. A medida que vaya creciendo, probablemente notará que da muchos «rodeos». Los adultos que carecen de pensamiento lineal tampoco consiguen, aun pretendiéndolo, acortar una historia.

Procesamiento auditivo. Se refiere tanto a los mensajes recibidos como a los emitidos. Algunos niños son sencillamente más capaces de expresar lo que tienen en la cabeza. También son conscientes de cómo están hablando y son capaces de corregirse cuando se desvían del tema. Igualmente, algunos niños son mejores que otros para entender y responder a lo que oyen; cuando alguien habla, entienden el significado inmediatamente. Tal vez otros niños necesitan escuchar las palabras más lentamente para poder procesar lo que se está diciendo.

Los cuatro estilos de expresión

La forma de expresarse de un niño tiene enorme impacto en las relaciones familiares, y también influirá en la clase de amigos que escoja, y por supuesto, amigos y familia afectan el desarrollo de su esencia interior. Tengan la seguridad, no obstante, de que independientemente del estilo propio de su hijo, siempre es posible ayudarle a ser más expresivo. Describo a continuación cuatro estilos de expresión que he observado en los niños.

Reservados. A estos niños, generalmente Intensos/sensibles, o Reservados/dependientes, no les gusta hablar mucho; para ellos no es ni cómodo ni fácil. No son capaces de describir sucesos o cosas o sentimientos sin hacer un verdadero esfuerzo. El ritmo de un niño reservado puede ser lento o entrecortado. Puede tener dificultades de procesamiento o para encontrar las palabras; pero es difícil descubrirlo, porque conseguir que hable no es nada sencillo. Estos niños tienden a ser misteriosos. Cuando se les hace una pregunta, con frecuencia responden que no recuerdan; y a veces es cierto que no recuerdan, pero a veces sencillamente lo que ocurre es que prefieren no compartir lo que tienen en la mente. Lamentablemente, es fácil sentirse rechazados por un niño así, y a muchos padres es esto lo que les ocurre.

El problema, percibido a menudo como un conflicto entre uno de los padres y el niño, es en realidad tan solo una diferencia en la manera de expresarse, que tiene que ser vista como tal y no tomada como una cuestión personal. Ana, que ya tiene clasificada a Carla, su hija de cuatro años, («no dice ni lo necesario»), me confió que se sentía culpable de pensar en su hija en términos de fracaso. Los sentimientos de Ana se ven heridos una y otra vez porque siempre que le hace una pregunta a Carla («¿Cómo te fue hoy en el colegio?»), a la niña le cuesta gran trabajo sincerarse con ella. Ana interpreta mal las reservas de Carla. Al mismo tiempo, la reacción dolida y de frustración de Ana es interpretada por Carla como un enfado y un rechazo.

Bulliciosos. Estos niños, que suelen ser de temperamento Intenso/agresivo, siempre quieren hablar, pero tardan tanto en ir al grano ¡que tal vez uno ya no quiere escuchar! Puede que hablen despacio, o rápido; de cualquier forma generalmente no piensan de manera lineal y saltan de un tema al otro. Dicen gran cantidad de cosas pero es posible que en realidad aclaren muy poco. Estos niños también tienden a ser verbalmente ingeniosos, y a veces mandones, y monopolizan conversaciones o interrumpen a los demás hasta que consiguen la atención que exigen. Los adultos con frecuencia los encuentran exasperantes. No hay duda de que un niño de esta clase puede agotarle a uno toda la energía.

Por ejemplo, Paulina, de seis años, es una niña con encanto, pero su madre se queja, «Es tan habladora. Estar con ella me agota». El padre de Camilo, de ocho años dice de él, «Me puede enloquecer. Cuando hacemos tareas domésticas juntos habla todo el tiempo. No quiero frustrarlo, ni que disminuyan sus ganas de ayudar, pero sinceramente hay ocasiones en que sólo quisiera gritar, «¡Camilo, basta!».

Comunicativos reservados. Estos niños son o bien Intensos/sensibles, o Reservados/dependientes. Son rígidos, ya que sólo hablan si las condiciones son las adecuadas. Suelen dejar de hablar si se les interrumpe, si no consiguen lo que quieren, o si uno está en desacuerdo con ellos. En otras palabras, si la conversación no marcha como ellos quieren tienden a mostrarse reservados. Sin embargo, una vez que un niño Comunicativo/reservado arranca, es posible que los demás no consigan intercalar palabra.

Casi todos lo padres han podido observar cómo un niño Comunicativo /reservado se desconecta de todo lo demás mientras mira televisión. Es posible que haya que repetir una frase hasta cinco veces porque el niño está desconectado de todo. Con razón decimos que nuestros hijos están «pegados» a la televisión. Uno de mis amigos está convencido de que podría hacerle a su hijo una cirugía de cerebro, sin anestesia, ¡mientras el niño ve la televisión!

Con niños así, como Belinda, los momentos comunicativos dependen exclusivamente de su disposición. Por ejemplo, cuando está realizando cualquier actividad, un rompecabezas, cepillándose los dientes, atándose los cordones de los zapatos, es casi imposible que sus padres se hagan oír. Pero si ella busca la atención de sus padres, es imposible detenerla, habla con la velocidad de una locomotora.

Naturalmente expresivos. Estos niños, generalmente del tipo Tranquilo/equilibrado, son flexibles. Su capacidad verbal y cognitiva para comunicarse se corresponde con un ritmo apropiado a su desarrollo, e, incluso a edades tempranas, pueden mantener una conversación de doble vía, en la que hablan y escuchan. A los adultos les fascinan. El otro día, sin ir más lejos, escuché una madre que le decía a otra, «¡Mi hijo es tan buena compañía! Le encanta hablarme de todo». La otra madre la miraba con una mezcla de envidia y total incredulidad. Pero los niños así de verdad existen. Tienen acceso a lo que sienten y lo pueden describir. Al igual que la mayoría de los niños, estos niños tienden a ser pensadores no lineales en la temprana infancia, pero en la etapa de escuela primaria ya se muestran elocuentes y pueden contar una historia que tiene un comienzo, una parte intermedia y un final. Los niños naturalmente expresivos adaptan su conversación a la respuesta de quien los escucha, y por lo tanto no hablan ni demasiado rápido ni demasiado despacio. Estos niños hacen gala de gran concentración, y resistencia; son capaces de recuperarse si se les interrumpe o si no obtienen la reacción que esperaban.

Lorena es una niña naturalmente expresiva que vive en el mismo edificio que yo. Cuando me encuentro con ella no tengo que hacer prácticamente nada para que se muestre abierta conmigo. Según sus padres, siempre ha sido así. Su mente no divaga. Si le interrumpo a mitad de frase, no olvida lo que estaba diciendo; le resulta fácil mantener el hilo de sus ideas. Lorena sencillamente parece haber nacido con el don de poder contar una historia coherente y fluida.

Cómo hacer aflorar lo mejor de su hijo

Ahora que tienen una idea de los diferentes elementos que conforman los estilos de expresión, es importante que escuchen a su hijo. Averigüen qué estilo le corresponde más. A continuación encontrarán unas estrategias que les ayudarán a responder al modo particular de su hijo aprovechándolo al máximo. Aunque deben concentrarse en las estrategias que se adaptan a su hijo, también será bueno que lean sobre los otros estilos de expresión; ya que cuando su hijo entre en contacto con otros niños, estas estrategias también les servirán a ustedes para comunicarse con ellos.

El niño reservado

Por definición, los niños reservados no tienen facilidad para expresarse. Recuerden, no es que pretendan faltar el respeto ni esconder información. Si ustedes lo interpretan así quizá respondan enfadándose, y eso desencadena problemas de comunicación. En realidad, lo que estos niños necesitan es una ayuda para «arrancar» a hablar. A continuación algunas maneras de acercamiento que le pueden servir de ayuda:

Utilicen la conversación en paralelo. A los niños reservados les aterra ser el centro de atención. Tienden a sentirse incómodos y, cuando se les habla cara a cara, a menudo esquivan la mirada o agachan la cabeza. Seguramente han conocido niños que simplemente evaden las conversaciones o que no miran a los ojos por más amable que uno sea o por más que uno se esfuerce en interesarlos. No lo tomen de manera personal. Todas esas indicaciones de los manuales prácticos de educación sobre cómo lograr una conversación «íntima» tienden a caer en oídos sordos cuando se trata de un niño reservado. No lo miren a los ojos, ni traten de relacionarse «profundamente» con él, ni insistan demasiado en darle conversación. Y recuerden, con estos niños, y a cualquier edad, es crucial no ser insistentes y vehementes; esa clase de comportamiento los abruma por completo.

Utilicen, en cambio, «oportunidades paralelas», ocasiones en las que desarrollan juntos alguna actividad. Hablen mientras van en coche, caminan hacia la escuela, cocinan o arreglan la cocina después de la cena. El hecho de estar llevando a cabo una actividad diluye la intensidad interpersonal. Esta estrategia, que he estado aconsejando durante casi dos décadas, también funciona bien con niños no reservados que pasan por una fase hermética, como la de la adolescencia o preadolescencia.

Sirvan de modelo de expresividad en su vida cotidiana. Con frecuencia nos olvidamos de lo importante que puede ser nuestro ejemplo como padres. En lugar de esperar simplemente a que nuestro hijo reservado se abra, sencillamente demuestren expresividad. Cuenten historias breves (¡sin divagar!) sobre cómo se sentían cuando eran víctimas de otros compañeros en la escuela, o lo difícil que resultó hacer algo de manera diferente a como lo estaba haciendo un grupo de amigos. Sencillamente cuenten la historia, de manera breve; sin intentar involucrar al niño, y sin pretender que luego tome la palabra. Eso sólo serviría para hacerle sentirse más incómodo.

Al mostrar a los niños cómo contar una historia, cómo identificar los sentimientos y hablar sobre éstos, están sirviendo de modelos de Expresividad. Adicionalmente, tal vez consigan despertar su memoria. Los niños son naturalmente egocéntricos; tienden a escuchar todas las historias centrándose en sí mismos. He visto con mis propios hijos una y otra vez cómo sucede esto. Llego a casa diciendo que fue un día difícil en la oficina, por ejemplo porque tuve una discusión con un colega. De repente, Leah, mi hija, se sincera sobre una pelea que tuvo en la escuela, o dice, «La clase de matemáticas fue muy difícil hoy». Si le pregunto, «¿Por qué no me lo dijiste cuando te pregunté cómo te había ido en el colegio?», invariablemente responde, «No me acordé. Esas cosas se me olvidan cuando llego a casa».

Insistan con suavidad. Los niños reservados con frecuencia tienen dificultades con lo que los terapeutas del lenguaje llaman «recuperación de las palabras». Recuerden que encontrar la palabra adecuada, al igual que el ritmo y la fluidez, son sobre todo cualidades innatas. Procuren no mostrarse impacientes.

Una estrategia adecuada es la selección múltiple. Les permitirá pensar en lo que están diciendo, escoger la palabra justa, y aun así conservar una sensación de autonomía. Por ejemplo, le sugerí a Eliana que cuando su hija Astrid describiera un problema que había tenido jugando con alguien, pero lo hiciera omitiendo los detalles, («No me lo he pasado bien»), debería alentarla a revelar más datos a través de preguntas, «¿De verdad?, ¿Estas triste o enfadada?»

Recuerden que la comunicación no verbal también importa. Los niños reservados son increíblemente sensibles a las claves no verbales. A veces aunque diga a alguno de mis hijos «Cuéntame... te escucho», mi tono de voz, la expresión de mi rostro o mi lenguaje corporal realmente está diciendo «Date prisa, estoy ocupado», o «Ya sé que no son buenas noticias». Escuchen con todo el cuerpo, sean conscientes de cómo miran al niño. Si su hijo tiene más de cuatro años, pídanle que imite la manera en que ustedes lo miran. Mi esposa y yo nos hemos divertido a veces muchísimo observando las representaciones que hacen Sammy y Leah de nosotros cuando supuestamente los estamos «escuchando».

Presten atención a su propio ritmo. Este es un aspecto de vital importancia para los padres de cualquier niño, pero es especialmente crucial cuando coinciden un niño reservado y un padre que habla a gran velocidad. Por ejemplo, la velocidad de Jorge a menudo silenciaba a su hijo Pedro, de nueve años, que tardaba un poco en organizar sus ideas y en pronunciar las palabras. Pedro se sentía incómodo por el ritmo de ametralladora de su padre y además se asustaba porque no siempre entendía lo que le estaba diciendo. Jorge, abogado de profesión, estaba desesperado por no poder comunicarse con Pedro. A menudo se enfadaba con su hijo y, a la vez, se sentía fracasado como padre. No obstante, su relación mejoró drásticamente cuando aconsejé a Jorge que sencillamente hablara más despacio. Al adaptarse al ritmo de su hijo, y al hacerle solamente una pregunta en lugar de dispararle varias al mismo tiempo, le permitía a Pedro seguir la conversación.

Moderen los elogios que hacen a sus hijos. No estoy proponiendo que prescindan por completo de los elogios, sino que los moderen un poco. Cuando un niño reservado se expresa con claridad, si lo elogian de manera excesiva, diciendo cosas como «¡Qué bien!» o «¡Estuviste increíble!» seguramente se desconcentrará. No tengan reacciones excesivas, y no aporten demasiada información. En otras palabras, no ofrezcan al niño, que es como una película en blanco y negro, una respuesta en tecnicolor. Roberta hacía eso con Catalina, su hija de cuatro años. «Uy, Cata, eso es increíble» exclamaba cada vez que su hija describía con detalle su día de colegio. «Ahora sí entiendo bien cómo se juega a Tingo, tingo, tango. ¡Eres tan buena para describir las cosas!» La madre no se daba cuenta, pero a medida que ella continuaba empalagando con el elogio, la expresión sonriente de su hija se hacía más recelosa. ¿Por qué? Roberta tenía buenas intenciones, pero la intensidad de su respuesta era demasiado para Catalina. Sin darse cuenta, estaba «incitando» a su hija a no hablar tanto como a ambas les gustaría. (Pueden leer más sobre el elogio en el capítulo 4).

Respondan con empatía. En los años sesenta, el psicólogo Haim Ginott, en su muy leída guía sobre la comunicación titulada *Between Parent and Child,* (Entre padres e hijos), hizo popular su idea de «validar» las emociones del niño con frases como «Puedo ver que eso te hizo enfadar». Décadas más tarde, los expertos en educación Adele Faber y Elaine Mazlich, coautores de *How to Talk So Kids Will Listen and Listen So Kids Will Talk* (Cómo hablar para que los niños escuchen y cómo escuchar para que los niños hablen) confirmaron la sabiduría del trabajo de Ginott. Yo propongo una costumbre adicional e igualmente importante: adapten sus respuestas a la medida del niño, es decir respondan con empatía. Diferentes niños experimentan la empatía de maneras distintas. Los niños reservados son muy sensibles y con frecuencia necesitan un reconocimiento muy concreto y tranquilo de sus emociones.

Por ejemplo María, una niña de cuatro años, necesita oír de sus padres las palabras «estoy de acuerdo»; esto la lleva a abrirse más. Francisco, de seis, no soporta ni siquiera esta pequeña intromisión. Necesita que sus padres simplemente se sienten pasivamente y no hagan comentarios sobre lo que está diciendo hasta que haya terminado de expresarlo. Y Mónica, de diez años, todavía necesita que sus padres den nombre a sus sentimientos («Puedo ver que estás disgustada»), como Faber y Mazlich sugerían que se hiciera con niños más pequeños.

Descubran qué palabras de empatía funcionan con su hijo reservado. La mayoría de los niños permanecen fieles durante su desarrollo a varias frases conocidas. Tengan en la mente una breve lista y estén preparados para usarlas cuando las necesiten.

El niño bullicioso

Rara vez es bueno que se interrumpa a los niños reservados, se les corrija o de cualquier otra forma se interrumpa el fluir de la conversación. Con los niños bulliciosos, por otra parte, sentimos la necesidad de hacer precisamente estas cosas. De hecho, uno tiene que dar forma a las conversaciones. Si no lo hace, las discusiones con los niños bulliciosos tienen el potencial de expandirse hasta convertirse en una interacción agotadora de energía, de alta inversión en tiempo y eventualmente desagradable. Ayuden al niño antes de que esto suceda. Hay diferentes manerar de lograr dar forma y estructura a la conversación.

Ayuden a crear una «puntuación». Los niños bulliciosos hablan con la velocidad de un huracán, a duras penas hacen una pausa para tomar aliento. Si uno visualizara en escritura su forma de hablar, aparecería una larga serie de frases sin puntuación. Hacer preguntas organizadoras ayudarán al niño a detenerse a pensar y agregar sus propios puntos y comas. Enséñenle a incorporar una secuencia de tiempo preguntándole, «¿Qué sucedió después?» o una descripción emocional, «¿Cómo te sentiste cuando sucedió eso?». Las preguntas y comentarios que fomentan la reflexión sirven para desarrollar habilidades que no se dan naturalmente en los niños bulliciosos de pensamiento rápido:

«Respira profundo y ve un poco más despacio».

«Cuéntame: ¿Sabías lo que iba a suceder?»

«¿Qué estaban haciendo los otros niños [o la profesora]?»

A algunos padres esto les resulta difícil, y piensan que coarta la imaginación o el espíritu del niño, pero recuerden que son pocos, niños o adultos, los que soportan un niño asociando libremente sus ideas. ¿Cuándo debemos interrumpir? Tan pronto como no sea posible seguir el hilo del relato. A los niños más pequeños se les puede decir, «Cuéntame lo más importante». A los más grandes: «¿Cuál era el tema?» «Dime otra vez de qué estabas hablando». Los terapeutas del lenguaje recomiendan que uno les diga, «Déjame ver si lo he entendido bien». Luego, expresen de qué creen ustedes que se trataba y pregunten al niño si eso es correcto. Les aseguro, no dudará en manifestar su desacuerdo si ustedes no han comprendido lo fundamental de su historia.

Enseñen orden y secuencia. Generalmente, los niños bulliciosos siguen siendo no lineales durante más tiempo que otros que, quizá a los tres o cuatro años ya empiezan a tener noción de la secuencia temporal. Muchos de los niños a quienes trato pasan de un tema al otro. Para mantenerlos centrados en el objetivo y ayudarles a reconocer que al mundo entero no se le paga (como a mí) para que tenga paciencia, asumo una postura activa. He aprendido de los especialistas en lenguaje a usar preguntas que enseñan orden: «¿qué sucedió primero?», «¿qué sucedió después?» y así sucesivamente. Esto anima a los niños a contar historias que tienen un comienzo, un intermedio y un final. Si las ideas del niño saltan por doquier, lo detengo: «Espera, no me cuentes lo que sucedió al final. No has terminado de contarme lo que sucedió cuando acababas de llegar al lugar». Obviamente, procuren no hacer esto en cada conversación, sino sólo lo suficiente para que el niño se de cuenta de que respetar una secuencia temporal hace que el relato sea más interesante para quien lo escucha.

Elogien la brevedad y el orden. Ya que a un niño bullicioso seguramente le es difícil centrarse en un tema, está bien alentarlo con elogios cuando lo consigue. El elogio capta su atención y le hace aminorar el ritmo unos instantes. También le ayuda a reflexionar sobre sí mismo y a reconocer su éxito, el hecho de que ustedes le digan, «Contaste esa historia realmente muy bien». Antes de que se den cuenta, su hijo bullicioso puede empezar a notar que él puede ir más despacio y reflexionar. A veces él será capaz de recordárselo a sí mismo: «Conté esa historia muy bien».

Es sorprendente cómo el uso del elogio selectivo puede influir sobre niños incluso muy pequeños. Por ejemplo Isabel, de tres años y medio, tenía dificultades, como les sucede a muchos niños pequeños, para ceñirse al tema cuando contaba una historia. Y no había manera de detenerla una vez que arrancaba. Se enfadaba, además, cuando su madre no le prestaba atención. Le dije a su madre, Rosa, que siempre que Isabel contara una historia breve y no perdiera el hilo, debía abrazarla (o mostrarle afecto de otra forma) y decir: «Qué buena historia Isabel. Realmente pude entender todo lo que estabas contando».

Sinceramente, no estaba seguro de que funcionara porque Isabel era muy pequeña. Pero en cuestión de meses, Isabel no solamente se expresaba de forma más eficaz y precisa, sino que además recibía montones de sonrisas y abrazos de sus oyentes, ahora más satisfechos, es decir de sus padres, sus profesores y sus amigos. En determinado momento le dijo a Rosa, «Ves Mami, estoy aprendiendo a hablar más pequeño».

Interrumpan, si es necesario. No sean interminablemente pacientes con un niño bullicioso; el mundo ciertamente no lo será. Y no teman herirlo ni coartar sus sentimientos. Para estos niños la interrupción es algo bueno. El momento de interrumpir es cuando ustedes empiezan a perder interés. Díganle, «Ahora me toca hablar a mí» o «Ahora escúchame tú a mí». Algunos niños reaccionan mejor a las señales. Alejandro, un niño con quien trabajo, me dijo que le encantaba cuando yo empezaba a mover el dedo de lado a lado para recordarle que retomara el hilo. Estaba tan encantado con este método, que se lo enseñó a sus padres para que pudiesen practicarlo.

Miren a los niños a los ojos. Sean firmes; utilicen un tono de voz más duro o más suave que el del niño, un tono de voz que le llame la atención.

Algunos niños ruidosos tienen dificultades ocultas de percepción, les es difícil, por ejemplo, captar las señales verbales y visuales que dan los demás, pero su expresión bulliciosa enmascara estas dificultades. Si a su hijo le cuesta comprender los signos verbales, mirarlo le dará señales visuales sobre cómo se sienten ustedes ante su expresión verbal. Si no los mira o no los puede ver, colóquense directamente al nivel de sus ojos o sostengan con suavidad su cara entre las manos o hagan ambas cosas a la vez. Con la excepción de niños a quienes les cuesta sostener la mirada de otra persona, este estilo «frente a frente», utilizado por terapeutas del lenguaje, verdaderamente ayuda a los niños a contar sus historias de manera más eficaz.

Comunicativo reservado

Estos niños tienen ciertas características en común con los niños reservados y con los bulliciosos. No obstante, su estilo supone un reto especial: O bien quieren expresarse, o bien no quieren, y conseguir que pasen de una disposición a la otra parece en ocasiones imposible. María describe así a su hija, que se corresponde con este tipo, «Cuando está dispuesta a la comunicación, la cara se le ilumina y se muestra vital e interesada. Cuando está cerrada, su expresión es totalmente diferente, más oscura, es como si un velo la cubriera». A continuación algunas de las estrategias para promover la Expresividad en este tipo de niños.

Descubran el momento del día o las circunstancias en que su hijo está más a menudo en espíritu comunicativo. En algunos niños, ciertos momentos, como el de acostarse, animan a la conversación. Las preguntas que se hicieron durante la cena quedan sin respuesta, pero cuando Elena, de cinco años, ya se ha puesto el camisón y está acogedoramente arropada, es buena conversadora. A Haroldo le encanta hablar cuando está poniendo la mesa o unos minutos después de empezar a cenar, cuando ya tiene algo de alimento en el organismo. En lugar de combatirlas, aprovechen estas preferencias. Son parte de la personalidad del niño.

Empiecen a observar dónde está el niño cuando se muestra comunicativo, en la bañera, sentado en el patio, caminando hacia la escuela. Éstas son sus oportunidades doradas. Entonces, durante esos momentos y en esas circunstancias, relaciónense cuidadosamente, como lo harían con un niño reservado: utilicen la conversación paralela; no sean vehementes ni respondan exageradamente; validen sus sentimientos y elogien con sinceridad. Recuerden, que por cualquier motivo ese interruptor invisible que marca la diferencia entre los dos estados de ánimo puede llevar a la incomunicación.

Reconozcan y présten atención a las señales temperamentales. Nada es tan perjudicial para la comunicación como un estado de ánimo negativo. He oído a cientos de niños decir que independientemente de lo que esté sucediendo, nunca quieren hablar si no están en un buen estado de ánimo. La energía de un niño estará mermada y sus sentimientos serán frágiles si tiene hambre, está cansado, enfadado, triste, o está haciendo una transición (de los amigos a la familia, del juego a los deberes). En esos momentos, generalmente no es adecuado pedirle que se muestre comunicativo.

Lamentablemente, los padres a veces hacemos caso omiso de estas señales. Al fin y al cabo, llevamos vidas atareadas, y solemos ver a nuestros hijos frecuentemente durante nuestros momentos de transición. Imaginamos que si no nos comunicamos en cuanto les vemos tal vez tardemos en tener otra oportunidad. Pero cuando no nos se percatamos o no respetamos el momento del niño, corremos el riesgo de acabar peleándonos. Como expresa Leonor, de diez años, «Cuando no quiero hablar, no quiero hablar. Eso es todo. Ojalá la gente me dejara en paz».

Descubran las frases que en su hijo «desencadenan» conversaciones. Los padres saben que sus hijos responden mejor a determinadas expresiones, a menudo frases particulares del niño o de la familia. Una madre descubrió que su hija Reservada/comunicativa, que casualmente tenía un gran sentido del humor, siempre comenzaba a explicarse cuando ella le decía, «bien, Gloria, escúpelo». Alberto, un padre que conozco, descubrió que su hija Genoveva necesitaba de una estrategia más sutil: «Me encantaría saber lo que pasó». Otra madre en un taller sobre educación, me dijo que ella apelaba al espíritu competitivo de su hijo: «A que no eres capaz de contarme esa historia sin distraerte». Otro padre elogia la habilidad de su hijo: «¿Cómo te diste cuenta de eso?»

Usen las frases y actividades que dan resultado en la escuela. Una madre, Estela, que visitaba con frecuencia la guardería de su hijo Carlos, observó que siempre que Carlos se sentaba a trabajar con la profesora, ésta le decía, «¿Cómo estás, alcachofita?», queriendo decir, «Es hora de hablar». Así que empezó a utilizar esa frase en casa, con gran éxito. Un padre que conocí en uno de los talleres se dio cuenta de que Benjamín, su niño de edad preescolar, que había participado en un grupo de juego, asociaba la «hora del círculo» con la conversación. Para promover la comunicación, él y su esposa empezaron a sentarse en círculo en el comedor de la casa con Benjamín y sus hermanos.

Respondan rápidamente. Estos niños pueden llegar a anclarse en un determinado estilo, así que lo mejor es controlarlos antes de que se acostumbren demasiado a una única forma de comunicarse. Por ejemplo, cuando el niño reservado comunicativo inicia una conversación, atiéndanlo de inmediato. Demuéstrenle, a través del lenguaje corporal, que están escuchando (mírenlo directamente), utilicen frases de escucha activa como «Ajá» y «Ya veo, continúa». No obstante, si está simplemente hablando sin decir mucho, interrúmpanle rápidamente e intenten guiarlo empleando algunas de las técnicas que sugerí antes para los niños bulliciosos.

No presionen a un niño abierto/cerrado. Cuando un niño está en un estado de ánimo cerrado, se parece al niño reservado. No sean vehementes y no presionen. Si hacen una pregunta, por ejemplo si quieren que les hable sobre su clase de música, y notan que está en espíritu cerrado, no continúen. Abandonen el tema. Ni siquiera le digan, «Más tarde hablamos de esto». Mejor esperen otro momento más propicio para la conversación. Si tienen paciencia en lugar de intentar provocar la oportunidad, ésta se presentará por sí sola.

El niño naturalmente expresivo

Aunque su hijo rara vez tenga problemas para comunicar sus sentimientos o para pedir lo que necesita, seguramente habrá ocasiones en las que le haga falta ayuda. En ciertas etapas de la vida en las que hace una transición significativa, su Expresividad innata debe ser protegida. Dadas las exigencias sobre su desarrollo en esos momentos, incluso el niño que en general es expresivo puede volverse un poco hermético.

Por ejemplo, Samuel, un niño extremadamente expresivo y elocuente, perdió temporalmente su facilidad verbal cuando fue trasladado de su pequeña guardería a una escuela elemental enorme y extremadamente competitiva, para niños superdotados. Como sus padres se dieron cuenta de lo duro que era el cambio, propuse que trataran a Samuel con el mismo cuidado que se le ofrecería a un niño reservado. Siguiendo el consejo, utilizaron la conversación paralela, y hablaban con él cuando estaban compartiendo alguna labor, en lugar de tener conversaciones directas. Los padres prestaron atención a sus señales no verbales, le pedían con sutileza que ofreciera mayores detalles y al mismo tiempo tenían cuidado de no agobiarlo con demasiadas preguntas o con elogios excesivos. Y cuando era abierto con ellos, respondían con empatía, y reconocían el hecho de que su nueva experiencia en la escuela debía ser abrumadora. «Caray, Samuel. Este año todo debe de ser diferente para ti. Tienes que sentarte en tu propio escritorio y trabajar mucho más. A mí también eso me asustaría un poco».

Al cabo de un par de meses, Samuel pudo organizarse y recuperar su estilo naturalmente expresivo. Para la mayoría de los niños, una enfermedad, o una separación familiar, por ejemplo un divorcio, puede también debilitar su fuerza verbal acostumbrada. Sin embargo, en cada uno de los casos que he visto, si los padres responden con el cuidado que se le presta al niño reservado, el niño naturalmente expresivo regresa sin peligro a la normalidad.

La clave de alentar la Expresividad es reconocer el estilo de comunicación propio del niño y amoldarse a él. El hecho de adaptarse al niño, en lugar de luchar contra él, hace que aumente la probabilidad de mantener abiertas las líneas de comunicación, desde el preescolar, hasta la secundaria.

4

La Pasión

Habilidad básica núm. 4: Protejan en sus hijos el entusiasmo y el amor por la vida.

Niños excepcionales

«Mi hijo no parece estar interesado en casi nada», es una preocupación que he empezado a oír en los últimos años a los padres de niños cada vez más pequeños. De hecho, a menudo esta observación es indicativa de un «síntoma» relativamente nuevo en los niños: el aburrimiento. Por una serie de razones que explico en este capítulo, muchos niños hoy en día padecen de falta de algo que yo llamo Pasión, es decir la capacidad de mantener un profundo interés en actividades que requieren destreza. En la manifestación más «benigna» de este mal encontramos a los niños cuyos intereses se centran sobre todo en la televisión, los juegos de vídeo y ordenador, u otros tipos de entretenimiento de la cultura moderna. En su versión más peligrosa están los niños un poco mayores que se refugian en el alcohol y practican otras actividades autodestructivas para aliviar el aburrimiento interior. Deberíamos oír a un adolescente de Woodstock, Nueva York, que explicaba, «No nos metemos droga para ver a Dios ni para acercarnos a la gente. Nos metemos droga para quedarnos fritos, porque nuestra vida diaria es tan aburrida, que tiene que haber algo mejor».

Durante los veinte años que he trabajado como profesional, a los niños pequeños parece resultarles cada vez más difícil desarrollar intereses especiales más allá de los que la cultura de moda les ofrece. Esta es una situación preocupante y potencialmente peligrosa, como demostraré más adelante. En contrapartida, cuando me encuentro con la excepción poco frecuente, con el niño que tiene Pasión, me siento satisfecho y un poco perplejo. Pienso que vale la pena compartir las historias de estos niños, porque sus intereses profundos y sostenidos protegen su esencia interior y los vacunan contra el influjo de la segunda familia. A continuación ofrezco como ejemplo varias historias:

- A Daniela le ha encantado leer desde los cinco años. Sus padres también son ávidos lectores, así que alimentaron el gusto de Daniela por los libros con su ejemplo y proporcionándole libros que pensaban que disfrutaría. A los once años Daniela lee uno o dos libros a la semana. No importa lo atareada que esté su vida, siempre tiene en mente una historia absorbente.

- José, de seis años, tiene una fijación diferente: el béisbol. Es un atleta bastante bueno pero no sobresaliente. Aunque José nunca es la estrella del juego, disfruta mucho jugando. Claro, al igual que otros aficionados de su edad a los deportes, José también colecciona recuerdos deportivos; sigue cada juego y conoce las estadísticas de cada jugador. Cuando uno le habla, José está o bien a la expectativa de un juego emocionante, o procesando la emoción de un juego que pasó.

- A Santiago le han fascinado los dinosaurios desde que aprendió a caminar. Era increíble verlo, a los tres años, pronunciando los nombres de cuatro sílabas... correctamente. Su familia iba a museos regularmente a lo largo de los años. Hoy, su habitación parece un museo, llena hasta el tope de libros, modelos y afiches de dinosaurios. Por el camino, Santiago, que ahora tiene doce años, desarrolló una Pasión. Desde entonces ha desarrollado muchos otros intereses, pero esas criaturas prehistóricas todavía lo cautivan.

- Clara, una niña muy delgada, inició una relación de amor con el fútbol a los cinco años. No era la mejor jugadora de su curso de verano cuando empezó a patear la pelota, pero algo acerca del movimiento y la libertad de correr, le resultó atractivo. Perseveró y ocho años más tarde es una de las mejores jugadoras de su equipo de secundaria. No siempre es fácil, ganar, perder y a veces acomodar varios juegos en el fin de semana. Pero para Clara el fútbol es algo más que competir. Tiene que ver con la amistad, con estar presente, con esforzarse. El fútbol también le ha ayudado a Clara a estar cerca de sus padres. O si no, ¿quién la llevaba y la traía de los entrenamientos? ¿Y quienes han sido sus más apasionados hinchas?

- Quizá porque siempre se hablaba de negocios a la hora de la cena en su casa, a Esteban le ha encantado el movimiento de la bolsa de valores desde que tenía ocho o nueve años. Su mamá le enseñó a leer sobre inversiones y a investigar compañías que se relacionaban con sus intereses. No es sorprendente, entonces, que las firmas de alta tecnología captaran su atención. En el sexto año, cuando se padre le dio cien dólares para invertir, Esteban empezó a hacerlo poco a poco. Ahora, a los veinte años, aunque todavía es estudiante de universidad, es el principal administrador de una sociedad grande de inversiones.

Estos niños, con diversas inteligencias e historias familiares, tienen algo en común: Tienen Pasión, un interés dominante y un compromiso con una actividad o con un tema. La Pasión puede tener que ver con cualquier cosa que requiera destreza, un deporte, un instrumento musical, una colección de objetos valiosos o de algo que parece chatarra, una actividad como leer o pintar. Los niños apasionados no son personajes de una nota. Tienen amistades y participan en cosas de niños. Pero a diferencia de tantos jóvenes en la cultura de gratificación instantánea, mantienen intereses de largo plazo. Están dispuestos a dedicar tiempo y son capaces de desarrollar habilidades en torno a sus intereses. Sus pasiones no son simplemente entusiasmos pasajeros o algo que prueban una vez; forman parte de lo que estos niños son, forman parte de su identidad.

Porqué es importante la Pasión

Apasionarse por algo es vital para la esencia interior de un niño. Le permite conocer las reglas de la vida y lleva al desarrollo de la paciencia y la perseverancia, entre otras capacidades importantes. Los tres constructores de esencia previos que hemos visto en los anteriores capítulos, el Dominio del estado de ánimo, el Respeto y la Expresividad, son las piedras angulares de la Pasión. Para mantener un interés o una actividad, los niños necesitan ser capaces de entender sus sentimientos y de expresarlos, para saber qué los tranquiliza y alivia, especialmente de cara a nuevas situaciones y retos, y confiar en los adultos y ser capaces de buscarlos cuando necesitan su ayuda. Una vez que un niño está dotado de Pasión, ésta se convierte en una especie de entrenamiento espiritual, en una disciplina que, junto con las otras habilidades mencionadas en este libro, afirmará la esencia interior del niño. He aquí el porqué:

La Pasión permite al niño forjarse una identidad diferente. Desgraciadamente, el hecho de ser apasionado no siempre es favorable para ser aceptado entre los amigos y compañeros. Los niños apasionados pueden ser sutilmente excluidos precisamente por destacar entre los demás. En el peor de los casos, se les aplican etiquetas. Un niño que colecciona mariposas puede ser llamado «raro». El que se queda en la escuela después de clases para hacer un ensayo adicional de música puede ser catalogado como un pelmazo. Y a otros se les considera obsesivos, obsesionados por los ordenadores, obsesionados por el béisbol, etcétera.

Estos niños tienen que ser lo suficientemente seguros de sí mismos para ser capaces de ir contra el grupo, y ser ellos mismos. De hecho, precisamente la Pasión, esa fuerte convicción que emana del interior, les da la fortaleza para aguantar. Precisamente porque hay cosas que les importan, son capaces de defender sus sentimientos, y su originalidad.

La Pasión anima el deseo de aprender. Los psicólogos infantiles hablan del «*cross modal learning*», es decir el aprendizaje que se obtiene a través de diferentes vías de información. El niño que se interesa por un tema o una actividad intentará siempre llegar a ese tema por medio de diferentes canales. Por lo tanto, la Pasión inspira la destreza en una variedad de disciplinas. Por ejemplo, José, a quien le encantaba el béisbol, aprendió a leer las páginas deportivas de los periódicos. Aprendió a dibujar representando objetos relacionados con el béisbol. Aprendió matemáticas a través de las estadísticas de béisbol.

La Pasión ayuda a los niños a aprender a relacionarse. A raíz de los intereses que mantienen, los niños conocen personas nuevas, comprenden las reglas de la interacción social, y forjan amistades. Clara, por ejemplo, tenía compañeras de fútbol con quienes se encontraba para jugar; esas compañeras de juego, con el tiempo, se convirtieron en sus mejores amigas, en las amigas que se quedaban a dormir, en el grupo con el que iba de compras. Aprendió también las reglas de la camaradería deportiva: cómo colaborar y cómo celebrar con alegría los triunfos y afrontar la derrota con aceptación estoica.

La Pasión lleva al niño a escoger de forma más selectiva. Toda afición que el niño encare de manera apasionada supondrá una atención cada vez mayor por parte del niño, esto le servirá para no perderse en los caprichos de la cultura de sus compañeros. Martín por ejemplo se mostró desde muy pronto interesado por la música; ya en la guardería era capaz de mantener el ritmo y conservar la melodía. Como la madre de Martín lo llevó a participar en un grupo que escuchaba e interpretaba música, muchos de sus amigos compartían ese interés. Más adelante, durante la escuela primaria, Martín deseaba recibir regalos que le ayudaran a convertirse en mejor músico.

La Pasión ayuda a los niños a hacer sacrificios sanos. Cada vez que escoge motivado por su Pasión, el niño tiene que aprender a sacrificar alguna otra cosa, con frecuencia alguna actividad del grupo. Observemos el ejemplo de Yamile, de once años, que ha escogido un determinado camino. Desde los cinco años ha estado recibiendo lecciones intensivas de ballet. Muchas veces, cuando sus amigos preferían jugar con vídeos o ir al centro comercial, Yamile tenía clase o debía ensayar para una función. Aprendió a rechazar con educación esas invitaciones. Otro niño podría sentirse horrorizado de sacrificar una tarde con los amigos, por temor a perder popularidad o recibir críticas de sus amigos. Pero Yamile nunca hizo alarde ante sus compañeros de sus opciones y logros; no se comportaba como si fuera superior por causa de su talento. Y tampoco se sentía privada de nada, porque aunque le hubiera encantado divertirse con su grupo, también le encantaba aprender a bailar y obtenía placer de sus logros. Hoy en día los amigos de Yamile continúan a su lado, incluso la admiran; saben que el ballet es «lo suyo». Ella no lo ve como un sacrificio porque de hecho ha logrado compaginar su pasión y la relación con sus amigos.

La Pasión inspira una sólida conexión entre padres e hijos. No hay forma de que un niño pueda tener una Pasión sin que los padres se involucren en ella muy de cerca. Pensémoslo bien: detrás de un interés infantil que ha perdurado, siempre hay una atareada madre o un agitado padre que ayuda a investigar las opciones, a hacer planes, a resolver los asuntos prácticos. Se enterarán por boca de miles de madres de pequeños futbolistas que la razón por la que se han sacrificado en multitud de ocasiones es que el tiempo que pasan en el coche antes y después de un partido los acerca a sus hijos. Si su hijo tiene una pasión desde pequeño, los padres se entretejen en la vida del niño de una manera muy sana.

Juliana, por ejemplo, pedía con frecuencia a sus padres que leyeran con ella, de manera que después pudieran debatir y compartir ideas. Recientemente tenía lágrimas de felicidad en los ojos al contarme, «La manera en que papá y yo leemos juntos es tan especial para mí». Y cuando comenté el tema con su padre, él también se mostró visiblemente conmovido. Le hubiese gustado haber tenido ese tipo de conexión con su propio padre.

La Pasión construye relaciones llenas de significado con adultos de fuera de la familia que prestan apoyo. En lugar de que el niño sea absorbido por completo por el grupo de compañeros y la cultura de moda, la Pasión ofrece muchas oportunidades para conectarse con modelos adultos que representan destreza y dedicación. Cuando Clara tenía tan sólo seis años, empezó a acercarse a su entrenadora de fútbol, modelo de resistencia y dedicación. Juliana tenía una profesora que apreciaba de manera especial la emoción de la niña ante la lectura y le decía, «¿A ver, con qué libros te voy a alimentar esta semana?» Y las frecuentes visitas de Santiago a las exposiciones de dinosaurios fascinaron al cuidador del museo, que finalmente se convirtió en su «tutor». Con el tiempo, también se hizo gran amigo de la familia de Santiago: a todos los había afectado positivamente el amor del niño por aprender.

La Pasión infantil se convierte en logro en la edad adulta. Puede que los niños no perseveren con la misma afición, pero tener Pasión los pone en camino hacia la curiosidad y el logro. A medida que he visto a Santiago y a los otros niños convertirse en preadolescentes y en mayores, he observado como sus pasiones los sostienen y alimentan su esencia interior. Hasta ahora, ninguno ha caído en las drogas; todos han hecho amigos maravillosos; a todos les está yendo bien académicamente y dan la impresión de estar convirtiéndose en personas honestas.

Más aún, cuando la Pasión es una parte integral de la esencia interior de un niño, tal vez el contenido cambie, pero el ser apasionado define su enfoque hacia la vida, bien sea porque lo lleva a tomar decisiones o a superar retos. En el caso de Martín, al igual que en el de la mayoría de niños que gozan de una Pasión, pobló su mundo de niños y adultos que también tenían intereses profundos. A los dieciocho años, Martín todavía toca la guitarra, pero está empezando a estudiar medicina en una buena universidad, y ahora su Pasión es convertirse en médico. A juzgar por su historia, no tengo dudas de que lo conseguirá.

En definitiva, estamos viendo que la Pasión es vital para la creación de la esencia interior del niño. De ahí, nuestra próxima Habilidad básica:

Habilidad básica núm. 4: Protejan en sus hijos el entusiasmo
y el amor por la vida

Los niños apasionados desarrollan una poderosa guía interior. Mientras que muchos a su alrededor se entregan a la segunda familia, estos niños permanecen en contacto con su esencia; sus vidas, en lugar de navegar sin rumbo por las corrientes de la última moda, están organizadas alrededor de un interés central. Con sus esencias interiores intactas, los niños apasionados tienen un sentido de la identidad más fuerte y un aire de seguridad en sí mismos que sencillamente no veo en los niños que se unen a la «masa». Pero el camino no es fácil.

Amenazas esenciales: Cómo se ahoga la Pasión

En nuestra cultura se ha vuelto cada vez más difícil desarrollar una Pasión. Esto tiene que ver con la manera en que los padres vemos a nuestros hijos y con la influencia de la segunda familia. Hay varias razones.

Los padres y los educadores tienden a excederse en su deseo de ayudar a los niños a desarrollar la autoestima. Las generaciones anteriores temían que a los niños «se les subieran los humos». Los padres y los profesores eran mesurados con los cumplidos. Aunque la mentalidad orientada al bienestar que tenemos hoy era necesaria para corregir las costumbres post-victorianas, con frecuencia muy duras, nos hemos excedido en el sentido contrario; sólo con entrar en una guardería seremos testigos del despliegue de esfuerzo de una profesora por aumentar la autoestima de sus alumnos.

Por ejemplo, en un artículo que apareció recientemente en la tercera página del *New York Times*, Lillian Katz, profesora de educación preescolar, citaba una nota publicada en el boletín de noticias de una escuela que decía lo siguiente: «Nos aplaudimos». Como destacaba Katz, «La frase animaba a la autocomplacencia; no se refería a posibles maneras de merecer aplausos». También mencionaba un grupo de parvulario donde los niños completaban la frase «Soy especial porque...» con frases como «puedo colorear», «puedo montar en bicicleta», y «me gusta jugar con mis amigos». Hacer sentir «especial» a un niño por estos logros comunes y corrientes, dice Katz, crea una contradicción: «Si todo el mundo es especial, nadie es especial».

Es evidente que no es lo más habitual que incitemos a los niños a esforzarse por sus premios. ¿Qué tiene esto que ver con la Pasión? Cuando el énfasis se pone principalmente en hacer sentir bien a los niños, éstos desarrollan poca tolerancia por la lucha necesaria para adquirir una destreza. En lugar de ganarse los elogios investigando, superando retos, resolviendo problemas, tomando decisiones y cumpliendo ciertas tareas relacionadas con el desarrollo de una habilidad o talento, aplaudimos a los niños simplemente por el mero hecho de existir. A lo mejor esa es una de las razones por las que la mayoría de estudiantes universitarios dedican tan sólo 29 horas por semana al trabajo académico (¡frente a las 60 horas que dedicaban en 1960!).

De cualquier modo, también tenemos que mirar fuera de la escuela y la familia para entender los otros factores que amenazan este importante constructor de esencia.

Las pasiones derivadas anulan las pasiones primarias. Las pasiones primarias son las que emanan de los intereses del interior del niño, a diferencia de las pasiones derivadas, las que anima la cultura de moda. Hoy en día, cuando pedimos a los niños que hagan un dibujo o escriban un cuento, muchos imitan lo que han visto siempre en los medios de comunicación o en las campañas publicitarias. Se centran en los intereses que fomentan los medios porque eso es lo que están haciendo la mayoría de sus amigos. En 1985, según informa *Media Reform Information Center* (Centro de información para la reforma de los medios), el 100 por ciento de los juguetes que más se vendían estaban asociados a programas de televisión. Es poco probable que en los años posteriores ese porcentaje haya decrecido. Con razón las habitaciones de los niños en todas partes, (incluyendo las de mi casa) rebosan de juguetes regalados a lo largo de los años que carecen por completo de valor excepto por su conexión con alguna campaña de publicidad. Algunas de estas habitaciones son altares a la cultura de moda, en los que cada detalle, sábanas, mantas, fundas de almohada, además de juguetes y ropa, reflejan los mismos intereses.

Quiero aclarar que no tengo objeciones al hecho de que los niños quieran coleccionar juguetes regalados, al fin y al cabo, muchos de nosotros teníamos en nuestras habitaciones colecciones secretas de jugadores de fútbol de las cajas de cereales, pósters, cómics y otros coleccionables. Pero el problema es el siguiente: el nivel ha cambiado drásticamente. Los productores de cine, los fabricantes de juguetes y los restaurantes para niños hacen enormes negocios y las campañas resultantes no se parecen a nada de lo que habíamos visto antes. Por ejemplo, cuando McDonald's anunció la promoción que ofrecía un *Teenie Beanie Baby* con su cajita feliz, «pusieron patas arriba el mundo de los padres», según un artículo aparecido en Brandweek, una revista para publicar anuncios. En diez días se habían vendido casi 100 millones de cajitas felices, rompiendo todos los récords de respuesta del consumidor. Debido a la serie de promociones con sus cajitas felices, de hecho, la cadena es capaz de atraer ¡al 87 por ciento de los niños estadounidenses entre los 3 y los 9 años! Para no quedarse atrás, Burger King regala más de 200 millones de juguetes al año a través de sus programas promocionales.

Este poder agregado de la comercialización, los medios y la presión de grupo, en otras palabras de la segunda familia, es un fenómeno de gran importancia que capta la atención y da forma a los gustos de casi todos los niños norteamericanos. En muchos hogares, las aficiones «de antes», como coleccionar cromos y armar juegos de construcción, han sido desplazadas casi por completo. La mitad de los niños de Estados Unidos entre los seis y los diecisiete años tienen televisión en su habitación, y a juzgar por los hogares que he visto, muchos de ellos prefieren la tele a actividades como construir, jugar a muñecas, armar rompecabezas y, por supuesto, a leer.

Si bien es cierto que esta invasión de cultura de moda es divertida, tiene un efecto colateral no deseado, y es que puede ahogar la Pasión de un niño. Las pasiones derivadas se confunden con el interés, pero en realidad, los intereses motivados por los medios son más bien vacíos. No son pasiones reales. Y son además, sólo temporales. El gusto es definido más o menos por lo que hay disponible en el restaurante local de comida rápida, por los juegos que se anuncian en la televisión el sábado por la mañana, o por el personaje sobre el que se habla más en el patio de la escuela. El mes pasado era Barney; la semana pasada Anastasia, de Disney; esta semana es Godzilla; la semana que viene, ¿quién sabe? Las pasiones derivadas tienen una corta vida útil, el entusiasmo se marchita con rapidez cada vez que una moda furibunda se apodera de la psiquis colectiva de los niños. Puesto que estos fanatismos casi siempre se relacionan con el mercado, son completamente superficiales. Los niños no desarrollan habilidades a partir de las pasiones derivadas. No hay un conocimiento que adquirir, un talento que desarrollar. Al final, comprar productos y recibir regalos gratuitos tiende a ahogar las pasiones primarias.

La Pasión no te hace ver «en la onda». Otra razón por la que es tan poco frecuente encontrar niños con intereses que perduran es que a medida que los niños crecen, según la segunda familia, no están «en la onda» los que profesan este tipo de intereses. Ya a comienzos de la escuela elemental, la Pasión es justamente lo que la segunda familia pide a los niños que no tengan. Me he sentado en muchas salas de guardería donde un bello trabajo extraído de la imaginación de un niño recibió de los otros estudiantes mucha menos atención que los temas inspirados en la trilogía de *Star Wars* o en el último disco compacto de las *Spice Girls*. En resumen, se sientan unas bases que alientan la idea de que nada es más importante que estar «en la movida». Cualquier otra cosa es estar «fuera de onda». Lamentablemente, cada vez observamos esto en edades más tempranas, y de hecho no es extraño: un abrumador 70 por ciento de guarderías utiliza la televisión.

Por tanto, mucho antes de la preadolescencia, la segunda familia puede tener un impacto sutil sobre la capacidad del niño para sentir Pasión. Puede tener una cantidad de pasiones derivadas, pero no parece estar profundamente interesado en actividades que reflejen su esencia interior. No tener deseos que lo distingan de la masa hace al niño más vulnerable a la influencia de la cultura de moda. Los padres nos sentimos a veces impotentes ante esta realidad, pero debemos asumir una postura activa para ayudar a nuestros hijos a desarrollar intereses que surgen de adentro hacia fuera. Esta no es tarea fácil, pero puede desempeñarse.

Habilidades de los padres: Reconocer y apoyar la Pasión

Igual que ocurría con los anteriores constructores de esencia examinados en este libro, uno debe observar bien a su hijo para poder ayudarle a desarrollar la Pasión. La sección que encontrarán a continuación les servirá de orientación. Una vez que se den cuenta exactamente de dónde radica la Pasión de su hijo, pueden dar los pasos necesarios para fomentar esos intereses, sin presionar tanto que lleguen a apagar su entusiasmo. Esta sección les ayudará en ese camino.

Cómo identificar la Pasión de su hijo

Entender de verdad a un hijo significa saber darse cuenta de cuál es su talento natural en función de aquellas habilidades en las que se muestra más diestro. Por ejemplo a Luis, de cinco años, le encanta el arte. Al ver a Luis tomar por primera vez en la mano un lápiz de color sus padres se dieron cuenta de que éste era su interés primordial. Sus trabajos de arte han ayudado a Luis a fortalecer áreas que encuentra difíciles. Fue un niño que no habló casi hasta cumplir los cuatro años, y sin embargo era capaz de expresarse gracias a su creatividad en el dibujo. En cierta ocasión, cuando la familia regresó a casa después de unas vacaciones de verano, Luis tenía dificultades para hablar de sus experiencias. Pero sus dibujos de conchas bonitas y otros maravillosos objetos que había visto en la playa eran enormemente reveladores de su deleite y fascinación. Hasta el día de hoy, Luis expresa a través de su arte cada nueva experiencia que disfruta, como jugar a los bolos o pescar, o estar con su grupo de Boy Scouts. Sus compañeros lo consideran el cronista de los sucesos escolares, y él se siente profundamente orgulloso.

A veces, es igualmente importante que los padres desanimen al niño cuando muestra intereses que no parecen ajustarse a sus habilidades y temperamento. Por ejemplo, Ángela fomentó el interés de Liliana, su hija de diez años, por la gimnasia olímpica porque desde el momento en que aprendió a caminar había sido activa, ligera y de andar armonioso. Es cierto que se le daba bien esa actividad y a pesar de algunas dificultades, ha progresado felizmente. Sin embargo al año siguiente, cuando Liliana quiso tomar clases de ajedrez, Ángela me confesó, «No la desanimamos, exactamente, pero tampoco hicimos mucho para fomentar su interés, ya que en su escuela el equipo de ajedrez era ferozmente competitivo. Esa agresividad no se adaptaba a la naturaleza de Liliana. Teníamos la corazonada de que se había interesado solamente porque un par de profesoras habían estado intentando reclutar alumnos para el equipo, ejerciendo bastante presión».

Ángela tenía razón. En realidad a Liliana no la hacía feliz jugar al ajedrez, cosa que demuestra que ésta no era su pasión primaria. Si su hijo no parece obtener alegría de una determinada actividad, algo no marcha bien. Al fin y al cabo, estamos hablando de niños, y deberían estar divirtiéndose mientras que desarrollan una habilidad.

CÓMO RECONOCER UNA PASIÓN PRIMARIA

- Hace feliz al niño.

- Su niño lo acosa a usted, no lo contrario.

- El interés se adapta con naturalidad al temperamento básico de su hijo y a su repertorio de habilidades.

- El niño es capaz de tolerar cierta frustración y decepción sin desconectarse de la actividad.

- El elogio parece ser una motivación menor que el simple hecho de desarrollar la actividad.

- El niño empieza a identificar la habilidad como parte de lo que él o ella es.

Cómo fomentar la Pasión

Existen varias maneras importantes de fomentar la Pasión en su hijo. Las siguientes tácticas funcionan en conjunto para proporcionar el equilibrio adecuado de apoyo y mesura.

La importancia de mantener un poco la distancia. Cuando un niño demuestra por primera vez interés en algo que vale la pena, nosotros, padres preocupados por el estímulo, inmediatamente queremos ayudar a que se inicie. He visto incluso a muchos padres con dificultades económicas dejar de lado las necesidades de la familia para promover un supuesto talento antes de que el niño haya realmente dado muestras de un interés profundo y continuado. De cualquier forma, es importante guardar un poco la distancia. Habrá una gran cantidad de primeras experiencias que les permitirán apreciar hacia donde se inclina su hijo y para qué es bueno. No presionen. Es mucho más importante preservar la curiosidad natural, lo cual se puede hacer reconociendo el nivel de tranquilidad emocional del niño.

Incluso cuando a un niño le encanta algo, presionarlo demasiado puede agriar su entusiasmo. Muchos de los niños que entrevisto en parvularios y en escuelas elementales me han confesado que se sienten presionados, incluso acorralados, por sus padres. A menudo, aunque con la mejor de las intenciones, sí pareciera que los suplantáramos. Los niños que tienen padres apasionados me cuentan que siempre que se empiezan a interesar en algo, Mamá y Papá inmediatamente saltan al ruedo. Puede ser por causa de un sueño de infancia que nunca se hizo realidad. Sea cual sea la razón, el interés se convierte de alguna manera en la actividad de ellos, no en la de los hijos. Por lo tanto, cuando un pequeño demuestra una inclinación o un talento, presten atención, pero procuren no agobiarlo con entusiasmo. Traten de recordar que esto es «lo del niño», no lo de ustedes.

Tengan presente, además, que el temperamento de su hijo da la medida de su reacción al fervor y a la persuasión de sus padres. De hecho, investigaciones sobre interpretación hechas por el doctor Stanley Greenspan en la fundación *Zero to Three*, sugieren que en el caso de niños Intensos/agresivos, Intensos/sensibles y Reservados/ dependientes, es mejor empezar a contener el exceso de entusiasmo desde cuando el niño es muy pequeño. Uno de sus estudios, por ejemplo, descubrió que particularmente los bebés sensibles y de personalidad fuerte tienden a sentirse abrumados cuando la persona que los cuida hace gala de reacciones emocionadas y expresivas o inclusive si solamente le hablan en voz alta o gesticulan con demasiado énfasis.

Concretamente, moderen su respuesta al interés del niño de manera que se adapte a su temperamento básico (ver el capítulo 1). Esto es crucial en el desarrollo de la Pasión. Un niño Intenso/sensible puede asustarse ante el exceso de emoción de sus padres. El niño Intenso/agresivo puede sentirse arrastrado a una lucha de poder si sus padres asumen una actitud demasiado dominante. Y el niño Reservado/dependiente puede tener la sensación de que lo están abandonando cuando lo presionan para que participe en una actividad.

Empiecen en pequeña escala. Su niño muestra interés en la música a los cuatro años, y de repente ustedes se encuentran buscando en las páginas amarillas la entrada para «pianos». ¡Un minuto! ¿No sería mejor alquilar un instrumento barato, y luego, si el niño demuestra un interés sostenido y pide más, eventualmente pasar a un piano mejor?

Gastar en exceso, especialmente con niños pequeños, puede arrojar resultados que no se buscaban. Margarita, por ejemplo, demostró cierto talento artístico en el preescolar. Cuando nos conocimos, Margarita tenía siete años y me dijo que sus padres estaban tan «en el cuento» de que fuera artista, que había perdido el entusiasmo. Era lógico. Al fin y al cabo, a la primera señal de interés, le habían comprado costosos materiales y la habían matriculado en una clase avanzada. Con tanta presión, Margarita perdió su entusiasmo natural por el arte. «Todavía me gusta dibujar», me dijo, «pero no tanto». Margarita no había perdido su talento, pero por la presión de sus padres, había perdido su Pasión.

Habiendo aprendido de su experiencia con Margarita, Mamá y Papá adoptaron una actitud mucho más relajada con Jorge, el menor. Cuando empezó a manifestar interés en el fútbol, le compraron algunos artículos de segunda mano. Le explicaron que si manifestaba un interés constante, entonces le comprarían elementos más profesionales de fútbol.

Procuren no programarlo en exceso. El exceso de actividades es la zancadilla de casi todas las familias modernas que conozco. Es difícil obtener estadísticas concretas sobre las actividades extracurriculares, pero me he convencido a base de hablar con miles de padres a lo largo de los años que la norma es de una a dos actividades a la semana y por lo menos dos en el fin de semana. Una razón es el mensaje cultural de que lo mejor es tener muchos intereses: muchas opciones, mucho de dónde escoger, muchas posibilidades de éxito. Bajo los estándares contemporáneos, se considera demasiado bajo el que el niño participe en una sola actividad. Queremos que nuestros hijos tengan posibilidades ilimitadas. También mantenemos ocupados a nuestros hijos porque nosotros estamos muy ocupados.

Independientemente de la razón, el exceso de actividades casi siempre tiene un efecto negativo. Los niños me cuentan con regularidad sobre la escandalosa realidad: «Demasiadas cosas es aburrido». Si bien la afirmación puede sonar contradictoria, refleja la sabiduría de los niños. Digamos que su hijo asiste a clase de tenis los lunes, tiene clase de música los miércoles, y el sábado entrena fútbol, lo cual no es una programación fuera de lo común en un niño en edad preescolar. Este trajín genera un modelo de aprendizaje que es amplio pero poco profundo, lo cual, infortunadamente, refleja el estilo de la segunda familia. Los niños rara vez se sumergen en un tema o en una actividad el tiempo suficiente para alcanzar un verdadero nivel de competencia.

Cuando algo sale mal, no se rindan, adáptense. Cuando los niños desarrollan un interés fuerte, es casi imposible que no se enfrenten a alguna dificultad. Por ejemplo, a los cuatro años, Lila desarrolló una pasión instantánea por la danza moderna; no paraba de hacer pasos y piruetas. Angela, su madre, me contaba que la mayor parte del tiempo se sentía hablándole a los pies de Lila. Desafortunadamente, Lila era la menor del grupo, y en unos meses los otros niños, la mayoría de los cuales le llevaban seis meses, empezaron a avanzar más rápido que ella. Lila se empezó a desanimar. Entonces, en parte porque estaba estirando de una manera demasiado exigente su cuerpo, tuvo una caída y se lesionó la muñeca.

Ante eso, Lila se sintió muy decepcionada. Sus quejas y su resistencia para ir a clase eran tan altisonantes que Angela estaba considerando que abandonara el programa. Madre e hija podrían entonces haber concluido que la danza no era lo suyo, o peor aún, que la niña era un poco floja. Propuse un punto medio: una clase menos exigente con niños en su mismo nivel de competencia. Este ajuste simple funcionó; Lila floreció. Cuatro años más tarde se unió nuevamente, y por voluntad suya, a la clase avanzada, donde ha desarrollado desde entonces una sólida confianza en sí misma y unas amistades perdurables.

Para establecer qué «encaja» hay que observar al niño en su campo, en su clase, en el entorno donde se manifiesta la Pasión. Investiguen para encontrar un programa que se ajusta a su temperamento y a la manera como mejor aprende. Tengan conciencia del problema más frecuente: un profesor o entrenador demasiado rígido u obsesionado por la perfección. Esa presión es capaz de espantar en un instante la Pasión del niño. O, como en el caso de Lila, asegúrense de que su hijo no está ni muy por debajo ni muy por encima del nivel del resto de la clase, experiencia que básicamente puede desanimar a cualquiera.

Cuando las cosas marchen con dificultad, ayuden a su hijo a contrarrestar sus pensamientos negativos y a encontrar soluciones activas. Cuando los niños se desaniman, cosa que les sucede con frecuencia cuando prueban algo nuevo, caen a veces en lo que los psicólogos llaman «distorsiones cognitivas», es decir, pensamientos irracionales. Algunas distorsiones cognitivas comunes son: la catastrófica («Nunca voy a hacerlo bien»), la telepatía («El entrenador piensa que juego pésimo»), adivinación del futuro («La presentación me va a salir mal») y la globalización («Si me equivoco una vez lo arruino todo»).

Por ejemplo, Inés exclamó después de hacerle una tarjeta de cumpleaños a su padre, «¡Quedó asquerosa! A Papá no le va a gustar. Yo no sé pintar y nunca voy a aprender». Como si su decepción no fuera suficiente para hacerla sentir fatal, la serie de distorsiones cognitivas la hicieron sentir todavía peor consigo misma.

Como lo explicaba en el Capítulo 1, las investigaciones indican que el pensamiento afecta el comportamiento y en consecuencia, modificar la manera como piensa una persona puede alterar su comportamiento. Para moderar esta lógica equivocada, sirve enfocar los hechos. Esto es importante porque los investigadores sobre procesos cognitivos han descubierto que a los niños les cuesta trabajo creer en cualquier cosa que no esté basada en los hechos. Pueden utilizar esta técnica cuando la distorsión del pensamiento hace que el niño se paralice o se desanime.

1. Entérense de qué piensa el niño y manifiesten empatía. La madre de Pablo le dijo, «Ya veo que te hace sentir enojado y decepcionado».

2. Hagan preguntas concretas. Por ejemplo, «¿Qué parte del dibujo te cuesta trabajo hacer?»

3. Identifiquen la distorsión cognitiva. «Piensas que nunca vas a poderle hacer a Papá una tarjeta que le guste».

4. Retrocedan un paso y ofrezcan un pensamiento opuesto positivo. Una idea que ponga en presente (y vaya en contra de) la distorsión cognitiva que propicia el fracaso. «Pablo, la semana pasada le hiciste una tarjeta muy linda a la abuela. ¿Recuerdas que te encantó? Esa vez también empezaste de nuevo, ¿verdad?»

5. Encuentren una solución que se ajuste al problema particular. «¿Qué color te gustaría más? ¿Qué tal si te doy otra hoja y lo intentas de nuevo?»

Miremos otra situación. Daniel, de cinco años y medio, trataba de aprender a patinar pero se caía constantemente, y el ego le quedaba más golpeado que el cuerpo. Sin embargo, el pensamiento que acompañaba sus caídas era todavía más perjudicial. «No puedo hacer nada bien», gritó al caerse por cuarta vez. Su madre, Nadia, recordó la estrategia de los hechos.

Para conocer qué era lo que concretamente perturbaba a su hijo, Nadia le manifestó empatía y, a la vez, hizo una sugerencia sobre cuál podría ser el problema: «Daniel, yo sé que debe ser incómodo caerse delante de todo el mundo. Te hace sentir incapaz y enojado». Cuando Daniel manifestó estar de acuerdo en que así se sentía, Nadia identificó la distorsión cognitiva: «Pero no quiere decir que no puedas hacer nada bien». Daniel le dio una mirada escéptica hasta que ella le recordó cómo había sido la primera vez que había intentado montar en bicicleta. Dio un paso atrás y propuso un pensamiento opuesto: «¿Te acuerdas? Primero te costaba trabajo mantener el equilibrio, pero perseveraste hasta que lo hiciste bien. Y ahora eres un as».

Sin embargo, es importante que los padres no paren ahí. No olviden el paso cinco, ofrecer una solución activa. Idealmente, dejen que el niño la proponga. Nadia le dijo a Daniel, «¿Qué quieres que haga para ayudarte a no caerte?».

«Ayúdame a sostenerme mientras intento de nuevo», contestó. Mientras Daniel recorría lentamente el parque con Mamá a su lado, Nadia oyó que murmuraba, «Aprendí a montar en bicicleta». El pensamiento opuesto positivo le ayudó a Daniel a abandonar la noción destructiva de que nunca sería bueno para nada. Empezó a relajarse y en corto tiempo ya recorría el parque a toda velocidad sobre sus patines.

Aprendan a elogiar de manera adecuada. Los niños pueden volverse adictos al elogio si no tenemos cuidado cómo y cuando repartimos nuestros cumplidos. Acaban actuando en busca de aplauso en lugar de hacerlo por el gusto inherente de sentir Pasión por una cierta actividad. En una serie de estudios, Edward Deci, quien investiga sobre motivación, descubrió que tanto los niños como los adultos tienden más a conservar el interés en una actividad cuando no siempre reciben un premio en el proceso. En otras palabras, la capacidad de participar es intrínsecamente satisfactoria, remplazarla habitualmente por una gratificación exterior es hacerle un flaco servicio al niño.

No importa que palabras de elogio utilicen pero eviten la hipérbole, frases como «¡Increíble!», «¡Espectacular!», «¡Es el mejor salto que he visto!». Lo reconozco, a veces a mí se me olvidan mis propios consejos y ¡les hago a mis hijos esta clase de cumplidos arrobados! Sin embargo, estos pronunciamientos grandiosos no suenan genuinos. Peor aún, esto hace sentir ansiosos a los niños, como si tuvieran que desempeñar un papel y crea en ellos un sentido poco saludable de derecho adquirido. Cuando uno no reacciona con un entusiasmo semejante ante cada pequeño logro o triunfo menor, el niño tiende a pensar, «¡Caramba, se supone que les hagas una gran fiesta a las cosas que hago!».

Recuerden elogiar la Pasión del niño, no el producto: Cuando Tatiana, de tres años, le mostró a su madre con orgullo el dibujo que había hecho, su madre le dijo: «Me encanta que le dedicases mucho rato, con razón estás contenta con el resultado». De manera semejante, en lugar de decirle a su hijo de diez años que era un «fabuloso» jugador de básquet, lo cual no hubiera sido cierto pues apenas estaba empezando a aprender el juego, Elena elogió a Jeremías por practicar repetidas veces para poder encestar. «Debe ser que realmente te gusta», agregó.

La educadora Lilian Katz también sugiere «un refuerzo explícita y directamente relacionado con el contenido del interés y del esfuerzo del niño». Así que en lugar de hacer gran alharaca por el auto a escala que ha armado su hijo, podría ofrecerle llevarlo a un museo de autos antiguos, o prometerle comprar un modelo nuevo, más difícil para la próxima vez. O, si su hijo llega a casa con un proyecto escolar sobre astronomía, ustedes podrían traer de la biblioteca al día siguiente un libro que amplíe su conocimiento sobre el tema. ¿Qué mejor elogio que demostrar que se dan cuenta del interés de su hijo y que están dispuestos a colaborarle en su afición? Recuerden, guíense por las indicaciones del niño y traten de no adelantársele demasiado.

Estén flexiblemente disponibles. Detrás de cada niño apasionado hay unos padres flexibles que entienden que aunque tendamos a pensar en los intereses de fuera de la escuela como «extracurriculares», apoyar estas actividades es tan importante como preparar las comidas o ayudarle al niño a hacer sus deberes. Una Pasión debería ser parte de la vida de todo niño. Esto significa encontrar el tiempo necesario y dedicarle energía a fomentar y cultivar esa pasión.

No obstante, no es bueno irse a los extremos. Por ejemplo, Carla y María José, de cinco y ocho años, juegan hasta seis partidos de fútbol entre ellas durante los fines de semana y sus padres se sienten completamente obligados a asistir los seis. La relación de la pareja está padeciendo la tensión de tener que estar disponibles para las niñas. En el otro extremo del espectro están los padres de Irene, que poco o nada tienen que ver con su creciente Pasión por el piano. Contrataron una profesora de piano, pero no le recuerdan que practique ni la escuchan cuando ha logrado aprender a interpretar bien un nuevo trozo. Y asisten a sus recitales solamente si esto encuadra dentro de su atareada programación. El piano no tiene para Irene el mismo significado que tendría si sus padres estuvieran interesados y participaran.

En un punto intermedio y más típico, están las papás y las mamás que se dan cuenta de que un aspecto necesario de ser padres es ser flexibles y estar disponibles para asistir a eventos, para llevar y traer niños, y para acompañarlos en sus triunfos y decepciones. Puede haber ocasiones en que estos padres tengan que sacrificar una cita o quedarse despiertos un poco más tarde para escribir el informe que no tuvieron tiempo de hacer por estar en una obra de teatro de la escuela. Y puede haber ocasiones en que no se puedan liberar de sus obligaciones, así que pídanle a un abuelo que vaya al partido o a otro padre que lleve al niño. Finalmente, estos padres logran un equilibrio sólido en el cual el niño se siente apoyado y aplaudido, sin echar a pique la calidad de su vida familiar.

Tomen decisiones conscientes en cuanto a la televisión. Como lo decía anteriormente en este capítulo, la proliferación de los medios en nuestros hogares a veces congestiona el tiempo de nuestros niños y su capacidad de desarrollar una Pasión. Esto no es una novedad para los padres, de hecho, una encuesta indica que el 73 por ciento de la gente desearía limitar el tiempo que ve televisión. Pero he aquí otro enfoque que he visto en las familias donde los niños desarrollan verdaderos intereses: Cambien la manera como su familia concibe la televisión; conviértanla más en una decisión consciente. Por ejemplo, la mayoría de los niños pide permiso para salir a jugar. De la misma manera, ¿no deberían pedir permiso para ver televisión o un vídeo?

Ustedes, a su vez, deben procurar no contestar simplemente «Sí» o «No». En *The Smart's Parents Guide to Kids TV*, (Guía inteligente para ver televisión infantil), Milton Chen, Ph.D. propone inculcarles a los niños la noción de que «no vemos televisión, vemos programas de televisión». Así que háganles a sus niños preguntas concretas: «¿Qué están dando? ¿Qué quieres ver?». Más importante aún, pregúntenle si hay alguna otra cosa que quisieran hacer, como jugar afuera, o leer o trabajar en un proyecto de cualquier clase. Traten de orientarlos hacia una de esas otras opciones. Y pregúntense: «¿Puedo acaso motivar a los niños a no encender automáticamente el televisor interesándolos en otra cosa?». Puede que requiera tiempo. Hagan una pausa en sus ocupaciones mientras los inician en otra actividad. Incluso si los distraen pidiéndoles que ayuden a programar y hacer la comida, ya es ganancia. Cualquier actividad que aleje a los niños de la pasividad de los medios y que los anime a pensar, a ser creativos, a investigar, y a interactuar con otros constituye un uso mucho mejor de su tiempo y energía.

Sirvan de ejemplo de los beneficios de tener una Pasión sana. Obviamente, los niños necesitan que les sirvamos de modelos. Pero si los padres creen que el simple hecho de tener ellos una Pasión es suficiente para estimular a los niños a desarrollar la propia, deben pensarlo dos veces. La Pasión puede de hecho infundirles cierto temor a los niños. Cuando estamos intensamente sumergidos en una actividad o en una ocupación a menudo nos desconectamos del resto del mundo. Por lo tanto, para ser modelos positivos, deben mostrarles a los niños que cuando ustedes están profundamente interesados en algo, también son capaces de incluir a otras personas.

Caso típico: Mauricio, fanático del golf y padre de Josué, desaparecía con regular frecuencia durante horas interminables para dedicarse a lo que le interesaba. Al ver esto, Josué equiparaba Pasión con pérdida. Le hice caer en cuenta a Mauricio que si no desmentía la percepción de Josué, éste crecería con una gran ambivalencia hacia las consecuencias interpersonales de tener una Pasión.

Con esto en mente, Mauricio empezó a llevar a Josué al campo de golf. Allí Josué pudo darse cuenta de que su papá jugaba con tres amigos con quienes compartía su dedicación al juego y que desarrollaba con ellos una gran camaradería. Mauricio también empezó a hablarle a Josué sobre golf; los dos veían juntos vídeos de golf. Obviamente, a Josué, a quien le encanta la atención de su papá y compartir con él su entusiasmo ha empezado a disfrutar enormemente sus visitas al campo de golf. Hasta ahora, su curiosidad por el golf parece auténtica, pero incluso si Josué se interesa en otro deporte, por lo menos está empezando a ver la Pasión bajo una luz positiva. Y lo que es igualmente importante, el amor de su Papá por el golf, en lugar de erigir una muralla entre ellos, los está acercando.

Habilidades de los niños: cómo aprender a mantener la Pasión

Un niño que no puede manejar la frustración, la decepción y la competencia, cada uno de las cuales inevitablemente se presentará cuando uno desarrolla un interés, rara vez es capaz de mantener una Pasión. Me acuerdo

Escuela para la pasión

El Manhattan New School, en la ciudad de Nueva York, que abarca desde el grado uno al cinco, enfoca de una manera inusual la educación en la primera infancia. En lugar de concentrarse exclusivamente en las materias acostumbradas, el trabajo escolar se centra en el fomento de la Pasión. Shelly Harwayne, la directora, explica: «Claro que enseñamos lo básico, pero queremos ayudarles a los niños a desarrollar una pasión por aprender. Así que enseñamos a base de seguir las obsesiones e intereses de nuestros estudiantes».

Por ejemplo, si a un niño le encanta el béisbol, sus profesores le proporcionan todos los libros que pueda devorar sobre el tema, y así le enseñan a leer. En matemáticas, calcula estadísticas de béisbol. Para enseñarle la cultura y la historia de su vecindario, le piden que entreviste administradores de parques y organizadores de deportes.

«En lugar de ahogar las pasiones del niño», dice Harwayne, «tratamos de aprovecharlas como un recurso y una fuente natural de energía para aprender».

Al leer esto, algunos padres se preguntarán, «¿Faltando el currículum tradicional, qué bien les va verdaderamente a estos niños?» Ni se pregunten más: la Pasión obviamente estimula un aprendizaje intenso. Los niños que asisten a este colegio pasan a las mejores escuelas de Nueva York. No es sorprendente entonces que la solicitud de cupos haya crecido drásticamente desde la fundación.

de Steve Henderson, un niño con quien asistí a campamento de verano. A Steve verdaderamente le encantaban el fútbol y el béisbol. Desafortunadamente, cuando perdía un juego no se le podía hablar durante horas. Una vez un compañero de taquilla olvidó dejarle a Steve suficiente espacio después de que este había perdido en un juego. Steve se descontroló tanto que el pobre compañero empezó a llorar.

He visto el mismo comportamiento en adultos. Judith, una contadora que vino a buscarme porque sentía que a su vida «le faltaba algo» me confió que siempre había querido ser comediante. Finalmente, a instancias mías y tras practicar mucho tiempo, asistió a una noche de micrófono abierto en un club para comediantes. Judith fue un éxito desde el primer momento. Estaba muy emocionada ante su debut; nunca la había visto tan feliz. Luego se apuntó a una competencia estatal para comediantes, y empató por el primer lugar. Pero Judith estaba tan decepcionada de no haber ganado ella sola que nunca volvió a participar en concursos. Judith perdió su Pasión por no ser capaz de superar sus sentimientos de fracaso y decepción. ¿Por qué? De niña, a Judith no se le enseñó cómo manejar los inevitables reveses. Si tiempo atrás se le hubiera enseñado que desarrollar una Pasión significa saber manejar las decepciones, tal vez nunca se hubiera dado por vencida. Los destinos de Steve y Judith son ejemplos un tanto más dramáticos de lo que todos tenemos que encarar.

Pasión significa perseverancia. Un niño tiene que aprender a superar los inevitables baches tranquilizándose él mismo. Y como nos lo indica Lillian Katz, «Aprender a manejar los reveses, y mantener la perseverancia y el optimismo necesarios para el largo camino de la infancia hacia la destreza, constituyen los verdaderos fundamentos de la auto estima perdurable». Con ese fin, he acá una serie de habilidades que le ayudarán a su hijo a saborear, no a perder, el espíritu.

La necesidad de entender sus propios sentimientos

El Dominio del estado de ánimo y la Expresividad ayudan a facilitar la Pasión. Como lo dije en el Capítulo 1, los niños, incluso desde los tres años, pueden aprender a tranquilizarse a sí mismos. Sin embargo, como el niño no ha desarrollado la capacidad de identificar sus sentimientos, a lo mejor es necesario ayudarle primero a encontrar las palabras que describen la experiencia de tener dificultades al aprender algo nuevo, o de sentirse amenazado ante sus primeros esfuerzos. La selección múltiple funciona bien, como en «¿Te sientes furioso, triste o contento?» O pueden validar diciendo algo como «Veo que estás decepcionado», o «Eso debió haberte hecho sentir mal». Cuando un niño aprende a identificar y a expresar lo que siente, es más fácil manejar cualquier clase de desengaño o frustración.

Adán, de cuatro años, estaba decaído después de que su entusiasmo se había encontrado con la irritabilidad de un entrenador en su grupo de preescolar de atletismo. Mamá le preguntó, «¿Te sientes triste o enfadado por el asunto del entrenador?» Al oír la palabra que describía sus sentimientos, Adán exclamó, «¡Furioso!» y luego explicó: «No me gusta cuando grita». Al darse cuenta de que Adán, sensible para empezar, estaba tomándose personalmente los cambios anímicos del entrenador, su madre pudo ofrecerle un pensamiento contrario para tranquilizarlo: «Adán, cuando grita, trata de decirte a ti mismo, "no es por mí, está de mal genio"».

Con el tiempo, los niños aprenden a identificar sus sentimientos y a incorporar a su propio repertorio los pensamientos que sus padres han ofrecido para contrarrestar esos sentimientos. La semana siguiente, cuando el dictatorial entrenador dejó escapar una andanada en el campo de juego, la madre, sentada en las bancas, oyó que el niño les decía a sus amigos, «Estoy furioso con el entrenador... simplemente está de mal genio».

El desencanto y las frases hechas

Ofrézcanle a su hijo compasivo clisés, proverbios populares que dan tranquilidad y que han sido pasados de generación en generación. Cuando las cosas se ponen difíciles, el niño puede hacer uso de su reserva y repetirlas para sí. Según varias encuestas, las frases trilladas más usadas, dichos de muchos años que ayudan a la gente en los tiempos difíciles, incluyen «Todo pasa», «Mañana será otro día» y «Un día a la vez». Agreguen al repertorio otras frases hechas que provengan de su tradición familiar. Si ninguna de estas funciona con su hijo, traten de identificar cualquier clase de frase o serie de frases que funcionen.

Por ejemplo, cuando Clara está «de la olla» después de un entrenamiento de fútbol o de un juego en que no le fue tan bien como hubiera querido, su padre le pregunta, «¿hiciste un buen esfuerzo?» La mayoría de las veces esta simple pregunta logra suavizar un poco la decepción de Clara. Catalina, su hermana, tiene un temperamento mucho más sensible. A sus oídos, esa pregunta llegaría como una presión o crítica adicional. Después de cualquier fracaso necesita cariño adicional y que le den seguridad. Tras un poco de ensayo y error, han encontrado que esta frase hace maravillas: «Te queremos mucho, Catalina. Mañana quizá todo irá mejor».

Como lo he dicho reiteradamente, los niños empiezan a repetir rápidamente los pensamientos para contrarrestar dificultades y las frases que ayudan a serenarse. Clara se decía a si misma con frecuencia, «Hice lo que pude». Catalina murmura después de una derrota, «Mañana todo irá mejor». Y tenemos a Santiago. Su madre descubrió que su hijo de cinco años se sentía mejor cuando perdía una carrera cuando ella le decía, «No te preocupes, la mayoría de los otros niños tampoco llegaron primero». Ahora Santiago dice cuando necesita serenarse, «¡Roberto tampoco ganó!».

Ejerzan el arte de la predicción realista

Según lo propone Martin Seligman en *The Optimistic Child*, (El niño optimista) debemos darles a los niños dosis regulares de realidad sobre el mundo. Lo que él llama «pesimismo realista» es mucho mejor que el entusiasmo general, porque a los niños les cuesta creer lo que no está basado en los hechos. Agregaría, además, que esto es especialmente vital cuando se trata de ayudarles a desarrollar la Pasión. En esta edad de fama instantánea, que promueve la idea de que todo el mundo es «especial», los niños realmente creen que basta con presentarse. A los niños hay que advertirles que a lo mejor no les vaya de maravilla la primera vez y que es posible que sus esfuerzos no sean reconocidos siempre.

¿Quién de nosotros padres no tiene la tentación de decirle a un niño, camino a una audición o a una prueba, «Tengo confianza en ti, te amo y sé que te darán el papel [o te escogerán para el equipo]»? Su hijo, de hecho, sabe que por más que ustedes lo amen, no tienen manera de saber que eso es cierto. Pensamos que estamos protegiendo a nuestros niños, y decimos este tipo de cosas por cariño, pero ¿qué sucede cuando no se le asigna el papel o no es elegido para el equipo? No estará tan preparado para la realidad. El mundo puede ser cruel y competitivo a ratos y uno no les ayuda a los niños escudándolos siempre.

Además, los niños de hoy en día, destetados con juegos de video que les permiten establecer su propio nivel de logro y frustración no siempre están preparados para toparse con el muro del principiante, el momento en que la actividad parece tan dura que tendrá la tentación de darse por vencido. Sin embargo si el niño está advertido, y aprende a anticiparse a la frustración, será más capaz de vencer los temores y de perdurar en una afición.

Por ejemplo el día que la escuela de Ana, de siete años, estaba eligiendo el elenco para una gran obra, su madre, Beatríz, le recordó camino a clase, «Sabes, Ana, muchos otros niños estarán tratando de conseguir el papel estelar». Beatriz entonces respiró profundamente y le dijo a su hija cuáles eran las posibilidades realistas. «Es probable que no te asignen ese papel. A lo mejor te dan otro papel, a lo mejor te piden que ayudes tras bambalinas».

¿Una manera negativa y destructiva de pensar? No, los niños de esta era de la hipérbole necesitan desesperadamente ese aporte delicado pero sincero. De hecho, a Ana la fortaleció esta dosis de realidad. Se sentía segura en la audición y fue escogida para prepararse en caso de tener que remplazar a la protagonista. Eso la hizo feliz. Si Beatriz no la hubiera preparado, a lo mejor a Ana el resultado la habría intimidado y decepcionado.

El beneficio de tener mentores adultos

Para desarrollar Pasión, los niños deben ser capaces de identificar cuándo necesitan ayuda y saber a quién acudir. Tienen que superar el sentimiento de que no estarían «en la onda» si buscaran la ayuda de los adultos. Como lo leyeron en el capítulo 2, muchos niños viven en un mundo ligeramente distante del mundo adulto; tienden a sentirse más lejos de los adultos de lo que le conviene a una esencia que se está desarrollando. Como resultado, cada vez más a los niños no los orientan ni los padres ni los profesores, sino la segunda familia. Esto puede tener malas consecuencias en todos los ámbitos de la vida de un niño, pero especialmente cuando se trata de desarrollar Pasión. Al fin y al cabo, los mejores mentores son generalmente adultos. Si un niño no se siente a gusto acercándose a nadie aparte de sus pares, tendrá dificultades para acceder al apoyo y a la sabiduría apropiados que pueden ofrecerle algunos adultos.

Por ejemplo, cuando la profesora de Carlos, la señora Gómez, percibió su interés en las matemáticas, le proporcionó un libro de matemáticas más avanzado. Aún así, era inevitable que Carlos en algún momento se atascara y necesitara ayuda. Pero como la señora Gómez era profesora, y Carlos se preocupaba por su «imagen», le parecía inconcebible pedirle ayuda especial. Al oír esto, les sugerí un poco de teatro casero. Mamá fingía estar perpleja ante un difícil problema de matemáticas. ¿Qué hacer? Carlos, haciendo de «profesora», le dijo, «Bien, hablaremos después de clase, y te mostraré cómo se resuelve». Esa breve interacción le permitió a Carlos obtener una nueva perspectiva sobre su situación y encontrar una manera de pedir ayuda sin aparecer como un «pelmazo» ante sus amigos... buscó a la señora Gómez cuando sus compañeros no estaban cerca.

Algunos dilemas son más difíciles. En la escuela secundaria, Ana María tenía un entrenador de fútbol duro y guiado por la testosterona. Siempre que uno de sus jugadores se caía o se estrellaba contra la malla, el entrenador

Espitia gritaba, «O se pone de pie o se retira. En mi equipo no hay espacio para debiluchos». Como resultado, un día que se torció el tobillo, Ana María se sintió, comprensiblemente, aterrada de buscarlo. Con un poco de ayuda de sus padres, idearon un plan alterno: confiar en el entrenador Gutiérrez, el joven asistente, y quien a Ana María le parecía más abordable. Lo que sucedió le concedió la razón. El entrenador Gutiérrez se manifestó dispuesto a hacer de intermediario, y le sugirió al entrenador Espitia que puesto que Ana María no exhibía su habitual espíritu de competencia, tal vez necesitaba uno o dos días de descanso.

A diferencia de tantos niños que me encuentro que no son amistosos con los adultos, Ana María, (con ayuda de sus padres) supo cuál era el adulto indicado para ayudarle. Si no lo hubiera hecho, a lo mejor se habría causado una lesión grave jugando a pesar del dolor, o tristemente, podría haberse alejado lentamente del deporte. Pero como sus padres siempre hacían énfasis en la importancia de los mentores, Ana María estaba abierta a la posibilidad de encontrar apoyo por parte de los adultos. No solamente confió en su instinto sobre a cuál entrenador hablarle, sino que se sintió segura del hecho de merecer ayuda.

Parte importante de esto es ayudarle a su hijo a aprender desde muy temprano cómo pedir ayuda de una forma que no sea negativa y que no active ciertos botones en los adultos. Myriam, hija única, esperaba que todos los adultos interrumpieran lo que estaban haciendo cuando ella los necesitaba, al estilo de como lo hacían sus dedicados padres cuando ella los necesitaba. En casa, Myriam con frecuencia gemía cuando no lograba lo que quería, y este comportamiento se había extendido al colegio. Acusaba repetidamente a su profesora de parvulario de ser «injusta». Y tenía tendencia a tratar a los adultos como sirvientes; su tono daba a entender «me lo debes». Myriam se volvió más exigente con el tiempo. Lógicamente, su actitud de derechos adquiridos era casi siempre contraproducente, a los profesores y a los entrenadores casi nunca les caía bien. Desde luego, estar en capacidad de pedir ayuda no garantiza en sí mismo que el niño no vaya a encontrar dificultades. Sin embargo, he observado a lo largo de los años que los adultos cuidan mejor que a Myriam a los niños que son respetuosos, corteses, que entienden el toma y dame de una buena conversación, y que tienen presente el hecho de que no son los únicos en una habitación.

Los beneficios de encontrar un compañero de Pasión

Con contadas excepciones, los niños se están sintiendo aislados. Eso puede disuadirlos de la Pasión. Un interés continuado en un tema o una actividad involucra a menudo largas horas de dedicación en soledad al estudio o a la práctica. Por lo tanto, es bueno propiciar lo que yo llamo «Compañero de Pasión», otro niño que comparta el mismo interés. Miguel y Ernesto se hicieron firmes amigos en torno al patinaje. Se conocieron a los cinco años en un programa fuera de la escuela y desarrollaron juntos su afición compartida, creando al mismo tiempo una de esas amistades especiales de la infancia. La camaradería les proporcionó una oportunidad temprana de ser maravillosos amigos de escuela elemental a la vez que adquirían grandes habilidades en una afición que a ambos les encantaba.

A menudo los niños se unen de manera natural a otros niños de la misma clase o equipo, pero quizá necesiten un poco de impulso externo. Santiago, nuestro experto en dinosaurios, pasaba horas en su habitación mirando libros y dibujos y Susana, su madre, se preocupaba por la falta de socialización de Santiago. Así que lo matriculó en un grupo de estudio de un museo para «niñosaurios» en donde conoció otros niños igualmente encantados con el tema. Varios de ellos siguieron siendo amigos y compartiendo otros intereses mucho después de terminarse el programa de ocho semanas.

LA CIMA ES SOLITARIA: QUÉ PUEDEN HACER PARA AYUDARLE AL NIÑO
A TENER UN CÓMPLICE

- Asistan a la actividad con el niño, a la cancha, al gimnasio, a la clase, observen quién le atrae y concéntrense en ese niño.

- Sirvan de puente. La mayoría de los niños pequeños no tienen idea de cómo iniciar una amistad. Hablen con los otros padres y ayúdenle a su hijo a planear ratos de juego con ese niño.

- Construyan otras actividades alrededor del interés compartido. Por ejemplo, organicen una reunión para comer pizza después del partido, o alquilen un video sobre el tema e inviten a los otros niños a verlo.

- A medida que se haga más profundo el compromiso con otra actividad, acérquense al adulto encargado del grupo. Esto sirve para poder detectar nuevas amistades o problemas potenciales.

Gracias al milagro de la tecnología de Internet, los niños hoy en día pueden tener compañeros de Pasión en cualquier parte del mundo. (Con supervisión) pueden participar en sitios de charla dedicados a un tema en particular. Y para una niña como Mariana, apasionada por la escritura, sus compañeros de correo o los que comparten la afición son un salvavidas contra el aislamiento.

No descuiden la Pasión. Todos los niños necesitan que ustedes fomenten y protejan este fundamental constructor de esencia. Todos los niños se sienten mejor consigo mismos cuando están interesados en algo y son buenos en algo, además de los interminables productos de la cultura pop. Ese interés y esa destreza son especialmente significativos cuando los niños han hecho un gran esfuerzo y han superado los obstáculos que inevitablemente se presentan.

5

Talento en las relaciones

Habilidad básica núm. 5: Orienten a sus hijos en sus relaciones con amigos y compañeros de juego

La preocupación de todos los padres

A mis amigos Jackie y William los admira todo el mundo por su habilidad para manejar los problemas médicos crónicos de su hija Carrie, quien tiene dificultades de visión congénitas bastante graves. Pero si se le pregunta a Jackie que es lo que más le preocupa sobre la crianza, la condición médica de su hija queda sorprendentemente al margen. He aquí una madre cuya hija tiene que superar grandes retos de salud, padecer múltiples operaciones, y ¿qué es lo que le causa ansiedad?: cómo maneja su hija los asuntos sociales de todos los días, si escogerá buenas amigas que, en palabras de Jackie, «tengan valores sólidos».

Jackie se preocupa especialmente al ver la manera como se tratan entre sí algunos niños en la escuela de Carrie. Son duramente críticos, volubles en las amistades, y excluyen frecuentemente a otros niños. La idea de que Carrie haga grupo con estos niños, o de que la hieran, dice Jackie, es de hecho un asunto más difícil, más intenso y problemático, que manejar la enfermedad de Carrie.

Esta madre sensible y comprometida es representativa de muchos padres que conozco. En todas las charlas que dicto encuentro a los padres, incluso de niños en edad preescolar, profundamente preocupados porque sus hijos hagan buenas amistades y las conserven y porque entiendan de qué se trata la amistad. Saben que estas habilidades son cruciales para el desarrollo.

Existe una consciencia cada vez mayor en los adultos de que la naturaleza de las amistades de los niños determinará en gran medida si éstos entran al mundo de la droga o sucumben en la adolescencia a la tentación de otros comportamientos de alto riesgo. Más que nunca, los padres sienten este reto en los primeros años. Pero a menudo no tienen ni idea de qué hacer al respecto.

Mi respuesta es que los niños necesitan desarrollar lo que yo llamo «Talento en las relaciones», el cual les permite manejar sus amistades con otros niños, tomar decisiones buenas, y hacer y conservar buenos amigos.

Por qué el Talento en las relaciones es importante para la esencia de su hijo

Este es sin duda un asunto extremadamente difícil, para Jackie y para tantos otros padres y, sobretodo, para los niños que me buscan con problemas relacionados con las amistades. La verdad es que, las relaciones con compañeros se han vuelto cada vez más importantes como anclaje y lugar de referencia para los niños de hoy. Bien sea en la guardería o en el jardín infantil los niños interactúan con otros a edades cada vez más tempranas y los aspectos sociales aparecen en escena cada vez más pronto. El hecho de que tantas madres hoy en día trabajen ha «dado pié a una industria enorme de cuidado diurno de los niños», según lo reportaba el *Wall Street Journal* en 1996, haciendo notar que en los Estados Unidos aproximadamente 10 millones de niños en edad preescolar necesitaban quién los cuidara en el día, dos veces la cifra de hace veinticinco años. Actualmente, más o menos la mitad de los niños entre los tres y los cinco años está matriculado en algún sistema de cuidado diurno. Por ende, incluso a nuestros niños más pequeños se les pide que tomen difíciles decisiones sobre sus pares: con cuáles trabar amistad y a qué costo para su sentido personal de integridad.

Que esas estadísticas prácticamente ni existieran hace veinte años es en sí mismo indicativo de los tiempos que vivimos. Pero también he sido testigo de primera mano de este cambio. Al comienzo de mi carrera, hace unos veinte años, cuando fui primero consultor de varias escuelas, me remitían casos de muchachos en los últimos años de secundaria para tratar lo que se llamaba asuntos de compañeros. Hace unos diez años empecé a recibir llamadas de padres de niños que iniciaban la secundaria. Ya a mediados de los ochenta, las quejas sobre ostracismo, matones y comentarios crueles se habían colado a los últimos niveles de escuela elemental. Y hoy, por increíble que parezca, me invitan a hablar sobre asuntos de compañeros en aulas de segundo y tercer curso de básica, inclusive a veces me invitan administradores de parvularios. En resumen, exactamente las mismas cuestiones les están sucediendo a niños muy pequeños que no tienen el desarrollo necesario para manejarlas bien.

Hoy los niños necesitan más que nunca talento para relacionarse. Este importante constructor de esencia le permite al niño ser sabio a la hora de hacer amistades, de manejarlas cuando están funcionando y de reconocer el momento en que deben dejarlas si no marchan bien. Si su hijo es talentoso para relacionarse, forjará amistades con niños «buenos» y por lo tanto estará menos propenso a exponerse a actividades potencialmente dañinas y hasta peligrosas y a que éstas logren seducirlo. Por lo tanto nuestra quinta Habilidad básica:

> Habilidad básica núm. 5: Orienten a sus hijos en sus relaciones
> con amigos y compañeros de juego

El Talento para relacionarse les confiere a los niños cierta astucia en las amistades: la capacidad de replantear o abandonar relaciones que maltratan. Les permite a los niños decir lo que piensan y pensar lo que dicen. En otras palabras, los niños talentosos en las relaciones son capaces de aprovechar la riqueza de estas relaciones sin perder su esencia interior.

Amenaza esencial: Por qué es tan difícil enseñarles a nuestros hijos el Talento para relacionarse

Los niños quieren pertenecer, quieren tener un entorno con sus pares en el que se sientan escuchados y acogidos, quieren ser parte de una pandilla e incluso tener un mejor amigo a quien se sientan conectados. Desafortunadamente, muchos niños, y los padres que tratan de orientarlos, están naufragando en esas aguas. Como lo veo, hay tres razones claves para esta crisis en el frente de la amistad.

La amistad es menos visible hoy en día porque la vida de barrio ha cambiado. Antiguamente los niños crecían en medio de una omnipresente familia extensa y en medio de una comunidad unida en que el gran amigo vivía en la casa de al lado y muchos amigos en la misma calle. Crecí en los «maravillosos años» de final de los cincuenta y comienzos de los sesenta cuando la vida distaba mucho de ser perfecta. Pero sí me sentía anclado a mi vecindario. No por casualidad, los mejores amigos de mis padres eran los padres de mis mejores amigos. Observaba a los adultos en sus amistades. Los veía cuidarse, pelear y reconciliarse. En otras palabras, observaba en acción su comportamiento y sus valores sociales.

Observaba a mis padres y a sus amigos enfrentarse a lo mundano y a lo trascendental. Cuando uno se enfermaba, los otros estaban allí, trayéndole caldo de pollo y cuidando a los niños. En las escasas ocasiones en que una pareja estaba en peligro de divorcio, los amigos intervenían, y trataban de hacerles tomar conciencia de la gravedad del paso que pensaban dar. En sus organizaciones, sus iglesias y sinagogas, ligas de bolos y cocinas, era allí donde veía a mis padres ser buenos amigos, y fue así como aprendí los elementos de la «amistad».

En contraste, los niños viven hoy en día en comunidades basadas en la economía, no construidas sobre valores históricos compartidos o una etnicidad común. Desde los setenta, cuando una importante movilidad y el divorcio empezaron a cambiar el panorama, es posible que los niños ya no conozcan a su familia extensa, o que no los vean con frecuencia. Tienen menos sentido de «comunidad» que las generaciones anteriores.

A la vez, sus padres casi nunca tienen el mismo tipo de amistades. Hacen sus amigos en el trabajo y socializan con ellos en el gimnasio en lugar de hacer amistades con los vecinos, a quienes a menudo ni conocen. Este punto fue advertido de manera bastante dramática por la socióloga Arlie Hochschild en su más reciente libro *Time Bind: When Work Becomes Home and Home Becomes Work* (Restricción de tiempo: cuando el trabajo se convierte en hogar y el hogar en trabajo). A partir de sus estudios y del trabajo de otros investigadores Hochschild concluye que el lugar de trabajo se ha convertido en una especie de «familia sustituta» y en el lugar donde se forjan las amistades. De hecho, en una encuesta, casi la mitad de los entrevistados (el 47 por ciento) decía tener la mayor parte de sus amigos en el trabajo.

Esto es especialmente cierto de los padres que nacieron entre 1946 y 1964, como lo anota Terry Galway en una punzante acusación a sus pares que apareció en julio de 1970 en *America Press*: «Los *baby boomers* son una generación que conforma un ejército de malcriados que va de etapa en etapa de la vida sin echar raíces. Los amigos cambian con cada movida y con cada nueva etapa. Los amigos de infancia ceden paso a las amistades de secundaria, luego a los compañeros de apartamento en la universidad, luego a los primeros colegas, etcétera, etcétera. La noción de amistad vitalicia con una historia compartida y un sitio común se ha transformado hasta ser casi pintoresca».

Como resultado de este cambio, nuestros niños crecen en vecindarios donde rara vez son testigos de adultos que sirven de modelo de amistad. Consideren lo siguiente: ¿Qué tan a menudo los ven sus hijos interactuar de cerca con sus amigos? Claro, puede que hablen con otros padres por teléfono, o mientras sus hijos practican gimnasia, pero se requiere experiencia concreta para que cale el mensaje de lo que verdaderamente es una amistad. ¿Cómo aprenderán entonces los niños?

La mayoría de los niños aprende sobre la amistad en la segunda familia. Cuando un niño no ve modelar amistades en casa o en el vecindario, hay un vacío, un espacio que vienen a llenar los valores de la segunda familia, cuyas reglas sobre la amistad provienen de la cultura pop. La ironía es que los niños hoy en día casi nunca están realmente «solos», de hecho, están más indirectamente conectados el uno al otro que en cualquier generación anterior, gracias a la televisión, los vídeos, los juegos de ordenador e Internet. Son parte de una «comunidad» de pares, instantánea e interminable. He sido testigo muchas veces de que dos niños que no se conocen pueden encontrar inmediatamente terreno en común debido a sus experiencias compartidas con los medios. Bien sea que cautiven su atención Barney, o las Spice Girls, los niños son todos parte de la misma comunidad; y al fin y al cabo, una programación semejante entra a millones de hogares. Esto quiere decir que los niños en todas partes oyen y absorben los mismos mensajes y ven los mismos veinte mil comerciales independientemente de su lugar de residencia.

¿Y cuál es entonces el problema? Creo que los niños hoy en día tienen un sentido «virtual» de pertenencia. A veces se relacionan menos con compañeros reales que con la omnipresente cultura infantil. Y el mensaje que ellos digieren, ideas centrales repartidas en anuncios publicitarios, en la televisión y en el cine, no son probablemente los valores que ustedes quieren enseñar:

«Soy el número uno».

«¿Qué puedes tú hacer por mí?»

«¿Qué has hecho por mí últimamente?»

«Lo quiero todo».

«Seré el primero».

«Mis zapatillas costaron más que las tuyas; mis zapatillas son mejores que las tuyas».

Estos «antivalores» se difunden de un niño al otro y afectan el tejido de la amistad. Como los niños están tan desesperados por «pertenecer», actúan sin quererlo como esponjas, que absorben sin darse cuenta las actitudes y los comportamientos que aprenden de la cultura pop. Según el *Center for Media Education* (Centro para la Educación sobre Medios), la mayoría de los niños menores de seis ni siquiera entiende que el objeto de un anuncio es venderles un producto y son por lo tanto inconscientemente adoctrinados. Absorber estas actitudes ciertamente no aporta mucho al fortalecimiento de la esencia interior del niño como tampoco fomenta amistades sólidas y trascendentales. Esto nos lleva a nuestra tercera, y quizá más grave, amenaza contra el Talento para relacionarse:

Los niños están oprimidos por la tiranía de «la onda». Llamo a este problema «pelmazofobia», el implacable temor infantil de no «estar en la onda». Según me explicaba Laura, de once años, alguien que está «en la onda» tiene que ser un poquito cruel. «Tiene que hacer que otras personas se sientan un poco incómodas a su alrededor. Tiene que saber cómo ser desagradable comportándose como si fuera mejor que los otros niños, como si nada lo afectara». Luego agregó, «Yo no soy así. Pero quiero ser popular. ¿Qué hago?».

«Estar en la onda» significa que el niño es pseudosofisticado, en vestido y actitud, y esto empieza mucho antes de la preadolescencia. A veces, de hecho, me sorprende lo temprano que los niños toman conciencia de esto. Estaba hace poco en una tienda de zapatos con mis hijos, y mientras se probaban las zapatillas, escuché una vocecita aguda detrás de nosotros: «Pero Mamá, no quiero esas. No están de moda, son demasiado serias. Yo quiero estar en la onda». Me di vuelta, pensando que vería una preadolescente, pero allí delante de mi se encontraba una precoz niña en edad preescolar.

La «pelmazofobia» aterroriza a los niños, los moldea, e ilustra sus amistades. «Onda» es un producto que se vende en televisión, en el cine, en la pantalla del ordenador. Inclusive los niños muy pequeños se sienten incómodos ante la idea de que alguien pueda pensar que no están en la onda. Tienen que tener por lo menos algo, un símbolo, que demuestre que están en la onda, la ropa, los vídeos, las frases que se usan. ¿Recuerdan aquella vieja pesadilla de estar desnudos en público? Para los niños de hoy, ser un pelmazo, es estar fuera de onda, es equivalente a estar desnudos.

Claro, los niños siempre les atrae la ropa y a las pertenencias de los otros. Pero ahora el estándar es tan alto que es imposible para los niños, menos aún para sus padres, mantener el ritmo. Los niños ven todos los días en televisión y en el cine el supuesto encanto de la riqueza y el lujo; esto afecta la manera como se perciben a sí mismos y como se relacionan con otros niños. Por lo tanto, a pesar de los valores de los padres, los símbolos de lo que se usa y lo que pasó de moda no solamente impregna el mundo de sus hijos sino que ayuda a definirlo.

En una escuela, un grupo de niñas de tercer curso se había dejado influenciar tanto por la «pelmazofobia» que habían dividido a los niños en «pelmazos» y «niños niños». Al preguntarles a las niñas qué eran «niños niños», contestaron, «Los niños de verdad. Se visten como debe ser, hablan y caminan como hay que caminar, están en la onda». ¡En el tercer curso!

Al poner en consideración estos factores culturales e influjos de la segunda familia, es fácil ver que una cantidad de factores está trabajando en contra de la buena amistad. Por fortuna, hay pasos que se pueden dar para ayudar a sus hijos a desarrollar Talento para relacionarse.

Habilidades de los padres: qué pueden hacer para fomentar el Talento para relacionarse

Las siguientes habilidades de los padres están divididas en cuatro partes: Las primeras secciones se relacionan con la comprensión de los «estilos de los pares», cómo los niños se relacionan entre sí en sus amistades; la segunda les pide que presten buena atención a cómo ustedes se relacionan con el niño en casa. La tercera sección introduce la noción de que los padres desarrollen sus propios «grupos de padres compañeros», lo cual los conecta a los padres de los amigos de sus hijos y, lo que es más importante, amplía su comprensión de cómo el niño interactúa con sus compañeros. Finalmente, la cuarta sección propone pasos concretos que se pueden dar para convertir la casa en hogar, estrategias que le ayudarán al niño a sentirse conectado con ustedes y, en el proceso para desarrollar Talento para relacionarse.

Cómo entender el estilo particular de su hijo para relacionarse

Reitero a menudo en este libro que no creo en las soluciones talla única. Por lo tanto hay que mirar quién es su hijo, y desarrollar estrategias concretas que funcionan en su caso. Para ayudarles, me acojo a la más reciente información sobre «estilos para relacionarse» y que emerge del campo en auge de la psicología relacional.

Por medio de casi cien estudios diferentes, los investigadores June Flesson y Alan Sroufe, profesores de psicología de la Universidad de Minnesota, han descubierto que frecuentemente se puede predecir qué clase de amigos tendrá un niño a los diez años a base de observar cómo se relaciona ese niño con sus padres. Eso puede sonar como increíble, pero es una conclusión que aparece consistentemente en el trabajo de Flesson y Stroufe.

En otras palabras, el tipo de relación que predomina en casa, y las experiencias «de relación» que el niño tiene en la familia, son interiorizadas y utilizadas por ese niño en el mundo externo. Si un padre es severo y dominante, por ejemplo y al niño se le reprende con frecuencia, «absorberá» ambas caras de esa relación. Esto no significa que siempre los otros estarán encima de él; en algunas relaciones él será el victimario y en otras la víctima.

Por tanto, el estilo de relación que el niño entabla con sus amigos es una combinación de dos factores primarios: el temperamento básico de ese niño y cómo ha sido tratado en casa. Los estilos para relacionarse son fluidos. Para cada uno, existe un espectro que va desde la manifestación sana de ese estilo hasta la problemática. Los niños se deslizan por ese espectro, según el estado de ánimo, las circunstancias y el estilo del otro niño. Por lo tanto, algunas relaciones pueden suscitar comportamientos más positivos y productivos que otras.

A continuación los cuatro estilos predominantes de relacionarse con los pares:

El líder puede ser jefe o duro. En el lado predominantemente sano del espectro, esta clase de niño es asertivo y generalmente hace gala de un espíritu de «sí soy capaz». Es a menudo el niño polifacético que todos quieren tener en el equipo o en la fiesta. En el lado negativo, vemos al matón, al niño que carece de empatía, al que le cuesta compartir, al crítico de los demás. No se siente bien si no es el jefe.

La estrella puede brillar o robarles la luz a todos los demás. En el extremo positivo del espectro, no se muestra ansioso ante los riesgos. Es extrovertido, le encanta actuar y estar al frente y al centro. Es también la clase de niño que les ayuda a los otros a probar cosas nuevas. Es popular, desde luego, pero no porque intente serlo, ni porque alardee, o busque el favor. En el extremo problemático, encontramos la clase de niño que tiene que ocupar la totalidad del escenario. Evita a los iguales, por temor a perder el protagonismo y, por ende, prefiere rodearse de payasos y acomplejados.

El solitario puede ser un espíritu libre o un aislado. En el lado sano del espectro, es un original que piensa por sí mismo. Puede entretenerse solo durante horas, les resulta interesante a sus compañeros, pero no necesita de ellos para la retroalimentación positiva. En el otro extremo, vemos a un niño que no puede conectar con los demás y que siempre está afuera mirando hacia adentro. Puede ser también rechazado, el que jamás se ajusta y para el que nunca hay lugar.

El partícipe puede ser la voz de la razón o una víctima. En la versión saludable, es un niño que hace gala de su empatía y comprensión y que se siente bien participando y perteneciendo a la tribu. No toma decisiones sobre política, y eso está bien; le satisface colaborar. Hacia el extremo malsano, es la víctima, cumple las decisiones de otros con tal de ser aceptado. No está en contacto con sus pasiones ni con los deseos de su esencia interior; más bien, asume la de los demás. En el peor de los casos, compromete por entero su esencia, permitiéndole a los otros niños la intromisión en sus fronteras personales, todo con tal de ser aceptado.

Debo también anotar que aunque el temperamento es un factor, no es sinónimo del estilo de relacionarse. Cierto, pueden parecerse y los dos están con frecuencia relacionados. Los líderes en ambos extremos del espectro son generalmente del tipo Intenso/agresivo y los solitarios tienden a ser del tipo Intenso/Sensible. No obstante, la diferencia importante es que los estilos para relacionarse son fluidos y el temperamento no lo es. Y los estilos para relacionarse pueden cambiar en una determinada relación con otro niño debido a la química que haya entre ellos; el temperamento, en general, no cambia.

Cómo maximizar el potencial de relación de su hijo

Probablemente reconozcan a su hijo en los estilos para relacionarse que describimos anteriormente. Puede dar evidencias de los atributos más visibles de un estilo en particular, pasándose en algunos casos hacia el lado malsano del espectro y no haciéndolo en otras ocasiones. Depende de las circunstancias y de con quién está. Sin embargo, las buenas noticias son éstas: Como lo he dicho antes, aunque uno no puede cambiar notoriamente el temperamento de su hijo (ver el Capítulo 1), sí puede influir sobre su estilo de relacionarse cambiando su propio comportamiento de padre o madre y concentrándose en las relaciones padres-hijos y en las relaciones con los hermanos en la casa.

Es particularmente importante evaluar las dinámicas familiares cuando uno ve al niño moviéndose hacia el extremo negativo del espectro, si es un Líder que es desmedidamente crítico con los demás, una Estrella que exige el centro del escenario, un Solitario que no puede relacionarse con los demás o un Participante que sigue a la multitud a costa de sus propios sentimientos. Díganse «Bien, mi hijo está constantemente en relaciones que no marchan a su favor, ¿de dónde viene esto? ¿qué está pasando en casa?»

Los padres pueden cambiar el estilo de sus hijos para relacionarse. Puede que esto les sorprenda, al fin y al cabo a casi todos nos han enseñado que las relaciones con los compañeros tienen que ver con los amigos de nuestros hijos y con «influencias externas». Si Juan está en problemas con los niños de la escuela, es por lo que sucede allá. No del todo. Aunque los compañeros pueden tener un impacto negativo, el comportamiento de los padres determina el tipo de compañeros hacia los cuales se inclina el niño en primer lugar. De hecho, las investigaciones de Flesson y Sroufe confirman lo que he visto durante los últimos 25 años de ejercicio profesional.

El factor más importante en el desarrollo del Talento para relacionarse es la manera como los niños son tratados en casa. Si aceptamos, o somos críticos, si los incluimos o los excluimos, si somos exigentes o dadivosos, relajados o ansiosos, si animamos a los hermanos a tratarse amorosamente o les permitimos maltratarse en casa, todo puede afectar la clase de amigos que escogen sus hijos.

Me apresuro a indicar que la conclusión más consoladora de las investigaciones es que si el patrón básico de interacción cambia en casa, pueden cambiar los patrones en las amistades. Por lo tanto, cuando los padres me buscan preocupados por las relaciones de sus hijos con los pares, les digo, «Cuéntenme un poco de lo que sucede en casa».

En el caso de Francisco, sus padres temían que se estaba convirtiendo en la eterna víctima. Un Solitario, a veces era capaz de hablarles a sus compañeros de su interés en la ciencia y los ordenadores; a algunos de sus compañeros les causaba incluso admiración su conocimiento e inventiva. Pero también parecía sentirse atraído por niños que lo molestaban, le robaban el almuerzo y le hacían charlas pesadas. Sus triquiñuelas estaban empezando a afectar a Francisco quien temía ir a la escuela a pesar de sus buenas notas. Les pregunté, «¿Cómo es Francisco en casa? ¿Cómo interactúan ustedes dos con él?» Rápidamente, el cuadro adquirió nitidez.

En su familia, a Francisco se le criticaba con frecuencia. No era el atleta que su padre quería que fuera; su cuarto estaba lleno de lo que su madre siempre llamaba «chucherías insignificantes»; y no tenía la habilidad social de su hermana mayor. Sus padres ciertamente no se habían propuesto hacerle daño a su hijo; simplemente no se daban cuenta de que estaban tratando de convertir a Francisco en algo que él no era. Pero hasta que no evaluaran su propio comportamiento, Francisco continuaría estableciendo relaciones que le hacían daño.

Otra niña, Ema, era Participante pero con frecuencia se movía al extremo pernicioso del espectro. Era una «quedabien» consumada, y temía que si no hacía lo que le decían sus amigas o no hacía eco de sus opiniones, no la iban a aceptar. Descubrí que su madre, Ana, exhibía la tendencia a robarles la atención a los demás. Había sido modelo y su vida había girado alrededor de la vanidad y Ana todavía apareció como admirada protagonista de eventos sociales. Esperaba que sus niños también le profesaran reverencia y que se adaptaran a las necesidades de ella. ¿Es de extrañarse acaso que Ema se inclinara hacia niños que eran más populares que ella, y que estuviera dispuesta a hacerles concesiones, y a perder su esencia interior en el proceso? Las amistades que Ema escogía no podían cambiar hasta que Ana no se diera cuenta del impacto que tenía sobre su hija.

En los anteriores casos, cuando los padres se decidieron a prestarle atención a lo que estaba sucediendo en casa y (en la medida de lo humanamente posible) ser honestos consigo mismos, ocurrieron cambios increíbles en las amistades de sus hijos. Por ejemplo, los padres de Francisco controlaron su propio espíritu crítico limando su dureza y elogiando a su hijo en lugar de estar constantemente haciéndole caer en la cuenta de sus faltas. Al cabo de varios meses de sentirse más aceptado por su familia, Francisco trabó amistad con un niño que compartía sus intereses y su temperamento; ya no se sentía «a gusto» con niños que lo maltrataban.

Y la madre de Ema, Ana, tomó conciencia de la manera como orientaba las conversaciones familiares hacia sí misma. Al cabo de tan solo un mes de tratar de invertir la situación, escuchando a Ema con la frecuencia con la que esperaba que Ema la escuchara a ella, la complacencia de su hija con sus compañeras empezó a ceder. Su profesora reportó que Ema estaba «encontrando su propia voz» y, consecuentemente, había encontrado dos nuevas amigas.

La lección presente en lo anterior es que los niños estarán en capacidad de buscar una mejor clase de amistad cuando cambien las relaciones con nosotros los padres. Este potencial de transformación es cierto hasta bien avanzados los años de la adolescencia.

Tengan en mente, sin embargo, que aunque los niños pasan por diferentes etapas de desarrollo, generalmente predomina el mismo estilo para relacionarse en cada etapa, incluso si el comportamiento parece diferente. Por ejemplo, para un niño tratado en casa con dureza puede ser difícil compartir cuando es pequeño y más adelante, como adolescente, puede ser el tipo de niño que excluye a otros de su «pandilla». La misma dinámica de base impulsa comportamientos diferentes en varias edades.

Habiendo dicho esto, existe una excepción: Aunque los problemas en casa pueden precipitar problemas con los amigos, los cambios inesperados o dramáticos en las relaciones con los pares no son generalmente causados por la relación con los padres. En otras palabras, si su hijo se convierte en víctima de repente, o empieza de la nada a aislarse de sus compañeros, puede tratarse de un reto implícito en una situación, por ejemplo, una profesora diferente, un nuevo amigo carismático, un niño mandón que ha llegado a la clase. Estos cambios también pueden indicar que su hijo ha alcanzado una cima en su etapa del desarrollo, y tiene que hacer un salto hacia el siguiente nivel, por ejemplo, pasar de la parvulario a primero, lo cual puede ser muy estresante.

Cómo aprender sobre su hijo a partir de un grupo de Padres compañeros

Una de las más importantes claves para ayudarles a sus hijos a desarrollar Talento para relacionarse es conocer a los padres de sus amigos, conocerlos bien. Además de buscar en casa las razones por las cuales su hijo exhibe un determinado estilo de relacionarse, es muy importante conocer las casas de sus amigos y desarrollar «grupos de compañeros para padres».

En primer lugar las asociaciones de padres son esenciales en la era postmoderna. En ausencia de una familia extensa que resida cerca, estos grupos le

Puede parecer simple, pero es cierto: Lo que su hijo es en casa y cómo es tratado se verá reflejado en sus relaciones con sus compañeros. Pero uno no puede cambiar lo que no ve. Por lo tanto, el primer paso es mirar lo que sucede en la familia. A continuación, algunas preguntas acerca de su propio comportamiento así como sobre lo que su hijo ve y experimenta en casa.

- Si mi hijo es hipercrítico en sus relaciones, ¿acaso lo critico yo mucho?

- Si mi hijo tiene que ser la estrella, ¿acaso le concedemos demasiado a menudo el centro del escenario, o, por el contrario, no le prestamos suficiente atención?

- Si mi hijo es demasiado dominante con sus amigos, ¿la domino demasiado o le permito que me domine?

- Si mi hijo es un agresivo o una víctima ¿acaso nos ve a mi esposo o a mí queriéndonos imponer bruscamente sobre el otro o sobre el niño?

- Si a mi hijo lo maltratan los otros, ¿acaso lo critico con demasiada frecuencia?

- Si mi hijo es un «cuida a los demás», ¿acaso tiendo a cuidar a los demás sin ocuparme de mí mismo, o espero que mi hijo me cuide a mí o a otros miembros de la familia de esa manera?

- Si otros niños se aprovechan de mi hijo, ¿acaso permito o fomento en casa ese tipo de comportamientos? ¿Acaso sus hermanos lo mandan demasiado?

- Si mi hijo tiene dificultades para jugar con otros, ¿acaso le pido con demasiada frecuencia que se entretenga él solo?

- Si mi hijo no pertenece nunca a un grupo, ¿acaso es el «diferente» de nuestra familia, o somos nosotros una familia que se aísla de los demás?

ayudan a su hijo a observar cómo los amigos adultos negocian entre sí. En segundo lugar, durante la semana de trabajo a muchos niños los supervisan personas contratadas; puede que los padres no establezcan los horarios de sus hijos, mucho menos que los vigilen, todas razones que harían provechoso conocer a otros padres. Ser parte de una red así les ayuda a oír lo que sucede cuando el niño no está con ustedes y a saber cómo está interactuando con otros niños. A su vez, este conocimiento les permite acercarse a una comprensión y a un control de lo que sucede. Cuando hay problemas con niños, pueden intervenir con los padres de esos amigos, rápida y adecuadamente. A continuación dos puntos importantes para tener en cuenta.

Empiecen temprano. El mejor momento para empezar a formar redes de padres es cuando su hijo asiste por primera vez a uno de esos centros de estimulación temprana o a cualquier actividad organizada. Lo único que cuenta no es el grupo de juego (u otra actividad con los compañeros); lo que más cuenta para las amistades de su hijo es la información que se intercambia entre los adultos. Por ejemplo, Mario, de tres años y medio, era un niño sociable y atractivo, un Líder para quien su madre, Paula, abogada, había estado organizando reuniones de juego con otros padres desde cuando Mario tenía un año y medio. En determinado momento, sin embargo, Paula empezó a enterarse por los otros padres de que Mario estaba dando señas de pasarse al otro extremo del espectro y de que se estaba convirtiendo más bien en un matón. Paula sabía que en casa no estaba sucediendo nada diferente. Este era uno de los casos en los cuales un cambio abrupto en estilos de relacionarse reflejaba un problema de desarrollo o un cambio en el medio ambiente de Mario. Pero al escuchar a los otros padres, Paula se dio cuenta de que Mario parecía enojarse cuando un tercero «se entrometía», especialmente si el advenedizo era un poco agresivo. Le resultaba difícil compartir; se sentía excluido y reaccionaba con furia, verbal y física. Obviamente, esto empezó a afectar las amistades de Mario. Ya los otros niños no querían jugar con él.

Gracias a la conexión de Paula con sus compañeras en la labor de ser madres, pudo darle forma a los tiempos de juego de Mario para mantener al mínimo sus oportunidades de hacer una pataleta. Al comienzo, organizó tiempos de juego únicamente con otro niño; y luego, cuando empezaron a incluir a un tercero, se aseguró de que fuera un niño no agresivo. Al enterarse por las otras madres de casos concretos de interacción, Paula también pudo hablar sobre el tema con Mario en momentos de tranquilidad entre una tarde de juego y otra.

Ema, una consultora de empresas que trabaja medio tiempo desde su casa, vio cómo Juana, su hija de cinco años, se enojaba con su amiga Sara porque ésta quería jugar más tiempo en el ordenador nuevo de la primera y ésta no lo estaba permitiendo. Sara entonces anunció: «No vendré nunca más a jugar contigo». Ambas habían desarrollado una buena dinámica de toma y dame desde cuando se habían conocido a los tres años, y Juana generalmente se refería a Sara como «mi mejor amiga en todo el mundo». A pesar de su historia, Juana, una Participante, creyó en la amenaza de Sara y se sintió extremadamente afectada. No hubo tiempo de que Ema interviniera. Sara corrió presurosa hacia donde estaba su madre en el instante en que oyó la bocina del coche afuera en la entrada. Sin conocer el drama que acababa de tener lugar, Elena, la madre de Sara, simplemente la llevó a casa.

Esa noche, sin embargo, Ema llamó a Elena para contarle lo que había sucedido. Al poder comparar notas, las dos madres concluyeron que las niñas tenían que traer sus propios juguetes y comics en lugar de depender de lo que había en una casa o en la otra, y las madres tenían que ayudarles estableciendo una norma para el uso del ordenador. Prediciblemente, las niñas se olvidaron rápidamente de su enojo y estaban ansiosas de reunirse de nuevo a jugar.

Conserven la red de padres a lo largo de los años de secundaria. Conocer a otros padres es todavía más crucial a medida que los niños crecen. Cuando yo era niño, si tenía el menor problema con mis amigos, uno de sus padres inevitablemente lo veía y les informaba a mis padres del suceso. Hoy en día, a falta de esos ojos adicionales en el vecindario, estar en contacto con otros padres no es sencillamente un beneficio; puede ser un salvavidas.

Unos buenos amigos míos, Elena y David, están empezando a ver la sabiduría en esto a medida que su hija, María, se acerca a cumplir los once años. Elena y su esposo encaran una variedad de complicadas decisiones que hacen parte del territorio del bachillerato, y me dicen que no se imaginan cómo pasarían por esta fase sin estar profundamente conectados con otros padres. ¿Cómo podrían saber si el uso del transporte público para ir a la escuela y regresar es seguro para María, si la pizzería local es un buen lugar para que María se reúna con sus compinches, cuánto dinero se necesita de verdad para comprar refrigerios, cuáles fiestas tienen supervisión de un adulto? Todas estas dudas pueden ser resueltas adecuadamente porque Elena y David las discuten y trazan estrategias, con los padres de los amigos de María.

En una ocasión, por ejemplo, se estaba organizando una fiesta de quinto curso para celebrar el final del curso. María contaba con asistir. «Pues porque, porque todo el mundo irá», les dijo, y agregó, «¡Si no me dejan a ir voy a ser la única!»

Al comienzo, Elena y David no sabían en qué casa sería la fiesta, qué actividades estaban programadas, o quién supervisaría. Le dijeron que tendrían que averiguar los detalles. «Me muero si hablan con los otros padres», imploró María. «Papi y Mami, por favor, todos van a pensar que soy un bebé».

David y Elena se mantuvieron firmes en su propósito, al igual que deberían hacerlo ustedes, incluso si su hijo parece sentirse muy afectado o furioso. «Sencillamente, no puedo acceder a eso», le dijo Elena con firmeza. «Simplemente no está bien. De hecho, jamás voy a dejar de hablar con otros padres».

La ironía es que María sintió alivio. Al ver su expresión, Elena me contaba que podía percibir que a Marci le había dado seguridad la insistencia de su madre. Y aunque María solamente lo reconoció más adelante, la fiesta no era tan importante como el deseo de que la llevaran en el mini bus recién comprado de una de las familias. Antes de darse cuenta, su hija le había proporcionado voluntariamente varios números telefónicos de los padres de sus amistades «por si acaso» los necesitaba.

Otro beneficio de tener su propio grupo de compañeros es que su hijo puede observarlos relacionándose. No cabe duda en mi mente de que cuando sus hijos los ven administrando asuntos de amistad, el beneficio será enorme a medida que progresa hacia la edad adulta. Conozco a Aaron desde que tenía ocho años y ahora asiste a la universidad. Walter, su padre, se interesaba y tenía que ver con la mayoría de los amigos de Aaron y con los padres de éstos. A lo largo de los años, Aaron observó a Walter hablarles. Los vio tener desacuerdos, incluso disgustarse, con otros padres por conceder privilegios demasiado pronto. Más tarde observó cómo su padre se reconciliaba con esos mismos padres. Mas aún, Aaron vio cómo su padre vivía y actuaba según su creencia de que la gente debía ser tratada con honestidad y respeto.

Naturalmente, padre e hijo se enfrentaron por el camino en más de una batalla. Pero a pesar de sus peleas, Aaron está resultando igual que su padre, sincero y detallista, una persona de buen juicio además de buen amigo. Eso es lo que ha visto en las interacciones de Walter con los padres de sus amigos, y en eso se está convirtiendo.

La importancia de que la casa sea un «hogar» donde apetece pasar el rato

Ciertas casas se dan a conocer como «hogares», es decir lugares donde a los niños les gusta pasar el rato. Obviamente los niños se sienten protegidos y seguros cuando viven en casas acogedoras que ofrecen comida, humor, recreación, límites y donde las rutinas son predecibles. Pero este sentido de protección se extiende al grupo de compañeros. Incluso en el peor de los casos, digamos por ejemplo que otro niño quiere que el suyo experimente con drogas, hay mayores probabilidades de que llegue a casa y lo converse con sus padres.

Otra ventaja obvia de crear un hogar para sus hijos y sus amigos es que uno puede darse cuenta, por ojos y oídos, de en qué andan los niños. Les permite estar enterados sin intromisión. Se percatarán de cosas que les ayudarán a descifrar el comportamiento de su hijo, la moda, los últimos términos, las referencias a los fenómenos de la cultura pop. Y, como todos sabemos, la información es el poder.

¿Cuáles son los atributos comunes de estos hogares que consistentemente atraen a la gente joven? En el recuadro en la página 174 proporciono una respuesta. Pero a continuación presento las cinco habilidades que todos los padres deben desarrollar para que sus hogares sean atractivos para los niños.

Ofrezcan golosinas a los niños. Esto puede parecer de poca trascendencia, pero una encuesta del Yankelovich Youth Monitor, que les preguntaba a los niños qué debían hacer los padres para que sus hogares fueran más acogedores para los niños, casi el ochenta por ciento respondió, «Que compren las golosinas indicadas». (Esa respuesta, por cierto, ocupaba un lugar mucho más importante que actividades tales como «llevarme al cine».) Es cierto, los padres que hacen «hogares» para sus hijos a menudo se quejan de que los niños están «vaciando la despensa», en palabras de una de las madres. No obstante, en estas casas los niños encuentran no solamente refugio sino un amplio surtido de comida basura y de alimento sano que les está disponible. Puesto que la mayor parte del tiempo, desde luego, los niños prefieren la comida basura, quizá necesiten establecer unas reglas sobre cuánto pueden consumir durante su visita. Es buena idea conversarlo con otros padres. Algunos niños tienen dietas restringidas; y definitivamente debe consultárseles a sus padres.

Por ejemplo Margarita, madre de Constanza, estaba preocupada con la preferencia de su hija de cinco años por los dulces, lo cual la estaba engordando, y por lo tanto haciéndola sentir desdichada. Cuando iba a la casa de Sandra, Constanza lo veía como una oportunidad de pedir todo el dulce que pudiera. Por lo tanto, fue de gran ayuda para los Pérez, los padres de Sandra, enterarse de que tenían autorización de Margarita para establecer límites razonables a los dulces que Constanza podía consumir cuando estaba de visita.

Los niños con quienes hablo son muy claros en sus indicaciones de cómo les gusta que sus padres hablen con sus amigos. Por lo tanto, si quieren que otros niños se sinceren, sin avergonzar al propio, hay que seguir ciertas normas. Sirven tanto para el preescolar como para la etapa de secundaria.

- Estén disponibles por ahí. Pero no intervengan.

- Propongan temas generales en lugar de cuestiones concretas. Si llevan a algo, bien. Si no, no insistan.

- No hagan preguntas agudas sobre temas delicados para su hijo. Los amigos percibirán la incomodidad de su hijo y se retraerán.

- No enfoquen siempre a los niños; hablen también sobre ustedes.

- No sean artificiales, los niños de todas las edades lo perciben y sienten desprecio.

Sepan cómo hablarles a los amigos de sus hijos. Para que su casa sea un hogar, y para llevar el registro de lo que está sucediendo, tienen que aprender el idioma de «los nativos». Recuerden, los niños a veces tienden a hablarles más a los padres de los otros que a los propios, así que hay una buena probabilidad que otro niño se sincere cuando el suyo no lo haría. Y si su hijo ve que su mejor amigo le habla, es más probable que lo perciba a usted como amigo de los niños y en la «movida». Igualmente importante, este tipo de intercambios incrementará su estatura a los ojos de sus hijos. Una niña de seis años cuya madre acompañó al grupo en un paseo, anotaba, «Uy, a los niños de verdad les encanta mi mamá».

De manera semejante, Eugenia, la madre de Félix de nueve años, se aseguraba de hablar con los mejores amigos de su hijo si éste se empezaba a interesar en cómics o en juegos de ordenador demasiado violentos. Le permitía comprender mejor qué era interesante para todos los niños, no solamente para su hijo, y establecer si se trataba de una fase o de una verdadera obsesión que debía tomar muy en serio.

A otra madre, Dora, le encantaba hablar con los amigos de su hija Lina, de siete años, sobre lo que estaba aconteciendo en la escuela. A diferencia de

Lina, cuyas respuestas monosilábicas poco revelaban de lo que realmente acontecía, sus amigas adornaban las respuestas con detalles de las peleas («Erica insultó a Ana María») y con chismes («Juan José está triste porque sus padres se están separando, y no sabe dónde va a vivir él»). Consecuentemente, hablarle a su madre sobre la escuela en compañía de sus amigas se convirtió en un evento social en lugar de ser un «interrogatorio» de los padres. De este modo, Dora pudo no solamente enterarse de lo que sucedía en las relaciones de Lina, sino que le permitió una comprensión más profunda de cómo el grupo de Lina afectaba sus reacciones y estados de ánimo en casa.

Tengan sentido del humor. Esto, desde luego, es parte integral de poder hablar con los niños. Pero, claramente, los padres más populares son aquellos que son capaces de reírse de sí mismos tanto como de lo que los niños dicen o hacen. Las investigaciones más actuales revelan que los niños en edad de escuela elemental, y los niños un poco mayores, disfrutan especialmente un intercambio verbal ingenioso y ligero en que ambas partes bromean y aceptan la broma. «Al hacer encuestas entre niños sobre lo que respetan en los adultos», informa Jason Sheftel, en una entrevista privada, «el buen sentido del humor ha estado apareciendo por primera vez. No sabemos por qué, pero es uno de los primeros cambios fundamentales que hemos visto en esta categoría». Esta misma actitud ha sido corroborada en mis entrevistas con niños. La mayoría de los 150 niños con quienes hablé dijeron que «ser chistoso» era una de las características que más les gustaba de sus «adultos preferidos». De hecho, no pienso que eso sea nada misterioso. Después de observar cientos de profesores en sus aulas, es obvio que el humor ayuda a suavizar el camino cuando las cosas están difíciles. Esto es particularmente importante a medida que su hijo va entrando a la preadolescencia y a la adolescencia, cuando no solamente es importante hablar con los amigos de su hijos sino enfocar cualquier negociación en potencia con un corazón ligero y un gran sentido del humor.

Por ejemplo, cuando Nora estaba jugando en casa de Isabel, de once años, tocó a la puerta del estudio del padre de Isabel. Le preguntó a Marcos, un pintor que trabajaba en casa, si estaba bien que Isabel y ella alquilaran El Santo. «La vi en un avión este verano y pienso que es totalmente apropiado», le anunció Nora a Marcos. «No tiene nada de malo».

Marcos no quería avergonzar a ninguna de las dos niñas, así que dijo riendo, «¿Desde cuando necesita Isabel un abogado para conseguir lo que quiere?». Nora se rió. También quería ser respetuoso con Nora, quien obviamente había pensado bien las cosas antes de tocar a la puerta, así que agregó, «Yo estoy seguro de que viste la película muy bien, pero no creo que encaje en los planes extender el rato de juego otras dos horas».

Marcos terminó la conversación diciéndole a Nora, «Creo que Isabel y yo vamos a tener que hablar sobre el asunto». Al sacar a Nora del medio, había acatado una regla elemental: Está bien hablar con los amigos de sus hijos, y bromear con ellos, pero nunca negocien con otro niño. Tan pronto lo hacen, crean un triángulo. Si es necesario, lleguen a un acuerdo con su hijo en privado y, si es necesario, con otro padre o madre.

No teman establecer límites. En hogares acogedores los niños no se sienten «dominados», sino que también entienden que no pueden salirse de control. Saben que no pueden destrozar nada ni llevarse cosas, y que también deben hacer caso de los estándares de la familia, por ejemplo, ser amables, no groseros ni frescos con los padres.

Muchos sentimos temor de establecer límites para los niños ajenos. Por un lado, nos ha costado suficiente hacer cumplir la ley a los nuestros. También tememos que nuestras propias reglas vayan contra los valores de otros padres, o que los niños nos vean como ogros. Sin embargo, ninguna de éstas es una buena razón para dejar de establecer límites. En nuestro hogar, nuestra propiedad, tenemos el derecho, y la responsabilidad de crear límites respetuosos y seguros. Como lo indicaba en capítulos anteriores, los niños a quienes entrevisto dicen que quieren que les pongamos reglas: les da seguridad. Quieren límites especialmente cuando hay otros niños en los alrededores. Una niña de cuatro años lo decía todo: «Quiero que alguien me vigile, especialmente cuando estoy jugando con otro niño».

¿Lo verán entonces como el ogro del pueblo si establece normas? ¿Acaso dejarán de hablarle los amigos a su hijo si usted hace algo que «traiciona» la segunda familia? No estoy prometiendo que establecer límites no dará como resultado que un niño sea dejado de lado o en que los padres sean criticados, pero es la excepción. Mucho más típico es lo que les sucedió a Tom y Joyce Brown, quienes viven en un suburbio de clase media en Ohio. Un día, Tom encontró colillas de cigarrillo en el piso del garaje, donde habían estado David, su hijo de quince años, y sus amigos. Los Brown me buscaron para pedirme consejo. Al igual que la mayoría de los padres, tenían temor de que poner límites alejaría a David y lo haría quedar mal delante de sus amigos. Así que ensayamos a hablar de una manera que no culpara y que dejara en claro que no aprobaríamos ese tipo de comportamiento.

La clave era comunicar respeto. Cuando los Brown les hablaron a los otros niños, pusieron el mayor énfasis en sí mismos diciendo, «No nos sentimos cómodos de que la gente fume en nuestro garaje, porque no tenemos autorización de todos los padres. También nos preocupamos de que alguien se haga daño, y entonces es difícil para nosotros dormir pensando en esa posibilidad. Así que vamos a revisar de vez en cuando el garaje para asegurarnos de que estén cumpliendo esa regla. Y cerraremos el garaje a las diez».

Muy por el contrario de enfurecerse, los niños tuvieron una reacción más típica: escucharon y comprobaron. Cuando Tom y Joyce encontraron nuevamente colillas de cigarrillo en el garaje una semanas más tarde, cumplieron su palabra; no los dejaron utilizar el garaje durante un mes. Entonces, siendo razonables, les dieron a los muchachos otra oportunidad.

Lo sorprendente fue que los muchachos no sólo siguieron siendo amigos de David, sino que empezaron a pasar más tiempo dentro de la casa. En lugar de resentirse contra Tom y Joyce por la postura que adoptaron, los niños empezaron a ser más abiertos. Cynthia, de dieciséis años, por ejemplo, que nunca parecía querer irse a su casa, finalmente les habló de su angustia; últimamente, sus padres habían estado discutiendo mucho y Cynthia temía que el divorcio era inminente. Resultó que Kurt, otro amigo habitual, también provenía de una familia con problemas en la cual se sentía impotente; les contó a los Brown cuánto anhelaba que su padre dejara de beber.

Sin entrometerse en las vidas de las otras familias, Joyce y Tom pudieron ayudarles a estos muchachos prestándoles unos oídos adultos y orientándolos en una dirección constructiva. Le sugirieron a Cynthia que hablara con el psicólogo de la escuela quien, a su vez, les informó a sus padres lo que Cynthia estaba sintiendo. Y le ayudaron a Kurt a encontrar dónde se reunía el capítulo local de apoyo a adolescentes de Alcohólicos Anónimos.

Incluyan a los amigos en los rituales familiares. La cena de los viernes, una caminada regular, un paseo al parque, y otros eventos cotidianos son anclas confiables en la vida de un niño. En el Capítulo 2, hablaba de la importancia de estos rituales para ayudarles a los niños a permanecer conectados a sus familias y a practicar el arte de hablar con los adultos. Pero ahora voy un paso más allá: cuando se incluye a los amigos en los rituales familiares, se presenta la oportunidad de que sus hijos observen cómo se relacionan ustedes con los pares de ellos.

Claro, una de las razones por las cuales Marcos pudo hablar con tanta naturalidad con Nora sin hacer disgustar a Isabel o sin que ésta sintiera que su papá estaba metiéndose en su territorio es que Nora había acompañado a la familia durante muchísimas cenas de viernes en la noche desde cuando las niñas habían trabado amistad en preescolar. De manera semejante, a medida que los Brown empezaron a invitar a los amigos de David al desayuno, al almuerzo del domingo y a comer con ellos los días festivos, cimentaron su conexión con el grupo de compañeros, y con él. Incluso después de que se fue a estudiar a una universidad que quedaba lejos, David continuó trayendo en las vacaciones a una serie de amigos variopintos, lo cual les ayudó a Tom y a Joyce a continuar en contacto con su cambiante vida de adulto.

Habilidades de los niños: herramientas varias

La primera habilidad del niño, que denomino CPM, le ayudará a su hijo a aprender a confiar en las reacciones de su esencia interior hacia sus compañeros y a tomar decisiones sabias en cuando a sus amistades. CPM quiere decir:

Confianza, perspectiva y manejo

CPM anima a los niños a confiar en sus instintos y a actuar consecuentemente. Suena simple, pero he aquí el aspecto de esta estrategia que muchos padres «justos» encontrarán más difícil: Esta habilidad les concede a los niños el derecho a que no les gusten ciertos niños. Los padres tenemos la tendencia a pensar que los niños, especialmente los más pequeños, no deberían evaluar a los demás. Sin embargo, si los niños no aprenden a confiar en sus instintos esenciales, se encontrarán siempre en relaciones malsanas y desconectados de sus propias necesidades. Por lo tanto, me opongo a una filosofía simplona que promueve la idea de que todo el mundo es buena compañía y de que a uno le debe gustar todo el mundo.

Enseñen temprano CPM; es uno de los mejores regalos que se le pueden dar al niño. Algunos niños incluso desde los dos y medio y tres años están en capacidad de aprehender los simples principios. Lo pueden equipar con un «medidor de amistades», un monitor interno que lo orienta para determinar si un niño es o no una buena amistad. Con el tiempo, el niño empezará, por sí solo, a calibrar a sus pares, a tomar acciones concretas, y, como dice la vieja canción, saber cuándo estar y cuando huir.

Las entrevistas con cientos de niños y padres desde que los niños tienen tres y cuatro años, hasta la secundaria, sugieren que uno debería tener en mente los siguientes principios:

1. Constituyan una presencia adulta. Den espacio a los niños pero asómense de vez en cuando.

2. Tengan reglas respetuosas, firmes pero flexibles, que protegen propiedad y sentimientos.

3. Eviten avergonzar a su hijo. Traten de no comunicarle la lista de los «prohibido esto y lo otro» delante de sus amigos.

4. No hagan preguntas punzantes.

5. Tengan a mano mucha comida, alguna golosina, alguna sana.

6. Pídanles a los niños que ayuden con proyectos, pintura, jardinería, y especialmente cocinar y hornear.

7. Recuerden, se «pasa el rato» para divertirse. Los niños opinan que el humor es esencial.

8. Si hay ciertas áreas de la casa fuera de acceso, asegúrense de que sus hijos y sus amigos lo sepan, pero también asegúrense de que queda disponible mucho espacio acogedor donde los niños puedan estar.

9. Decoren de manera práctica y divertida algunos de los lugares donde a los niños les gusta estar; dentro de lo razonable, permítanle aportar ideas a su hijo.

10. Si esperan que los niños los respeten, sean ustedes respetuosos.

Permítanme detallar cada paso:

La Confianza les enseña a los niños a tener fe en sus propios sentimientos, en sus reacciones «instintivas» hacia otros niños. Es crucial que el niño aprenda que está bien desarrollar opiniones claras a través de oírse a sí mismo y de confiar en lo que su esencia le dice que le conviene. Pero la mayoría de los niños no aprenderán a confiar en sí mismos de esta manera a menos que los padres validen sus sentimientos y animen este tipo de autonomía. A menudo hacemos precisamente lo contrario.

Por ejemplo, basta mencionarle a Gabriel una tarde de juego con Álvaro y su cara adquiere aire de duda. Es típico. Alicia, su madre, se ha percatado antes de la reacción de su hijo de cuatro años, pero o bien hizo caso omiso del sutil indicio o se inclinó por la aceptación. El confundido Gabriel me dijo en privado, «¿Cómo es que no me gusta Álvaro si mamá dice que es buena gente, cierto?»

Esto no es inusual. Con frecuencia, cuando un niño no la pasa bien, a lo mejor desconoce la razón. O sí sabe por qué, pero sus padres no le prestan atención a lo que él piensa. De cualquier forma si los padres minimizan los sentimientos del niño o tratan de «arreglar» la situación, no generarán confianza en la esencia. Evalúen este intercambio entre Gabriel y Alicia, cuando acaba de terminar una de sus reuniones con Álvaro:

Gabriel: Álvaro no quiso compartir.

Mamá: ¿Le respetaste el turno?

Gabriel: Sí, Mamá, pero él es malo. Lo odio.

Mamá: Gabriel, eso no es cierto. Se conocen desde cuando eran bebés. El realmente es un buen niño.

Gabriel: (Luce desalentado)

Mamá: Estoy segura de que la próxima vez jugarán mejor.

Al igual que muchos padres, la madre de Gabriel no quiere que el niño hable con resentimiento y que utilice la palabra «odio». No es que a mí me encante la palabra. Pero a lo mejor Alicia le podría ayudar a sustituir la palabra por otra más aceptable como «no me gusta» o «no soporto». En cualquier caso, debe tratar de aceptar, no de coartar la reacción auténtica de la esencia de Gabriel. En lugar de disminuir sus sentimientos necesita permitirle que los exprese.

Los padres necesitan tomar en serio las interpretaciones y experiencias de los niños para afirmarlas, la reacción de un niño es generalmente un indicador confiable de lo que está sucediendo. Inmediatamente después de un rato de juego, cuando la experiencia todavía está fresca, o más adelante como una continuación de comentarios espontáneos que hagan los padres, a lo mejor su hijo comunique voluntariamente lo que siente. Si no, háganle una serie de «preguntas de evaluación» específicas, como las del recuadro que hay a continuación. Con el tiempo, aprenderá a formularse ella misma ese tipo de preguntas y lo hará sin ayuda de ustedes.

PREGUNTAS EN PRO DEL TALENTO PARA RELACIONARSE

El niño rara vez está en condiciones de calibrar qué malogró un rato de juego o una salida con un amigo y mucho menos de confiar en sus propios sentimientos. Sin embargo, con el apoyo de los padres, puede empezar a formularse las preguntas que le ayudarán a sintonizar consigo mismo y a creer en lo que «oye».

¿Me gusta el niño o la niña?

¿Lo pasamos bien?

¿Me siento feliz cuando juego con ellos?

¿Me hace él, o ella, enojar?

¿Me hace dar ganas de pegarle, o de escaparme?

¿Nos turnamos?

¿Compartimos?

¿Estuvo mandón?

¿Habla de la gente con malas palabras?

¿Es demasiado loco?

¿Me aburrí?

La Perspectiva les permite a los niños evaluar a otros niños. Escuchando sus propias reacciones los niños pueden empezar a comprender sus sentimientos en una variedad de situaciones sociales. Incluso si su hijo dice que lo pasó bien con tal o cual amigo, si parece estar descontento, concrétenlo. Pregúntenle siempre qué pasó. A veces «bien» es lo que él cree que ustedes quieren oír. O, en algunos casos «pasarlo bien» puede ser destructivo. A lo mejor los dos amigos se dijeron secretos o lo pasaron bien a expensas de otro.

Recuerden que la meta no es «arreglar» las cosas o hacer pronunciamientos píos sobre cómo debería sentirse el niño. Más bien, la idea es conectar al niño con sus propias reacciones originarias de su esencia interior. Esto le ayuda a ver que lo que le sucedió le hizo sentir de cierta manera. También le permite hacerse más consciente de su propio papel en la relación.

Después de que hablé con la madre de Gabriel, pudo sostener con él un tipo de conversación muy diferente al finalizar el fracasado rato de juego con Álvaro.

Mamá: Noto que estás enojado.

Gabriel: Ajá.

Mamá: A lo mejor hay una razón. ¿Álvaro te molestó?

Gabriel: No.

Mamá: ¿Se turnaron?

Gabriel: No.

Mamá: Bien, ¿qué pasó?

Gabriel: Álvaro no me dejó jugar con sus robots.

Mamá: Y eso te dio rabia.

Gabriel: Sí, y también agarró mi Tarzán y no me lo quiso devolver.

Mamá: Así que no la pasaste bien.

Gabriel: No, yo no la paso bien con Álvaro.

Mamá: Ya veo que Álvaro no se prestó hoy para pasarla bien, y por eso estabas enojado. Es muy desagradable cuando no se comparte.

Gabriel se sentó en las rodillas de su madre un rato. Unos minutos después, ella dijo, «Veamos qué podemos hacer para que la próxima vez marche mejor».

El Manejo le recuerda al niño que la amistad se relaciona con intentar en lugar de ser pasivo. Y esto con frecuencia significa dar pasos concretos. Una vez que el niño entiende el problema, debe saber qué opciones tiene. Puede probar comportamientos y enfoques nuevos. Si se da cuenta de que se siente mal en la compañía de otro niño, puede quizás hablar con el adulto encargado, pedirle al otro niño que deje de hacer lo que le molesta, o retirarse. El punto es que los niños deben saber que tienen opciones.

De nuevo, tendrán ustedes que resolver al principio la mayor parte del problema, especialmente si se trata de un niño pequeño. Sugiéranle que casi siempre hay algo que se puede hacer, y pidan al niño que aporte ideas. Las preguntas efectivas sobre cómo hacer algo validan, son concretas y están enmarcadas positivamente. Por ejemplo:

- Sé que estás disgustado [validación]. ¿Cómo podrían hacer para que se turnen bien [concreción] la próxima vez que jueguen juntos, de manera que ambos la pasen bien [actitud positiva]?

- Veo que estás emocionada [validación]. ¿Se te ocurre alguna forma como podamos saber ya [concreción] si te invitaron [actitud positiva] a la fiesta de Alejandra?

Y si el niño no puede proponer una solución propia, ofrézcanse para intervenir. La clave es tomar la responsabilidad de iniciar la acción. Díganle a su niño qué piensan hacer, de manera que no albergue la ilusión de que las situaciones mejoran por arte de magia. Tengan también cuidado de que la acción no culpe a nadie, ni a otro niño o a los padres. Sus opciones pueden incluir:

«Hablaré con su madre para que jueguen de nuevo juntos».

«Puedo llamar y preguntar si todavía está disgustada».

«La próxima vez que jueguen juntas les ayudaremos a turnarse mejor».

El plan de acción que hagan juntos le ayudará al niño a sentirse mejor en su amistad. Eventualmente aprenderá la noción salvadora de su esencia interior de que no tiene que tolerar a un amigo cruel o egoísta.

Les he ayudado a muchos padres a enseñarles CPM a sus hijos y les he enseñado a muchos de los niños que me buscan cómo superar problemas con los compañeros. Funciona porque les da a los niños una manera nueva de ver a sus amigos, y el permiso para confiar en sus propios instintos.

Está bien marcharse

Es increíblemente importante que los niños sepan que terminar una amistad es una opción viable. La verdad es que ni su niño les va a caer bien a todos ni todo el mundo le va a caer bien a él. Es importante validar este precepto que protege la esencia: Marcharse es a veces lo más natural y es lo adecuado. Recuerden que protegemos la esencia del niño cuando le permitimos ser fiel a sí mismo. Resúmanlo de esta forma: «Si no te sientes bien con un amigo, y sabes cuál es el problema, primero trata de resolverlo. Pero si no lo logras, no tiene nada de malo que te marches».

Recuerdo a Santiago, un niño que en el primer año era «el mejor amigo» de Gustavo, un fanfarrón terrible. Gustavo era la Estrella en el extremo negativo del espectro; tenía que ser siempre el centro. Se rodeaba de niños que tenían menos de todo, y nunca les dejaba olvidar que así era. Santiago, un Participante, en sus mejores días actuaba como «goma» entre sus compañeros haciendo buenas sugerencias; sin embargo con el tiempo parecía moverse hacia el extremo de la víctima. Independientemente de lo que Santiago hiciera, Gustavo siempre había hecho más, sabía más; ya había estado allí y ya había hecho eso. Y mientras más tiempo pasaba Santiago con Gustavo, más mal se sentía consigo mismo.

Desde luego que el comportamiento de Gustavo tenía sus raíces en las interacciones en casa. Una vez escuché que su madre, Liliana, le respondía a una mujer que había mencionado cuánto había crecido su hijo ese verano. «¿Te parece mucho eso? Mi Gustavo sí que creció, ocho centímetros en tan solo dos meses».

La mamá de Santiago trató de hablar con la mamá de Gustavo, pero su preocupación cayó en oídos sordos. Los profesores del niño que también habían notado su incesante alardear, hablaron en clase sobre la importancia de la modestia. Finalmente, la mamá de Santiago charló con él sobre CPM. Gracias a su preparación, cuando Santiago se sintió de nuevo humillado, reunió valor para decir, «Gustavo, no deberías dártelas tanto».

Pero Gustavo no cambió mucho. Con el tiempo, Santiago decidió, por sí solo, que a lo mejor Gustavo nunca iba a cambiar. Los padres de Santiago confirmaron su experiencia diciéndole: «Tienes derecho a no ser su amigo». Así que dejaron de juntarlos para jugar, y la relación eventualmente se extinguió. Sin embargo, todo el proceso le comunicó a Santiago un mensaje importante en cuanto a las relaciones: si no lo puedes arreglar, no tienes que quedarte ahí siempre.

¡Qué regalo fue ese para Santiago! ¡Qué herramienta para la vida! Piensen en adultos que conozcan, incluso ustedes mismos, que no son capaces de dejar una mala relación. De hecho, una esencia saludable incluye saber cuándo marcharse y tener la fortaleza para hacerlo. En contraste, uno de los sellos más distintivos de niños y adultos en problemas es que siguen viniendo por más. Creen que pueden cambiar una mala situación o que se mejorará por arte de magia si solamente aguantan un poco más.

- Pensamos que los niños deben aguantar situaciones incómodas.

- Nos han enseñado a poner la otra mejilla.

- Creemos que es nuestra responsabilidad cuidar de los demás.

- Tenemos miedo de que nuestros niños sean excluidos.

- Pensamos que otros padres nos culparán o pensarán que somos entrometidos.

- Creemos que la brecha durará toda la vida, y que no hay nada que se pueda hacer.

Recuerden también que las relaciones de los niños son fluidas. Dejar una amistad hoy no significa necesariamente que el año entrante, o incluso antes, los dos niños no se entiendan mejor.

Pensar antes de creer

Aprender a no ser crédulo es una habilidad sorprendentemente importante para el Talento en las relaciones, pues tiene que ver directamente con la protección de la esencia. Algunos niños que están inmersos en la cultura pop han aprendido a ser maravillosos vendedores. Otros niños, generalmente Participantes, son increíblemente vulnerables a sus «estrategias de venta».

La tímida Marcela, por ejemplo, era el blanco perfecto para Carolina, una elocuente niña de ocho años de su clase. Sólo por divertirse, Carolina solía tratar de convencer a Marcela de cosas increíbles, y a menudo lo lograba. En una de esas ocasiones, cuando Carolina le dijo que sabía que los padres de Marcela se iban a divorciar, se angustió de tal forma que fue a hablar con su profesora. A duras penas podía hablar y cuando pudo decirlo todavía sollozaba sin consuelo.

A Kim, de cuatro años, un niño sensible de origen asiático, Simón, su compañero, le dijo que tenía unos ojos verdaderamente horribles. Para agregarle un poco de impacto, Simón le dijo que los otros niños estaban de acuerdo: «¡Todos están de acuerdo!», exclamó con aire de autoridad. Y esto era en preescolar, tomen nota. Cuando vio a su madre esa tarde, Kim estaba destrozado. «Todos me odian... mis ojos son feos».

¿Por qué habrían los niños de creer estas aseveraciones? A veces porque son pensadores concretos. Estos niños no han dado el salto en el desarrollo que les permite pensar de manera más crítica y «pillar» la idea abstracta de que alguien está tratando de engatusarlos.

Hay también otro factor, la Empatía: darse cuenta de que los motivos de otra persona pueden ser muy diferentes a los de uno también afecta la ingenuidad de los niños. Aunque las más recientes investigaciones apuntan a que niños incluso menores de un año dan señas de una empatía primitiva, ésta no entra realmente a formar parte de la paleta de habilidades en la amistad sino hasta cuando el niño tiene entre tres y cinco años. A muchos niños, sin embargo, les llega más tarde y más gradualmente. Para un niño que no ha llegado a ese punto en su desarrollo puede ser difícil entender que aunque él tenga buenas intenciones, es posible que las de otro no sean buenas.

Finalmente, hay en general otro componente en juego: ansiedad social. Hay casos especiales en que el personaje del que hablamos es un niño popular, ataviado con las últimas fantasías de la cultura pop y al que el estatus le confiere un aire de autoridad a todo lo que dice. Uno de estos niños, Boris, es estudiante en una secundaria de suburbio; es guapo, elocuente, y la estrella de varios equipos deportivos. Este niño de once años de verdad me dijo sin dar señas de vergüenza, «Yo puedo venderles a todos cualquier idea». Los niños que son socialmente inseguros y que están ansiosos de aceptación son blancos fáciles de un niño como Boris.

Ser ingenuo puede también ser indicio de una dificultad de aprendizaje que puede afectar las percepciones del niño y su autoestima. A Eugenia, por ejemplo, le costaba trabajo identificar las letras del alfabeto. Se sentía un poco inferior a los otros niños y por lo tanto era más vulnerable; asumía que los demás siempre sabían más que ella.

En cualquier situación parecida a las anteriores, es esencial ayudarle al niño a tener criterio en cuanto a los otros niños, sobre sus motivos y sobre la posibilidad de que sean declaradamente crueles. Recuérdenle la estrategia CPM: que Confíen en los sentimientos que se presentan, que tomen Perspectiva para saber lo que significan esos sentimientos, y que le den un Manejo a la situación mediante acciones razonables.

Adicionalmente, el niño puede empezar a aprender a hacerse una serie de preguntas que le servirán para medir su grado de credulidad y así tener una perspectiva nueva. Están diseñadas para aclarar la diferencia entre la verdad y las mentiras y entre las motivaciones de uno y las de los demás:

¿De verdad ella podría saber eso?

¿Sabe más él que yo?

¿Qué sería lo peor que podría pasar si eso fuera realmente cierto?

¿Alguna vez me ha tratado de manipular en el pasado?

¿Será que simplemente está tratando de darse importancia o de alardear?

Estas preguntas literalmente le ayudan al niño a pensar con mayor claridad y a ser menos reactivo. También le proporcionan una respuesta «de combate» para tener a la mano y que le sirva para develar la mentira del otro. Por ejemplo, generalmente sirve para detener en seco a uno de estos niños crueles el que otro Participante le diga «No creo en lo que dices. ¡Tú te inventas cosas!».

Cómo luchar contra la tiranía de estar en «la onda»

Independientemente del estilo que tenga un niño para relacionarse con sus compañeros, aceptar que pueda parecerles a otros un «pelmazo» por tener intereses diferentes es una habilidad importante en los niños y debemos ayudarles. Parte de la solución es elogiar al niño por comportamientos que en general no se adaptan a los cánones de lo que está en «la onda». Para ver qué cae dentro de esta categoría, los remito al siguiente recuadro titulado «Los derechos del "pelmazo"».

Admito que se trata de derechos difíciles de ejercer, incluso para el niño más amoroso y sensible. Como hemos visto, hasta a los niños de guardería ya los pequeños dueños del poder les están aplicando los conocidos rótulos de «diferente» y «pelmazo». Sin embargo, con ayuda de los padres, algunos niños sí pueden tomar una postura firme contra la tiranía de lo que «está en la onda», de lo que se usa.

Cómo fortalecer la empatía y el valor de su hijo. La clave de esta habilidad tiene que ver con dos características que son vitales para la esencia del niño: la empatía y el valor. He visto a los padres suscitar acciones valerosas cuando les enseñan a los niños a ver a los compañeros con empatía. Por ejemplo, Lía me buscó cuando Zacarías, su hijo, estaba en la guardería porque

> ## LOS DERECHOS DEL «PELMAZO»
>
> Lo siguiente se adapta a todas las edades, porque la definición de un pelmazo permanece razonablemente estable durante la infancia.
>
> - El derecho a que a uno le importe su aprendizaje en la escuela.
>
> - El derecho a no ser excluyente.
>
> - El derecho a que a uno le importe lo que piensan los adultos a cargo.
>
> - El derecho a tener Pasión y a no avergonzarse de ello.
>
> - El derecho a no participar`en herir a otros niños o utilizarlos de chivos expiatorios.
>
> Y, lo más difícil de todo,
>
> - El derecho a salir en defensa de un niño que no es popular, especialmente acudiendo a contarle a los padres o a los profesores, que los otros niños son crueles con él.

estaba preocupada por los valores que Zacarías estaba aprendiendo en el colegio. Lía tenía buenas razones para preocuparse. Lucas, uno de sus compañeros, había empezado a llevar gafas gruesas y tanto Zacarías como los otros niños más «en la onda», también conocidos como los «niños niños», se estaban burlando de Lucas. Le sugerí a Lía que le hiciera a Zacarías unas cuantas preguntas en un tono de voz no acusador:

«¿Cómo crees que se siente Lucas cuando se burlan de él?»

«¿Por qué crees que empezó a usar gafas? Adivina».

«¿Crees que molestarlo le hace la vida más fácil o más difícil en la escuela?»

Estas preguntas pusieron a pensar a Zacarías. Conversó sobre sus ideas, y Lía interpuso las suyas. Zacarías no experimentó una transformación instantánea y mágica, pero con el tiempo el mensaje empezó a calar. Las preguntas de su madre le permitieron a Zacarías ver a Lucas como una persona completa, en lugar de el «pelmazo» sin sentimientos. Y lo que hizo posible la conversación fue la ausencia de un tono de sermón en la voz de Lía.

Fue muy importante también el hecho de que al pensar en Lucas de esta manera Zacarías sintió menos temor de hablarle. De hecho, se sintió algo curioso, y finalmente le preguntó a Lucas por qué usaba gafas y cómo se sentía con ellas. Eventualmente se las probó.

Al cabo del tiempo Zacarías empezó a abstenerse cuando los otros niños la emprendían contra Lucas. Entonces, porque pudo identificarse con los sentimientos de Lucas, hizo algo de verdadero «pelmazo»: Zacarías se enfrentó con el grupo. «¡Dejen en paz a Lucas!» les espetó a sus compinches, imaginándose con temor que ahora la emprenderían contra él. Zacarías tenía razón en parte. Durante varios días algunos de los niños se rieron de él. Pero los niños son niños y pronto lo olvidaron.

¿Y se acuerdan de Laura a quien conocieron al comienzo de este capítulo? No quería ser mala con los otros niños pero estaba desesperada por ser popular y no sabía cómo lograrlo. Esta situación hizo crisis cuando Débora, una Solitaria en una clase llena de Estrellas y Líderes, fue aislada por el grupito de moda. Débora «se viste como una hippie de los años sesenta» se burlaban algunas de las otras niñas. Laura sabía dentro de su corazón que estaba mal molestar a Débora. Su familia no tenía mucho dinero y a lo mejor Débora usaba ropa de segunda mano por que no tenía opción. Su esencia interior le estaba diciendo una verdad que era difícil de oír, pero que era todavía más difícil de traducir en acciones. Laura se odiaba por seguir la manada.

Finalmente, Laura me contó lo que estaba sucediendo. La animé a que corriera el riesgo, a que experimentara con comportamientos que a lo mejor los otros niños consideraran fuera de moda pero que fueran fieles a los sentimientos en su esencia. Repasamos CPM, haciendo énfasis en lo que ella realmente sentía y pensamos en la situación y en lo que su esencia le estaba diciendo que debía hacer. La verdad era que Laura no quería ser «tan presumida y criticona» con los demás. Así que, le dije, «Bien, puede que tengas que correr un riesgo. ¿Qué puedes hacer?»

Pensó un momento y dijo, «Me puedo sentar con Débora un día, cuando esté sola. A lo mejor no me odiarán todas las niñas. Creo que María José sí me seguirá hablando».

Tenía razón. Laura se sentó con la niña más «diferente» de la clase y descubrió que el mundo no se le derrumbaba. No fue calificada de «pelmazo» de por vida. No solamente María José sino otras niñas la apoyaron. Claro, algunos niños la hicieron a un lado esa mañana, pero decidió que no valía la pena ocuparse de los que se reían.

Quiero acá poner de manifiesto que Laura no se convirtió en la mejor amiga de Débora. Laura es una niña, una buena niña, quizás, pero no es una santa. No convirtió a Débora en proyecto, ni asumió el trabajo de transformarla. Pero continuó hablando con ella de vez en cuando y, lo que es más significativo, se sintió mejor consigo misma. Laura conservó su esencia y sus amistades.

Al terminar el año escolar, Laura me dijo, «Sabes, no se acaba el mundo si soy un poco diferente». Al definir cómo se sentía en relación con sus amigas, lo que quería, y al ser capaz de tomar riesgos, Laura fortaleció su esencia inconmensurablemente. Empezó a vestirse como a ella le gustaba en lugar de como esperaban las otras que ella se vistiera; y fue amable con los otros niños. Al final del año, todo un grupo nuevo empezó a formarse alrededor de Laura, el auto denominado «Club de los Pelmazos». Estos niños estaban de hecho empezando a sentirse orgullosos de lo que antes denominábamos comportamiento recto, hacer las tareas, tener intereses, vestirse de manera auténtica y ser buenos con los demás. Pude decir finalmente reconfortado que había conocido a un grupo de niños que no se sometieron a la tiranía de lo que «se usa».

6

Atención

Habilidad básica núm. 6: Ayúden a sus hijos a prestar atención y a que les encante aprender.

Una nación desenfocada

La primera vez que inserté en nuestro aparato de vídeo la nueva versión de *Star Wars* para que la vieran mis hijos, pensé, «Éste va a ser verdaderamente un gusto para ellos». Estaba en un error. Se quejaron durante las dos horas y media que dura la película: «Es demasiado lenta. Tarda demasiado. ¿Cuándo empieza la acción?». Al final, desde luego, se interesaron en la historia e incluso pidieron verla de nuevo. Al mirarla con ellos me di cuenta de que en efecto las escenas parecían largas, comparadas con las películas veloces y entrecortadas que vemos hoy en día. Sin embargo, tan solo hace veinte años ésta era la película, era lo máximo en destreza tecnológica y en superestimulación.

Nos hemos convertido en una nación de «minusválidos de atención», en gente que simplemente no es capaz de concentrarse. Tristemente, nuestros niños son los mayores damnificados. Pero tengan en cuenta que no hablo de los millones de adultos y niños a quienes se les ha diagnosticado acertadamente un síndrome de déficit de atención, un trastorno que la comunidad de la salud mental caracteriza como la incapacidad de concentrarse y de controlar los impulsos.

Admitido, este síndrome de déficit de atención es el diagnóstico de la década, una categoría red donde caen todos los casos de niños que no son capaces de estar quietos, o que continuamente perturban el orden de la clase. Hace diez años nunca habíamos oído el término; hoy la condición aparece mencionada regularmente en las portadas de libros, en la televisión y en Internet. Para muchos niños el diagnóstico ha sido una salvación pues les ha ayudado a obtener la atención y el remedio que necesitan. No obstante, en ciertos casos el diagnóstico es errado, y a los niños se les aplica un rótulo que puede convertirse en excusa para no ser responsables, para no cumplir el propio potencial. De todos modos, lo que tengo en mente no es realmente ninguno de los dos anteriores grupos de niños. Hablo de los millones de niños (y adultos) que tienen lo que yo llamaría un lapso de atención normal pero que parecen estar experimentando cada vez mayores dificultades para mantener la Atención en sus tareas ordinarias. De hecho, algo le ha sucedido a la atención corriente, a nuestra habilidad para soportar frustraciones y para divertirnos, un fenómeno que crece exponencialmente y que puede observarse dondequiera que uno mire. Ciertamente lo observo en mi familia, en las familias de mis amigos y en mis reuniones con niños y padres.

• Recientemente, cuando a pasé a buscar a mi hijo en la casa de su amigo, observé a Becca, la hermana menor, que no podía tener más de tres años. Estaba acostada sobre el alfombra de la sala, con una muñeca en el brazo, tomándose un biberón mientras veía la tele. En el instante en que apareció su madre, Becca también quería que la abrazaran a ella. En otras palabras, esta niña tan pequeña necesitaba estimulación simultánea prácticamente por todos los canales sensoriales.

• Observé a la hija de unos buenos amigos, Lydia, de cinco años en su habitación: la televisión estaba encendida, sus juegos sobre la cama. Escuchaba con audífonos el disco de canciones infantiles, comía gomas ácidas, abrazaba una muñeca, y dibujaba, todo al mismo tiempo. Es, pensé, perplejo, la versión «grande» de Becca.

• Doug está en cuarto curso, es un niño amable y popular, hace deporte, y es un buen alumno en el colegio. Desafortunadamente, nunca toma un libro por gusto. Sus padres, que son lectores ávidos, están muy preocupados. ¿Por qué tiene Doug tanta resistencia a la lectura? «Hay demasiados detalles. Es aburrido», explica él.

• Cuando Alvin, de once años, hace una tarea que requiere «resolver algo» si no lo logra de inmediato o no puede hacer el proyecto como él quiere, tira el lápiz y se marcha. ¿A dónde va? Nintendo o Play Station, donde puede controlar por completo el nivel de dificultad y por lo tanto su propia frustración.

Todos estos niños son básicamente normales y, creo yo, van a crecer bien. Ciertamente no necesitan actividades alternativas ni medicamentos. La pregunta es, ¿les parece conocerlos?

Claro que sí. Aunque ninguno tiene un «mal» verificable, cada uno es víctima de un mal cultural, la sobreestimulación, que ha erosionado nuestra capacidad de atención y concentración. En cifras que van en aterrador aumento, los niños de hoy (y no solamente los que sufren de déficit de atención) no pueden concentrarse sin aburrirse rápidamente, o sin sentirse fácilmente decepcionados. Necesitan acción, acción, y más acción, excitación que estimule todos los sentidos. Y necesitan elogio y participación de los padres en un nivel nunca antes visto. Con razón que casi todos los padres hoy en día expresan la misma clase de frustración con sus hijos. Estamos todos en el mismísimo centro de una crisis de Atención.

Por qué es importante la Atención

Parafraseando a Emily Litella, uno de los personajes de Gilda Radner, «¿Y por que tanta alharaca con la Atención?» La respuesta es que esta característica constructora de esencia es una necesidad y es un don, una habilidad primaria. Antes que nada, saber enfocar capacita al niño para dirigir y mantener la atención. Esto influye claramente en la manera como aprende y en lo que retiene. La Atención es la clave del éxito académico. Le permite al niño prestar atención a lo que dice el profesor en la clase, hacer las tareas sin caer en las garras de las múltiples distracciones que hay en la casa, y abrirse camino en el proceso de aprendizaje. La capacidad para concentrarse le permite al niño absorber información nueva. Mediante la Atención puede alimentar su ordenador interno con imágenes y datos que, en última instancia, le sirven de intermediarios con su mundo y le ayudan a manejarlo.

El niño que tiene esta habilidad primaria puede permanecer en un tema o en una actividad. Esto hace más profunda su comprensión y le permite sumergirse verdaderamente en el aprendizaje. La Atención, desde luego, va de la mano de la mayoría de los otros constructores de esencia porque es la característica que le permite a un niño dedicarse a algo. Esto es particularmente evidente con la Pasión. Puede que el niño esté profundamente interesado en un deporte o actividad, pero si carece de capacidad de Atención, es poco probable que persista. La Atención también complementa la Cautela, sobre la cual leerán en el Capítulo 8. Sin Atención, es difícil para un niño reflexionar, ejercer el buen juicio, y tomar decisiones sensatas.

La Atención también le ayuda a un niño a percibir las claves sociales, de manera que sabe cuándo está hablando en voz demasiado alta o cuando está hablándole a alguien demasiado cerca. La Atención le ayuda a concentrarse en su audiencia: Mientras que relata una historia, puede darse cuenta de si todavía le escuchan o si los demás están perdiendo el interés.

La Atención le permite al niño darse cuenta de toda clase de «reglas» de la socialización, de la conversación y de los juegos. Si puede estar en sintonía, sabrá qué se espera de él. Esto, a su vez, le ayuda a construir relaciones sanas lo cual, como lo explicaba en el Capítulo 5, lo lleva a tener un sólido sentido de sí mismo y una profunda confianza en sí mismo. Por ende, nuestra siguiente Habilidad básica:

> Habilidad básica núm. 6: Ayúden a su hijo a prestar atención
> y a que le gusta aprender.

Permítanme ilustrar cómo la Atención puede salvar el bienestar psicológico de un niño contándoles el caso de Sergio, de cinco años. En el preescolar, se le notaba un poco de atraso en el desarrollo verbal y tenía dificultades para entender juegos que para sus compañeros eran fáciles. Sin embargo, cuando la profesora le proporcionaba una caja de lápices y papel en blanco, se podía quedar sentado ratos interminables y hacía dibujos de gran precisión e imaginación.

Pronto sus compañeros empezaron a notarlo. Le decían, «Me encantaría poder pintar como tú, Sergio». Hacia la mitad del año, cada vez que había un proyecto que requería dibujar, todos invariablemente querían trabajar con Sergio. Y cuando alguno terminaba de pintar, le preguntaban a Sergio, «¿Qué te parece?»

No es raro, entonces, que a Sergio le encantara el arte y le encantara la atención positiva que generaba; y cada vez era mejor. Gracias a su Atención, también desarrolló una Pasión, lo cual lo llevó a encontrar un sitio en la escuela y entre sus compañeros. También empezó a participar en la clase y se manifestaba más deseoso de aprender a leer. En resumen, la seguridad que derivó de su habilidad básica se hizo extensiva a otros aspectos académicos, emocionales y sociales.

La Atención afecta todos los aspectos de la identidad, la capacidad de absorber información y de expresarla adecuadamente, de socializar con los compañeros, de participar en el flujo de la vida. La Atención le permite a un niño ser parte integral de lo que está sucediendo en un determinado momento. Le da al niño el poder de acceso a los beneficios de la especialización: ser competente, seguro, y ser capaz de conseguir lo que necesita. No sorprende que los niños que enfocan tienden a desarrollar una red de amigos que son más o menos como ellos, y los otros niños con buena Atención son generalmente niños con los cuales se puede contar.

El problema, sin embargo, es que es difícil vivir en nuestra cultura y mantener esta habilidad vital. Casi todo en el mundo de los niños atenta contra la Atención.

Amenazas esenciales: Por qué es tan fácil que los niños pierdan la Atención

Como lo explicaba al inicio de este capítulo, creo que nos hemos convertido en una cultura de minusválidos de la atención. No lo digo tratando de ser ingenioso; estoy genuinamente preocupado por la ausencia general de Atención, ausencia reforzada culturalmente, que erosiona nuestro mundo y el de nuestros hijos. No estoy solo en esta observación; la prensa popular informa a menudo que somos tantos los «adictos a la velocidad», que el tiempo se nos escapa, o que, como lo expresaba una revista, vivimos en la «era de la interrupción».

Adictos a la velocidad. Gracias a la tecnología moderna, podemos recibir un fax de la oficina mientras le cambiamos el pañal al bebé, o hacer contacto con un cliente mientras llevamos a los niños a la escuela. Y no se trata simplemente de que tengamos más aparatos. Cada pieza tecnológica nos pone su carga de opciones, y de interrupciones: llamada en espera, llamada transferida; suenan timbres por todas partes y a cualquier hora. La televisión, que una vez constaba de tres grandes cadenas, ahora cuenta literalmente con cientos de canales y nosotros, control remoto en mano, nos hemos convertido en consumidores salvajes. Los estudios han indicado que los «nómadas» cambian de canales 22 veces por minuto, entre diez y veinte segundos vacíos parecen una eternidad.

Respondiendo al ataque, las programadoras de televisión marchan al ritmo de MTV, pionera del estilo veloz que ahora impera en los medios. Escenas de uno y dos minutos han sido ahora remplazadas por imágenes frenéticas y estroboscópicas; y los programadores han eliminado prácticamente los «negros», esos instantes a apenas perceptibles cuando un programa se desvanece a negro antes de que aparezca un anuncio. Saben que una pantalla en blanco le produce comezón en el dedo al navegante de canales promedio. «Todos los canales tienen en cuenta cada segundo al aire», concede un vicepresidente ejecutivo de una de las cadenas. ¿No es revelador que los Nielsen, quienes recogen información sobre los gustos del público, ahora utilicen una medida minuto a minuto en lugar de las antiguas lecturas que utilizaba hasta 1973 y que se basaban en medir programa por programa?

Y tenemos también los ordenadores. Cuando antes había unos cuantos estantes dedicados a este tema, ahora hay almacenes enteros especializados en programas y juegos. En su mayor parte, éste es un desarrollo grandioso, casi mágico, en la historia de la humanidad. Internet, la mágica autopista electrónica, se extiende casi a diario en un alucinante despliegue de nuevos sitios y sonidos. Sin embargo, a pesar de lo prometedora que resulta nuestra revolución de alta tecnología, ¿acaso resulta extraño que la persona corriente, adulto o niño, encuentre difícil la Atención?

De hecho, el consenso general es que no solamente ha cambiado el panorama, sino que nuestros cerebros también han cambiado. Existe amplia evidencia de que necesitamos la velocidad y de que evitamos a toda costa el aburrimiento. Queremos máquinas contestadoras con un aditamento extra veloz de retroceder la cinta. Los programadores de televisión y los cineastas alimentan nuestro apetito y preferencia por la acción en lugar del suspenso, y la velocidad por encima de la narración. Barry Levinson, director de *Diner* y de la hiperquinética serie de televisión *Homicide*, anota, «Nuestros ritmos son radicalmente diferentes. Estamos constantemente acelerando lo visual para mantener en su silla al espectador».

Un hablante veloz normal, excluyendo al hablante veloz extraordinario como Robin Williams, pronuncia unas 150 palabras por minuto, según escribía el columnista del *New York Times*, James Gleick en un artículo de

1997 titulado «Adicto a la velocidad». Pero, agregaba Gleick, «un oyente puede procesar el discurso a una velocidad tres o cuatro veces mayor. Puede, y, hoy por hoy, quiere hacerlo». No siempre fue así: años atrás los políticos y los predicadores hablaban durante dos y tres horas, un tiempo impensablemente largo y un ritmo inconcebiblemente lento comparado con los anuncios actuales de radio y televisión, lo cual explica por qué somos tan pocos los que tenemos la paciencia para escuchar durante una hora un discurso. Y olvídense de la lectura, la cual requiere verdadera concentración total. ¿Y nos preguntamos por qué se alquilan anualmente 6 millones de vídeos cuando solamente se retiran de la biblioteca 3 millones de libros?

Dado el exceso de estímulo y actividades de nuestra vida, ¡a duras penas podemos enfocarnos los unos a los otros! La pareja típica norteamericana en la que ambos trabajan invierte solamente veinte minutos al día en interacciones significativas. Y el tiempo que pasamos con nuestros hijos es a menudo tenso, se da cuando corremos de una actividad a otra, estamos atascados en el tráfico, o tenemos un pequeño espacio entre actividades múltiples. Como lo indicaba en el Capítulo 2, las investigaciones muestran que aunque compartamos el espacio con otros miembros de la familia, a menudo cada uno está en lo suyo.

No es difícil darse cuenta cómo este estado de cosas amenaza la capacidad del niño para desarrollar la Atención. En palabras de Levinson, «Uno no puede poner a un niño delante de la televisión, donde recibe un bombardeo de imágenes, sin la presencia de un adulto que nació y se crió para ver las cosas de manera diferente». Estoy de acuerdo. Más aún, he observado tres tendencias relacionadas en los niños de hoy y que representan una amenaza al Atención:

La mentalidad «hazlo ya». Nuestros niños perciben nuestra urgencia, la ven en nuestro ejemplo. Los niños también escuchan cuando regularmente nos quejamos de nuestras responsabilidades y de nuestras fechas límites; trabajamos en la «administración del tiempo» y anhelamos aumentar la «eficiencia» de nuestras vidas laborales y familiares. Las nociones anticuadas de proceso y paciencia han sido remplazadas por satisfacción instantánea, lo cual, dada la tecnología, es de fácil acceso para los niños. La mentalidad de «hazlo ya», desde luego, le pasa su cuenta de cobro al desempeño académico de los niños. El trabajo escolar: leer, escribir, estudiar, es sencillamente demasiado lento para nuestros niños adictos a la velocidad, lo cual es probablemente la razón por la cual tan solo el 27 por ciento de los estudiantes de séptimo curso leen por el gusto de hacerlo, comparados con el 47 por ciento que ven más de tres horas de televisión al día. Puede ser también la razón por la cual un creciente número de niños no hace las suficientes tareas escolares y requiere clases auxiliares en matemáticas o lenguas al llegar a la universidad.

Atención futura. Aún peor que el mensaje de la satisfacción instantánea es que a los niños ahora se les enseña a gastar gran parte de su Atención en anticipación de lo que vendrá, en lugar de disfrutar lo que tienen enfrente. Llamo, por ejemplo, a la casa de un amigo, y me contesta el niño de tres años. Para conversar con él le digo, «¿Qué hay de nuevo, Gregorio?». En el instante contesta, «Estoy viendo televisión. Siguen los *Muppet Babies*». En lugar de concentrarse exclusivamente en el programa que está viendo, ya está pensando en el que viene. De manera semejante, el día siguiente a su celebración del quinto cumpleaños —una gran fiesta con payaso incluido— Isabela le preguntaba a su mamá, «¿Quién nos va a entretener en mi próxima fiesta?».

La mentalidad de Atención futura en los niños no es, desde luego, completamente nueva. Lo que es nuevo es que está constantemente reforzada por los medios. Los programas especiales de televisión se anuncian con un mes de anticipación, pero peor aún es el caso de las películas, las cuales empiezan a ser anunciadas un año antes de presentarse. Los niños en todas partes, incluidos los míos, toman nota y empiezan el cabildeo desde antes del estreno. Obviamente, los estudios saben lo que hacen. Me cuento entre los millones de padres a quienes sus hijos enloquecen en la medida en que las tiendas se llenan de productos de futuro.

La auto programación y la autorregulación. Hace varias décadas, empezamos a alimentar a los bebés, «según demanda» en lugar de adherirnos a esquemas estrictos y rígidos. Este desarrollo progresivo en la crianza ha evolucionado hasta convertirse en una especie de auto programación sin precedentes. Los niños hoy en día esperan poder continuamente alimentar sus propias exigencias. Y no se trata solamente de nosotros. La revolución de los ordenadores, con todos sus beneficios, desafortunadamente también constituye un factor importante. Cada programa y juego de video le permite al niño establecer un cómodo nivel de dificultad y velocidad, y le permite por ende controlar su nivel de frustración. Si es «demasiado difícil», simplemente baja un punto en la escala de dificultad. Como lo mencionaba en el Capítulo 1, los investigadores Debra Buchman y Jeanne Funk, quienes examinaron los hábitos para jugar con videos en novecientos niños en cursos desde el cuarto hasta el octavo, encontraron que el entretenimiento preferido era el que se podía calificar como altamente emocionante e inmediatamente gratificante, en lugar de los videos educacionales más reposados y menos emocionantes (y menos violentos).

La libertad de autoprogramarse ha cambiado literalmente la manera como los niños juegan. En el Capítulo 2 hablaba del fenómeno en auge de los centros infantiles de recreación. Pero como lo demuestra la reciente reorganización, obligada por la quiebra, de *Discovery Zone*, una de las cadenas gigantes en este campo, no basta con hacer a un lado a los adultos y dejar sueltos a los niños en un mundo propio. *Discovery Zone* encontró que para que los niños regresaran, debían cambiar sus vistosos gimnasios decorados como si fuera una selva y sus trampolines deslumbrantes, por juegos de alta tecnología. En otras palabras, no basta con que el entorno sea divertido, el juego al estilo antiguo simplemente ya no interesan.

Y no es que todos los juegos de ordenador sean en sí mismos malos. De hecho, Buchman y Funk concluyeron que la combinación poderosa de demostración, premio inmediato, y práctica sin muchas dificultades hacía que los juegos electrónicos fueran una herramienta educacional ideal. Desafortunadamente, las lecciones no siempre son las que quisiéramos que los niños aprendieran. Los juegos y aparatos en los que el jugador se autoregula no solamente compiten por la atención de los niños, sino que estas actividades erosionan la clase de Atención que un niño debe desarrollar para poder practicar la perseverancia.

Observen a José, por ejemplo, un niño Inteso/sensible de cuatro años y medio y quien tiene un bajo nivel de tolerancia a la frustración. Cuando se le pide que participe en un juego, un rompecabezas o una interacción en la cual se espera que comparta, si no consigue lo que quiere de inmediato, tiende a abandonar. Pero eso no le sucede con el Nintendo, donde el niño simplemente se acoge a los «mundos» (niveles) más fáciles. Cuando un niño es capaz de auto regularse hasta este punto, controlar desde el tipo de estimulación, hasta el ritmo con el cual debe asimilar el material, hasta la clase de premio, es casi intolerable para él concentrarse en cosas que no le representan una retroalimentación instantánea o que requieren incluso un grado moderado de solución de problemas.

Claramente, nuestros niños padecen un bombardeo que proviene de múltiples direcciones. ¡Quedo exhausto con solo releer esta sección! Aunque la introducción de avances de alta tecnología ha mejorado muchas cosas, también hemos pagado un precio: la velocidad de la vida diaria, la intromisión de los medios, veloces como el rayo, y el valor que se le otorga culturalmente a la satisfacción instantánea, todos atentan contra la capacidad del niño de mantenerse enfocado. Nosotros los padres, desde luego, somos vulnerables al mismo tipo de estimulación excesiva. No obstante, somos la esperanza básica de nuestros hijos. Para recoger lo mejor y utilizar de la mejor forma posible la era de la información, debemos saber cómo enseñar Atención.

Habilidades de los padres: cómo fomentar la Atención

Las habilidades de los padres que expongo a continuación están divididas en dos secciones. La primera les ayudará a entender la manera como su hijo enfoca; en esta les explico los cuatro estilos de enfocar que he observado con mayor frecuencia. La siguiente sección enumera lo que uno puede hacer para sacarle el mejor partido al estilo particular de enfocar que tiene determinado niño. Lo que he hecho, al igual que en otros capítulos, es adaptar las investigaciones basadas en niños que forman parte de un segmento clínico, en este caso niños que tienen un leve síndrome de déficit de atención, para mostrar cómo varios descubrimientos y estrategias pueden beneficiar a niños que tienen el tipo corriente de dificultades para enfocar que son tan a menudo producto colateral de nuestra cultura.

Cómo entender el estilo particular atender de su hijo

Su hijo está biológicamente predispuesto hacia un modo predominante de enfocar. Como lo explicaba anteriormente, las investigaciones más actuales indican que las variaciones en habilidad para enfocar son principalmente un asunto de interconexión cerebral básica. En otras palabras, la Atención, al igual que el temperamento (Capítulo 1) es parte del paquete con el cual viene su hijo. No sorprende, entonces, que el temperamento y la Atención estén frecuentemente asociados, como lo demuestro en las siguientes descripciones de cada estilo.

Es interesante anotar que los psicólogos creían antaño que las dificultades de concentración estaban directamente relacionadas con la ansiedad. Ciertamente, un niño que está bajo presión, padeciendo una transición difícil, o atrapado en medio de una crisis familiar, tiene a menudo dificultades para enfocar, pero algunos niños pueden mantener esta capacidad mejor que otros. Ahora sabemos por qué: existe un componente constitutivo en el aspecto de la Atención. Los niños nacen con diferentes estilos de atender que determinan cómo manejarán las situaciones. Por lo tanto, incluso si el ambiente de un niño es tenso, el grado en el cual un niño se ve afectado es una función de su estilo de atender. Por eso es común ver a un niño como Jeremías. Vive en el centro de la ciudad, rodeado de una familia grande en permanente agitación y crisis; sin embargo, es capaz de mantener su Atención en una tarea más tiempo que Eduardo, hijo único de dos profesores universitarios.

Es crucial que ustedes, como padres, reconozcan el estilo particular de su hijo para concentrarse y hagan un puente con éste, con su manera de prestarle atención a su mundo y a lo que hay en él. A continuación describo cuatro estilos fundamentales.

El Niño Postergador. Este niño está bien una vez empieza a atender, pero hacer que comience una actividad parece a veces tarea de toda la vida. Su temperamento es típicamente o bien Intenso/sensible, o Reservado/dependiente. Es el niño de cinco años al que hay que recordarle todas las mañanas que se ponga los zapatos. Es el de siete años al que hay que estarle recordando que alimente a su tortuga, el de nueve que hace pereza antes de empezar sus tareas, el adolescente que espera hasta el último minuto para abordar cualquier proyecto. A este niño le cuesta organizarse cuando el resto del grupo, los niños que se han reunido para jugar, los compañeros, otros miembros de la familia, están realizando una actividad compartida. Es el último en llegar a la mesa, el último en guardar sus juguetes en el colegio, el que pierde más objetos de los que uno querría, y al que con frecuencia se le considera «irresponsable».

El Niño Láser. Este niño vive en los extremos. Como un láser, cuando está encendido, puede atravesar prácticamente todo; cuando está apagado, no queda nada. Por lo tanto, una vez que se interesa y presta atención, no puede parar; de hecho, el acto mismo parece hacerlo concentrarse aún más. Por el contrario, cuando no está encendido, está en las nubes. Y una vez que está claramente en una de las dos posturas, es verdaderamente difícil hacerlo cambiar a la otra. No es sorprendente, entonces, que el niño Láser sea por lo común del tipo Intenso, bien sea agresivo o sensible. Le cuestan las transiciones y zafarse de algo. Es el pequeño que no soporta que se acabe un juego o a quien no le gusta marcharse de un rato de juego, el niño un poco mayor que no puede estar listo para la escuela si ha empezado a escribir en su diario, el adolescente que no oye la sirena de alarma porque está concentrado en un libro. Los padres de niños así a menudo dicen «Se concentra tanto, ¡que la casa se podría incendiar sin que se diera cuenta!» Cuando no está enfocado en algo, sin embargo, puede ser soñador, y no oír preguntas, peticiones o tareas. En otras palabras, es tan intenso en su desenfoque como cuando dirige su atención estilo rayo láser.

El Niño Barómetro. El niño barómetro, como su nombre lo implica, tiene un estilo sensible y variable, que depende en gran medida de su ambiente tanto interior como externo. El niño Barómetro se ve enormemente afectado por fisiología y estado de ánimo, la fatiga, o el enfado, por ejemplo, al igual que por lo que está sucediendo en su ambiente. Es cierto, muchos niños se adaptan a esta descripción porque en casi todos los niños la capacidad para concentrarse es un poco variable. Sin embargo, el verdadero estilo Barómetro, que tiene típicamente un temperamento Intenso/sensible, es menos resistente cuando algo interrumpe su Atención. A ciertas horas del día, es casi un desperdicio de energía pedirle a un niño Barómetro que se concentre. Puede ser que persevere siempre y cuando una actividad sea interesante y no le presente muchos retos, y no sienta ansiedad, o siempre y cuando esté trabajando con niños que le gustan y no esté muy cansado. Sin embargo, en el instante en que la actividad empieza a ser aburrida o difícil, o cuando algo más llamativo lo distrae, se aleja de la actividad. No existe un regulador interno para decirle, «Regresa a la tarea en cuestión», bien sea trabajo escolar o alimentar el perro. De pequeño, el estilo Barómetro puede flaquear cuando está aprendiendo algo nuevo o en un punto lento del juego. A medida que crece, probablemente sea como Germán, de diez años, quien me explicaba, «Cuando el profesor es aburrido, o cuando tarda mucho en explicar algo, me elevo». O puede ser como Beatriz, de catorce años, quien empieza obedientemente a limpiar la jaula del loro y luego, cuando suena el teléfono, se dirige a otra habitación y se «olvida» de terminar el trabajo que había comenzado.

El Niño Roca. Este niño evidencia una cierta variabilidad, que va desde un Atención intenso a cierto grado de susceptibilidad a ser distraído. Sin embargo, en general es constante, y se mantiene en el rango medio. Generalmente puede poner atención a lo que tiene enfrente. Podemos también describirlo como el que tiene una capacidad de concentración normal. Probablemente sea un niño Tranquilo/equilibrado que está bien dentro del promedio, si no en el rango superior, en cuanto a su capacidad de lograr prácticamente todo lo que se propone.

Una vez que empiecen a reconocer el estilo particular de enfocar de su hijo, verán que el niño no es «malo» porque pierda las cosas, ni «estúpida» porque olvida llevar su almuerzo, ni «irresponsable» cuando olvida traer su guante de béisbol. Si dan una mirada retrospectiva, probablemente recordarán que ha estado haciendo este tipo de cosas desde la primera infancia. Y una vez que acepten el estilo particular de enfocar de su hijo por lo que es, en lugar de sentirse defraudados, pueden ayudarle a construir sobre sus fortalezas y adaptarse a sus debilidades.

Cómo trabajar con el estilo de su hijo para enfocar, no contra éste

Permítanme hacer hincapié desde el comienzo en lo que no deben hacer si quieren que su hijo desarrolle el arte de la Atención. No intenten abrirse paso con vehemencia. He visto a madres y padres que intentan todas las variables de lisonjas, regaños, castigos y sermones para hacer que sus hijos escuchen cuando son pequeños y para hacerlos aprender cuando son mayores. Casi nunca funciona. Una razón por la cual estas estrategias fallan es que no hay manera de saber qué información penetra. Podrían estar gritando, explicando o suplicando. Es indiferente, ¡está en algún lugar de la estratosfera! Y ustedes quedan allí, atrapados en una desesperante «danza», una rutina que es tan conocida que ya conocen todos los pasos. Lo han hecho con el niño miles de veces antes.

Y entonces, ¿qué pueden hacer en cambio? Conocer lo que su hijo es, y encontrar sistemas que funcionen mejor. La siguiente sección les ayudará a diseñar estrategias a la medida particular de sus hijos.

Aprendan a conocer las señales que indican cuándo su hijo es capaz de enfocar. Aprendan a conocer cómo se ve el niño cuando sí está prestando atención. La capacidad de un niño está en un punto más bajo cuando come o durante las transiciones, por ejemplo, cuando se acaba de despertar, cuando los padres salen de la casa o cuando acaban de regresar. Estos no son buenos momentos para comunicarse con la mayoría de los niños, especialmente del tipo Barómetro a quien le cuesta especialmente enfocar en esos momentos fisiológica y psicológicamente sensibles. Traten, en cambio, de comunicarse cuando saben que estarán más receptivos. Si su hijo es un Láser, dense cuenta en qué momentos es más propenso a estar en «encendido». Si es un Postergador;¿cuáles son los momentos en que es más fácil motivarlo? Incluso si se trata de una Roca, seguramente estará más enfocado en ciertos momentos del día o durante ciertas actividades.

Háganle el juego al estilo particular de Atención de su hijo. Algunos investigadores y expertos en aprendizaje recomiendan reducir la estimulación para todas las clases de niños que se distraen fácilmente. Aunque respeto su punto de vista, no estoy de acuerdo. Finalmente, el tema de este libro es el de hacer las estrategias a la medida del niño particular. He visto que algunos niños enfocan mejor cuando se están moviendo, y otros sentados y quietos; algunos se concentran mejor cuando están solos, otros cuando están con un montón de gente.

Más aún, no es buena idea asumir que la manera como ustedes enfocan también funcionará para su niño. Inés, una niña estilo barómetro, reñía con

---

LUZ VERDE: CUANDO EL NIÑO ESTÁ ABIERTO

Todos los niños son diferentes, pero los que presento a continuación son algunos de los indicadores universales de los momentos y situaciones en los cuales todos los niños, independientemente de los estilos específicos de prestar atención, están en mayor capacidad de concentración, y de oírles. Probablemente tienen luz verde cuando el niño...

- No tiene hambre, no está fatigado y no está cansado.

- No está en medio de una actividad emocionante que compite por su atención o que ya la ha atraído.

- Está de buen ánimo, por algo que está a punto de hacer o conseguir.

- Acaba de terminar de comer.

- Quiere algo en particular de ustedes en ese momento.

- Está temperamental o biológicamente estable.

- No está a punto de empezar ni completar una transición.

- Está solo y no pasando el rato con hermanos y hermanas.

- No lo están mirando ni uno ni varios amigos.

- Está orgulloso de algún logro.

---

sus padres porque insistía en que podía concentrarse mejor en una habitación en particular, con una pared a un lado y la televisión en el otro. A otro niño, a lo mejor incluso a otro niño estilo Barómetro que necesitara un ambiente diferente para lograr una concentración óptima, ese lugar lo distraería demasiado, pero a Inés le parecía, en sus palabras, «acogedor». Mamá y Papá hicieron caso omiso; repetidamente la enviaban de regreso a su habitación a que trabajara en su escritorio. Así que hicimos un experimento. Acordamos que le permitirían a Inés estudiar así durante un mes. Para su sorpresa, sus notas mejoraron, y también empezó a estar menos a la defensiva a la hora de hacer las tareas. No recomiendo esto para todos los niños, pero puede que esté bien para el de ustedes.

Para Juan, un Aplazador, era difícil sentarse quieto, y todavía más difícil iniciar una labor. Era como una mariposa, bailaba y hacía piruetas. Afortunadamente, su madre reconoció esto y le ayudó inventándose un juego activo para memorizar las tablas de multiplicar. Cada vez que se alejaba de un salto de la mesa, Mamá le hacía otra pregunta, «¿Siete por ocho?» y Juan contestaba con entusiasmo, «¡Sesenta y tres!». Mamá aceptó que Juan enfocaba mejor cuando le daba una salida física a su energía, y Juan aprendió felizmente sus matemáticas.

Descubran las características de la Atención de su hijo. Con cuál sentido procesa mejor, ¿con los ojos?, ¿con los oídos? ¿con el tacto? Recuerden la estrategia: si no puedes vencerlos únete a ellos. Un padre descubrió que su hijo estilo Barómetro atendía mejor a las lecciones para la vida cuando le contaban un cuento; reaccionaba bien al tono suave y gentil de su voz. Igualmente, Ana, la madre de un niño Barómetro Intenso/agresivo, necesitaba alguna manera de tranquilizarlo; hablarle y recordarle no surtía efecto. Tras hablarlo conmigo, se dio cuenta de que las actividades que involucraban estimulación táctil, como pintar con los dedos, o armar un rompecabezas, realmente servía para tranquilizar a su hijo y lograr que estuviera más abierto.

Dividan las tareas en segmentos más pequeños. Si a su hijo le resulta difícil persistir en una tarea, programen tiempos cortos para llevar a cabo partes de la actividad. Mediante la observación, pueden determinar el tiempo máximo de concentración de su hijo. Al comienzo, eso es todo lo que deben esperar de él. Aunque no cambiarán su estilo de Atención, el cual es más que todo innato, le ayudarán a desarrollar una mayor capacidad de concentración. Por ejemplo, cuando le enseñan un juego de palabras a un niño de cuatro años estilo Barómetro, que se fatiga con facilidad, jueguen con él inicialmente sólo cinco minutos; a lo mejor se concentre diez minutos la próxima vez. Cuando le ayuden a un Aplazador con una tarea, pueden establecer dos tiempos, uno para que él sepa que es hora de empezar, otro para que pueda ver cuánto tiempo debe trabajar. Desde luego que si su hijo es del tipo Láser, a lo mejor tienen que limitar el tiempo que gasta en ciertas actividades, y deben decirle cuánto están dispuestos a jugar con él antes de que se meta de lleno en la actividad.

Generen condiciones para el éxito. Favorezcan a su hijo y creen situaciones que le permitan al niño trabajar bien y salir airoso del proceso. Tomen en cuenta las circunstancias que lo motivan, las que promueven el aprendizaje. Estas incluyen la clase de proyecto y el momento del día, el estado de ánimo del niño y sus intereses. El propósito es capacitar al niño para tener pequeñas historias de éxito, las cuales a su vez llevarán a más historias de éxito. Por ejemplo Ignacio, de cinco años y más bien reservado, dudaba de jugar con sus bloques de ensamblar porque tenía que maniobrar piezas pequeñas y se impacientaba con facilidad cuando no lograba unirlas bien de inmediato. Así que sus padres lo animaron a tratar de unir solamente dos piezas, en lugar de intentar construir algo en especial. Al comienzo, Ignacio no quería probar, pero sus padres tuvieron paciencia. Finalmente, Ignacio se volvió más hábil tanto que cuando sus padres le propusieron que hiciera una cama de ensamblar para su muñeco, estaba ansioso por probar. Luego se interesó en las construcciones que adornaban la caja y que mostraban proyectos más complejos y empezó a pedirle a su papá que le ayudara a descubrir cómo se hacían algunas de estas. Sus padres obviamente habían logrado la misión de generarle a su reticente constructor éxitos en lugar de frustración.

Recuerden a qué se enfrentan: a una cultura que ofrece éxito a pedido. Si por ejemplo un niño está jugando con uno de esos juegos electrónicos en los lugares especializados, la máquina le concede millones de puntos simplemente por intentarlo. Naturalmente, quiere seguir jugando. Estos lugares, e incluso sitios similares para adultos en Las Vegas, se basan todos en el mismo principio del refuerzo variable: Dénle a la gente un poco de éxito, y seguirán pidiendo más. Es una poderosa herramienta de aprendizaje, y como no podemos competir con ella, debemos valernos de ella.

Ojo con el tono, no sermoneen y no menosprecien. En esta edad dorada de la psicoterapia, algunos nos convertimos en profesores e incluso en terapeutas cuando hablamos con nuestros hijos. Caemos en un cierto tono de sermón, utilizamos demasiadas palabras, repetimos el mismo punto una y otra vez. No nos damos cuenta si nuestros hijos están prestando atención o no, y adivinen qué... No están atendiendo. Ustedes conocen los indicios: los ojos del niño están como cubiertos por una película, ya no les mira sino a un lugar en la pared, y su expresión facial dice a gritos, «No estoy oyendo nada». Esa es una señal inequívoca para dejar de hablar: sus palabras no son recibidas.

Muchos niños a quienes les cuesta trabajo prestar atención también son sensibles al tono, especialmente los del estilo Barómetro. Nuestra Inés de cinco años, por ejemplo, le decía a su madre, Ana, todo el tiempo, «Deja de gritarme». Ana estaba perpleja y me insistía en que ella no era una «gritona». Le pedí que recordara exactamente qué clase de situaciones daban pie a la acusación de Inés. «Sucede generalmente cuando quiero que haga algo o que deje de hacer algo. Simplemente lo digo con un poco más de énfasis, y cree que le estoy "gritando"». Al igual que con el caso del estudio que describí anteriormente, le ayudé a su madre a creer a Inés. A Inés le sonaba como un grito lo que a Ana le parecía tan solo alzar ligeramente la voz. Cuando eso sucedía, ya ella no oía las palabras que su madre le estaba diciendo, tan solo podía sentir el tono. Sin embargo, una vez que Ana aprendió a respirar profundo y tratar así de reconocer cómo su tono afectaba a Inés, pudo concebir una frase capaz de lograr la atención de la niña y pronunciarla de una manera más gentil.

Estén en guardia contra los rótulos negativos. Tengan cuidado de no calificar a su hijo como «astronauta» o «irresponsable» cuando pierde su Atención. Esto es particularmente importante si tienen varios hijos. Tendemos a polarizar los estilos de nuestros hijos para atender. Por ejemplo, si uno de los hermanos es del tipo Láser y el otro es un Aplazador, los padres podemos caer sin darnos cuenta en la trampa de la comparación: «Mateo (el láser) podía pasar horas haciendo rompecabezas cuando tenía la edad de David». Todo empieza muy inocentemente, y en unos pocos años, David, el niño Barómetro, es percibido como falto de Atención. El rótulo se pega y se convierte en algo que predispone los resultados. David eventualmente creerá que no puede concentrarse cuando, de hecho, lo hace de manera diferente y tiene talentos distintos a los de su hermano Mateo.

La idea es evitar las batallas. Cuando uno se encuentra recorriendo con un niño el mismo camino de siempre, es casi seguro que está basando su reacción en lo que uno cree que el niño hace generalmente. No le están dejando espacio para abordar el problema de una manera nueva, de una manera adecuada para él. Y en lugar de establecer una conexión positiva, acaban en esa danza repetitiva que tiene vida propia. El niño no los está escuchando y ciertamente no está haciendo lo que le piden. Invierten todavía más tiempo y, después de un rato, el niño se convierte en el rótulo: malo, destructivo, y fracasado.

Elogien la Atención del niño en lugar del desempeño. Como ya lo mencioné en los capítulos sobre la Expresividad y la Pasión, es importante darse cuenta de cómo elogiamos a nuestros hijos. Cuando el niño trabaja bien, hagan notar su Atención. Ni siquiera tienen que hablarle directamente. Como sugiere Alicia, madre de tres pequeños, si verdaderamente quieren que los niños escuchen, empiecen a susurrarle al esposo o esposa. Los niños son curiosos incorregibles. Menciónenle por el teléfono a la abuela o al padre el logro de su hijo cuando el niño esté cerca: «Imagínate, Claudia fue capaz de seguir intentando saltar a la cuerda, y no se dio por vencida, incluso cuando le estaba resultando difícil. Deberías ver cómo salta ahora». Al oírle «por casualidad» esa y otras veces, Claudia introyectará el mensaje de que puede perseverar y alcanzar el éxito. Podrá decirse a sí misma, «Puedo ser constante en las cosas». Y su concentración se hará más fuerte.

Ayuden a su hijo a ver la conexión entre tener Atención y lograr los resultados que busca. Si un niño dice, «lo odio», o «hice un trabajo pésimo» durante un proyecto o después de ejecutarlo, por ejemplo un dibujo, eso muy probablemente signifique que ha perdido la Atención. Háganle caer en cuenta del problema en cuanto se relaciona con la Atención. Debe darle a su trabajo más atención o tiempo, o ambos. Pueden decirle, «Pues bien, cuando dibujo algo que no me gusta, trato de establecer qué no funcionó. La próxima vez trato de concentrarme mejor para poder hacer un mejor trabajo». De ese modo, están modelando la perseverancia y, al mismo tiempo, le están permitiendo hacerse una crítica. Si prueba de nuevo y esa vez lo hace de manera diferente, será porque ha aprendido la importancia de la Atención, de la concentración.

Utilicen el mismo enfoque con un niño un poco mayor. Supongamos que es domingo en la noche y que su hijo de trece años, Postergador, tiene muchos deberes de matemáticas. Pueden hacerle una pregunta como , «Si tienes dieciséis problemas por hacer, ¿cómo crees que será tu noche si no empiezas pronto?» Esto le ayuda a Enfocar el problema. Entonces, den un paso atrás, y permítanle a él darse cuenta de que sería una buena idea hacer un plan.

Premien a su hijo efectivamente. Los padres a menudo fomentan sin darse cuenta la mentalidad «¿Para qué me sirve a mí?» y la de «¿Y después qué?» que la cultura pop vende y la segunda familia compra. Sobornamos a los niños para que colaboren y los premiamos cuando lo hacen. Ahora bien, no tengo nada en contra de los sobornos (los adultos los llamamos «incentivos» o «premios»). Como lo indicaba en mi primer libro *Parenting by Heart* (Educando con el corazón), no tienen nada de malo. El problema es que ofrecemos premios excesivos. Si el niño ordena el cuarto, recibe helado; si se queda sentado un rato haciendo sus tareas, recibe una hora de juegos de ordenador. Este patrón es destructivo para la esencia de un niño porque desarrolla el hábito de premiarse de maneras que no son proporcionales a la tarea («Hice la mitad de las tareas, así que ahora puedo ver televisión»).

En lugar de lo anterior, traten de reconocer su logro de modo que alimenten la esencia de su hijo. Por ejemplo, una madre le preguntó a David, su hijo de cuatro años, «¿Crees que puedes regar estas dos plantas?» Cuando terminó, no le dio nada ni le prometió un juguete nuevo; su premio fue la respuesta de la madre: «Qué bien David, regaste las plantas muy bien. Te llevó bastante tiempo [y efectivamente así fue, pues tiene solo cuatro años]. ¿Has visto cómo se ven con más vida?» David se alejó diciéndose a sí mismo, «Upa, hice un buen trabajo». Su «premio» fue su propia sensación de logro.

Los premios sanos incluyen el elogio («Cada vez lo haces mejor»), tiempo compartido («Cuando ordenes tu habitación jugaremos a la nave espacial con esta caja vacía»), o incluso una dosis pequeña de gustos provenientes de la segunda familia («Si haces la tarea, puedes jugar Nintendo quince minutos»). Ofrezcan un premio cuando el niño no lo espera. Por ejemplo, cuando alimenta el gato sin que se lo recuerden, pueden sorprenderlo con un nuevo libro sobre las mascotas.

Sí, está bien utilizar como premios la televisión y los juegos de ordenador, pero de manera limitada. Seamos sinceros: es imposible mantener a los niños alejados de la televisión y los ordenadores, y no es que necesariamente queramos hacerlo. Además, los medios pueden ser utilizados a modo de palanca; son tan importantes para los niños hoy en día. ¿Qué podría ser peor que perderse el programa de televisión del cual van a estar hablando mañana todos los niños en la escuela? Los problemas se presentan únicamente cuando exageramos, cuando cambiamos quince minutos de ordenar por un programa de dos horas o cuando permitimos que los juegos de ordenador dominen el juego de su hijo.

Tomen conciencia de cuán dispersos o divididos quizá sean ustedes. Los padres podemos ser en nuestras vidas ejemplos de concentración y constructores de esencia. ¿Leen ustedes con la radio y la televisión encendidos? ¿Hacen varias cosas a la vez? ¿Corren constantemente y tratan de acomodar el máximo de actividades? Todo esto les envía a los niños un mensaje. Pregúntense qué clase de Atención favorecen ustedes. Su hijo no es necesariamente como ustedes pero su ejemplo con seguridad dejará una huella. A lo mejor incluso hace que su hijo y ustedes se enfrenten en batallas.

Por ejemplo Elena, una editora, cuyo estilo de Atención es Láser, dice, «Recuerdo un primo que me acusaba de no hacerle ningún caso cuando eramos pequeños porque saltaba sobre la cama contigua a la cama donde estaba leyendo una historieta y yo jamás me daba cuenta». La Atención intenso de Elena ha favorecido su carrera como editora, pero su estilo de Atención tiene sus menos en su casa. «Podría explotar una bomba y mamá no se daría cuenta», decía Susana, de trece años, estilo Barómetro, quien tomaba de modo personal el comportamiento de su madre. «Detesto cuando no me hace caso», me confesó.

Le ayudé a Elena a ver que su capacidad de enfrascarse intensamente en algo estaba afectando a su hija, cuya propia capacidad de concentración era, en el mejor de los casos, tenue. Pero una vez que Elena tomó mayor conciencia y pudo anticiparse a aquellas ocasiones en que estaría perdida en su concentración, pudo hacer las cosas de manera diferente. Elena empezó a programar su trabajo más intenso, como corregir un manuscrito, para cuando Susana no estaba. Sin embargo, cuando era necesario traer trabajo a la casa, Elena también podía advertirle a su hija, «Voy a ponerme a leer estos papeles así que voy a estar distraída unos veinte minutos». Estos cambios fáciles les ayudaron a madre e hija a evitar choques por causa de sus diferentes estilos de Atención.

Habilidades de los niños: cómo mejorar la Atención

Las habilidades que les ayudan a los niños a desarrollar la Atención los hacen más competentes en dos aspectos: en la capacidad de supervisar su propia atención y en la de combatir cualquier cosa que se oponga a su concentración. Permítanme explicar: aunque es hasta cierto punto verdad que la gente nace con un estilo particular de Atención, éste es una habilidad que puede mejorarse. A los niños se les puede enseñar a fortalecer su concentración, aunque el mundo exterior la distraiga, la diluya y la sabotee a cada paso. Tenemos que ayudarles a los niños a crear la estructura interior que les ayudará a permanecer enfocados a pesar del frenesí. Para ese efecto, utilicen la estrategia «NEC»:

- Notarlo

- Expresarlo

- Cambiar de estrategia

Cómo aprender «NEC»

Notarlo. Esta parte del proceso promueve al auto conocimiento. El niño debe aprender a prestar atención a las señales del cuerpo que le dicen, en un

---

LISTA DE REVISIÓN DE ATENCIÓN PARA PADRES

Es importante mirar lo que nosotros hacemos con nuestros hijos y les hacemos a ellos y que pueda impedir su capacidad de Enfoque. Cuando su hijo parezca estar perdiendo concentración, pregúntense:

- ¿Nos estamos moviendo o hablando demasiado rápido?

- ¿Estamos haciendo más compleja la labor (pidiéndole que ordene todo el cuarto en lugar de solo una parte, dándole demasiadas indicaciones a la vez)?

- ¿Estamos permitiendo demasiada estimulación (televisión, ordenadores, juegos de vídeo, tiempo en el teléfono)?

- ¿Ofrecemos premios excesivos e inadecuados (mucha televisión a cambio de cepillarse los dientes)?

- ¿Interrumpimos la concentración de nuestro hijo (mientras guarda sus juguetes, por ejemplo, recordándole otra cosa que debe hacer)?

- ¿Somos claros acerca de lo que consideramos más importante (hacerle saber, por ejemplo, que en las mañanas debe vestirse antes de alimentar la tortuga)?

- ¿Son nuestras instrucciones demasiado vagas («Pórtense bien en casa de la abuela» en lugar de «Saluden a todos cuando lleguemos»)?

- ¿Somos nosotros de múltiples Enfoques, hacemos seis cosas a la vez que perturban nuestra concentración en el niño?

nivel visceral, cuando está perdiendo la Atención. Estas señales incluyen la inquietud, la fatiga, la ensoñación, el bostezo, recorrer la habitación con la mirada, mirar algo fijamente sin propósito aparente. Con ayuda de los padres, el niño puede empezar a reconocer estas señales. Por ejemplo cuando a Boris, de cuatro años, le cuesta trabajo quedarse quieto cuando se está relatando una historia, la profesora le dice, «Boris, creo que has perdido la concentración. Quizá necesitas levantarte unos minutos». Igualmente, cuando David, de ocho años, empieza a bostezar cuando hace las tareas de matemática, su madre le dice, «Me da la impresión de que te está costando trabajo seguir enfocado. Sal un rato, haz una pausa, refréscate un poco». Y cuando Mamá le habla a Mercedes, de doce años, de los planes que tienen con Papá para el fin de semana, nota que Mercedes tiene la mirada perdida. En lugar de enojarse o de insistir en comunicarse, dice, «Noto que en este momento te cuesta concentrarte. Tal vez no es un buen momento para hablarlo. Hablaremos más tarde».

Expresarlo. Los niños no solamente tienen que reconocer su problema de Atención sino que también deben sentirse lo suficientemente libres para verbalizar lo que les está sucediendo. De otro modo, su dificultad para mantener la concentración puede activar una espiral de sucesos auto destructiva: un niño pierde repetidamente la Atención, se le califica como el que «vive en las nubes» o como «irresponsable» y rápidamente se siente fracasado, y se pone a la defensiva. Si no puede reconocer desde el comienzo que ha perdido la atención, acabará defendiéndose mediante excusas pobres («El gato se comió la tarea») o incluso mintiendo («Pero si yo la terminé»).

¿Suena conocido? Es importante en estas ocasiones tranquilizar al niño: «No te preocupes, todos a veces tenemos dificultad para concentrarnos». Y proporciónenle frases concretas que pueda utilizar cuando sienta que ha perdido la concentración, frases que no lo culpan ni a él ni a los demás:

«Dejé de atender».

«Uy, mi mente se distrajo».

«Estoy pensando en otras cosas».

«Estoy demasiado cansado para concentrarme».

«Cada rato me pierdo del lugar donde íbamos».

«No entiendo».

Es maravilloso cuando los niños pueden verbalizar de este modo. Recuerdo cuando empecé a contarle un cuento a nuestra vecina de diez años. Al cabo de unas frases, me dijo, «Ron, ahora no puede poner atención, estoy cansada». Fue un mensaje tan claro, especialmente comparado con el del niño que se pone a la defensiva. Un niño así no solamente no puede conectarse con su esencia sino que se desconecta también de la tarea y de la gente a su alrededor. Sencillamente no puede decir en voz alta que tiene dificultades.

Cambiar de estrategia. Al tomar conciencia (notar) y al reconocer (expresar) es posible que el niño de el tercer paso: Cambiar de estrategia, en otras palabras, hacer algo para recuperar la Atención. He aquí cuatro habilidades importantes que pueden ser de ayuda.

- **Establecer prioridades.** Ayúdenle al niño a decidir cuál tarea es más importante hacer ya. Por ejemplo, cuando su madre se dio cuenta de que Gabriela, de cinco años, estaba aplazando en lugar de ordenar la habitación, le dijo, «Gaby, creo que estás perdiendo tu Atención. ¿No sería bueno que decidieras qué es más importante? A lo mejor primero podrías guardar los juguetes más delicados». O si su hijo está haciendo su maleta para el camping de verano, pídanle que piense en etapas y que las aborde una a una; primero, hacer una lista; segundo, escoger la ropa; tercero, guardar.

- **Dividirlo.** Los niños deben aprender cómo «fragmentar», cómo separar las tareas en pedazos más pequeños, y hacer unas cuantas a la vez. Esto es especialmente bueno cuando algo parece abrumador. Si su hija está paralizada por los veinte problemas de matemáticas que tiene que hacer de tarea, sugiéranle que aborde cinco, en grupos de a cuatro, en lugar de todos a la vez.

- **Reubicación.** A veces es más fácil concentrarse en otro lugar, o en diferentes circunstancias, como Inés que necesitaba un ambiente acogedor para concentrarse. O Boris, que necesitaba un ambiente libre de toda distracción para hacer las cosas que no le gustaban. Cuando pedirles a los miembros de la familia que hablaran más quedo no funcionó, se cambió a otra habitación para poder estar solo.

Proporcionar un lugar tranquilo es especialmente importante cuando se trata de ayudar a los niños a combatir la sobrecarga sensorial. Sin embargo, a muchos niños les cuesta trabajo esto pues están acostumbrados a la estimulación constante y estar solos les parece estar abandonados. No obstante, puesto que el ruido y la distracción se oponen al Atención, estos niños deben empezar a pasar algunos ratos cortos en soledad.

- **Lentitud.** La capacidad de disminuir la velocidad y de «darse cuenta» de uno mismo es crucial al desarrollo de la Atención, y puede inculcárseles a los niños desde los tres años. Por ejemplo, recientemente visité un preescolar Montessori donde los niños estaban trabajando pasta de moldear. Cada vez que la profesora veía que un niño lo estaba haciendo con demasiada prisa, preguntaba, «¿Te has detenido a revisar tu trabajo? ¿Lo has mirado?» Palabras de sabiduría que pueden ser utilizadas en casa por muchos padres.

A medida que los niños aprenden esta variedad de técnicas, aprenderán cómo ir más despacio y cómo desarrollar Atención. Este atributo fundamental engendra la perseverancia; y, con el tiempo, los niños que enfocan pueden absorber mejor lo que necesitan para fortalecer su esencia interior.

7

Comodidad con el cuerpo

Habilidad básica núm. 7: Ayuden a su hijo a aceptar su apariencia física y a sentirse cómodo con su cuerpo.

Una obsesión nacional: las mujeres y los niños primero

Si el mensaje de este libro es «Acepten al niño que tienen», entonces fomentar la Comodidad con el cuerpo es el mayor reto de los padres. Hasta ahora he hablado de reconocer la constitución emocional y cognitiva de su hijo. Ahora debemos considerar su realidad física, una parte igualmente vital de su ser interior.

Tener una imagen sana del cuerpo es particularmente difícil en nuestra cultura puesto que estamos tan obsesionados con la delgadez y la buena apariencia. En 1991, Naomi Wolf le dio a este fenómeno el nombre de «el mito de la belleza», pero la esclavitud de las mujeres a manos de los anunciantes y los diseñadores de moda ha sido durante mucho tiempo materia de incontables libros y artículos de revistas. Los profesionales en el área de la salud le adjudican a nuestra tendencia a equiparar el ser atractivos con el ser delgados la responsabilidad primordial en la proliferación de trastornos en la alimentación, los cuales afectan hoy en día en los Estados Unidos a 7 millones de mujeres y niñas.

Sin embargo, hay una nueva historia que no ha sido relatada sobre esta preocupación por tener un hermoso cuerpo: Los niños están hoy en día obsesionados, no enfermos clínicamente (en su mayoría), pero sí verdaderamente preocupados por su cuerpo. ¿Y por qué no? Toda la cultura comparte esta preocupación, y el problema se cuela hacia abajo. Cada vez desde más pequeños, nuestros niños (incluyendo los varones) se ven afectados por el mito de la belleza. Y aunque las librerías tienen sorprendentemente poco que ofrecer sobre este tema, todos los niños corren un riesgo.

- Andrés, de cuatro años, pregunta, «¿Mamá, soy gordo?» Y antes de que Mamá haya podido responder, le hace otra pregunta: «Ser gordo es malo, ¿verdad, Mamá?» (Sí, es correcto, cuatro años de edad).

- Penélope, de ocho, se queja a sus padres, «Mis piernas tienen demasiados músculos, y son demasiado peludas». Desde ya incómoda con su apariencia física, Penélope trata de ocultar estas supuestas imperfecciones utilizando medias largas oscuras que le tapen del todo las piernas.

- Un grupo de niñas en quinto curso está empezando a presionar a sus desprevenidos padres: Quieren hacerse segundas perforaciones en las orejas. ¿Por qué no? Al fin y al cabo, la mayoría de sus favoritos en MTV, al igual que sus vecinos adolescentes de la vida real, tienen múltiples perforaciones.

- Daniela, a los cinco, va por el mismo camino dudoso de la moda. Ella sabe quién es el rey de la manada adolescente. Cuando juega a disfrazarse, aparece con un aro de mentira para la nariz, tatuajes adhesivos, y un aro de pinza para el ombligo.

- José, de nueve años, fue remitido a terapia porque había estado peleando con otros amigos del colegio. «¿Por qué mis papás me dejaron vestirme así?», pregunta, el cuerpo delgado enfundado en bluejeans y una enorme chaqueta. «Ahora los otros niños piensan que soy más rudo de lo que realmente soy».

- En un campo de verano donde estuve de visita, muchas de las niñas (y algunos de los niños) andaban por ahí con botellas de agua en la mano. Muchas de ellas habían llenado sus botellas con gaseosa dietética. Era difícil recordar que se trataba de niños de nueve años. Por una parte, parecían pequeñitos con su especie de biberón; por otra, parecían mujeres en un club de salud.

Según una encuesta de 1998 realizada por el *New York Times* y la cadena CBS entre adolescentes, cuando se les preguntaba qué era lo que más querrían cambiar, la respuesta más frecuente tanto para las mujeres como para los hombres era «mi apariencia física» o «mi cuerpo». En una encuesta reciente de la revista *Parents*, cuando se les pedía que organizaran por grado de preferencia, los niños (y los padres), ubicaban «niño pasado de peso» en un nivel inferior de la escala que un niño en una silla de ruedas o uno con cualquier clase de deformidad.

Y he aquí otro nuevo giro: Durante muchos años observamos esta preocupación solamente en nuestras hijas. Pero al igual que muchos fenómenos que antiguamente se relacionaban con el género, estamos empezando a encontrar niños muy pequeños descontentos con ciertos aspectos de su cuerpo, igual a como les sucede a las niñas. «Mucha información sugiere que los niños se preocupan cada vez más por su cuerpo», dice la psicóloga Judith Rodin, autora de *The Body Trap* (La trampa del cuerpo). «La presión recae sobre ambos sexos».

Y lo que es más, los mensajes acerca de ser delgado, y por lo tanto atractivo, no vienen solamente de afuera. También vienen desde dentro de la fami-

---

LOS NIÑOS Y SU IMAGEN DEL CUERPO: LO QUE NOS DICEN LAS INVESTIGACIONES

Hay estudios del último decenio que han empezado a mostrar que la preocupación con el cuerpo y con la imagen se manifiestan en nuestros niños cada vez desde más pequeños:

- En un estudio realizado en Cincinnati y que cubría niños y niñas de tercer curso, es decir de nueve años, el 29 por ciento de los niños y el 39 por ciento de las niñas ya habían hecho dieta, y otro 31 por ciento y 60 por ciento dijeron que querían hacerlo.

- Un estudio en California determinó que el 81 por ciento de niñas de diez años ya estaban en dieta o lo habían estado antes.

- En un estudio nacional de niñas y niños en cursos de tercero a sexto, el 45 por ciento dijo querer ser más delgadas y delgados, el 37 por ciento ya había hecho dieta y alrededor del 7 por ciento tenía puntajes equivalentes a los de una persona con trastornos alimenticios.

- El sesenta por ciento de las niñas entre los cursos de primero y sexto desarrollan imágenes distorsionadas de su cuerpo y sobrestiman su peso.

- Una encuesta nacional hacia fines de los ochenta mostraba que el 90 por ciento de los niños y de las niñas estaba descontento con su peso.

lia. Los padres, a menudo preocupados por la salud y la nutrición, a lo mejor también están a dieta. Algunos de hecho animan activamente a sus hijos a hacer dieta porque quieren que sus hijos tengan una ventaja social competitiva en la escuela. Estas preocupaciones eran casi desconocidas cuando empecé a ejercer hace dos décadas. Pero ahora recibo regularmente llamadas de padres de niños en edad preescolar que se preocupan por el peso de sus hijos, por la forma como estos se visten, y otros asuntos de apariencia.

Contemplo estas estadísticas alarmantes (ver recuadro) y veo cómo cobran vida en mi práctica clínica, y lo mismo les sucede a mis colegas que se especializan en trastornos alimenticios. Margo Maine, es autora de *Body Wars* (Batallas del cuerpo) en el cual recuenta las formas en que todos luchamos contra nuestro cuerpo, y *Father Hunger* (Padre hambre), sobre la anorexia y la bulimia. La doctora Maine dice que si bien diez años atrás los trastornos alimenticios se daban en su mayoría en la población solvente blanca, típicamente entre niñas adolescentes, ahora es una condición de igualdad de oportunidades que se presenta en todas las razas y grupos socioeconómicos. De hecho, Maine relata haber visto cómo inmigrantes del tercer mundo llegan a los Estados Unidos para escapar del hambre y la pobreza en sus lugares de origen tan solo para tratar de adaptarse a otros estándares y empezar a padecer hambre adrede.

¿Qué podemos hacer? Claramente debemos prestar atención, porque los niños necesitan toda la ayuda que puedan obtener para poder soportar los mandatos culturales relacionados con la apariencia.

Por qué es importante la comodidad con el cuerpo

Existe una correlación directa entre la aceptación del cuerpo y la confianza en sí mismo; el mundo parece abrírseles a los niños que no están siempre pensando en su apariencia. Relativamente libres de estas obsesiones, tienen la energía para pensar y para participar espontáneamente en actividades. Esta manera de ser es lo que llamo sentir «Comodidad con el cuerpo».

La Comodidad con el cuerpo capacita al niño para dar por sentado que su cuerpo es un vehículo hacia la destreza y el placer, en lugar de utilizarlo para comunicar un mensaje o ganar estatus. A su vez, esto hace más probable que el niño sea social, lo cual es de mucha mayor consecuencia que el simple hecho de ser «popular». La Comodidad con el cuerpo capacita a los niños para hacer deportes y aceptar retos en éstos, para hablar en público, pequeñas interacciones (hablar y pasar el rato con otros niños) al igual que para probar otras cosas en mayor escala que requieren asumir papeles de liderazgo (ser presidentes de una asociación o del curso, participar en un comité escolar).

Naturalmente, la Comodidad con el cuerpo contribuye a una sexualidad sana. Cuando a los niños se les enseña cómo funciona el cuerpo, cuando se sienten bien con la manera como sus cuerpos lucen, y cuando se les permite tocar su propio cuerpo sin vergüenza, aprenden a respetarse y a protegerse. Pueden entonces distinguir acercamientos amorosos de los acercamientos indeseables: y pueden decir no. Por lo tanto, la Comodidad con el cuerpo allana el camino hacia la experiencia de una miríada de sentimientos maravillosos.

En resumen, la Comodidad con el cuerpo equivale a una base de seguridad en sí mismo, confianza física que, a su vez, lleva a la sociabilidad y al dominio de habilidades. Por lo tanto, nuestra séptima Habilidad básica:

> Habilidad básica núm. 7: Ayuden a su hijo a aceptar su apariencia física y a sentirse a gusto con el cuerpo.

Debo hacer hincapié en que la Comodidad con el cuerpo no consiste en ser atractivo según los patrones culturales, es decir en tener una figura de modelo o un físico de perfecta escultura, sino de Comodidad. La diferencia entre un niño que se siente a gusto con su cuerpo y el que no es como entre el día y la noche, y tiene poco que ver con la apariencia o con el tipo de cuerpo. Sandra, por ejemplo, siempre ha estado un poco pasada de peso desde cuando la conocí al inicio de su vida escolar. Aunque es un poco regordeta, se mueve con gracia, bien sea que esté haciendo piruetas sobre el sofá o bailando por la habitación al ritmo de la última canción de moda. No es inhibida, representa delante de su familia papeles que ha visto en la televisión y no teme ser el centro de atención. Pasa relativamente poco tiempo vistiéndose o arreglándose, a pesar de estar en una edad en la que se preocupa bastante por la apariencia.

Comparen esta niña con Tomás, quien desde los tres años también ha sido un poco regordete; a los siete años, se ha vuelto notoriamente más tímido. Se queja a su madre de su apariencia, y de la manera como le queda la ropa.

Parece ponerse bajo el microscopio, y mirar su cuerpo con un tercer ojo cada vez más crítico. Aunque su instinto natural es participar, se contiene. Actuar, por ejemplo, le encanta, y canta bien, pero no quería estar en la obra teatral del colegio en diciembre. No va tras nada que pueda convertirlo en el centro de atención porque, dice «me veo raro».

Aunque Sandra y Tomás tienen estilos corporales similares, los distancian sus diferentes percepciones. A Sandra la aceptan sus compañeros porque ella se acepta a sí misma, mientras que Tomás está cada vez más solo. Me entristece ver en mi consultorio cada vez más niños como Tomás; no tienen trastornos de la alimentación y seguramente nunca desarrollarán problemas extremos con la comida o con sus cuerpos. Pero estos niños a lo mejor estén abocados a una lucha de toda la vida para sentirse a gusto consigo mismos. Si miramos alrededor, no es difícil ver por qué.

Amenazas esenciales: por qué la incomodidad con el cuerpo es tan omnipresente

Por doquiera que uno mire, se encuentran amenazas a la Comodidad con el cuerpo. Consideremos estas grandes zancadillas:

Los mensajes de la cultura pop empiezan a bombardear a los niños desde cuando tienen dos o tres años. Los medios y los juguetes les dicen a los niños, «Sean bonitas y apuestos, delgados y fuertes». Todos los héroes y las heroínas de Disney, Mulán, Pocahontas, y John Smith, la Bella Durmiente y su Príncipe, todos son «hermosos». Incluso la Bestia, en la escena final de La Bella y la Bestia, se convierte en un hombre guapo. O miremos a Barbie y a Ken, a los personajes de la televisión y a la mayoría de los niños que aparecen en los anuncios. Algunos «peculiares» se vuelven populares, como Steve Urkel de Family Matters, pero la mayor parte de los personajes que son una constante en la televisión tienen pintas calibre modelo.

No se trata solamente de las caras. Barbie, la preferida de las niñas durante décadas, ha hecho que toda una generación de niñas con figura normal se sintiera inferior. Es un estándar imposible, como lo descubrió Aroen, un adolescente que conozco. Escribió un informe sobre las medidas del cuerpo de Barbie y estimaba que si Barbie fuera una persona de verdad tendría una estatura de aproximadamente dos metros, tendría un busto de un metro, y, este es el mejor, ¡una cintura de 30 centímetros!

No sorprende, entonces, que un editor de *Sassy* le hubiera dicho a un redactor de *People* que su revista, leída por preadolescentes y adolescentes, recibe «cartas de chicas que miden un metro con ochenta centímetros y pesan cuarenta y ocho kilos pero quieren ayuda para bajar a cuarenta y cinco». Al repasar el contenido de la revista, al igual que el de *Seventeen, Teen,* YM, y otras revistas para mujeres, Jill Zimmerman, una psicóloga que se especializa en asuntos del cuerpo, encontró que el mensaje omnipresente es, «super delgado quiere decir sexy».

¿Y adivinen qué? Ahora nuestros hijos se enfrentan en sus juguetes a estándares imposibles de imitar. A mi hijo le regalaron recientemente un muñeco de acción de ¡que podría hacer que Arnold Schwarzenegger le tuviera envidia!

Los padres caen presa de las mismas influencias. No podemos solamente culpar a los medios. Si bien las imágenes de los musculosos dominan, ha habido un incremento real en la obesidad de los niños, lo cual hace que los padres se empiecen a preocupar por sus hijos a edades cada vez más tempranas. Los pediatras esperan que los niños tripliquen su peso y doblen su altura durante el primer año, kilo por kilo necesitan dos o tres veces más la cantidad de calorías que necesita un adulto obeso. Sin embargo, en los Estados Unidos la concepción del sobrepeso es tan negativa que los padres y algunos médicos a veces ponen a los bebés en dietas de baja grasa y cero azúcar. Por ejemplo en un estudio con mil cuatrocientos padres primerizos, muchos no sabían que los bebés necesitan grasa y colesterol para crecer.

Además, el problema es algo más que una mal orientada preocupación por la salud. Nosotros los padres también hemos sido adoctrinados por el mito de la belleza. Una encuesta realizada en 1994 por la revista *Glamour* encontró que solamente el 19 por ciento de las cuatro mil mujeres jóvenes que contestaron reportaron haber tenido madres a quienes les gustara su cuerpo. Algunos fuimos educados en hogares donde nuestros padres, obsesionados por la apariencia, hacían dieta constantemente. Estas actitudes tienen su modo de pasar de generación en generación, y llevan a algunos padres incluso a jugar al preferido, a desvivirse por el hijo más atractivo y delgado. Por ende, mucho antes de que nuestros hijos estén expuestos a las influencias exteriores, nosotros les transmitimos sin querer nuestro propio condicionamiento. En un estudio de niños entre los mueve y los once años, ocho de cada diez de los padres (el 82 por ciento) reconoció que hacía dieta «de vez en cuando» o «muy a menudo». Casi la mitad de los niños, el 46 por ciento, ¡dijo exactamente lo mismo!

Miremos el caso de Diana, la madre de Penélope, quien, al igual que su propia madre, ha pasado muchos de los últimos años tratando de perder esos cinco kilos. ¿Es de extrañarse, entonces, que Penélope esté obsesionada por su apariencia? Sin darse cuenta, Diana le ha transmitido a Penélope sus dificultades para aceptar su propia apariencia. Cristina, la hija mayor de Diana, de catorce años, se rebeló. Es obsesivamente descuidada y no le importa cómo se ve. En privado asevera, «Me moriría si acabara como Mamá».

Otra madre, Doris, hace ejercicio cada vez que puede. Cuando tuvo una hija, la llevaba de bebé al gimnasio y Alicia la esperaba, a un lado, mientras ella hacía ejercicio. A las otras mujeres les parecía lo más normal, seguramente porque entendían por qué hacer ejercicio y tener buen tono muscular era tan importante en la vida de Doris. Alicia no pasó por alto el mensaje. A los cinco años, ya se mira en el espejo y la consume la noción de tener muñecas y ropa «bonitas», y desde luego, con ser bonita ella misma.

Los colegios refuerzan sin querer el problema. Los niños no solamente reciben estos mensajes en casa. En algunas aulas, los profesores exhiben análisis o «puntajes» de peso y porcentaje de grasa, los profesores de educación física exhiben medidas corporales de sus alumnos y «lo mejor» de varios de los niños. Puede que todo esto sea hecho con mucha inocencia, pero también agrava las comparaciones sociales perniciosas y solamente reafirma los mensajes culturales: para las niñas, mientras más delgadas, mejor, y para los niños, mientras más grandes, mejor.

Hemos escuchado incontables historias de damnificados, típicamente niñas adolescentes que padecen de anorexia o bulimia. Una mujer de veintitrés años, Marya Hornbacher, quien relató su lucha en el libro *Wasted*, reconoce que a los cinco años ya presumía ante una amiga, «Estoy a dieta». Pero las víctimas evidentes de esta patología son solamente la punta del iceberg. Nos corresponde darle una larga y cuidadosa mirada a la manera como esta obsesión afecta al niño promedio, hombre o mujer, y cómo puede impedir el desarrollo de la esencia interior de un niño. Nosotros los padres, por ende, debemos adquirir las habilidades que protegerán a nuestros niños; somos nosotros quienes debemos enseñarles a respetar, aceptar y administrar sus cuerpos.

Habilidades de los padres: cómo fomentar la Comodidad con el cuerpo

A los niños se les puede ayudar a estar cómodos en su cuerpo. Pero la mayoría de ellos no puede desarrollar la Comodidad con el cuerpo sin la influencia de los padres. Las habilidades a continuación están divididas en dos secciones. La primera tiene que ver con aprender a estar atentos, de mirada y oído, a una obsesión por el cuerpo que su hijo pueda estar exhibiendo y cómo disminuirla. La segunda ofrece pasos concretos que se pueden dar en casa para hacer menos probable que el niño se empiece a preocupar demasiado por su apariencia, y que evitarán que las actitudes de los padres lo afecten. Verán que cubrimos un rango amplio de áreas diversas: los patrones de alimentación, la forma de comprar la ropa, el ejercicio. Puede parecer abrumador. Pero recuerden que el cuerpo de su hijo lo acompaña a todas partes; está constantemente moviéndolo, mirándolo, tocándolo, absorbiendo los nutrientes que necesita para mantenerlo, vistiéndolo. De hecho, más que cualquier otro constructor de esencia en este libro, la Comodidad con el cuerpo repercute en casi todos los aspectos del funcionamiento de su hijo.

Miren y escuchen: aprender a detectar los problemas

He hecho énfasis en que para cada constructor de esencia en este libro, el primer paso siempre es reconocer quién es su hijo. Esto puede ser delicado cuando se trata de la Comodidad con el cuerpo, primero, porque los niños no siempre verbalizan estos problemas; en segundo lugar, porque nadan en el mismo mar cultural, así que es a menudo más difícil para nosotros reconocer estos asuntos. No obstante, ayudarle a su hijo a sentir Comodidad con el cuerpo requiere prestar atención. Recuerden, incluso si su hijo no se queja de su apariencia, puede estar empezando a preocuparse por ésta. Así que, estén atentos a las señales no verbales, a los comportamientos que indican que está pidiendo ayuda de manera indirecta (ver el recuadro siguiente).

Si su hijo se queja en voz alta de estar insatisfecho con su cuerpo, escuchen atentamente. Por «escuchen» no quiero decir solamente los detalles del relato de un rato de juego compartido o sobre el día en el colegio. Lo que es importante en este caso es estar atentos a la obsesión con la apariencia. Por «obsesión» quiero decir ideas persistentes que simplemente no desaparecen, una preocupación con la imagen del cuerpo o la apariencia que interfiere en

No todos los niños expresan verbalmente sus preocupaciones con la apariencia. A continuación algunos indicios:

- Se muestra más cohibido y tímido a medida que crece. Esto es especialmente evidente cuando el temperamento natural es extrovertido. Si gradualmente está cada vez más solitario, esto puede indicar una preocupación en cuanto a su Comodidad con el cuerpo.

- Se compara constantemente con otros niños y se preocupa con partes de su cuerpo o con aspectos de su apariencia que a ustedes les parecen promedio. Está especialmente ansiosa por imitar a las chicas guapas de la clase, sus atributos físicos, su forma de vestir y su comportamiento.

- Su niño desarrolla la «postura de esconderse»: inclinada hacia delante, la cabeza gacha. Puede que no sea muy extremo, tan solo una ligera indicación de que se está comportando un poco como la tortuga, tratando de esconderse en su caparazón.

- Su hija rara vez se siente a gusto en las fotografías familiares. No se deleita y divierte delante de la cámara; más bien aparece rígida.

- A su hijo no le gusta notarse dentro de un grupo. Se mantiene por los costados, le rehuye al centro del escenario y prefiere camuflarse entre el grupo.

la vida diaria. Los pasos siguientes son semejantes a los que propongo en el Capítulo 4 cuando hablo sobre ayudar a los niños a encontrar pensamientos para contrarrestar los automensajes negativos.

Reconozcan la diferencia entre pensar en algo y estar obsesionado con algo. El comportamiento obseso compulsivo y los trastornos en la alimentación son relativamente recientes en el campo de la salud mental; apenas el decenio anterior empezamos a entender un poco estos problemas en adultos. Ahora entendemos que son parte de un proceso de reiteración, es decir, la persona afligida no puede dejar de pensar en el asunto. Los niños son iguales en este sentido. Para agravar el problema, rumiar sobre el cuerpo es un problema social y culturalmente reforzado. Así que es especialmente difícil para los padres darse cuenta de cuando un niño tiene una preocupación normal con el cuerpo, una atención fuera de lo corriente, o una obsesión. En cual-

Un pensamiento	Una obsesión
• Es fluido, cambia con el tiempo a medida que el niño pasa a tener otras preocupaciones e intereses.	• Es repetitiva y rígida: es un asunto que el niño rara vez parece «olvidar» o del cual rara vez se aburre.
• Afecta el estado de ánimo del niño al comienzo pero no permanentemente.	• Produce un efecto negativo constante, tristeza, enfado, y desprecio de sí mismo.
• Si está a menudo basado en la realidad: la niña está efectivamente un poco pasada de peso, o sí tiene de verdad un cabello difícil de manejar.	• Parece reñir, está desconectado de lo que su hijo es físicamente.
• No hace que el niño se cierre a los aportes y sugerencias exteriores.	• Hace que para el niño sea imposible aceptar consejo. Tiene una respuesta para toda sugerencia.
• Puede cambiarse cuando el niño hace algo para que la situación sea diferente.	• No cesa necesariamente aunque el niño haga algo al respecto.
• Tiene como resultado que ustedes se sientan útiles porque sus sugerencias logran un cambio.	• Hace que ustedes se sientan frustrados y resentidos.

quier caso, sin embargo, las investigaciones y los tratamientos pueden ser aplicados tanto a niños que pasan algún tiempo pensando en el cuerpo como a aquellos que se obsesionan.

Contemplemos dos ejemplos: Olivia, de raza negra, regresó a casa del preescolar molesta por causa de su pelo ensortijado. «Quiero que sea como el de Diana,» decía llorando. Su madre le explicó que las personas tienen cabello, piel, narices y ojos diferentes. Unos instantes después, Olivia estaba concentrada en su juego de ensamblar. Durante las semanas que siguieron, madre e hija sostuvieron varias charlas sobre las diferencias físicas, de manera que quedó claro que Olivia continuaba pensando en su pelo. Pero la emoción que ella exhibía, su manera de estar afectada, cambió de estar enojada o sentir curiosidad. Pudo sostener con Mamá varias conversaciones sobre su pelo, sin cerrarse a la información nueva y sin sentirse constantemente mal consigo misma.

En contraste, Álvaro era un niño guapo, popular con sus compañeros, pero a quien de alguna manera se le metió en la cabeza que era «demasiado delgado». Se mostraba a menudo triste por el asunto y mal consigo mismo. Aunque su trabajo escolar y sus amistades estaban bien, Álvaro traía reiterativamente a colación su delgadez y rara vez parecía cansarse de hablar sobre el tema. Sus padres no podían ni siquiera hablar con él sobre el supuesto problema sin escuchar una letanía de justificaciones y peros. De hecho, nada de lo que hacían o decían parecía lograr un cambio; cuando surgía el tema, Álvaro tenía una respuesta para todo lo que sus padres sugerían. Por ejemplo, cuando Mamá y Papá le recomendaron que comiera un poco más o que hiciera un poco más de ejercicio, les contestó, «Sé que no funcionará». Cuando una mañana Papá le pidió a Álvaro que saliera a correr con él, Álvaro contestó, «Sé que no podré seguirte el paso». La vida continuó, pero la obsesión persistió silenciosamente en el trasfondo.

Obviamente, cuando un niño sencillamente piensa en un problema con su cuerpo, es más fácil manejarlo. Se puede hablar, y él escucha. Sin embargo, cuando se preocupa, hay que tener en cuenta que va a ser mucho más difícil que se disponga a escuchar.

No combatan contra el tema. Hagan lo que hagan, lo importante es no discutir cuando oyen reiteradamente sobre un asunto de apariencia. Si tratan de hablar inteligentemente para que el niño abandone su preocupación, están librando una batalla destinada a perderse, y no estarán ayudándole a su hijo.

Niño: Mamá, mis piernas son gordas.

Mamá: No, tus piernas no son gordas.

Niño: Sí, siempre me parece que se ven grandes.

Mamá: Eres lindo, mi amor, a mí me parece que tus piernas son perfectas.

Niño: No, no están bien.

En lugar de tratar de hacer cambiar de parecer al niño, expresen su obsesión de una manera que valide sus sentimientos. Pueden decir, «Ya veo que te sientes mal, me parece escuchar que estás hablando de tu preocupación preferida». «Supongo que estás cantando tu canción estelar, porque otra vez estás con la preocupación», o incluso, «Otra vez estás en lo tuyo. Debe ser un asunto difícil». Díganlo de cualquier forma que se ajuste al estilo familiar, sin sonar como terapeutas. La meta es sencillamente que el niño tome conciencia de lo que está haciendo. Sin juicios, déjenle saber que está otra vez en lo mismo.

Ofrezcan retroalimentación considerada, pero honesta. Los padres a menudo se confunden en este punto. Piensan que es importante aceptar a los niños por lo que son, pero al mismo tiempo cuando se trata de algo tan delicado como la imagen del cuerpo, temen ser sinceros. Sin embargo, como lo indicaba en el Capítulo 4, las investigaciones de Martin Seligman versan sobre la manera como el pensamiento de los niños se relaciona con el comportamiento. Su trabajo pone de manifiesto la importancia de la retroalimentación sin vueltas. Esto nos cuesta mucho a la mayoría porque queremos desesperadamente que los niños se sientan mejor y pensamos que la respuesta ideal son las aseveraciones positivas. Pero edulcorar las situaciones no sirve para nada.

Por ejemplo Esteban, de cinco años, estaba molesto porque los niños en la escuela se reían de sus orejas. Su madre le respondió diciendo, «No pasa nada con tus orejas, y además, yo te quiero de todos modos». El problema es que las orejas de Esteban si son notorias, y él lo sabe. Lo único que oyó fue la mentira bien intencionada de su madre; se desconectó después de esa parte, demasiado enojado para oír que ella lo quería de todos modos. Si Mamá hubiera continuado negando sus sentimientos, con el tiempo Esteban habría aprendido a hacer caso omiso totalmente de las opiniones de ella. Además, en este escenario hipotético, no hay forma de que los dos encuentren una solución constructiva.

Le sugerí a la madre de Esteban, en cambio, que fuera suavemente sincera, «Sí, tus orejas son un poco más grandes que las de tus compañeros y [¡glup!] son un poco protuberantes». Eso por lo menos le podía permitir a Esteban sentir que no estaba loco. Más importante, desde ahí confiaría en su madre y continuaría abierto a sus sugerencias.

También es importante responder con emoción. Algunos padres piensan que es mejor no alentar la preocupación en el niño, por temor a volverla más «real». Pero si uno lo piensa bien, nada es peor a que alguien exprese preocupación y que quien lo escucha no reaccione. Así que indiquen que ustedes «captan» el problema y sean sinceros acerca del tema: «Seguramente te hace sentir mal» o «Lo siento, es verdaderamente difícil».

«Manifiesten» la obsesión. No se contenten con pronunciamientos enormes y vagos como «Odio como me veo». Una queja tan general es demasiado grande para manejarla constructivamente. Divida la idea mayor en partes menores haciéndole al niño preguntas que le ayuden a producir los detalles, y, por lo tanto, a poderlos manejar mejor: «¿Cuándo y dónde piensas esto?» Pídanle que sea concreta («Muéstrame exactamente lo que no te gusta de tus piernas») de manera que especifique un poco el sentimiento. Hablar de manera concreta hace con frecuencia que el niño se sienta menos avergonzado y paralizado.

No asuman. Asegúrense de que entienden lo que el niño quiere decir. Si dice que odia su nariz, traten de discernir si es porque es demasiado grande, o porque no le gusta la forma, o por otra razón que a ustedes ni siquiera se les había ocurrido. Para aclarar y para indicar que están escuchando, repitan lo que el niño dice: «De modo que me estás diciendo que crees que tu nariz tiene una protuberancia peculiar en el medio?»

Hacer preguntas también sirve a veces para identificar el problema real. Por ejemplo cuando Tatiana, de ocho años, se quejó de su «pompis» su mamá le hizo una serie de preguntas: «¿Qué es exactamente lo que no te gusta? ¿Con quién te estás comparando? ¿El de quien admiras?» Cuando Tatiana mencionó a Juana, su compañera, Mamá le preguntó, «¿Qué es lo que hace Juana para que su culito luzca mejor? ¿Se viste de manera diferente?»

Tatiana contestó entonces algo inesperado: «Pues Juana le cae bien a todo el mundo. Es amiga de Bárbara y las dos son muy buenas en gimnasia». Según resultó ser, el problema de Tatiana no era tan solo su «pompis» sino sus percepciones acerca de su destreza atlética, lo cual era algo que Mamá le podía ayudar a mejorar.

Claro que hay ocasiones en las que es importante apoyar al niño que quiere cambiar algo de su cuerpo, pero traten de enfocar lo que el cuerpo hace, más bien que su apariencia. Hablen en términos de cualidades tales como la fuerza, la agilidad, la flexibilidad y la velocidad. Cada vez más, incluso los adultos expertos, como administradores de gimnasios y clubes de salud, están empezando a hacer énfasis en el estado físico en lugar del peso.

Revaloren la obsesión. Como lo discutía en el Capítulo 1, «revalorar» es una manera de presentar el mismo problema bajo una luz diferente. Esta es una técnica que utilizan los terapeutas familiares y los hipnoterapeutas, y los padres también la pueden emplear. Un camino es el de reubicar el problema, como lo hizo la madre de Tatiana. Al hacer que la queja de Tatiana fuera interpersonal, («¿Con quién te estás comparando?») y concreta, («¿Qué es lo que hace Juana para que su culito luzca mejor?»), Mamá hizo que el problema fuera más manejable y cambiable. Ya no era algo enorme y sin esperanzas de solución; más bien era algo con lo cual Tatiana podía trabajar.

Otra clase de «replanteamiento» es rotular una descripción hiriente de una forma más benigna. De hecho, muchos padres hacen esto por intuición, percibiendo lo que los investigadores han empezado a documentar: el lenguaje influye sobre la percepción que los niños tienen de su cuerpo. Sin poner en duda directamente los sentimientos del niño, uno puede remplazar por otras palabras cotidianas que son mucho menos destructivas. Por ejemplo, si el niño piensa que es demasiado «grande» o «gordo», se le puede llamar «macizo» o «musculoso». Uno que se queja de ser «raquítico» o «huesudo» puede encontrar una perspectiva nueva en el rótulo «esbelto» o «ágil». Adicionalmente a utilizar diferentes adjetivos, recuerden que es bueno hablar sobre lo que es capaz de hacer en la vida real ese cuerpo que el niño percibe negativamente. Replanteen, pero basen siempre su nueva descripción en las dotes reales del niño. Por ejemplo, si el niño es alto, a lo mejor ustedes pueden mencionar como quien no quiere la cosa que ser alto es sumamente útil en los deportes, para alcanzar las cosas en la repisa donde nadie más alcanza y para ver por encima de la multitud. El niño de baja estatura puede ser flexible y por lo tanto bueno para el baile, la gimnasia o la lucha. Los niños delgados pueden ser más ágiles.

Tomen medidas realistas. Si el niño está pegado a una obsesión, dar los pasos que propongo a continuación les da la oportunidad de comunicarse con él. El gran final, sin embargo, debería ser la sugerencia de alguna acción concreta y realista. Por ejemplo, en el caso de Esteban, su madre se consiguió un consejero de adolescentes; trajo a un niño tierno y amable que vivía en la misma calle. Al oír sobre el dilema de Esteban con sus «orejas grandes», el niño propuso de inmediato una maravillosa solución: «¿Por qué simplemente no te dejas crecer un poco el pelo, Esteban? De ese modo la gente ni las verá». Esta acción simple y realista cambió drásticamente la experiencia de Esteban.

También ilustra dos puntos importantes: En primer lugar, el camuflaje es a menudo una gran solución a lo que se percibe como problema de apa-

Hagan un viaje por el cuerpo

Pregunten a cualquier adulto que conozcan, incluidos ustedes mismos, si disfrutan verse en el espejo. Muchos de nosotros no lo disfrutamos porque nos obsesionamos con diversas partes del cuerpo. Ayuden a su niño a desarrollar imágenes más positivas haciendo un pequeño viaje por el cuerpo en su compañía. Párense juntos delante del espejo, y recorran lentamente con la mirada de la cabeza hasta los pies. A medida que hacen su recorrido...

Cada uno de ustedes se demorará en silencio en las características que le gustan y tomará nota mental de las que no son sus preferidas.

Intercambien en voz alta lo que se les ocurre en relación con sus partes preferidas y menos preferidas.

Ayúdenle a notar las características buenas que a lo mejor no tuvo en cuenta, como una maravillosa sonrisa o una bonita piel.

Hablen con una buena disposición sobre las características propias que no les gustan y animen al niño a que haga lo propio.

Este ejercicio debe usarse entre arranques de negatividad, para fortalecer la Comodidad con el cuerpo, o simplemente para permanecer de manera positiva en contacto con el cuerpo.

---

riencia física. Por ejemplo ciertos estilos, colores y diseños pueden ocultar kilos de más u otras diferencias corporales que a lo mejor hagan sentir incómodo al niño. Elena, una niña regordeta que empezó a llevar ropa más suelta y colores menos vivos, se sentía un poco más a gusto en la escuela. Niños mayores escogidos con sumo cuidado pueden también ser maravillosos consultores porque entienden la crueldad de otros niños, y muchos de ellos han «pasado por eso» hace relativamente poco. Tienen mayores probabilidades que nosotros de encontrar una solución que funcione.

Incluso si pensamos que la queja del niño es totalmente irracional, cuando manifestamos la manera que sugerimos anteriormente, invariablemente encontrarán algún aspecto menor sobre el cual el niño ha basado sus sentimientos. Si uno puede descomponer su aflicción en trozos más pequeños de verdad, casi siempre descubre algo qué hacer. Por ejemplo, ¿se acuerdan de Penélope, a quien conocieron al comienzo de este capítulo? Estaba acongojada por sus piernas, pero su mamá no le encontraba nada de malo al cuerpo de su hija. Sin embargo, no discutió con ella cuando se quejó de sus «muslotes». Por el contrario, la dejó utilizar faldas más largas y medias oscuras.

A Francisco, un niño que es delgado pero no en extremo, le parecía que se veía «débil» y por esa razón trataba de esconder su físico. A su madre le parecía que las camisas grandes que utilizaba se veían mal. Estaba especialmente molesta porque incluso en la playa, con un calor terrible, Francisco rehusaba quitarse la camisa. Pero en lugar de combatir contra Francisco, ella abandonó su necesidad de que él se viera de tal o cual manera. Entendió que cuando Francisco tenía que ponerse una camiseta ajustada o, peor aún, cuando tenía que andar por ahí sin camisa, se sentía mal.

Con todas las quejas acerca de la imagen física, bien sea que parezcan irracionales o estén basadas en hechos, es importante darse cuenta de si el niño continúa absorto en el tema. Si permitirle llevar la ropa que le ayuda a esconder el supuesto problema no sirve, y parece estar cada vez más obsesionado, es buena idea llevar al niño a un consejero que se especialice en asuntos del cuerpo.

Qué más se puede hacer en casa para promover la Comodidad con el cuerpo

Como lo mencionaba antes, puesto que los padres también se ven afectados con la preocupación cultural por la apariencia, tenemos la tendencia a comunicársela a nuestros hijos sin darnos cuenta. Por lo tanto, debemos también fijarnos en cómo nosotros nos sentimos acerca de nuestro cuerpo y en lo que nosotros hacemos en casa. Las siguientes habilidades para padres pueden ser de ayuda.

Elogien a los niños por su inteligencia, sus capacidades y su competencia social tanto como por su apariencia física. Un artículo que escribí para McCall's, *Looks Matter* (La apariencia importa) tocó una fibra en mucha gente. Una de las claves en la cual hice énfasis fue la de mantener a raya los comentarios que se les hacen a los niños. Préstenle atención a una variedad de interacciones. Por ejemplo, cuenten cuántas veces dicen, «te ves muy bien», un comentario que antes se reservaba a las niñas, pero que ahora cada vez más se les hace a los niños. Comparen entonces con la cantidad de veces que le hacen un cumplido a una observación aguda que hace el niño, o a cómo es de imaginativo cuando juega a las fantasías.

Si no pueden mantener un récord mental de sus patrones, hagan anotaciones para aumentar su claridad. Empiecen cuando el niño tiene tres o cuatro años. Eviten decir repetidamente cosas como «Es tan lindo». Lo que aprende de estos comentarios es que ustedes valoran la apariencia sobre cualidades de mayor substancia, lo cual no hará nada a favor de fortalecer su esencia.

Asocien la comida con nutrición, cariño y momentos agradables. Nosotros padres a la carrera agarramos tantas veces la comida al vuelo. Una encuesta reciente revela que solamente la mitad de los adolescentes come regularmente con sus padres. Peor aún, el 66 por ciento de los norteamericanos cena en la noche viendo televisión. Dejando de lado por un momento el hecho de que comer distraída o apuradamente no sirve mucho para promover la conversación o la unión familiar, también hace difícil que los niños verdaderamente se sintonicen consigo mismos o que asocien el comer con aspectos positivos. Cuando los niños comen la comida sin darse cuenta, no afinan sus papilas gustativas, y no saben cuándo están llenos.

Tal vez no puedan comer juntos todas las noches, pero por lo menos apaguen la televisión durante la cena, y traten de crear un ambiente relajado a las horas de las comidas (ver el siguiente recuadro). Eviten las batallas en torno a la comida; nunca obliguen al niño a comer. Planeen también las comidas con los niños y hablen sobre qué alimentos son nutritivos. Para ampliar su gama de gustos, expónganlo a diferentes clases de alimentos: cocinen con él, y cuando esté en edad, denle la oportunidad de preparar algunas de las comidas para toda la familia. Hablen sobre combinaciones deliciosas de comida, incluso acerca de la presentación. Conversen sobre la química de los alimentos, como se combinan las texturas y los sabores, cómo diferentes maneras de preparar los alimentos producen efectos y sabores diversos. Utilicen el arte de cocinar para reforzar otras habilidades, como seguir indicaciones, la secuencia y hacer cálculos (de cantidades).

Tener una relación sana con los alimentos también nutrirá la esencia interior del niño. La comida, al fin y al cabo, es sinónimo de cariño y de crecimiento, no es simplemente una colección de vitaminas y nutrientes que impulsan su cuerpo. Infortunadamente, los trastornos alimenticios le han dado un mal nombre a la comida, y algunos padres eluden deliberadamente actividades centradas en los alimentos. Pero conozco a muchos adultos que se deleitan con su amor por la comida, para quienes cocinar es una terapia, y que utilizan ambos de una manera muy sana para reconfortarse y para animarse cuando la vida se pone dura. Y conozco niños que tienen contactos perdurables

A continuación, una serie de sugerencias extraídas de estudios recientes y de padres veteranos cuyos hijos tienen actitudes sanas en relación con la comida.

1. Ayúdenle al niño a comer sentándose al lado de él, en lugar de al frente, lo cual es demasiado intenso y observador.

2. Ofrézcanles a los niños remilgados selecciones sorprendentes, pizza para el desayuno; cereal para la cena.

3. Prefieran los refrigerios sanos: frutas y verduras; traten de servirlas por lo menos dos horas antes del almuerzo o la cena.

4. Ofrezcan una selección con media docena de posibilidades saludables.

5. Sirvan comidas poco conocidas, o preparadas de maneras diferentes; si el niño las rechaza, esperen uno o dos meses antes de presentárselas de nuevo.

6. Conozcan el ritmo de comer del niño, algunos pican, otros devoran. Moderen las comidas estableciendo límites de tiempo.

7. No hagan mucho énfasis en el uso adecuado de los cubiertos, especialmente con los más pequeños; no justifica la pelea.

8. Sirvan porciones pequeñas. Los niños pueden entonces pedir más.

9. Acepten peculiaridades razonables, como «No me gusta que se junten las judías y el puré de patata».

10. Una vez a la semana hagan una cena «especial» o una comida en torno a un tema. Una madre estableció «la noche de los chanchos» en la que todos tenían permiso de comer sin cubiertos.

11. No conviertan las horas de comer en momento de reconvenir, sermonear o hacer crítica constructiva.

12. Cenen en familia tan a menudo como lo permita la paciencia.

con sus padres alrededor de la comida. Candy, madre divorciada de dos hijos de veinte y pico convertía religiosamente la hora de comer en un gran gusto para sus hijos cuando estos estaban creciendo. Les contaba cómo se inventaba diferentes platos y los animaba a cocinar con ella. Ahora ambos son adultos que se convirtieron en excelentes cocineros que llaman regularmente a casa para pedir recetas. Pero lo más importante es que, puesto que la comida ha constituido un hilo de continuidad y amor en esa familia, ambos muchachos han crecido con actitudes muy sanas en relación con la comida.

Empiecen pronto a educar al niño sobre su cuerpo. A nosotros los padres a veces nos cuesta conversar sobre sexualidad. Sin embargo, todos los niños tienen sentimientos e intereses sexuales, independientemente de cómo nos parezca a nosotros. ¡No es que les metamos ideas en la cabeza! Y lo principal es que no hablar de sexualidad va en contra de la Comodidad con el cuerpo. No se sorprendan cuando el niño exhibe comportamientos eróticos, cuando se toca, demuestra interés en el cuerpo de otra persona, incluso algo de juego sexual es normal. En un estudio reciente llevado a cabo por el doctor William Friedrich en la Clínica Mayo, los investigadores les pidieron a las madres que observaran en sus hijos comportamientos sexuales comunes. Más del 60 por ciento de los niños entre los dos y los cinco años y casi el 43 por ciento de las niñas se tocaban, aproximadamente el 26 por ciento de ambos géneros trataban de mirar a alguien desnudo o desvistiéndose, y el 42 por ciento trataban de tocar los senos de la madre o de otras mujeres. Predeciblemente, estos comportamientos sexuales visibles, los que las madres ven, disminuyeron después de los cinco años, cuando los niños se vuelven más discretos y recatados. En todo caso, los investigadores concluyeron que esos son apenas unos cuantos ejemplos de la curiosidad normal.

Cada familia tiene su propio código de privacidad, y la tranquilidad con la cual los padres abordan los temas de sexualidad varía. Es importante establecer sus propios valores en este aspecto. Si ustedes se sienten incómodos con el aspecto de la sexualidad, tomen medidas para sentirse más a gusto. Lean libros; pregúntenles a otros padres como manejan preguntas por el estilo de «¿Por qué el pene se agranda?» La psicóloga Anne Bernstein, autora de *Flight of the Stork*, (El vuelo de la cigüeña), también propone jugar a desempeñar papeles con un adulto, turnándose para formular y responder diferentes preguntas. De hecho, si ustedes hacen que estas conversaciones parezcan rutinarias, su niño no solamente se sentirá más a gusto con los cambios de su cuerpo, sino que acudirá a ustedes con sus preguntas y con sus problemas en la medida en que estos surjan.

En la medida de lo posible eviten las batallas en casa en cuanto a la apariencia del niño. Muchas veces, las obsesiones de los niños con su apariencia tiene sus raíces en la batalla incesante en casa para que la ropa combine, se usen los atuendos adecuados, y que la ropa luzca bien. Todos le adjudican a Mamá la responsabilidad por la apariencia del niño, así que es comprensible que muchas madres sientan algo de preocupación, incluso tensión. No obstante, hacer comentarios cotidianos como «Déjame arreglarte un poco el pelo», «Esos pantalones no combinan con la camisa», o «No puedes salir así» transmiten un mensaje poderoso acerca de sus propias inseguridades.

Denle importancia a los comentarios despectivos sobre el cuerpo, no los permitan en su casa. Los niños pueden decirse cosas crueles, pero casi ninguna duele tanto como lo que dicen sobre la apariencia física. Si dos hermanos están jugando juntos o si su hijo está con un amigo, y uno de ellos le dice al otro «gordinflón» o «cuatro ojos», o «miniatura», tómenlo en serio. Trátenlo como tratarían un comentario de prejuicio racial. En nuestra cultura consciente de la apariencia, ese tipo de palabras puede realmente hacerle daño a la esencia de un niño.

Si su hijo recibe uno de estos ataques, exploren el dolor que siente. Pregúntenle, «¿Cómo te sentiste cuando Nicolás te dijo 'cuatro ojos'?» No teman, como lo hacen muchos padres, reiterar las palabras hirientes, y observen de cerca la reacción de su hijo. Recuerden que incluso si un niño es de contextura o apariencia promedio, cuando un hermano o amigo lo llama «feo», «gordo» o «anoréxico» (una provocación muy frecuente hoy en día), él se siente así, y siente el dolor del insulto. Si un niño en particular ha estado haciendo ataques repetidos, entonces ustedes como padres deben actuar, hablándoles a los otros padres, a una persona del colegio, o a cualquiera que tenga contacto con los niños.

Hagan que sus hijos se vistan de manera agradable y no en la «onda» por el mayor tiempo posible. En la última década ha habido un auge de ropa de marca para niños. Las dobles páginas de las revistas dedicadas a la ropa infantil presentan niños que parecen modelos escapados de casa, adultos miniatura luciendo la última versión de la moda. Tanto los niños como los padres caen en lo que describo en el Capítulo 5 como «la tiranía de la onda». De hecho muchos padres eligen las marcas costosas que imitan esas imágenes de revista. Algunos especiales de moda también representan a los niños en poses que los hacen ver como pseudo adultos, las niñas tienen una mirada estilo «ven acércate» y los niños exhiben un aire macho. Desafortunadamente, el «niño precoz» de David Elkind es también ahora un niño con nociones de moda y un niño que se asoma a la sexualidad adulta.

Un niño sexualmente sano es el que ha aprendido lo suficiente en casa para no tener que depender ni de los amigos ni de los medios para informarse. A continuación los puntos que la mayoría de los expertos sugieren que se tengan en cuenta:

• Hagan que las conversaciones sobre sexualidad sean una parte normal de las charlas familiares y empiecen temprano; los niños entre los seis y los cuatro años ya están empezando a desarrollar una noción de sexualidad y a desarrollar curiosidad sobre asuntos de género, aunque algunos empezarán a hacer preguntas antes.

• Llamen las partes del cuerpo por sus nombres correctos. Es mejor decir «vagina» y «pene» que «partes íntimas».

• Escuchen atentamente para saber qué es lo que realmente está preguntando el niño, y luego contesten tan solo lo que ha preguntado. Siempre es mejor distribuir la información en varias mini conversaciones.

• Enséñenle a distinguir entre una caricia buena y una caricia mala y háganle saber que tiene derecho a decir que no cuando haya un acercamiento que no quiere y que puede pedir ayuda cuando no sea capaz de decir no.

• No caigan en estereotipos de género, los cuales limitan a los niños y pueden dañar su desarrollo emocional. Recuerden que todo, desde el tono de voz que emplean hasta el tipo de juguetes que compran tienen la capacidad de darles forma a las actitudes de los niños.

• No reaccionen negativamente ante juegos que atraviesan la barrera del género: un niño que quiere ponerse el maquillaje de Mamá, o la niña que quiere orinar «como Papá», la mayoría lo olvida al crecer.

• Establezcan límites sin avergonzar: «Sé que quieres quitarte la ropa ya, pero quiero que tengas puestos tus pantalones cortos si vas a estar fuera de la casa».

• A cualquiera que sea la edad en que su hijo se hace consciente de aspectos sexuales e insiste en el recato, permítanselo. Y si la consciencia sexual de ustedes así lo pide, exijan respeto a su recato.

Mantengan el control de lo que compran los niños. Debemos tratar de mantener a nuestros niños alejados de la onda. Una manera de no acabar en batallas con ellos es empezar temprano, desde los dos o tres años, a darles opciones limitadas. En otras palabras, escojan en la tienda dos camisas que les parezcan soportables y permítanle al niño decidir cuál se lleva. Esto le dará una sensación de independencia y, a la vez, regulará su apariencia.

Establezcan cuánto están dispuestos a gastar y háganle caer en la cuenta de que con su presupuesto puede comprar tres pares de bluejeans más baratos o un par costoso. Puede que el niño escoja el más costoso pero eso sucederá solamente una vez. Gabriela, por ejemplo, se gastó todo su ahorro para ropa en un solo atuendo de marca. Al cabo de uno o dos días, cuando todos los niños empezaron a reírse de ella porque nunca se ponía nada más, dando a entender, entre otras cosas, que seguramente nunca se bañaba porque al parecer nunca se cambiaba de ropa... Gabriela aprendió una lección de la manera más dura.

Es infinitamente más fácil ponerle límite al gasto en ropa si se hace la compra una vez cada estación. Dígale a su hijo, «Vamos a tratar de comprar todo lo que podamos para esta temporada escolar (o para el verano)». Cuando estén de compras tómense el tiempo para ofrecer algunas claves de las buenas compras; por ejemplo háganle caer en la cuenta del significado y las diferencias de precio, marca, telas, durabilidad, y carácter práctico. Todos estos son conceptos que se pueden enseñar y mientras uno más pronto empiece, más pronto se convertirá el niño en un comprador experimentado, más interesado en la calidad que en lo onda de la ropa.

No es solamente importante limitar el gasto sino insistir en que los niños aporten parte de su dinero para la compra. En una cadena de almacenes oí a una niña decir, «Pero, Mamá, es tan caro que no lo quiero». Escandalizado con tal

---

CUIDEN SUS PROPIAS INCLINACIONES

A menudo deseamos inconcientemente que nuestros hijos sean como nosotros, o vivimos a través de ellos, deseando que sean lo que hubiéramos querido ser. Así que ¡ojo! Si ustedes son maniquíes de moda o unos «íbamos a ser», o incluso si simplemente están desesperados porque su hijo se adapte a la norma (a lo mejor porque ustedes mismos no encajaban) tal vez sin querer estén ejerciendo una presión sutil para que su hijo esté «en la onda».

sensatez en una preadolescente, le dije algo a su madre, quien me reveló el secreto familiar: Su hija tenía que pagar parte de la compra de ropa con su propia semanada. Empiecen más o menos al comienzo de la primaria, punto en el cual el niño puede desarrollar una mayor consciencia en cuanto al manejo del dinero y de las decisiones que toma sobre su mesada. Esta clase de responsabilidad anima a los niños a tomar decisiones más cautelosas y, en última instancia, más sabias.

Conviertan el ejercicio moderado en parte natural de su vida familiar. El *Surgeon General's Report* (Informe del Cirujano general) de 1996 hacía énfasis en que una vida sedentaria es malsana para cualquier edad. Por otro lado, también sabemos que excedernos en ejercicio puede llevar a lesiones o, si se lleva al extremo, puede indicar un trastorno relacionado con la alimentación o con la imagen que la persona tiene de sí misma. En algún lugar entre los extremos está la clave de la felicidad y de la salud, la nuestra y la de nuestros hijos. El informe, que recomienda por lo menos media hora de ejercicio moderado todos los días, concluía que una disciplina así aumenta el amor propio, combate la soledad, reduce la ansiedad y la depresión, lleva a tener mejores relaciones interpersonales, y mejora la percepción que la persona tiene de su cuerpo. En otro estudio con 200 mujeres, el 87 por ciento decía que el ejercicio mejoraba la manera como se sentían en relación con su cuerpo. En particular, las que nunca habían hecho ejercicio cuando niñas se daban cuenta por primera vez de que sus cuerpos eran valiosos por lo que podían hacer. El mismo fenómeno les sucede a los niños: mientras más utilizan su cuerpo y se dan cuenta como, con la práctica, el esfuerzo y la moderación, pueden volverse más rápidos, más fuertes y más hábiles, menos propensos estarán a concentrarse solamente en la apariencia.

El problema es que muchos de nuestros niños son «aficionados al sofá». Según el informe del Cirujano general, de los jóvenes entre los doce y los veintiún años, el 50 por ciento no realizan ninguna actividad vigorosa de manera regular. Las mujeres son todavía menos activas que los hombres. Las matrículas en la escuela secundaria para clases diarias de educación física disminuyó de un 42 por ciento en 1991 a un 25 por ciento en 1995. Y un estudio particularmente alarmante encontró que el 40 por ciento de los niños en edades de los cinco a los ocho años presentaba por lo menos un factor de riesgo de enfermedad cardiovascular: todo, desde un alto nivel de colesterol y presión alta hasta el exceso de peso. En contraste, los niños que hacen ejercicio regularmente tienen menos problemas crónicos de salud, son capaces de estar a la altura de las exigencias diarias de actividad física, muestran mejores resultados en pruebas de desempeño físico y tienen una imagen propia más sólida, y más seguridad en sí mismos. Así que comiencen desde cuando son pequeños. La mejor manera de que su hijo empiece a moverse es darle buen ejemplo. Inviten al niño a jugar, correr, acompañarlos a caminar, a patinar, bailar, montar en bicicleta, saltar a la cuerda, trepar, nadar.

Acuérdense de concentrarse en los aspectos positivos del ejercicio como la participación familiar y la diversión. Eviten la disciplina y la reglamentación, hagan del ejercicio algo que se disfruta y no una tarea o un estadio donde los niños sienten que deben demostrar excelencia. E igualmente importante, ayuden al niño a establecer, según sus gustos, talentos y estilo de cuerpo, qué clase de ejercicio le va bien. A medida que los niños crecen y se involucran en deportes específicos o en actividades recreativas, ayúdenles a ponerse metas realistas de corto y largo plazo. Por ejemplo, si tienen un niño que ha sido sedentario, empiecen haciendo unos minutos de estiramiento para ir ganando agilidad. Luego caminen con él diez minutos, o salgan a jugar a la pelota unos minutos. Una meta de más largo plazo puede ser que pueda alcanzar a tocarse los dedos del pie y mejorar su resistencia para poder hacer media hora de deporte.

Sean modelos de actitudes no obsesivas. Este es un empleo irónico de la palabra «modelo», pero obviamente no quiero decir posar para un especial de moda. La verdad es que lo que decimos de paso tiene una repercusión extraordinaria sobre nuestros niños. Thelma, una mujer que trabaja conmigo, recuerda que su madre siempre la llamaba a su habitación antes de las fiestas o reuniones familiares para preguntarle, «¿Cómo me veo? ¿Estás segura de que me veo bien?» Estas preguntas fruto de la inseguridad dejaron en Thelma una fuerte impresión, y como resultado la hicieron tener mucha mayor preocupación por su apariencia.

Otro padre, Al, estaba confundido sobre la razón por la cual su hijo Dwayne, de seis años, un «niño niño», parecía obsesionado con verse bien. Le ayudé a Al a tomar conciencia de su propio comportamiento. Se daba golpes de pecho constantemente por el crecimiento de su panza y el retroceso de su cabello y hacía anotaciones despectivas. «¿No cree que todo eso impresiona a Dwayne?», le pregunté. Cuando Al comprendió el asunto, empezó a contener sus comentarios delante del niño, reservándose sus preocupaciones con su cuerpo. Adicionalmente, Al asumió la responsabilidad por su actitud diciéndole a su hijo, «Me he estado preocupando por esta panza, pero debería estar haciendo ejercicio en lugar de quejarme». Por fortuna, Dwayne era aún lo suficientemente joven y se le pudo empujar suavemente a dejar su naciente obsesión con la apariencia.

EJERCICIO SALUDABLE

Su hijo está probablemente haciendo ejercicio por las razones correctas y seguramente tendrá perseverancia con el plan si...

Hace ejercicio por la salud, no para tener un cuerpo «mejor».

No es criticado ni sermoneado ni avergonzado por un adulto o hermano mayor.

Elige un ejercicio o deporte que verdaderamente disfruta, en lugar de algo que los otros niños están haciendo o que ustedes quieren que haga.

Entiende lo que hacen por su cuerpo las diversas clases de ejercicio, levantar pesas les da mayor fuerza a los músculos, correr mejora la resistencia cardiovascular.

Establecen metas realistas basadas en el cuerpo del niño y en lo que puede hacer.

Modifica a menudo las metas de manera que reflejan su desempeño en constante mejoría.

No se desanima si un día su desempeño es pobre, o si no está alcanzando una meta lo suficientemente rápido.

Se le elogia por intentar y por mejorar, en lugar de elogiarlo por el logro de una meta en particular.

Aprende a premiarse él mismo después de hacer ejercicio con un refrigerio saludable o con un baño caliente.

Entiende que el ejercicio no es una tarea, ni un castigo ni un mal necesario sino una alegría que puede durar toda la vida.

Pregúntense: ¿Qué dicen ustedes generalmente cuando se miran al espejo, o se suben a la balanza, o cuando se prueban un vestido de baño o están pensando en ir a la playa? Si ustedes manifiestan desprecio por su apariencia, es injusto, y potencialmente dañino, preocuparse en voz alta delante de los niños. Sabemos por nuestra experiencia clínica que cuando un hipocondríaco habla constantemente de su salud delante de los niños pequeños, este comportamiento pasa también a la generación siguiente. Lo mismo es verdad de las preocupaciones sobre la apariencia. Los niños acaban con preocupaciones semejantes, o con versiones más modernas, ¡como perforarse diversas partes del cuerpo!

No dejen escapar...

Comentarios acerca de su hijo. Una cosa es tratar de ayudar al niño a verse bien o a llevar ropa que le sienta bien, pero eviten comentarios como «Mete el estómago» o «Ponte ropa oscura para verte más delgada». Este tipo de comentarios claramente refuerzan la incomodidad con el cuerpo.

Los comentarios sobre otros. El día de los abuelos, a la abuela de María le fue presentada la rectora del colegio. Después ella le susurró a su nieta de diez años: «Esa mujer está muy gorda. Tiene que estar mal para estar tan pasada de peso». María, que verdaderamente quería a su rectora, quedó totalmente confundida.

Comentarios sobre ustedes mismos. A lo mejor ustedes toman sus propios comentarios despectivos con buen humor, pero el niño no puede. Incluso comentarios distraídos pueden dejar huella. Una madre dice, «No soporto mis muslos». Un padre se queja, «Tengo que hacer algo con esta panza». Antes de que los padres se den cuenta, ya los niños estarán también enfrascados en asuntos del cuerpo.

Comparaciones de ustedes con otras personas. Incluso si no van dirigidos al niño, los comentarios que se hacen aparentemente sin darles trascendencia tienen sus repercusiones: «¿Puedes creer como está Julia? No ha ganado un kilo en veinte años. Yo he subido tanto de peso que me veo diez años mayor que ella».

Sin embargo, si ustedes tienen de hecho una obsesión, es importante ser sinceros y reconocer la verdad ante el niño. Por ejemplo Lisa, de seis años y quien tiene el pelo oscuro, le dijo a su madre, «No me gusta mi pelo. Quiero ser rubia». Su madre contestó, «Eso lo entiendo. Hay tantas niñas en la televisión que son rubias. Eso es algo que a mi también me ha molestado desde que tenía tu edad. Y, últimamente, a lo mejor me has oído hablar de teñirme todo este gris. A lo mejor he estado hablando demasiado sobre el tema. La verdad es que, independientemente del color de mi pelo, seré la misma persona por dentro».

Metas para niños: querer su cuerpo, quererse a sí mismos

Durante el tiempo que estuve escribiendo este libro, le describía a Leah, mi hija de once años, los varios atributos esenciales. No tuvo dificultad para entender o para estar de acuerdo con la importancia de ayudar a los niños a desarrollar Pasión, Talento en las relaciones o cualquiera de las demás Habilidades básicas. Pero cuando dije «Comodidad con el cuerpo», su reacción inmediata fue, «¡Ah! sí claro, como si eso fuera posible». Habla, estoy seguro, por muchos de sus pares. Los niños hoy en día saben que casi todo el mundo tiene un cierto grado de incomodidad con su cuerpo y la idea de que uno pueda dominar o superar esos sentimientos resulta inconcebible. Y, hasta cierto punto, están en lo correcto: los niños son tan vulnerables que no pueden desarrollar las habilidades que promueven la Comodidad con el cuerpo sin nuestro aporte y sin que nosotros comprendamos que se trata de un proceso constante, una batalla no solamente contra la cultura sino, como lo indicaba antes, contra nuestras propias dificultades en esta área. Por esa razón, a las siguientes las llamo metas para niños, pues no son tanto habilidades sino actitudes que requieren de padres que estén poniéndose en contacto regularmente. Muchas de ellas tienen que ver con la aceptación del cuerpo y con cierta suspicacia de consumidores, pero los niños no pueden lograr estas metas sin contar por lo menos con nuestro aporte indirecto.

Confiar en su cuerpo

En ningun área es más importante que el niño confíe en sus corazonadas e instintos que cuando se trata de saber lo que su cuerpo necesita. Los niños que hacen dieta o tienen fobias a los alimentos son a menudo los niños que no han aprendido a confiar en sus cuerpos o que van por ahí con la cabeza llena de información tergiversada. Como lo indicaba en el Capítulo 8, cuando dejamos que los niños piensen por sí mismos, aprenden a confiar en su criterio. Animen al niño a ver que las sensaciones de hambre, sed, fatiga, calor y frío, son maneras como nuestros cuerpos «nos hablan».

Durante todo el espectro de la infancia, el apetito del niño va y viene. Comen más, por ejemplo, antes de una época de crecimiento. Cuando los padres critican a los niños porque comen demasiado o los obligan a comer cuando no tienen hambre, les enseñan a no confiar en sí mismos. Por el contrario, cuando los padres prestan atención a lo que los niños dicen acerca de la comida, sus gustos y disgustos, su ritmo para comer, el alcance de su apetito, entonces los niños aprenden a confiar en sus propios criterios y gustos. Como lo explicaba en el Capítulo 1, los niños, incluso bebés, pueden regularse a sí mismos, es decir, nos darán un informe completo de lo que está pasando en sus cuerpos... si los dejamos.

Los niños también pueden recibir de los padres y, a veces, del colegio, mensajes errados acerca de la alimentación. Los nutricionistas repetidamente señalan que no existe lo que pueda llamarse «mala» comida. Cualquier comida puede ser «buena», es el exceso el que es malo. Armen a sus niños de información sobre la buena nutrición y ayúdenle a comer una dieta verdaderamente equilibrada. Los niños, especialmente las niñas, tendrán más probabilidades de resistirse a modas en el comer y a dietas peligrosas si saben cómo la comida realmente afecta su cuerpo.

Vestirse para ellos

Confiar en su cuerpo también afecta la ropa que los niños eligen. Cuando vayan de compras con su hijo, por lo tanto, hagan énfasis por igual en la comodidad tanto como en el estilo, el material y qué tal se siente éste en el cuerpo. «Queremos comprarte ropa que te haga sentir bien», le dijo el padre a Álvaro cuando solamente tenía cuatro años. Era Intenso/sensible por naturaleza y se quejaba de que ciertos materiales le daban «escozor» así que sus padres le ayudaron a encontrar materiales cómodos. Lo que comenzó como función de su temperamento floreció hasta ser una habilidad fortalecedora de su esencia. Alvaro, ahora de nueve años, ha desarrollado un estilo propio; sabe lo que le gusta y lo que no le gusta. Y parece bastante ajeno a modas o a lo último en tejanos de marca.

Para un niño requiere valor vestirse como quiere en lugar de seguir a su grupo. He observado, sin embargo, que detrás de cada niño con una apariencia propia hay un padre que elogió regularmente su individualidad. Le pregunté a Catalina, una niña de quinto curso y la única que no había optado por el atuendo de rapero con pantalones anchos y enormes, «Cuéntame, ¿Cómo es que te vistes de manera tan original? Eres diferente a la mayoría de los otros niños, pero pareces estar muy cómoda de todos modos». Me contestó enseguida: «Yo como que tenía mis propias ideas de qué ponerme, y mis padres casi siempre lo aceptaban».

Algunos niños, como Javier, prefieren ciertos colores. Por cualquier razón, se enamoró de una camiseta roja cuando tenía dos años y lloraba si su madre trataba de ponerle cualquier otra cosa. En lugar de agobiarlo con la respuesta de ella («¿Cómo puedes querer ponerte lo mismo todos los días?»), su madre le hizo el juego a su gusto ¡y simplemente le compró cuatro de las mismas! A medida que fue creciendo, a Javier se le pasó su obsesión con el rojo, y ese lugar fue ocupado por una creciente confianza en su gusto esencial.

A los cinco años, Mariana era muy exigente con las combinaciones de colores; favorecía claramente ciertas combinaciones. Por ejemplo, nunca llevaba pantalones marrones con algo diferente a una camisa de rayas azules. Sus padres no estaban necesariamente de acuerdo con su gusto, pero no hacían una batalla por ello. En cambio, le hacían el juego, y aumentaban las probabilidades de que Mariana se convirtiera, no propiamente en modelo de buen gusto, pero por lo menos sí se sintiera segura en su capacidad de escoger ropa según lo que a ella le acomodara.

Escoger de manera independiente

Oigo tan a menudo que los niños preguntan en las tiendas, «¿Cuál te gusta más a ti, mamá?» Los padres generalmente contestan diciéndole de inmediato al niño qué hacer. Pero los niños deben aprender lentamente a escoger con independencia. A continuación cómo hacerlo.

Ayuden al niño a ejercer su criterio. Explíquenle este principio: «El color y el gusto vienen desde dentro de ti. Yo no te puedo decir qué va a ser más cómodo para tu cuerpo ni qué se verá mejor a través de tus ojos». En cada nueva expedición de compras, animen al niño a ejercer esta nueva «habilidad». Permítanle escoger, sin ayuda, por lo menos una prenda no muy costosa. El hecho de «apropiarse» de sus adquisiciones en lugar de depender de ustedes lo convertirá en mejor consumidor.

Obviamente que los niños pasan por etapas de confusión en cuanto a la ropa, o se empeñan en una cierta adquisición en particular, digamos un atuendo para una fiesta. A veces debemos ayudar más. Pero la mayoría de las veces, dentro de nuestro presupuesto, digámosles que adquieran lo que les guste. Además de ir de compras, utilicen también otras oportunidades. Por ejemplo, cuando Laura y Sara, en edad preescolar, estaban jugando a disfrazarse, Laura le preguntó a su mamá, «¿Cuál de los dos atuendos se ve mejor?» Sin sonar como terapeuta, Mamá invirtió los papeles: «¿Cuál te gusta a ti, Laura?»

Aunque a veces queremos imponer nuestro gusto, es importante ayudarles a los niños con estos asuntos sin ser demasiado impositivos. De otro modo no aprenderán nunca a tomar sus propias decisiones, no solamente acerca de la comida y la ropa, sino también acerca de lo que pueden hacer con sus cuerpos. Por ejemplo, su hijo a lo mejor quiere probar un deporte para el cual a ustedes no les parece que tiene mucha habilidad natural. A menos que sea peligroso, permítanle probar, a lo mejor los sorprende. O si su hijo desarrolla de repente el gusto por los alimentos muy condimentados que ha probado en casa de un amigo, a lo mejor pueden entre todos aprender a preparar un nuevo plato.

Sin embargo, si ven que su hijo está a punto de elegir algo poco práctico o sensato, intervengan sutilmente de una manera que por lo menos valide en parte la forma de pensar del niño. Por ejemplo, la noche anterior a su primer día de guardería, Mateo estaba alistando la ropa con su mamá. Quería llevar puesto una chaqueta gruesa que su abuela le había comprado. Sin querer desanimarlo de escoger su propia ropa de diario, le dijo, «Qué buena idea para dentro de unos meses cuando esté haciendo frío. Te ves muy bien con ese color y sé que te sientes bien con él. ¿Qué tal si para mañana escogemos una camisa o una chaqueta que no sea tan abrigada?»

La suspicacia con lo que se les presenta

Pueden ayudarle al niño a percibir los medios como foros de opiniones diversas en lugar de permitir que las imágenes poco realistas influyan excesivamente sobre él. Siéntense con su hijo y enséñenle a ser un espectador más crítico. Por ejemplo, háganle ver como las personas de gran tamaño son representadas de una manera negativa y hablen sobre las asociaciones que hacemos con la talla y la forma. Para ese fin, la psicóloga Mary Baures fundó *Boycott Anorexic Marketing* (Boicot al mercado anoréxico), un grupo que tiene en la mira a las compañías que utilizan modelos extremadamente delgadas para pregonar sus mercancías. La doctora Baures les aconseja a los padres animar a sus hijos a hacer diferentes clases de preguntas cuando ven imágenes imposibles (e indeseables) de imitar. En lugar de preguntarse «¿qué pasa conmigo?», necesitamos que pregunten, «¿Qué pasa con este anuncio (o con este programa de televisión, o con esta imagen en el cine)?»

Ayúdenle al niño a darse cuenta de que no todo lo que ve en televisión es verdadero. Algunos colegios progresistas están empezando a diseñar programas en torno a estos temas, por ejemplo invitando a modelos adolescentes a que les muestren fotografías de antes y después, y a que hablen sobre lo que hacen; también invitan artistas del maquillaje y personas conocedoras de los efectos especiales para explicar como «falsifican» un cabello abundante y cómo utilizan varios trucos de maquillaje para transformar a las personas.

Es consolador saber que estos programas no están solamente orientados a niñas. Los modelos masculinos hablan de cuántas horas de gimnasio se requieren para desarrollar cuerpos llenos de masa muscular. Y para estos niños a menudo pequeños e impresionables que oyen a estas personas, es un alivio darse cuenta de que lograr lo que ellos tienen requiere de la dedicación excluyente y comprometida que a la mayoría de jóvenes les resulta poco atractiva. Esos maravillosos cuerpos no son símbolos de verdadera masculinidad.

Estas lecciones transforman las opiniones de los niños sobre lo que ven. Tras participar en uno de estos programas en su escuela, Erica respondió rápidamente cuando su hermano Tim exclamó, «¡Oh, qué cuerpazo!» en respuesta a uno de los figurines que aparecen en un programa de televisión. La respuesta de esta suspicaz niña de once años a su hermano de cinco fue, «Olvídalo, Tim, ¡esas no son de verdad!»

Si la escuela de su hijo no ofrece esas dosis de realidad, háganlo ustedes mismos. Busquen en la biblioteca libros sobre modelaje y sobre los efectos especiales. Animen a sus hijos a hablar con las personas en el negocio de la belleza para conocer los secretos internos. Y cuando lean revistas, miren televisión o vayan al cine con el niño, utilicen el momento como trampolín para el debate: «¿Crees que la mayoría de las niñas o los niños lucen de verdad así?» Procuren que los niños empiecen a hablar de lo que verdaderamente les importa. «¿Algún niño en tu clase verdaderamente se ve así?»

Tengan siempre oídos atentos a los comentarios que los niños hacen acerca de los personajes de la televisión. Al igual que muchos otros hábitos negativos, las obsesiones sobre la apariencia son más fáciles de prevenir que de curar. Su Lee, una niña de origen asiático, le dijo a su padre a los cuatro años, «Jill es como las gemelas Olsen en *Full House*, en cambio yo no». Su padre, dándose cuenta de que Su Lee estaba empezando a notar diferencias físicas respondió con sabiduría, «Jill es como muchos otros niños que ves en la televisión. Muchos son rubios y tienen ojos azules. Y algunos tienen ojos oscuros y cabello como el tuyo. Ambos se ven bien, al igual que tú». Un rato después su padre se dio cuenta de que Su Lee se miraba en el espejo y sonreía.

Desarrollar una Pasión

Aunque he dedicado todo un capítulo a la Pasión, vale mencionarlo también ahora. La manera indirecta más importante de ayudar a un niño a desarrollar Comodidad con el cuerpo es que tenga un interés ajeno a lo físico, lo cual tiende a desalojar las preocupaciones de la apariencia. La emoción, la participación y la dicha de tener un perdurable interés de vida real es mucho más llamativo que las últimas modas y tendencias. Además, como lo explicaba, la Pasión es una constructora de propio aprecio. Cuando el niño se siente bien por dentro, su apariencia es menos importante. Y con frecuencia son los niños que se sienten bien consigo mismos quienes también lucen mejor. No es que sean necesariamente muy guapos según los estándares de los medios de comunicación, sino que su auto estima comunica salud.

Recuerden que la Comodidad con el cuerpo está ligada prácticamente a todo en nuestra vida diaria. Dadas las presiones sociales con las que vivimos, es un reto grande promover exitosamente esta característica esencial. Pero bien vale la pena el esfuerzo. ¡Qué gran regalo es para un niño sentirse bien en su piel!

8

Cautela

Habilidad básica núm. 8: Enseñen a sus hijos a pensar antes de actuar y a sopesar el impacto de sus actuaciones sobre sí mismos y sobre los demás.

Un ambiente de caos: «¡Mira, Mamá, sin manos!»

Comienza muy inocentemente. Un niño de tres años que camina al lado de su cochecito, quiere cruzar solo la calle por primera vez. Una niña de cuatro años en un grupo que juega reta a su amiga a que le hagan una broma a la tercera niña: «Escondámosle a María el osito que más le gusta». Un niño de seis años que acaba de aprender a montar en bicicleta grita, «¡Mira Mamá, sin manos!» a medida que se aleja en zigzag calle abajo.

En mi trabajo con colegios y familias, constantemente me encuentro con situaciones en las cuales los niños en circunstancias cotidianas deben aprender a ejercer la Cautela. Tristemente, muchos niños carecen de esta fortaleza esencial. El niño de tres años se suelta de la mano de su madre y sale disparado hacia la calle. Por suerte, no hay coches. Las dos niñas de cuatro años esconden el osito de María debajo de la cama y la niña se deshace en llanto al no poder encontrarlo. Por fortuna, una de las madres interviene, tranquilizando a María y reprendiendo a las otras dos. El niño de seis años está tan ocupado exhibiendo su bicicleta que pierde el equilibrio. Por la gracia de Dios, sus únicas lesiones resultan en su ego y en una rodilla.

A lo largo de la vida, todos los niños tienen que hacerles frentes a situaciones que se presentan por primera vez y que requieren de juicio y premeditación. Y no nos engañemos. Todos hablamos de querer que nuestros hijos tengan éxito en la escuela y de que sean seres humanos buenos y tolerantes. Pero en lo más profundo de nuestro corazón lo que más queremos es que estén siempre lejos del peligro. Esta preocupación nos acecha como padres. ¿Se mantendrán seguros nuestros hijos y tendrán el buen sentido de rehuir a los múltiples peligros que la vida pone en su camino? De hecho, si un niño pequeño no aprende a ejercer Cautela, cuando sea mayor, esos sucesos no tan graves de la vida diaria pueden tornarse dramáticos, convertirse a veces en circunstancias gravemente peligrosas. He aquí algunas de las historias que a menudo llegan hasta nuestros diarios locales:

- Como parte de su celebración, un grupo de estudiantes recién graduados de secundaria se dirigieron a un profundo abismo sobre un arroyo y se retaron a saltar. Uno de los niños, que inicialmente se resistió porque le pareció demasiado peligroso, se partió la columna.

- Una niña de doce años asistió a una fiesta «sin padres» y, como parte de la demostración de hasta que punto estaba «en la onda», se tomó diez tragos de vodka y terminó en urgencias sometida a un lavado estomacal.

- Un grupo de muchachos en los suburbios acorraló a una niña minusválida y la violó. Más tarde, algunos de ellos sostuvieron que la presión de estar en el grupo les impidió o bien detener la violencia, o bien alejarse.

Lo admito, las historias anteriores son incidentes dramáticos y trágicos. Pero están arraigados en la misma falta de Cautela que otros sucesos más mundanos: Existe una incapacidad para reflexionar sobre lo que está bien y lo que está mal, lo que es seguro y lo que es peligroso. De hecho, los últimos años han visto un llamativo aumento en problemas relacionados con la Cautela. La experimentación con drogas y las ingestión alocada de alcohol, tras disminuir durante una década, desde 1991, ha demostrado un aumento de dos dígitos cada año. Kevin Dwyer, presidente electo de la *National Association of School Psychologists*, ha observado un aumento en problemas de disciplina y perturbaciones en la clase. También los terapeutas, dicen estar recibiendo pacientes cada vez más jóvenes y que sus problemas han pasado de ser neurosis propias, como el miedo o la ansiedad, hacia trastornos en el comportamiento y la conducta que están signados por un criterio deficiente, la impulsividad y la representación, en resumen, una falta de Cautela. En efecto, la trágica e incomprensible incidencia de asesinatos en escuelas secundarias, cuatro solo en 1998, son indicadores de un problema de grandes dimensiones con la impulsividad.

Al mismo tiempo, la cultura pop condiciona a los niños y los anima a reaccionar sin pensar. Cuando el niño llega a los veinte años, habrá visto u oído 360.000 anuncios de televisión de treinta segundos cada uno. Como lo hemos expuesto a lo largo de este libro, estos comerciales regularmente les aconsejan a los niños «Simplemente hazlo» (*Just do it*), «Obedece a tu sed» (*Obey your thirst*), «No consideres a nadie» (*Consider no one*) y «Actúa ya» (*Act now*) y otros mensajes que hacen énfasis en la acción inmediata y en un mínimo de contemplación significativa. No por casualidad el final de los noventa le dio la bienvenida a un personaje como la doctora Laura Schlessinger, el título de cuyo libro, *How could you do that* (¿Cómo pudiste hacer eso?) resume el rampante problema de los escrúpulos en franca disminución que permite que las personas justifiquen cualquier acción. Pregúntenles a los adolescentes más jóvenes, de los trece a los quince años (como lo hicieron encuestadores de Rockford, Illinois, Estados Unidos, ver la página 71) cuál es su ética, y contestan, «Bien, si alguien te trata bien, pues se merece que lo trates bien a cambio. Si no le hace daño a nadie, pues entonces está bien». Según estos adolescentes, no existen los absolutos.

Como lo afirmaba en el Capítulo 6, nos hemos convertido en una nación «desenfocada», víctimas del trastorno de déficit de atención en términos culturales. Agregaría acá que también estamos sufriendo de un mal relacionado, la impulsividad cultural, y estamos viendo en nuestros niños las repercusiones. Todo va hoy en día con rapidez y todo exhorta a los niños a moverse con rapidez. No se convierten necesariamente en «hiperactivos», crónicamente impulsivos, constantemente en movimiento, carentes de criterio. Sin embargo, este ambiente de caos afecta a todos los niños, coartando no solamente su capacidad de concentrarse y prestar atención, sino de reflexionar, evaluar, y enfocar asuntos de mayor trascendencia.

Aunque la Cautela aparece hacia el final de este libro, es obvio que este constructor de esencia es vital en el mundo de hoy cada vez más peligroso. Desde luego que si ustedes fomentan las siete características constructoras de esencia que hemos visto hasta ahora el niño desarrollará indirectamente más Cautela. A la vez, gracias a nuevos estudios sobre el tema, también sabemos más sobre la forma como la Cautela funciona concretamente, cómo piensan los niños, cómo enfocan las situaciones nuevas. Y las investigaciones recientes comprueban sin lugar a dudas que existen estrategias específicas que podemos enseñar incluso a los niños más pequeños para ayudarles a desarrollar Cautela. Más aún, esta habilidad esencial ocupa un lugar destacado en las listas de los padres que conozco, quienes se preocupan de que los niños estén cada vez más creciendo en un mundo donde la tentación y el peligro parecen acechar tras cada esquina. Por lo tanto, necesitamos darle una mirada a lo que implica la Cautela y proporcionarles a nuestros niños la clase de valores y de habilidades racionales que los puedan proteger.

Por qué es importante la Cautela

La Cautela literalmente protege la esencia física, mental y espiritual del niño. Proporciona la capacidad de pensar y de hacer planes, de tener en cuenta las consecuencias que su obrar tiene sobre sí mismo y las repercusiones de su comportamiento sobre los demás, es decir, de tener empatía.

La Cautela requiere aplazar la satisfacción. Ser cauteloso significa controlar el impulso de hacerlo ya. También capacita al niño para concebir soluciones alternas, lo cual, como sabemos por experiencia, no son capaces de hacer los niños temerarios. De hecho, una evaluación de 1994 de setenta estudios longitudinales, que les hacían seguimiento a niños desde el preescolar hasta sus años de adolescencia, confirma lo siguiente: El hallazgo más consistente fue que un extremo grado de impulsividad, la falta de Cautela, predecía la delincuencia en la adolescencia.

La Cautela versa sobre el manejo de situaciones que se presentan por primera vez. La Cautela, como yo la defino, se relaciona concretamente con la manera como los niños reaccionan ante situaciones potencialmente dañinas o peligrosas que se les presentan por primera vez, y sobre cómo las manejan. Estas incluyen sucesos ordinarios y cotidianos así como dilemas más extremos y difíciles. Admitido, los niños deben ejercer la Cautela una y otra vez, pero acá estoy hablando ante todo acerca de experiencias desconocidas e iniciales porque estos son momentos/eventos de carácter formativo. Una situación de primera vez, incómoda o peligrosa, posiblemente no se vuelva más fácil en ocasiones subsecuentes. Pero la manera como el niño enfoca por primera vez la situación y cómo la maneja tiende a establecer un patrón hacia el futuro.

Por ende, la Cautela es vital para la esencia interior del niño. Desde los primeros años, uno sabe que no puede acompañar al niño en todos los casos o ayudarle a manejar todas las «primeras veces» que deba superar. Uno no estará allí para cada riesgo que se le pide que corra. De hecho, algunas situaciones nuevas ni siquiera se pueden anticipar. Sin embargo, si el niño está imbuido de Cautela, estará a salvo porque permanecerá intacto física y psicológicamente. La Cautela también preserva la individualidad del niño porque le da la capacidad de desafiar un impulso del grupo y de todos modos continuar con sus pares.

Más importante, cuando los niños desarrollan esta habilidad, tienden a gravitar hacia otros niños que exhiben un grado semejante de criterio. Uno puede ver esto en cualquier situación en la que se congregan los niños. Por ejemplo, desde la guardería, la manera como se toman riesgos y la impulsividad son características de organización alrededor de las cuales se agrupan los pares. En cada aula, aunque los profesores admiten que hay zonas grises, tienden a identificar a los niños como los que hacen parte del «grupo de los "locos"» o del «grupo de los tranquilos».

Unos son más cautelosos que otros. ¿Qué hace que algunos sean más cautelosos que otros? Tenemos de hecho unas respuestas sorprendentes. En el último decenio, con el aumento de trastornos relacionados con la Cautela, la «impulsividad» y la «hiperactividad» han sido condiciones ampliamente estudiadas. Ahora tenemos documentación que sugiere que los niños nacen con diferentes grados de Cautela natural. La manera como el niño aborda una situación nueva, un fenómeno que el investigador William Carrey llama «reacción inicial», es, como el temperamento, el Enfoque, o el nivel de actividad, cuestión de interconexión interna.

Parece ser que hay ciertos niños que poseen una buena dosis de recelo. Miran cuidadosamente las situaciones y no se mueven hasta cuando sientan seguridad. Algunos de estos niños son prevenidos en extremo. Esta perspectiva excesivamente cautelosa lleva con frecuencia a los niños a terapias, porque necesitan aprender como saltar a la vida, en lugar de permanecer en la periferia.

En el otro extremo, veo un igual número de niños que parecen predispuestos a la temeridad. Sus padres invariablemente reportan que han sido así desde cuando eran bebés. Se les conoce por «estar en todo» cuando empiezan a caminar, saltan de lugares altos, corren riesgos permanentemente, y demuestran poco criterio. Estos niños se meten en accidentes, en problemas con los profesores, y en situaciones peligrosas con los compañeros. Lo he observado en un sinnúmero de parvularios. En uno, una banda de niños de tres años y medio y cuatro años que se llamaban a sí mismos «los piratas» se deleitaban en tomar como rehenes y en aterrorizar a sus compañeros. En otro, los niños más inquietos imitaban las actitudes y movimientos de intérpretes de rap. Incluso a estas edades tempranas, la agresividad y la frustración están muy cerca de la superficie y tienden a aflorar de maneras muy peligrosas.

Naturalmente, los niños de ambos extremos están en peligro. Cuando abordan una situación nueva, necesitan tanto una dosis saludable de buen criterio y premeditación, no demasiado porque pueden acabar paralizados. Pero la verdad es que todos los niños, incluso los de la zona intermedia, necesitan desarrollar buen juicio. Especialmente puesto que tantos niños hoy en día deben enfrentarse solos y cada vez más pequeños a situaciones nuevas, debemos equiparlos con Cautela. Por lo tanto, nuestra octava Habilidad básica.

Habilidad básica núm. 8: Animen a su hijo a pensar con anticipación y a sopesar el impacto de sus acciones sobre sí mismo y sobre los demás.

Sea cual sea la predisposición básica de su hijo, no se preocupen: la Cautela se puede enseñar. Nosotros los padres nos podemos armar de conciencia e información y, a la vez, presentarles a nuestros hijos las herramientas para encarar estos retos diarios y constantes. Infortunadamente, sin embargo, el ambiente de caos estará trabajando contra nosotros.

Amenazas esenciales: mensajes contradictorios de la Segunda familia

En los Estados Unidos, la impulsividad se ha convertido en un extendido estado mental ampliamente reforzado por la cultura y no debería sorprendernos que sea la Segunda familia la que trae el mensaje a nuestros hogares y lo instala allí. Desde cuando son prácticamente bebés, los niños ven caricaturas en las cuales la gente salta rutinariamente de precipicios y se embarca temerariamente en otras atrevidas hazañas. Son tantos los programas de televisión y tantas las películas en que los niños observan una resolución de conflictos que se basa en la fantasía y que no tiene nada que ver con la vida real... Hay personajes que hacen juicios precipitados o producen soluciones mágicas. Sin embargo, existen realmente dos lados de la historia: la Segunda familia y nosotros.

La Segunda familia promueve la impulsividad cultural. En el último decenio, los juguetes y los juegos que inspiran el pensamiento o que requieren aplazar la satisfacción han prácticamente desaparecido, han sido reemplazados por productos que poco tienen que ver con el criterio y sí tienen que ver con los reflejos. Gary Cross, profesor de historia, observa en *Kid's Stuff* (Cosas de niños), un análisis de esta metamorfosis, que ya en los ochenta «el juego estaba divorciado de las limitaciones de los padres y de sus mundos reales». Nos hace notar que los juguetes que antes preparaban a los niños para la vida, o que por lo menos estaban arraigados en el pasado, (vaqueros) o en el presente (la exploración espacial), ahora hacen énfasis en «criaturas irreales, como dinosaurios armados de rayos láser».

Ampliando la descripción de esta evolución, Cross escribe, «El juego pre-escolar, en vez del reino de los bloques, juguetes de arrastrar y ositos, ahora se basa en versiones infantiles del juego de moda y de acción. Los juguetes educativos han sido gradualmente marginados. Incluso los juguetes tradicionales de ensamblar y armar se han visto desplazados de las estanterías por objetos fantásticos».

Claro que los juguetes fantásticos no son intrínsecamente perjudiciales para el buen criterio y la capacidad de resolver conflictos, pero tienden a distanciar a los niños de la realidad de su vida. Una figura de acción puede tener un arsenal de opciones en situaciones difíciles, y permitirle al niño crear un posible desarrollo de la historia, pero cuando se trata en ocasiones de utilizar el criterio en la vida real, el niño necesita poder hacer uso de sus propios recursos interiores.

Si a esta mezcla se le adiciona la tecnología, uno se percata de cómo este escape de la realidad puede cobrarle un precio todavía mayor a la Cautela. Cuando el niño promedio termina la escuela elemental ha visto 8.000 asesinatos en televisión y cuando llega a los dieciocho años ha visto 200.000 actos violentos. Los productores de televisión a menudo racionalizan estas cifras como «contar violencia», y aseveran que no tiene sentido acumular cifras de asesinatos, palizas y otras acciones perversas. Sin embargo, investigadores de la Universidad de California en Santa Barbara, realizaron recientemente un estudio nacional sobre la violencia en los medios, y dicen que no se trata del número de acciones. Su conclusión es que uno de los mayores problemas con la violencia según aparece en la televisión es que el 40 por ciento del tiempo nada le sucede a quien comete actos violentos. Claramente, este es un mensaje que es un error enviarle a niños impulsivos.

O simplemente observen a su hijo con un juego de vídeo de los que se llevan en la mano o sentados frente al ordenador. Como lo explicaba en el

Capítulo 1, los investigadores apenas están empezando a explorar el efecto de los juegos de video sobre las mentes y el comportamiento de los niños. Ya sospechamos, sin embargo, que los juegos de video excitan a los niños, especialmente a aquellos que ya tienen una tendencia violenta. De hecho, estos juguetes modernos son prácticamente plantillas para la impulsividad. Premian la velocidad y los reflejos rápidos y, en el proceso, fortalecen la parte puramente reactiva del cerebro del niño, en lugar de fortalecer su criterio o su capacidad de reflexión.

Si me retiro el uniforme de clínico e investigador, yo, al igual que otros padres, he sido testigo de primera mano de la manera como los juegos de video desestabilizan a los niños. En mi propio hogar no existe ninguna duda de que cuando juegan Supernintendo o Génesis, mi hija y mi hijo empiezan quizás como amantísimos aliados, pero al cabo de media hora ya estarán peleando.

¿Puedo yo comprobar que este tipo de transformación es causado por los juegos de video? No, pero ciertamente lo veo suceder repetidamente, con los hijos de mis amigos y con mis propios hijos y ciertamente lo oigo por parte de otros padres. Tan solo hace poco, en una maravillosa fiesta que podría haber salido de algún libro de cuentos, observé este fenómeno de nuevo. Puesto que no era una fiesta alrededor de un tema específico ni una fiesta centrada en los niños, éstos, aunque estaban algo aburridos, se estaban llevando bien. Entonces uno de ellos desempacó su nuevo «64 »y dijo, «¡Juguemos Nintendo!» De repente, toda la pandilla se empezó a comportar como caballos a la salida de la carrera, todos alborotados e impacientes por arrancar. Y al cabo de quince minutos empezaron a discutir y a retarse. ¿Se trataba de una coincidencia? No lo creo.

En los grupos de compañeros, el pensamiento temerario es el rey. De hecho, cuando observo el nivel de impulsividad de la segunda familia, me acuerdo de la descripción que Mary Bowen, destacada terapeuta, hace de la familia disfuncional como una «masa de ego indistinto». Ese es un término complejo para lo que es realmente una idea muy simple. En estas familias, observaba Bowen, uno ve alta reactividad y «contagio», es decir sentimientos que pasan de uno a otro peligrosa y rápidamente, al igual que escasez de reglas claras y un bajo grado de empatía. Los integrantes de este tipo de familias tienden a ser intolerantes con los de fuera y demuestran escasa paciencia y comprensión hacia las personas de fuera de la tribu.

¿Qué es eso tan diferente de la segunda familia, especialmente a medida que los niños van creciendo, con su mentalidad de pandilla, su distintiva actitud de sencillamente hazlo y su falta de preocupación por los demás? En un grupo de adolescentes, por ejemplo, cuando un miembro poderoso reacciona, es difícil para los otros no imitarlo. O si un niño está en desacuerdo con el parecer más general, los otros miembros se muestran tremendamente enojados. Las diferencias de opinión son vistas como amenazas. Es como si quien disiente se convirtiera de repente en el enemigo.

Pero he aquí un punto importante, que puede sonar extraño dado que durante los últimos siete capítulos de este libro he emitido advertencias repetidas sobre la segunda familia. Aunque el comportamiento de grupo y las emociones de la cultura pop trabajan en contra de la Cautela, en ciertos aspectos, la segunda familia también tiene un número de recursos que apoyan esta Habilidad esencial. Esto me lleva a una sorprendente amenaza esencial: nosotros mismos.

Los padres abdicamos y nadie les está diciendo a los niños que está «bien» y que está «mal». ¿Recuerdan, como lo discutíamos en el capítulo sobre el Respeto, cuánto más necesitan hablar entre sí los padres y los niños, pero no lo hacen? Infortunadamente, estamos ocupados y nuestros mundos están llenos de afán, y ellos están en su propio mundo. Ciertamente no hablamos de las cosas difíciles, sobre las cuales, debo admitir, la segunda familia sí habla. De hecho, los medios por lo menos tienden a poner sobre el tapete comportamientos peligrosos y moralmente cuestionables y, ¡de veras mucho más a menudo de lo que los padres lo hacemos! Como resultado, esa es primordialmente la forma como los niños de hoy en día están recibiendo su información sobre situaciones de riesgo y que se presentan por primera vez. Programas para niños como Plaza Sésamo hablan sobre el momento de entrar a una nueva escuela, la primera vez que se cruza la calle, las visitas a lugares nuevos. En nuestros múltiples programas para el horario después de la escuela y en comedias de situación (por ejemplo, *The Wonder Years, Full House, Saved By the Bell, Sabrina* y *Boy Meets World*), los niños se ven expuestos a un catálogo de experiencias iniciales que surgen a raíz de la amistad, las citas, el sexo y otros asuntos sociales, al igual que las drogas, los trastornos alimenticios, y el divorcio. El problema es que, en nombre del buen drama, la parte de mayor impacto en estas historias se le dedica con frecuencia a representar como algo tentador los comportamientos que entrañan peligro. Apenas en los últimos minutos el personaje se posesiona de sí mismo y se da cuenta de que su comportamiento es peligroso; solamente al final encuentra maneras alternas de manejar una determinada situación.

Ciertos anuncios de salud pública, en particular la campaña que apoya *Partnership for a Drug-Free America* (Asociación en pro de unos Estados Unidos libres de drogas) exhortan a los padres a hacer uso de la pelota: es decir a comenzar a hablar, en casa, sobre las drogas y otros peligros. La infortunada verdad es que tienen toda la razón, a los padres todavía les cuesta hablarles a los hijos de estas cosas. Como lo reconocía una madre en un taller, «Quiero hablarle a mi hija sobre como manejar esa primera fiesta en que se supone que las parejas hagan algo, pero me siento incómoda». Otra dijo, «No quiero que mi hijo piense que no confío en él». Y otra, «No quiero ser yo quien le dé ideas». ¿Qué está pasando?

Hemos perdido nuestra voz de padres. Hace unas décadas, la mayoría de los padres sencillamente les decían a sus hijos qué tenían permitido hacer y qué no y eso era todo. Los padres rara vez hablaban de estos asunto o explicaban cómo se suponía que sus hijos dieran la medida de esas expectativas. Entonces, el péndulo se fue completamente hacia el otro lado. Trabajé recientemente con una pareja en un artículo para una revista. La «historia» era sobre cómo hacer que los niños se acostaran a dormir. La rutina de la noche normalmente les tomaba a los padres entre dos y tres horas, lo cual era seguramente la razón por la cual se presentaron como voluntarios para el artículo. El asunto principal, según resultó ser, no era la hora de dormir sino la infinita tolerancia de la pareja con su precoz hija de tres años. En respuesta a su temperamento más bien Intenso/agresivo, Mamá y Papá le permitían interminables negociaciones y regateos para irse a dormir. El padre me explicaba su tolerancia con este raciocinio: «Quiero que mi hija crezca con una forma de pensar propia y capaz de decir lo que piensa por sí misma».

Esta filosofía bien intencionada, cuando es llevada al extremo, es conocida como «relativismo moral» o «ética situacional». Sostiene que no existen absolutos en el bien o el mal; cada opción está determinada por el momento en base a la situación individual de cada uno. En los últimos decenios, esta postura es cada vez más popular entre los padres que creen que no deberían imponer sus valores sobre sus hijos. De manera interesante, nuestro sistema educativo adopta una postura semejante. En muchas escuelas, encontrarán programas bajo la categoría sombrilla de «formación de valores», que les enseñan a los niños cómo enfrentarse a situaciones nuevas haciendo uso de una manera prudente de pensar. Sin embargo, algunos de estos programas tienden a armar a los niños con habilidades para resolver conflictos sin haberles también dado un contenido real, es decir los valores. Como lo que corrientemente se asume hoy en día en que está «mal» enseñar absolutos o imponer creencias, demasiados de estos programas no se comprometen con axiomas concretos sobre el bien y el mal.

El problema con una filosofía así de la educación es que deja a los niños a la deriva en el mar. Estudio tras estudio nos dice con claridad y a gritos el siguiente mensaje: El Instituto Johnson de Minneapolis, que les hizo seguimiento a miles de niños, encontró que niños de todas las edades «necesitan una guía clara, reglas absolutas acerca del comportamiento impulsivo, como beber alcohol e ingerir otras drogas». También en el estudio JAMA (ver la página 482), los investigadores encontraron que las expectativas claras protegen a los niños de los comportamientos de riesgo, es decir las drogas, la iniciación sexual precoz y la imitación impulsiva de comportamientos. Ciertamente, la ausencia de un sentido del bien y el mal absolutos en nuestros adolescentes indica que esta guía es justamente lo que hace falta en nuestra cultura impulsiva. Los niños de todas las edades necesitan una voz fuerte de los padres que les proporciones anclaje.

Les ayudamos a los niños a tener un anclaje al hacerles entrega de sabiduría de corte casero y de consejos de cortesía común: no está bien quitarles los juguetes a los demás; no está bien decirse secretos; está mal herir los sentimientos de otro niño; no es sensato seguir siempre la pandilla. En las familias que he conocido y con las cuales he trabajado a lo largo de los años, estos niños a quienes les va mejor bajo presión han tenido en sus cabezas una voz clara desde cuando eran pequeños. Esta voz habla más fuerte y con más sentido de urgencia que todas las fuerzas que en el momento entran en competencia: sus pares, la influencia de las dinámicas de grupo, las tentaciones varias de la cultura popular. Lo que oyen, desde luego, es la voz de los padres.

De hecho, los niños describen estas cosas diciendo algo por el estilo de: «Me iba a apandillar contra ese niño, pero como que oía a Mamá decirme, "Eso no está bien"». En una época, la voz de los padres hacía eco por toda la comunidad; las creencias de los padres eran reforzadas por otros adultos y por la iglesia y sinagoga local, el centro comunitario, incluso la tienda, donde los niños eran conocidos y donde se les cuidaba. En ausencia de la red de seguridad que constituía un vecindario, la voz de los padres puede ahora ser incluso más importante. Por lo tanto, independientemente de cuán incómodos nos haga sentir o de lo desconcertante que pueda parecernos tocar ciertos temas, necesitamos ayudarles a nuestros hijos a desarrollar la Cautela.

Habilidades de los padres: cómo fomentar la Cautela

Según lo demuestran numerosos estudios longitudinales, los niños que no corren peligro aprenden que sus padres están allí no solamente para sostenerlos sino para proveerlos con una serie de creencias y opiniones que puedan utilizar como puntos de referencia. Las siguientes habilidades de los padres les ayudarán a cultivar en sus hijos la clase de relación que permite comunicar sus creencias a la vez que hablan sobre situaciones peligrosas y experiencias iniciales antes de que se presenten. Les ayudarán a ustedes y a sus hijos a resolver juntos los problemas, a hablar de situaciones antes de que ocurran y, cuando sea necesario, a hacer sentir consecuencias que le ayudarán a no ser insensato si se le presentara en el futuro una situación parecida.

Descubran el canal de «imaginarse» que mejor funciona. Para desarrollar la Cautela, el niño necesita poder anticiparse, ver con antelación. No obstante, fiel al tema de este libro, les aconsejo que estudien la forma como su hijo piensa. Descubran el canal por el cual procesa la información y por el cual su ojo mental «ve» mejor. Algunos niños pueden conectar mejor a una imagen emotiva, otros a una imagen visual o verbal. Hagan el tipo de preguntas a las cuales su hijo respondería con mayor facilidad. Por ejemplo, digamos que su hijo va a estar por primera vez en determinada situación y que no los tendrá a ustedes para que le ayuden.

- Cuando un niño accede mejor a las imágenes emocionales. Antes de que Pedro, de cuatro años, se reuniera a jugar con un nuevo amigo, su madre le preguntó, «¿Cómo crees que te vas a sentir si tienes que compartir todos tus juguetes?»

- Cuando un niño accede mejor a las imágenes visualmente. La mejor amiga de Clara celebraba con una fiesta su décimo cumpleaños, un evento mixto y uno de los primeros en que Clara estaría sin la supervisión de sus padres. Unos días antes de la fiesta, su madre le preguntó, «¿Puedes visualizar lo que los niños estarán haciendo en la fiesta, a lo mejor jugando a darse besos?»

- Cuando un niño accede mejor a las imágenes verbalmente. La última noche de las vacaciones de invierno de Enrique, de ocho años, su madre recordó el problema que había tenido con David, un compañero, antes de las vacaciones. David había armado un grupo que pretendía ponerse en contra un niño, y Enrique insistió en que realmente no quería participar. Así que la madre le preguntó a su hijo, «¿Crees que tendrás problemas todavía con David?» Cuando Enrique dijo, «Sí», ella le preguntó, «¿Puedes imaginarte qué te dirá él para hacer que te agrupes contra el niño nuevo? ¿Qué podrías contestarle?»

Ayúdenle a su hijo a desarrollar un idioma de opciones. Al investigar las habilidades de los niños para resolver problemas, la terapeuta cognitiva Myrna B. Shure, autora de *Raising a Thinking Child* (Cómo formar niños pensantes), encontró que la mayoría de niños en edad preescolar solamente podían producir dos maneras de atacar un problema; algunos ni siquiera entendían el concepto de «diferente». Encontró, sin embargo, que entre otras técnicas, los juegos de palabras que hacen énfasis en la diferencia y en las alternativas eran extremadamente efectivos. No solamente mejoraba la capacidad de los niños para resolver problemas, sino que demostraban una disminución del comportamiento destructivo. Shure utiliza los siguientes seis pares de palabras para estimular la capacidad de un niño pequeño para reflexionar y resolver problemas:

- Es/no es («¿Es una buena idea jugar a esto, o no es una buena idea?»)

- Y/o («¿Deberíamos ir de compras y a donde la abuela, o deberíamos ir al parque a jugar?»)

- Algunos/todos («¿Puedes comerte algo de la avena que hay en la olla o puedes comértela toda?»)

- Antes/después («¿Quieres tu leche con galletas antes o después del baño?»)

- Ahora/más tarde («¿Leemos ya este cuento o lo guardamos para más tarde?»)

- Igual/diferente («¿Quieres llevar la camisa del mismo color que la mía o la de diferente color?»)

Las investigaciones de Shure indican que si uno empieza a utilizar estos pares de palabras cuando los niños son pequeños (desde los tres o cuatro años) y se acostumbran a pensar sobre opciones y diferencias en un nivel verbal, les ayudará a ser más hábiles en la resolución de problemas.

Los niños (y los adultos) necesitan un lenguaje que les ayude a entender conceptualmente los dilemas que encaran. Dado este «idioma de las opciones», como lo llamo, los niños pueden practicar cómo tomar decisiones. Y, como lo comprueban investigaciones y estudios de Shure basados en otras técnicas cognitivas y de comportamiento, tienen entonces menos probabilidades de meterse en el tipo de problemas que surgen cuando el niño no ha analizado bien una situación.

Por ejemplo Teresa pudo ayudar a Guillermo, de cuatro años, a escoger si quería agradecer un regalo de cumpleaños mediante una nota escrita o mediante una llamada telefónica. Rosa, de cinco años, siempre tenía dificultades para vestirse por la mañana, hasta que Nicolás, su padre, le empezó a dar en la víspera la opción de llevar vestido o pantalones; esto hizo que a la mañana siguiente fluyera sin tropiezos y le ayudó a Rosa a entender la diferencia. Finalmente, el turbulento y desorganizado César, de nueve, se mostró más inclinado hacia la idea de ordenar su cuarto cuando sus padres le dijeron, «¿Quieres hacerlo de una vez o después de la cena?»

Digan explícitamente a los niños lo que creen que está mal. Preparar a los niños para encarar el mundo, para estar seguros en él, y para analizar las situaciones nuevas es prácticamente imposible sin hacerles saber lo que ustedes piensan que está bien y está mal. Como lo demuestran tanto el estudio JAMA como el del Instituto Johnson (ver la página 482 y la página 259), cuando los padres saben con claridad en qué creen, los hijos tienen mejor criterio y menores probabilidades de exhibir comportamiento de alto riesgo. En otras palabras, cuando los padres dicen explícitamente, «No quiero que tú [robes, bebas alcohol, te beses en la primera cita... ustedes llenan el espacio]», los niños acaban más a menudo absteniéndose de hacer estas cosas o por lo menos haciéndolas en edades más avanzadas. De hecho, lo que es más perturbador acerca de la encuesta de Rockport, Illinois no es el hecho de que esos adolescentes se hayan construido una moral propia, sino que lo hicieron sin referencia a ningún adulto, que al parecer en su mundo no existe la voz de los padres.

Hacía énfasis antes en este mismo capítulo en que los padres necesitamos abordar asuntos morales, no evadirlos. El pequeño debe saber que su madre no aprueba que golpee para conseguir un juguete. El niño de nueve años en un paseo de grupo a un museo que se comporta de manera grosera hacia el guía, o el preadolescente a quien le ofrecen su primer cigarrillo de marihuana, ambos necesitan saber que sus padres no están de acuerdo.

Es fácil para los padres abdicar de este papel, especialmente cuando tantos otros están haciendo precisamente esto. Recientemente, por ejemplo, mi amigo Vic me relataba un incidente en su comunidad suburbana que, yo sé, es típico en todas partes del país. Tara, su hija de diez años, y un grupo de amigas entre los nueve y los once, querían que las llevaran al centro comercial para pasar allí solas la tarde por primera vez.

Los padres, cumplidores del deber, se reunieron y lo conversaron. «Todos estábamos como pisando cáscaras de huevo en torno al tema, diciendo cosas como, "Supongo que no hay peligro", "¿Qué tanto daño puede hacer una hora?" y "A lo mejor les enseña independencia". Todo el tiempo, estábamos de hecho considerándolo y permitiendo que los niños nos lo exigieran. De repente, una de las madres dijo en voz bien alta, "Yo no creo que esto esté bien. ¡Los niños de esta edad no deberían andar solos por un centro comercial!" Esto nos hizo quedar como mal al resto pero sabíamos que tenía razón».

La historia de Vic es un ejemplo de cómo los padres pueden patinar y patinar en asuntos importantes. No se lo proponen; ciertamente no son «malos» padres ni «malas» madres. De hecho, muchas madres y padres temen «oprimir» a sus hijos con la claridad de sus convicciones. Pero como lo confirman las últimas investigaciones, los niños que se empapan de las convicciones de sus padres no se sienten ni agobiados ni confundidos por éstas.

Discutan las soluciones a las situaciones nuevas antes de que se presenten. No quiero decir con «discutir» que echen un sermón o que simplemente digan «Está mal». También necesitan exponer sus creencias y, adicionalmente, hacer preguntas que le ayuden al niño a pensar.

PAUTAS PARA LA PRIMERA VEZ

En cualquier situación nueva, y casi todas las otras veces cuando un niño se enfrenta a un dilema, se aplican las mismas pautas.

1. Cuando hablen del asunto utilicen siempre el canal de aprendizaje preferido del niño.

2. No critiquen ni sermoneen.

3. Validen los sentimientos del niño.

4. Vuelvan a exponer su convicción.

5. Sean concretos, de manera que puedan encontrar juntos una solución.

Por ejemplo Lidia, de cuatro años, quien ha demostrado en otras situaciones tener conciencia de sus emociones y de las de los demás, tiene un compromiso de juego con Juan, un amigo nuevo. La madre de Lidia, Elena, se había dado cuenta de que su hija era a veces dominante en el juego. Así que utilizó una maniobra preventiva, hablándole de lo que tal vez sucedería antes de que de hecho sucediera:

Mamá:	¿Puedes imaginarte lo que harías si Juan quisiera jugar su juego?

Lidia:	No juego.

Mamá:	Sé que es difícil, pero creo que es importante jugar por turnos. ¿Cómo crees que se sentirá Juan si no puede jugar sino tu juego?

Lidia:	Se enojaría.

Mamá:	Creo que tienes razón. ¿Se te ocurre algo más que podrías hacer?

Lidia:	Jugar una vez como él quiere... y luego sería mi turno.

Como lo demuestran las pautas anteriores, el proceso es semejante incluso con un niño mayor, solo cambian los asuntos. Por ejemplo cuando Ana, una niña de doce años muy observadora en lo visual, iba a asistir a su primera fiesta «de grandes», la siguiente fue la charla que sostuvo su madre con ella antes del evento:

Mamá:	¿Puedes visualizar lo que harías si los niños empezaran a fumar?

Ana:	A lo mejor querré probar.

Mamá:	(En lugar de patinar) Entiendo. Pero no quiero que fumes.

Ana:	Ay, Mamá... ¿una fumadita? Eso no tiene nada.

Mamá:	No, ni siquiera eso. Creo que es peligroso y malo fumar. ¿Se te ocurre alguna otra solución?

Ana:	Bien, podría estarme con los amigos que yo sé que no intentarían fumar. O simplemente podríamos decir que no tenemos permiso.

Después, analicen los eventos. Desde luego que no existe garantía de que las cosas marcharán como ustedes quieren. Así que es muy importante poder hablar sobre lo que sucedió en el evento. Pero estén en guardia: Casi todos los niños, independientemente de su temperamento, me dicen que cuando sus padres tratan de extraerles información acerca de la fiesta, o la reunión a jugar, el tono cuenta. Es realmente difícil para los niños organizar y entender sus sentimientos, y cuando los padres gritan, presionan, cuestionan con vehemencia, se ponen histéricos o sermonean, sin darse cuenta les están enseñando a los niños a abstenerse de hablar de sus experiencias difíciles.

Hablar después sobre las situaciones de primera vez sirve para estimular el pensamiento del niño. Le pueden ayudar a aprender el idioma de procesar y entender haciéndole ciertos tipos de preguntas:

- ¿Y qué si hubieras...?

- ¿Crees que en cambio podrías haber...?

- ¿No crees que tal vez...?

Esto le permite al niño pensar sobre otras opciones de una manera no combativa ni opositora. Puede él producir las alternativas, como hizo Benjamín, de cinco años, cuando se preguntaba en voz alta con su madre cómo se había metido en problemas en el patio de recreo en su parvulario. Como es de orientación visual, Benjamín se acordó de la escena y dijo, «Yo habría podido ir a donde la profesora antes de partirle el juguete a Gabriela». Nuevamente, este proceso es semejante con niños mayores. Magdalena, de once años y muy precoz en lo verbal, evaluaba el siguiente incidente: Un grupo de amigos se robó unas cajas de chicle de un almacén, y fue apresado. Cuando lo pensó, Magdalena se dio cuenta de que «A lo mejor yo podría haberme alejado. E incluso si mis amigos se hubieran enojado, no habrían dicho nada tan malo».

Formulen las preguntas de manera que promuevan la reflexión. Cuando los niños no ejercen la Cautela o el criterio, los padres tienden a formular preguntas retóricas como, «¿No te dije que no está bien golpear a alguien?», o «¿Por qué hiciste eso si sabías que me iba a enojar?» Este tipo de preguntas no solamente conducen a peleas, sino que son también prácticamente imposibles de constestar. El niño que exhibe un comportamiento irreflexivo o imprudente generalmente no conoce la razón. (¡Así como nosotros los adultos no sabemos por qué hacemos las cosas que hacemos!) Y lo que es más, estas preguntas ofrecen poco en pro de aumentar la reflexión.

En contraste, incluso si un niño está contemplando una acción, y le formulamos preguntas que se pueden contestar, le sirve para reflexionar y, a su vez, afinar su criterio. Como lo expresaba anteriormente, el trabajo que han hecho Shure y otros investigadores en el área cognitiva comprueba que este enfoque fomenta el pensamiento. Por ejemplo, si ustedes observan que su hija de cinco años está a punto de salir sin abrigo cuando afuera hiela, pregúntenle (de manera no crítica), «¿Qué crees que sucederá si no llevas puesto tu abrigo hoy?» Incluso si esto funciona, no esperen que ella diga, «Ah, mil gracias por recordármelo». Pero recuerden que los niños desde los tres y cuatro años son capaces de hacer este tipo de reflexiones, y, de hecho, ése es el mejor momento para empezar a practicar con los niños. Si su pregunta logra que el niño se quede quieto un minuto y observan un destello de reconocimiento en sus ojos, eso significa que su ordenador mental está seguramente en movimiento. Saben que por lo menos han logrado que ella piense sobre el tema en cuestión.

Utilicen la experiencia para enseñarle a pensar. Digamos que después de meditar un rato, su hija de cinco años decide atreverse al frío sin el abrigo. Enfóquenlo como una expedición. Pueden decir, «Bien, sal y mira cómo se siente el aire. Luego dime si está haciendo demasiado frío para estar afuera sin abrigo». Seguramente, el primer golpe de aire helado la hará regresar a casa, y habrá tenido la experiencia de pensar sobre un problema y resolverlo sola. Obviamente, si el niño quiere saber cómo se siente el fuego o decide encaramarse al techo, ¡no le permitirán ese experimento! Sin embargo, cuando las consecuencias no son graves, casi siempre es buena idea permitir que sea la experiencia quien enseñe. Esto anima a los niños a resolver los problemas por sí mismos.

Muchos expertos están de acuerdo en que, con la excepción de situaciones peligrosas, no podemos escudar a los niños de las experiencias negativas. Como lo anota Mary Leonhardt, autora de *Parents Who Love Reading, Kids Who Don't* (Padres a los que les encanta leer, niños a los que no), «Manejar problemas menores le da [al niño] la confianza en sí mismo y el amor propio para ser más adelante en la vida un adulto que funciona bien». Jerome Kegan, investigador en asuntos de la infancia, postula una opinión semejante. Al fin y al cabo, la parte reflexiva del cerebro del niño es un «músculo» que debe poner en uso y condicionar. Por lo tanto, correr riesgos moderados es saludable, tanto en lo físico como probando nuevos retos mentales.

Por ejemplo cuando Patricia, de seis años, se peleó con su amiga, en lugar de apresurarse a ofrecer una solución, su madre, Victoria, le preguntó, «¿Qué crees que serviría para hacer las paces con Sally?» Sin dirigirla, ni decirle qué hacer, Mamá escuchó la solución de Patricia, que era la de esperar y no hacer nada. A pesar de la gran tentación, Victoria no dirigió a su hija para que hiciera algo más; quería que Patricia experimentara si su propia idea resultaría una solución satisfactoria al problema... o no. Según resultó, Patricia tenía razón; Cuando se vieron nuevamente en el colegio Sally se había olvidado del malentendido. Si Victoria hubiera saltado a aconsejar, habría limitado en gran medida el aprendizaje por experiencia de Patricia.

En la misma vena, Pedro, de ocho años, sentía que la profesora se ensañaba con él porque le hacía preguntas cuando ni siquiera tenía la mano levantada. Era como si quisiera «pillarlo» en no saber la respuesta correcta. Estaba recibiendo mucha atención, pero en su mente la estaba recibiendo por las razones equivocadas. Su padre le hizo una pregunta clara y pertinente, «¿Qué quieres hacer tú?»

«Voy a quejarme a la señorita Cufiño durante la clase», dijo Pedro, tras pensar en el problema unos segundos. Conociendo a la señorita Cufiño, Papá sospechaba que la idea de Pedro no iba a funcionar. Sin embargo no intervino y permitió que Pedro probara su propia solución. De hecho, Pedro regresó sintiéndose todavía más descorazonado por su profesora, así que Papá hizo el ejercicio nuevamente, preguntándole qué más podría ensayar. Al hablarlo, Pedro se dio cuenta de que la señorita Cufiño nunca hablaba personalmente con los estudiantes durante la clase. Entonces decidió que la próxima vez le diría algo después de la jornada escolar, cuando estuviera sola y menos propensa a estar absorta en otros asuntos.

Generen consecuencias que animan la Cautela. Cuando los niños no se «enteran» de que una idea es mala, o equivocada o peligrosa, los padres deben recordarles que hay consecuencias. No podemos simplemente permitir que los niños se traten a sí mismos o a los demás de mala manera, que corran riesgos innecesarios, o que vayan en contra de las creencias de los padres. Crear consecuencias le ayudará al niño a saber cuál es la postura de los padres, lo cual es especialmente importante en torno a las cosas que suceden por primera vez.

Las consecuencias trazan las fronteras exteriores de nuestros valores y creencias y, como tal, generan seguridad. En esencia, ustedes le están diciendo a su hijo, «Esto es lo que espero de ti, y si traspasas esa línea, este es el precio que pagarás». Las consecuencias son la red de seguridad del niño. Según me dijo David, de trece años, acerca de sus padres, «Me gustaría tanto que tuvieran algunas reglas en la casa porque sin reglas hay mucho caos. Demasiado caos. Por eso necesitamos reglas». Durante años, los niños en tratamiento han hecho pronunciamientos semejantes, pero recientemente recibí exactamente la misma retroalimentación de una muestreo de 150 niños «normales» desde jardín infantil hasta sexto curso, a quienes les pregunté, «¿Qué hacen sus padres que los hace sentir bien?»

En privado, los niños son muy francos sobre cuánto necesitan reglas y consecuencias. Casi cada uno de los 150 niños que entrevisté, en todas las edades, estuvo de acuerdo en que se sienten más seguros cuando sus padres son claros en cuanto a las reglas. A continuación una muestra de sus respuestas:

«Alguien debería cuidarme».

- Un niño de cuatro años.

«Definitivamente no quiero que mis padres negocien demasiado conmigo».

- Una niña de ocho años.

«Me siento mejor cuando mis padres me dicen qué quieren que haga».

- Una niña de siete años.

«Me gusta la señorita Urrea porque los niños no pueden ser mandones».

- Una niña de cinco años.

«Es una buena profesora. Todos tienen que levantar la mano».

- Un niño de seis años.

«No me gusta esa casa; no hay nadie encargado».

- Un niño de diez años

«Necesitamos conocer las consecuencias o si no siempre vamos a tratar de salirnos con la nuestra».

- El comentario más frecuente por parte de niños que comienzan la adolescencia.

La consecuencia (el castigo) siempre debería estar asociada al incidente en cuestión y orientada a la enseñanza de sus valores básicos. Por ejemplo, podría ser tan simple como decirle a un niño de tres años y medio que se acaba de caer de algún juego alto, «Yo sé que todos los niños estaban subiendo a la parte más alta, pero tu no habías subido allí nunca, y no me pediste permiso. Así que no más de eso hasta que hayamos practicado».

O supongan que un preadolescente desobedece en la hora de llegar a casa: «Se suponía que llegaras a casa a las cinco. Cuando te digo que estés en casa a cierta hora, eso es lo que espero que hagas. Ahora no puedes ir al centro comercial en dos semanas».

Puesto que para los padres crear consecuencias parece ser una proposición tan complicada, permítanme resumir ciertos puntos que es importante tener en mente:

- Sean breves

- Vayan al grano

- No adicionen de paso sermones sobre otras transgresiones

- No critiquen ni emitan juicios sobre el carácter.

- Trabajen con consecuencias que se pueden hacer cumplir y que están ligadas al comportamiento con el cual se incumplió la norma.

Ayúdenles a los niños a desarrollar un umbral de aburrimiento más alto. Una de las maneras indirectas como los padres pueden ayudar a moderar en la aparentemente insaciable sed de excitación que tienen los niños es la de, sencillamente ayudarles a aprender a manejar el aburrimiento.

- Hagan énfasis en los proyectos a largo plazo que puedan expandirse y que no sean instantáneamente satisfactorios. Por ejemplo, en lugar de que el niño trabaje en un solo dibujo, sugiéranle que, con el tiempo, haga un libro de dibujos, o emprenda un proyecto de arte que requiera investigación, la participación de otros, y un mayor tiempo de ejecución.

- Exijan que asista y atienda a servicios de la iglesia o la sinagoga, reuniones de adultos, cualquier cosa donde los niños no sean el centro. Estar quieto y en contemplación requiere práctica; esta habilidad se desarrolla a medida que se extiende la capacidad del niño de aburrirse.

- No le permitan al niño interrumpir sin cesar. De hecho, presten atención a las ocasiones en que lo hace. Por ejemplo, muchos niños interrumpen la conversación de los adultos durante las propagandas de televisión. Faltando la estimulación electrónica, les parece que ustedes deberían dejar de hablar y prestarles atención a ellos, de inmediato.

- No planeen una actividad tras otra. Como anotaba en el Capítulo 4, sin darnos cuenta aceptamos el juego a este problema yendo de acá para allá con tal de mantener a los niños ocupados. Los niños no necesitan estar en constante estimulación. Lo que también necesitan aprender es cómo manejar el tiempo sosegado.

- Limiten la cantidad de tiempo que el niño se involucra en tecnología irreflexiva (juegos de ordenador, televisión, audífonos) de manera que no defina la diversión únicamente en términos de esas actividades movidas por el impulso. Además, no se la pasen remplazando juegos viejos con las ofertas cada vez más estimulantes.

Establezcan «rituales de repaso» como parte de su rutina familiar. Con nuestros horarios agitados y los de los hijos, no siempre podemos esperar a que los momentos tranquilos se den por sí solos. La vida está tan llena de actividades, que es mejor programar el tiempo en que se les ayuda a los niños a examinar sus acciones. He aprendido de las familias en mis talleres que hay toda clase de formas de separar un tiempo que se convierta en rutina y en que los miembros de la familia puedan evaluar los incidentes que sucedieron durante el día. De esa forma, los niños aprenden a expresar sus emociones en la medida en que se presentan y así los sentimientos negativos se disipan. El «cómo» y «cuándo» de su ritual de repaso puede ser muy diferente de los de otras familias. No obstante, hay una serie de variables por considerar:

- Debe ser un momento relajado, es decir, asociado a algo placentero. En casa de los Domínguez, la cena es extremadamente reposada, es un rato natural para hablar. Sin embargo, para los Giraldo, la misma cena es un momento de extrema presión, todos están apenas llegando a casa y tanto los niños como los padres están de mal humor. Los mejores momentos, naturalmente, son aquellos en que el niño tiene mayores probabilidades de ser receptivo.

- Puede ser uno a uno con cada niño por vez, o en el contexto de toda la familia, como en reuniones habituales. Cuál escojan depende de la dinámica de la familia particular y de cuánto tiempo dejan disponible sus compromisos colectivos. Además, esto puede cambiar en la medida en que los niños crecen. Ciertamente, sería agradable pensar que todos podríamos vivir cada noche escenas tipo *Ozzie and Harriet* en torno a la chimenea, pero eso a menudo no funciona, a lo mejor porque dos de los hermanos están peleados, o a lo mejor porque el problema pendiente es de carácter privado. En ese caso y en otros, la única manera de lograr que el niño reflexione y evalúe una situación es uno a uno.

- Un ritual de evaluación no debería ser el momento para traer a colación las transgresiones pasadas. Incluso si el tema que se está discutiendo les recuerda algo semejante que ha estado ocurriendo, no lo traigan a cuento. Por ejemplo, si el niño empieza a hablar de una discusión que tuvo en la escuela con un compañero y que acabó en pelea, no es el momento de hablar de otras peleas o de recordarle una tarea olvidada.

Recuerden que el objeto del ritual de repaso es encarar asuntos a medida que se presentan. Eventualmente, el niño adquirirá el hábito de hacer ese repaso mental de su comportamiento, un distintivo del niño que ha aprendido Cautela.

Habilidades de los niños: cómo enseñarle a PARAR

Las habilidades que el niño necesita para desarrollar la Cautela entran en conflicto con nuestro clima de caos y con la ética de la segunda familia, es decir con la exigencia para que nos ajustemos a la norma, al amor por lo inmediato, a la falta de reflexión y a la desconsideración con los sentimientos y necesidades de los demás.

Cómo se utiliza el PARE

Puesto que los niños en este ambiente vuelan tan a menudo con el piloto automático, me pareció necesario crear una herramienta simple y de fácil acceso. Ésta se llama «PARE» y quiere decir:

Permanecer quieto

Analizar

Reparar o fijarse

Entrar en acción

La fortaleza de este enfoque es que el niño lo puede hacer solo, en el momento. Además le ayuda al niño a ver que la Cautela, al igual que cualquier otra habilidad, requiere de práctica y puede ser dominada con el tiempo.

Permanecer quieto insta al niño a que haga una pausa, a que se detenga. Le dice que se tome un momento antes de actuar. A cualquiera le cuesta pensar cuando está en movimiento. ¿Por qué, si no, diríamos que el ejercicio «despeja» la mente? Y si alguna vez han observado a un niño corriendo o en algún otro tipo de acción física, sabrán lo difícil que es lograr que escuche, mucho menos que reflexione. Los profesores entienden esto, y cuando quieren que los estudiantes escuchen, aplauden o soplan un silbato, dando a entender que es hora de «parar» de moverse. Los niños sencillamente no pueden pensar cuando están en movimiento.

Esto fue lo que le expliqué a Celia, la madre de Oscar quien me trajo a su niño hiperactivo de siete años porque parecía con demasiada frecuencia «estar a mil» y salirse de control. Inevitablemente hacía algún daño o le pegaba a otro niño. Para parar este ciclo, le sugerí a Celia que tratara de que se quedara quieto antes de intentar hablar con él o darle indicaciones. Cuando Oscar se empezó a sobreexcitar, ella literalmente lo detuvo poniéndole las manos suave pero firmemente sobre los hombros. Celia logró que su hijo pensara en lo que estaba haciendo solamente cuando logró calmarse

Analizar hace que el niño reflexione y trate de predecir las consecuencias. Enséñenle al niño a formularse a sí mismo preguntas como:

- «¿Está mal hecho esto?»

- «¿Me puede meter en problemas?»

- «¿Cómo se sentirán otros niños?»

- «¿Es seguro?»

- «¿Qué me puede suceder?»

Hasta un niño de cuatro años puede empezar a cuestionarse de esta forma. Por ejemplo, Adán era el único niño en su grupo de juego. Cuando el grupo se quedó solo las niñas le pidieron que se bajara los pantalones. Al principio, les hizo caso. Era la respuesta natural en un niño de su edad. Cuando Adán les contó a sus padres, no se enojaron demasiado. A instancias mías, Mamá y Papá trataron de ayudarle a pensar y a hacerse preguntas como las que expuse antes. Puesto que Adán era tan pequeño, también necesitaban reforzar su voz de padres recordándole claramente, «Las niñas hicieron muy mal al pedirte que te bajaras los pantalones. Algunas cosas deben ser siempre privadas». Adán necesitaba poder llevar a todas partes a sus padres interiores.

Cuando a la vez siguiente las niñas propusieron ese juego, Adán pudo detenerse y decir, «No, no tengo permiso. No quiero jugar».

Reparar inspira empatía y anima al niño a tener en cuenta lo que otros están sintiendo. Cuando Lía, de tres años y medio, mira a otro niño a la cara, está empezando a preguntarse «¿Qué siente él?» Al mismo tiempo, también se pone en contacto con sus propios sentimientos, como quien dice con sus «entrañas». Los poderes de observación de algunos niños son naturalmente altos, pero otros no perciben automáticamente los peligros potenciales. Carolyn Zahn-Wexler, investigadora del *National Institute of Mental Health* (Instituto nacional para la salud mental), y quien ha estudiado la empatía en los bebés y niños menores confirma, «Algunos niños parecen haber nacido con más empatía que otros».

De cualquier modo, los niños pueden fortalecer su intuición, a lo largo de este libro he hablado de la importancia de hacerles caso a sus «corazonadas». Pero también debo hacer énfasis de nuevo en que necesitan de nuestra ayuda. Con cuánta frecuencia oímos que los niños y los adultos dicen, «Pensé que era mala idea, pero no presté atención a mis instintos». Los niños que son buenos observadores no solamente confían en lo que ven, sino que pueden identificar problemas o peligros en ciernes. ¿Qué deberían estar observando?

- Expresiones faciales

- Tono de voz

- Las emociones del otro niño

- El lenguaje corporal del otro niño

Por ejemplo Gregorio, de ocho años, que estaba jugando a la lucha amistosa con su primo, observó que las cosas se iban a deteriorar cuando la expresión de Gustavo cambió. «Se veía furioso y malo», le dijo a su madre. «Sabía que me iba a golpear».

Incluso Isabel, de cuatro años, aprendió a observar a las personas de su ambiente. Después de que su mamá la había entrenado para permanecer quieta físicamente, y para reparar en lo que estaban haciendo sus compañeros y su profesora, Isabel reportó, «Mamá, me di cuenta de que la señorita Gómez estaba furiosa porque los niños estaban haciendo mucho ruido. Me senté... ¡para que no me regañara a mí!»

Entrar en acción les recuerda a los niños que todos los días, en casi cualquier momento, tienen que optar por algo. Las primeras tres letras de PARE hacen que el niño disminuya la marcha y lo llevan a pensar y a reparar. La «E» lo lleva a adoptar una postura.

La «E» es importante también porque las situaciones son como tiburones, se mueven todo el tiempo. Los niños necesitan entender que son responsables de lo que deciden hacer. Si no aprenden este concepto tan importante de las elecciones que hacen, se convertirán en inveterados fabricantes de excusas, que desconocen sus decisiones y entregan a borbotones racionalizaciones y mentiras:

- «Mi amiga me hizo hacerlo».

- «No lo pude evitar».

- «Fue idea de mi hermana».

- «Lo hizo mi mano».

El punto es que, incluso si el niño elige hacer algo peligroso o malo, no se trata de argumentar con él sobre quién tuvo la culpa. Tiene que aprender a aceptar que él lo hizo, él actuó. Más aún, la edad prácticamente no viene al caso. Las investigaciones sobre desarrollo cognitivo demuestran que incluso con un niño que acaba de empezar a hablar y no parece entender del todo, sirve por lo menos ayudarle a empezar a pensar sobre sus opciones. Para hacer esto recuerden:

- Esperen un rato tranquilo. Uno no puede lograr que un niño acepte su responsabilidad si está sobre excitado, si se siente terrible, o si está demasiado a la defensiva.

- Hagan preguntas para ayudarle al niño a identificar su responsabilidad. Son semejantes a las preguntas que sugerí para ayudarle al niño a entender lo que sucedió, pero le recuerdan concretamente al niño que hubo un momento en que él efectivamente decidió hacer lo que hizo:

«¿Cuándo decidiste hacerlo?»

«¿Qué te hizo seguir a los otros?»

Hagan preguntas para ayudarle al niño a identificar su responsabilidad. Son semejantes a las preguntas que sugerí para ayudarle al niño a entender lo que sucedió, pero le recuerdan concretamente al niño que hubo un momento en que él efectivamente decidió hacer lo que hizo:

«¿Cuándo decidiste hacerlo?»

«¿Qué te hizo seguir a los otros?»

«¿En qué momento pensaste en decir que no?»

«¿Y qué tal si te hubieras acordado que no estaba bien?»

La meta es encontrar un rato de tranquilidad para hacer énfasis en el hecho de que el niño es responsable de sus acciones. Los niños deben darse cuenta de que toman decisiones en cada momento del día; no es que todo el tiempo los arrastre la corriente.

Les recuerdo, una vez más: traten de no sermonear o ser demasiado vehementes; dejen las cosas quietas. Sin embargo, está bien dar la impresión de que el niño está en problemas porque de alguna manera violó la ética de sus padres. Simplemente asegúrense de exponer el valor con brevedad; generen una consecuencia asociada a lo que sucedió; y, luego, después de que los sentimientos estén más reposados, traten juntos de entender. Recuerden que el aspecto importante de esta estrategia es que se trata de la acción de su hijo no de la de ustedes. Con el tiempo, enseñar Cautela les ayuda a los niños a interiorizar la voz de los padres y, en última instancia, a distinguir por sí mismos entre el bien y el mal.

9

Inteligencia de equipo

Habilidad básica núm. 9: Fomenten en la capacidad de formar parte de un equipo sin perder la individualidad.

«Yo», *versus* «nosotros»: Mantener el equilibrio

Muchos hoy en día estamos conscientes de un cambio radical en nuestra cultura: Ser jugador de un equipo compite ahora arduamente con la tradición antaño honrada de lograr las cosas por sí mismo. Desde los setenta, existe un reconocimiento cada vez mayor de que somos parte de algún gran todo mayor: la familia, la corporación, la comunidad, y, desde luego, la aldea global. Pero a pesar de esta tendencia, la eterna búsqueda de la originalidad no ha desaparecido. Parafraseando el informe de *The New York Times*, del 22 de febrero de 1998, la tensión entre la colaboración de grupo y el individualismo más recalcitrante, no va a desaparecer.

La oposición entre estos dos mensajes culturales predominantes, «Eres el número uno» y «Sé un buen jugador de equipo», naturalmente afecta a nuestros hijos tanto como nos afecta a nosotros. La pregunta entonces es, ¿cómo les ayudamos a los niños a aprender a ser parte del todo mayor y, a la vez, a no perder su originalidad? La respuesta es ayudarles a desarrollar lo que yo llamo «Inteligencia de equipo».

Enseñarles a los niños a lograr el equilibrio entre el «yo» y el «nosotros» es claramente para los padres uno de los retos más difíciles de nuestro tiempo. Veo evidencia de esta tensión en los niños de todas las edades, quienes me llegan con problemas que pueden ser descritos como asuntos de Inteligencia en equipo.

- Ivonne, de cuatro, se queja a su madre: «Lili y Cecilia siempre juegan juntas a imaginarse cosas, pero nunca me preguntan a mí. Yo también tengo buenas ideas, Mami».

- Pedro, de seis, en su primer año en una escuela progresista, donde casi todas las tareas son de trabajo en equipo, tiene dificultades en pasar de un grupo al otro si su parte del proyecto no ha sido completada a su gusto.

- Carla, de nueve, llega a casa llorando después del entrenamiento de fútbol porque la capitana del equipo la acusa de no colaborar. En realidad, no responde bien a los métodos de enseñanza de la entrenadora.

- Tomás, de siete, recibe a menudo un regaño por perturbar la clase cuando otros niños están hablando; y no lo quieren en sus grupos de trabajo ni en sus equipos.

- Esteban, de diez, siempre hace enojar a sus amigos porque cada vez que juegan «estira» las reglas para que éstas se adapten a sus opiniones sobre justicia.

Los padres de estos niños están preocupados por ellos al igual que sus profesores, quienes en los últimos diez años cada vez remiten más a estos niños a orientadores y consejeros. Ha surgido recientemente una nueva industria casera a medida que los profesionales han empezado a percibir el potencial de lucro que tiene la terapia de grupo para niños con problemas de socialización con sus pares. En una ciudad grande, un consejero que colgó un aviso modesto hace un año, ya tiene seis grupos a la semana cuya meta es la de ayudarles a los niños a aprender a trabajar juntos sin perderse ellos mismos. Y ésa es tan solo la punta del iceberg. Predigo que vamos a ver un tremendo aumento en este tipo de grupos, y una consciencia cada vez mayor de la importancia de la Inteligencia de equipo.

Dada la manera como nuestras vidas sociales y nuestras escuelas están organizadas, no sorprende que el reto de equilibrar el yo con el grupo haya empezado a aparecer a edades más tempranas. El informe de 1991 del *U.S. Bureau of the Census*, anotaba que más de la mitad de los niños de cuatro años y el 27 por ciento de los niños de tres años estaban matriculados en programas educacionales antes de la guardería. En 1965, solamente el 16 por ciento de los niños de cuatro años y el 5 por ciento de los de tres años estaban matriculados. Y el *U.S. Department of Education* anota que las matrículas de niños entre los tres y cinco años en instituciones anteriores a la primaria se ha casi duplicado entre 1970 y 1994.

Los profesores y los padres instan a estos pequeños a colaborar y a cooperar, a ser parte «del equipo» en el instante en que empiezan a socializar. Bien sea que estén en el área de recreo o participando en «la hora del círculo», prácticamente cotidiana en todas las guarderías, el principio orientador es tener consciencia del grupo. Incluso desde antes de que empiece el colegio, hay en todas las áreas de la vida del niño un gran énfasis en el trabajo en equipo: sostener todos el paracaídas, turnarse y ayudarle al compañero.

La educación progresiva se extiende con su énfasis en la participación de grupo. Las escuelas *Montessori* y *Waldorf*, al igual que aquellas modeladas en la *Escuela Bank Street*, se apoyan fuertemente en el trabajo en equipo y han influido enormemente en la educación temprana. El movimiento de «aprendizaje cooperativo», como se le llama, ha recibido buena prensa. Una encuesta de más de ochenta estudios concluyó, «Los niños que aprenden cooperativamente aprenden mejor, se sienten mejor consigo mismos, y se entienden mejor entre sí».

El viejo modelo educacional, hileras rectas de sillas con niños que trabajan aisladamente, está desapareciendo rápidamente. El aprendizaje por experiencia, popular en guarderías y parvularios, involucra a los niños en proyectos de grupo. En muchas escuelas elementales en todas partes del país, los profesores emplean un concepto llamado «enseñanza por núcleos». Reunidos alrededor de una mesa, los estudiantes colaboran en todo desde la ortografía hasta los dioramas de dinosaurios.

Aunque he estado utilizando la palabra «equipo» en su sentido más amplio, el número de equipos tradicionales también ha estallado. En el pasado, las escuelas elementales y secundarias típicas tenían, tal vez, media docena de equipos altamente visibles. Ser integrante de uno de ellos era una marca que connotaba ser de cierto modo alguien especial, y la noción misma de «miembro de equipo» estaba asociada con un grupo de élite. Hoy en día todo esto empieza temprano; es común ver equipos que desde el pre jardín continúan hasta el octavo curso y luego hasta finales de la escolaridad. Hay equipos de niñas y niños, incluso algunos mixtos (matemáticas, arte, ordenadores, ajedrez, debate, incluso «el equipo de barras», es decir los que animan a los otros equipos).

De hecho, en entrevistas que he hecho, los rectores de colegios en todas partes del país me hacen repetidamente notar que el número de equipos ha aumentado drásticamente. Lo informan con una mezcla de orgullo y preocupación. Están contentos de que los niños sean participativos y activos; al mismo tiempo, los educadores se preocupan de que algunos niños puedan perder su sentido de individualidad. Mi propia experiencia me lleva a compartir la opinión de los rectores. He visto la dificultad que los niños tienen para equilibrar la colaboración con el tener suficiente fe en sí mismos y confianza en sus propias creencias para adoptar posturas contrarias a las del grupo.

No hay duda de que nuestros niños necesitan de Inteligencia en equipo cuando salen a nuestro mundo. Ahora damos por sentadas frases como «administración de grupo» y «comunicación global» y «diversidad cultural» que ni siquiera se utilizaban cuando éramos niños hace unos decenios. Para el año 2050, el 75 por ciento de la fuerza laboral incluirá personas de color, según Derek y Darlene Hopson, coautores de *Raising de Rainbow Generation*, (Levantando a la generación arco iris). Por esta razón, el 40 por ciento de las corporaciones estadounidenses ya tienen alguna clase de entrenamiento en la diversidad. En resumen, el trabajador de hoy en día, bien sea en una cadena de ensamblaje o en la oficina de los directores, tiene que tener mente independiente y saber jugar en equipo.

Su hijo encara una realidad semejante. La Inteligencia de equipo le ayudará en sus años de escolaridad y lo preparará para ser un ciudadano de la aldea global del mañana.

Por qué es importante la Inteligencia de equipo

Además de preparar a los niños para funcionar en esta cultura que cambia con tanta rapidez, la Inteligencia de equipo protege la individualidad del niño, su esencia. Por una parte, este constructor de esencia solidifica el sentido de sí mismo que tiene el niño. Sabe que si bien es importante cooperar, uno nunca debería dejar de lado sus convicciones esenciales. Por otro lado, puesto que la Inteligencia de equipo tiene que ver con aprender a sostenerse en lo de uno a la vez que se es integrante de un equipo, también proporciona un antídoto a la mentalidad de pandilla de la segunda familia. Los niños que poseen Inteligencia de equipo pueden hacer a un lado sus necesidades egoístas inmediatas por el bien del grupo y en pro de los beneficios a largo plazo.

La inteligencia de equipo fortalece la empatía. La Inteligencia de equipo incrementa la capacidad de empatía. A medida que empieza a jugar con otros niños, y a medida que se le pide cada vez más que se manejen en ambientes de grupo, necesita poder sintonizar con los demás al igual que consigo mismo. Y debe aprender a permanecer fiel a sus convicciones a la vez que reconoce los sentimientos del otro niño.

Las investigaciones indican que los niños son capaces de responder con empatía a otros niños desde muy pequeños. Por ejemplo, la investigadora Carolyn Zahn-Wexler reporta que dentro del primer año de vida, un bebé es capaz de distinguir su propio llanto del de otro niño o adulto. Y algunos niños de un año son capaces de intentar consolar a un adulto que manifiesta haberse hecho daño. Las investigaciones con hermanos confirman estos hallazgos. Judy Dunn, experta en desarrollo infantil y quien trabaja con la Universidad del Estado de Pensilvania, ha llevado a cabo numerosos estudios con hermanos. Ella anota que mucho antes de los tres años los niños son «hábiles para leer los sentimientos y planes de los hermanos y responder a éstos». Una revisión de los estudios de hermanos muestra que niños incluso desde los cuatro meses pueden desarrollar empatía con un niño mayor; de los diez a los doce meses, muchos bebés de hecho extrañan a los hermanos ausentes y demuestran alegría a su regreso.

Sin embargo, el temor de un niño al ridículo o a la crítica puede coartar su tendencia natural a ser sensible y a apoyar. Que un niño sea capaz de mantener su empatía de cara a la presión del grupo y actuar según su mejor instinto es un verdadero indicio de Inteligencia de equipo, y un punto clave en el desarrollo. Por ejemplo Leonardo, de tres años y medio notó la expresión de angustia de una niña y fue capaz de abstenerse de participar en el grupo que la estaba mortificando. Y en una escuela pública, cuando Laura de cinco años se dio cuenta de que algunos niños se estaban escondiendo y notó la expresión de preocupación de la profesora, fue lo suficientemente valiente para dar el paso que correspondía.

Que Leonardo fuera capaz de decirles a sus amigos, «Va a llorar... creo que deberíamos parar porque no está bien», significa que tiene la capacidad de sostenerse en su idea de lo que está mal o bien de cara a la presión de los pares. Que Laura no se preocupara de que los otros niños se enfurecieran o de que le dijeran ponequejas era un logro igualmente importante. En ambos casos, los niños demostraron Inteligencia de equipo, que incluía un incremento en la noción de lo social y una creciente conciencia.

La Inteligencia de equipo también empuja a los niños a tener más empatía frente a diferencias. Se vuelven más observadores, dándose cuenta de que algunos niños corren o aprenden más rápido que otros, que los niños de diferentes procedencias culturales pueden tener actitudes diferentes. Se dan cuenta de que su propia visión del mundo no es necesariamente la única perspectiva; también hay que considerar otras ideas. Por ejemplo, trabajar lado a lado con estudiantes de origen asiático ha inspirado a otros estudiantes a enfocar el trabajo escolar con una actitud diferente. Los asiáticos típicamente estudian más y parecen tener un umbral más alto de aburrimiento.

La Inteligencia de equipo propicia la resolución de conflictos. No sorprende que la Inteligencia de equipo lleve al desarrollo de una mejor capacidad para resolver conflictos. Cuando Nicolás hace un trabajo con otros niños de su núcleo sobre el bosque húmedo, aunque produce ideas propias, debe cooperar y negociar. Debe saber cuándo hablar, cuándo escuchar, cuándo estar a cargo y cuando tomar segundo lugar y darle a otro la oportunidad de llevar las riendas.

Finalmente, la familia misma es una especie de equipo. Los niños que tienen Inteligencia de equipo saben que sus necesidades no son las únicas que hay que satisfacer; saben que a veces tienen que trabajar en pro del bien mayor. Que exista empatía en casa engendra armonía y colaboración. Los niños hacen extensiva esa noción a otros sitios y al futuro. Saber cómo crear buenas cadenas de apoyo en un vecindario puede llegar a salvar vidas en un mundo adulto carente de sistemas menores de relación entre parientes o de vida de barrio. Los padres de niños con Inteligencia de equipo dicen que sus hijos...

- Saben cómo seguir reglas que tienen sentido y cómo cuestionar las que no lo tienen.

- Saben cómo pedir lo que necesitan y participar en un esfuerzo colectivo.

- Saben cómo resolver un conflicto antes de que alcance proporciones de crisis.

- Saben cómo negociar en pro de sí mismos sin ser despiadados o crueles.

Por todas estas razones, esta Habilidad básica es obviamente vital para la esencia interior del niño.

> Habilidad básica núm. 9: Inspiren a su hijo a desarrollar su capacidad de ser parte de un grupo sin perder su individualidad.

Sin embargo, debido a los mensajes contradictorios de la cultura, esto no es siempre fácil. Efectivamente, hay un sinnúmero de factores que hacen difícil incluso para los adultos, tanto padres como profesores, mantener su equilibrio crítico, y más difícil aun ayudarles a nuestros hijos a conquistarlo y mantenerlo.

Amenazas esenciales: por qué pasamos por alto la Inteligencia de equipo

Aunque los colegios cada vez hacen más énfasis en la participación de grupo, este constructor de esencia es ampliamente descuidado. Ni las instituciones de salud mental ni los padres parecen darse cuenta del valor de la Inteligencia de equipo. Una de las razones por las que esto sucede es el enfoque cultural persistente sobre el «yo». Como sociedad, pagamos caro por «encontrarnos a nosotros mismos» y para «escapar a la codependencia», pero ha habido escasa o nula atención en ayudar a la gente a entenderse entre sí. Incluso más aún, no se ha enfocado la necesidad de desarrollar un equilibrio sano entre el «yo» y el «nosotros».

Los padres y la cultura pop hacen énfasis en el «yo». Recibimos indicaciones de nuestra sociedad orientada al yo y de la racha de libros de autoayuda que dan claves sobre cómo lograr la autonomía y entonces los padres procedemos a fomentar el «yo» de los niños. Nos esforzamos para asegurarnos de que el niño sepa que es «especial» pero no nos damos cuenta de que ese comportamiento de adoración puede afectar la participación del niño en las actividades colectivas. Además, la mayoría de los padres luchan en sus propias vidas para mantener un fuerte sentido de su yo dentro del poderoso influjo del grupo. Y puesto que caminamos sobre la misma cuerda floja de nuestros hijos, a lo mejor no tenemos en cuenta el impacto de la dinámica de grupo, es decir de las fuerzas y energías predecibles que se desarrollan entre los miembros durante el tiempo que dure el grupo. Por ende, los padres se encuentran a menudo perplejos por los problemas de grupo; no siempre entendemos la complejidad y la importancia de la Inteligencia de equipo y, comprensiblemente, nos cuesta mucho enseñársela a nuestros hijos.

Esto deposita a los niños en el ojo mismo del huracán de la segunda familia, que envía mensajes contradictorios. Por otro lado, la segunda familia insiste en las reglas de grupo, en ser parte de los jóvenes y en dejar a los adultos fuera. Por otro, hace un énfasis poderoso en el yo, promoviendo la mentalidad «sé tu mismo» a cualquier costo. Consecuentemente, es increíblemente difícil para los niños hoy en día encontrar un equilibrio entre el yo y los demás.

Esta tendencia es evidente en niños de todas las edades, anota Paul Krouner, director de *Camp Schodak*, un campamento de verano cerca de Albany, Nueva York. Krouner, cuya familia ha estado en el negocio de los campamentos durante generaciones, ha observado una «clara tendencia» durante los últimos treinta años: «Ahora los niños parecen ser llevados en dos direcciones diferentes. Intelectualmente, entienden la importancia de trabajar en un equipo, en un grupo que está por encima de ellos. Emocionalmente, sin embargo, a muchos de los niños parece resultarles cada vez más difícil no estar en el centro y dejar de lado sus necesidades inmediatas».

Todos conocemos niños que tienen que ser jefes y nunca están contentos con ser parte de la tribu, y quienes tienen dificultades para cooperar en la búsqueda de una meta común. Esta actitud es terriblemente corrosiva para la esencia interior del niño. A estos niños los consume la envidia y les resultan amenazadores los talentos de los demás. No puede descansar en sus laureles o sentirse jamás satisfecho de sus propios logros. Desarrolla una especie de mentalidad «del espectáculo»: «Mi valor se mide por la calidad de mi última presentación». Teme que el éxito de otro de al traste con sus propias posibilidades de excelencia; consecuentemente, siempre está listo para la caída. Con el tiempo, un niño así se encuentra típicamente con un triste destino: otros niños dejan de querer incluirlo.

La segunda familia significa «nosotros» contra «ellos». Veo también a niños que están atascados en el otro extremo, en el modo «nosotros». Es interesante anotar que esto anteriormente era percibido como «cosa de niñas», la noción de que uno debe cederle parte de uno mismo al grupo, o perder la voz, según lo expresara la psicóloga Carol Gilligan al describir este fenómeno cultural. Hoy, sin embargo, lo observo en muchas de las niñas y de los niños que me buscan por causa de problemas de equipo. Dada la pelmazofobia y la tiranía de lo onda, los niños hoy en día también corren el riesgo de desdoblarse con tal de ajustarse a los estándares del grupo. Ellos también estudian en la televisión lo que está «in», están inmersos en la cultura de lo onda y desconocen partes de sí mismos con tal de estar a tono con el grupo.

Esta esclavización por parte del «nosotros» se ha ido colando desde el nivel adolescente y preadolescente hacia los niños pequeños de ambos géneros. En una visita reciente a una tienda de ropa, esperaba a mi hija que se encontraba probándose unos tejanos. Una vendedora en un centro comercial suburbano me contaba que en los últimos años niños cada vez más pequeños llegan a comprar con la meta específica de vestirse para ser parte del grupo más «in». Incluso niñas de primer y segundo curso parecían tener un sentido de lo que estaba en la onda. En otro almacén, el administrador me dijo, «Solían ser los adolescentes quienes querían tener la pinta apropiada para pertenecer. Ahora nos llegan niños de tres y cuatro años que tienen que tener cierta marca de ropa, para ser exactamente como todos los demás». De hecho, hay investigaciones que han demostrado que niños desde los dieciocho meses son capaces de reconocer marcas. Esto no debería escandalizar a padres de niños pequeños, como los míos, que andan a menudo por ahí tarareando las melodías insignia de McDonald's o de Burger King.

¿Es de extrañar, entonces que ya para guardería o primer año de escolaridad, a estos mismos niños tan conscientes de las marcas les cueste dificultad ser asertivos en un grupo?

De hecho, muchos de ellos ya están buscando ayuda, haciendo anotaciones acerca de sus compañeros de equipo por el estilo de:

- «Siempre me están mandando».

- «Si no hago lo que quieren, me dicen que no van a ser mis amigos».

- «¿Por qué son todos tan malos?»

- «No tuve oportunidad de que hiciéramos mis ideas».

- «Siempre les toca primero a los mismos niños».

Algunos de estos niños quieren salirse del maremágnum; otros toleran que los presionen porque están desesperados por ser parte del equipo. En la transacción, pierden el «yo», pierden su ser interior.

En contraste, un niño que posee Inteligencia de equipo, un niño que sabe cómo ser parte del equipo sin perderse él mismo, evidencia un equilibrio saludable entre el «yo» y el «nosotros». A veces es asertivo y pone en primer lugar su persona y su criterio; a veces permite que sus necesidades y opiniones sean secundarias a las del grupo. No es cuestión de seguir o liderar; es cuestión de hacerle honor a la esencia interior y aún así ser un jugador cooperativo que aporta una contribución individual al todo mayor. Ayudarle al niño a lograr esta clase de equilibrio es un regalo que beneficiará al niño toda la vida.

Habilidades de los padres: cómo fomentar la Inteligencia de equipo

En mis innumerables visitas a las escuelas elementales, he visto, y lo confirman los profesores, que cuando los niños terminan guardería es obvio que algunos han empezado a desarrollar Inteligencia de equipo. Son capaces de cooperar y, a la vez, sostener su individualidad. Sin embargo, ese equilibrio no se da naturalmente en nuestra cultura. Los niños necesitan que los orientemos.

Como lo expresaba con anterioridad, los padres no hemos tenido mucho entrenamiento en Inteligencia de equipo. No estamos familiarizados con la filigrana de la dinámica de grupo, que les genera confusos dilemas a nuestros hijos. La participación en cualquier clase de equipo, atlético, académico o social, requiere que el niño interactúe con un conglomerado de actitudes y sentimientos diversos que constituyen la «personalidad» de cada grupo. A menudo, los retos y conflictos que surgen tienen poco qué ver con el niño como individuo y más qué ver con el grupo como un todo. De todos modos, tenemos que ayudarle a aferrarse al «yo» en medio de este poderoso «nosotros».

Antes de que puedan ayudarle al niño a desarrollar Inteligencia de equipo, sin embargo, deben primero educarse en dinámica de grupo y aprender sobre las maneras como el individuo asimila, como se convierte en parte de la entidad mayor. Para ese efecto, me remito a los hallazgos del Instituto Tavistock en Inglaterra, inspirado por los escritos del psicólogo Wilfred Bion. En los últimos decenios, clínicos e investigadores en el campo de la psicología organizacional, informados por Bion, han estado estudiando cómo se comportan las personas en grupos.

El trabajo de Bion vierte luz sobre el por qué, sin las habilidades apropiadas para trabajar en equipo, una persona puede fácilmente perderse dentro de un grupo. La teoría Tavistock ha sido aplicada a situaciones de la vida real más que todo en el último decenio, típicamente en el mundo de las corporaciones, para entender el cómo de los grandes grupos. ¿Por qué no habrían también de beneficiarse las familias de estas herramientas?

Más adelante, en la primera sección de habilidades de los padres, ofrezco lo que nuestra profesión ya ha aprendido de la psicología organizacional y cómo pienso que podemos aplicarlo a nuestros hijos. Al comprender mejor la manera como funcionan los equipos, pueden efectivamente ayudarle al niño a nadar en las aguas a menudo peligrosas del comportamiento de grupo. En la segunda sección, explico mi técnica AAPP (ver la página 293), la cual es una síntesis del enfoque cognitivo y de comportamiento (es decir cambiar el pensamiento para cambiar el comportamiento) y el aspecto de la psicología organizacional que se refiere en la dinámica de grupo. Poner en práctica el sistema AAPP los pondrá en capacidad de lograr resultados similares a los que consiguen los consejeros que dirigen «grupos de socialización con los pares» y les ayudará a preparar al niño para ser un jugador de equipo capaz de manejar con éxito los problemas que se presentan en esa calidad.

La anatomía del grupo: lo que el niño puede esperar

Bion y los psicólogos organizacionales que vinieron después de él nos han enseñado que la manera como las personas piensan y actúan en un grupo está determinada por ciertas características predecibles. Hasta ahora, la mayoría de los padres, e incluso algunos profesores, no han sido preparados para este complejo fenómeno. A lo mejor noten que un niño tiene dificultades para penetrar en un grupo, a otro lo están haciendo a un lado, otro es líder, otro entra, a lo mejor siguiendo ciegamente. Se dan cuenta de que para algunos niños ser parte del grupo hace difícil equilibrar el «yo» con el «nosotros» pero no saben por qué. De hecho, todos estos dilemas son comprensibles cuando uno logra ver cómo funcionan los grupos.

Las siguientes diez leyes fundamentales serán de ayuda. Cada una está presentada con las implicaciones que tiene para su hijo y con sugerencias de lo que ustedes como padres pueden hacer. Algunas no les gustarán; de hecho, a lo mejor no crean ciertas algunas de ellas. Pero decenios en investigación las soportan. Bien sea que estén hablando de un club escolar, un equipo de ajedrez o de baloncesto, una organización religiosa, o un montón de niños que van en la misma ruta de autobús al colegio, esto es lo que pueden esperar de un grupo, una palabra que utilizo como sinónimo de «equipo».

Ley núm. 1: Los grupos tienden a no dejar entrar a los nuevos. Incluso si hay un líder adulto, como un entrenador, e inclusive si se trata de niños muy pequeños, cada grupo es un organismo al que no le gusta absorber otros organismos.

Implicación: Al comienzo el niño será un extraño. Bien sea que esté a punto de entrar a un grupo para jugar, o a un nuevo club, o asistir a un colegio nuevo, seguramente tendrá que esforzarse para lograr pertenecer. Es posible que incluso lo excluyan activamente. Desafortunadamente, los niños, y nosotros los padres, tendemos a ver esta circunstancia como un reflejo del individuo cuando, de hecho, es una función natural de la dinámica de grupo.

Qué hacer: No se pongan furiosos; tomen cartas en el asunto. La mamá de Julio pidió permiso en el trabajo y se tomó un día para ir al zoológico con el grupo de la guardería. Observó de primera mano quienes podían ser los amigos de Julio, y decidió tratar de conocer a los padres.

Ley núm. 2: Un grupo tiene tácitamente una personalidad. Prácticamente en todos los grupos se desarrolla un carácter distintivo, una sensibilidad propia. Combina a menudo la historia del grupo, sus conflictos por resolver, sus triunfos colectivos y sus fracasos, sus sentimientos inexpresados y rumores sin fundamento.

Implicación. La historia del grupo, su pasado y su reputación actual pueden causarle problemas al niño. A veces los niños tratan de unirse ciegamente a un grupo con falsas expectativas de aceptación, o perciben el comportamiento de los miembros como una reacción personal en lugar de ser simplemente parte de lo que el grupo es.

Qué hacer: Antes de que el niño se inscriba en un grupo, traten de entender su personalidad tácita. Conocer la historia de un grupo y su carácter hace posible evitar que el niño caiga en trampas. Puesto que Natalia tuvo que cambiarse de vecindario a mitad de año y enviar a Gabriel a un jardín infantil nuevo, puso especial empeño en averiguar (hablando con padres y profesores) todo lo posible acerca de lo que sucedía en la primera mitad del año escolar, quién era el líder de la clase, qué tipo de sub grupos se habían formado, quién peleaba con quién, y cuáles padres eran los que más participaban.

Ley núm. 3: Todos los grupos tienen reglas rígidas, aunque tácitas. Las reglas del grupo no pueden alterarse con facilidad, son superiores a cualquiera de los niños.

Implicación: El niño que no reconoce y no sigue las reglas no puede estar en el grupo. Esto es frecuentemente difícil de aceptar para los padres; nuestros hijos nos parecen únicos. Pero ustedes no pueden simplemente modificar las reglas de un grupo para que beneficien o se adapten mejor a su hijo.

Qué hacer: Ayúdenle al niño a vivir dentro de las reglas razonables del grupo. Darío, quien cursaba cuarto curso, tenía la tendencia a apresurarse al subir al autobús escolar y apropiarse de uno de los puestos más preciados en la parte de atrás. Al enterarse de que algunos niños de sexto curso lo habían estado molestando, los padres de Darío descubrieron que una de las «reglas» tácitas de esos cursos era que los niños mayores se sentaban en la parte de atrás del autobús. Le explicaron a su hijo que no venía al caso si la regla era justa o no; era simplemente una regla que debía respetar.

Ley núm. 4: Las reacciones del grupo pueden ser irracionales. Cuando un integrante no se ajusta a las reglas, el grupo puede responder muy poderosamente y a veces lo hace de manera irracional. Estas respuestas pueden ser expresadas por otro niño, o incluso por el adulto a cargo, pero hablan por todo el grupo.

Implicación: No reaccione de manera irracional. He visto padres enfrascarse en terribles luchas de poder con ciertos grupos, pensando que a lo mejor así pueden ganar a favor del niño, pero este es un error y solo sirve para empeorarle la situación. Si ustedes retan la sabiduría del grupo, ustedes y el niño eventualmente perderán o serán dejados de lado.

Qué hacer: De cara al conflicto entre el niño y un grupo mantengan una actitud razonable. Ana, la madre de Sebastián, estaba furiosa con toda razón por el hecho de que los compañeros molestaran a su hijo, que era más bien tímido. Cuando me contó lo que estaba sucediendo, le dije que debía intervenir si las cosas no mejoraban en un par de semanas. Entretanto, hice énfasis en que Ana debía dejar de perder la calma. Incluso cuando Sebastián le informaba un incidente que ponía de manifiesto la insensibilidad, tenía que abstenerse de hacer comentarios por el estilo de que los otros niños deberían ser más considerados. Aunque es importante que los padres protejan al niño, en este caso era más productivo que Mamá apuntalara a su hijo mediante la estrategia de escucharlo cuidadosamente en lugar de reaccionar con demasiada intensidad. Después de una semana, madre e hijo vieron claramente que el problema de Sebastián era con el líder y no con todo el grupo. Sebastián dejó de intentar acercarse al chico más en la onda y, en cambio, simplemente optó por pasar el rato con los otros. Gradualmente, la tensión disminuyó a medida que fue encajando en la «rosca».

Ley núm. 5: Los grupos son ferozmente jerárquicos. Aunque puede cambiar con el tiempo, siempre hay una escalera de poder.

Implicación: Los niños populares, atractivos y decorados con todo el oropel de moda en la cultura popular generalmente eclipsan a los demás. Esta jerarquía se escapa de nuestro control. No se sientan insultados en representación de su hijo, ni enojados de que no esté en la cúspide.

Qué hacer: Ayuden a su hijo a descubrir su propio nivel en la escalera jerárquica. Empiecen haciendo contactos con niños que ocupan los escalones más bajos o intermedios, como hicieron los padres de Elsa cuando ingresó al jardín de infancia. Conocieron a los padres de estos niños, reunieron a los niños a jugar y a comer, y no trataron de involucrar a Elsa con los niños más populares. Con el tiempo, y por sí sola, Elsa se convirtió en una de las niñas más seguras y más buscadas del grupo.

Ley núm. 6: Los grupos van tras el líder más carismático, que a menudo es el más problemático. En algunas corporaciones, los más astutos y hábiles suben a la cima. Ciertos líderes muy inestables toman el poder en algunos países. En los grupos de niños, son a menudo los de la onda los que mandan, a veces los niños más superficiales y banales.

Implicación: Cuestionar la sabiduría de seguir líderes de este estilo es una postura que lleva las de perder. Bien sea que el niño tenga tres años o trece, eviten criticar directamente al líder. Su observación a lo mejor no haga mella y más bien los distancie del niño. A los niños inicialmente les atrae este poder y deben aprender a manejarlo. Es parte intrínseca de la dinámica de grupo.

Qué hacer: Dejen que el niño aprenda por experiencia propia a distinguir entre los líderes que valen la pena y los que no. Roberto, de ocho años no quería escuchar el sentido sermón de sus padres en que trataban de persuadirlo de alejarse de Mateo, el matón de la clase, quien, ellos temían, eventualmente lo iba a meter en problemas. Dejaron sabiamente de presionar y empezaron a escuchar, preguntándole detalles y permitiéndole a Roberto escuchar su propia experiencia. Con el tiempo, empezó a hacer anotaciones sobre lo «mandón» y «malo» que era Mateo con los otros niños. Se dio cuenta de que podía ser el siguiente en la lista de asaltos de Mateo y eventualmente empezó a gravitar hacia otros niños mejor dispuestos.

Ley núm. 7: Se supone que la información de los grupos sea privada, pero nunca lo es. Desde el comienzo los niños aprenden que no se supone que les cuenten a los mayores lo que sucede entre ellos, pero casi siempre uno de los niños se delata.

Implicación: La información importante se filtra. Por lo tanto, es vital mantener ojos y oídos abiertos. Podrán orientar mejor al niño mientras más sepan.

Qué hacer: Háganse amigos de otros padres de integrantes del grupo. Cuando Margarita quería enterarse de las «partes sustanciosas» de lo que estaba sucediendo en la red de amigos de su hija de cuarto curso, hacía uso de la red de padres. Llamaba a Lina, una madre que hacía de ayudante voluntaria durante la hora del almuerzo. Lina era una fuente particularmente ilustrada puesto que podía oír las conversaciones de los niños. Como resultado, sin tener que tratar de extraerle información a su hija, Margarita se enteró del primer juego de «penitencias» en una fiesta de cumpleaños.

Ley núm. 8: Los grupos castigan a los revolucionarios. Los grupos son básicamente conservadores, y pueden ser inmisericordes en el castigo a los miembros que tratan de suplantar al líder o de pronunciarse sobre la insatisfacción de los integrantes.

Implicación: No es fácil para el niño mantener su individualidad sin enfrascarse en una lucha de poder. Si el niño reta al líder o está siempre fuera de sintonía con el grupo, incluso si ustedes interfieren, otros miembros del grupo se resistirán. Lo más probable es que todos se ciñan al carácter del grupo y apoyen al líder establecido.

Qué hacer: Demuéstrenle al niño que ser fiel a sí mismo no tiene que incluir criticar a los que son diferentes. En otras palabras, propicien una actitud de vive y deja vivir. Aunque Felicia estaba tan fastidiada como sus gemelas Juana y Paula, por el permanente requisito del grupo de que sus integrantes se vistieran con ropa de diseñadores, tuvo cuidado de no propiciar en sus hijas una rebelión frontal. «Guiaros por vuestro gusto», les aconsejó, «pero tratad de no criticar a los que no lo hacen». En particular, les aconsejó a las niñas a no desafiar abiertamente a Beatriz, poseedora en la clase del monopolio del buen gusto, ni a Rafaela, su segunda a bordo. Al concentrarse en los valores de sus hijas (y en los suyos) y al animar su sentido original del gusto, Felicia les ayudó a las niñas a encajar sin perder su identidad.

Ley núm. 9: Los grupos casi siempre necesitan un chivo expiatorio. Casi en cualquier momento en la vida de un grupo, alguien está «caído», o a alguien le están «cayendo». La razón de esto es que como la agresividad no puede ir dirigida contra el líder, se dirige hacia los integrantes más débiles del grupo, que tienen menos probabilidades de devolver el ataque.

Implicación: Los padres deben siempre estar atentos a estos actos contra el chivo expiatorio. La mayoría de nosotros puede recordar problemas de esta clase desde la propia infancia, y a menudo es doloroso pensar que nuestros hijos también tengan que vivirlo. Pero su hijo no puede darse el lujo de que ustedes se comporten como avestruces. Con el problema del chivo expiatorio, el *momentum* se acumula, el proceso cobra vida propia, y es muy difícil detenerlo.

Qué hacer: Den al niño la oportunidad de defenderse solo, y luego intervengan si es necesario. Desde la primera infancia hasta mediados de la adolescencia, ustedes deben ser abogados de sus hijos, independientemente de lo que éstos digan. Cuando varios niños empezaron a reírse del tartamudeo de Jaime, de cinco años, Berta, su madre, primero sugirió estrategias para aminorar el problema, como hacer caso omiso de los comentarios, retirarse, o contarle a la profesora. Al cabo de unas semanas, se hizo claro a partir de la tristeza permanente y de las lágrimas de Jaime que él no podía manejar la situación por sí solo, así que Berta fue al colegio. De manera firme pero cortés, le insistió a la profesora que los niños que estaban ofendiendo debían experimentar alguna consecuencia por su crueldad. Se rehusó a aceptar frases de cajón como «responsabilidad compartida» y «los niños son niños». Al final, su perseverancia logró la atención de la rectora, lo cual casi siempre sucede. A los niños que se burlaban de Jaime se les dijo que no tenían que ser amigos de Jaime, pero que sus insultos ya no serían tolerados. Después de que al jefe de la banda lo suspendieron medio día y los tres niños tuvieron una semana de quedarse más tiempo en el colegio, las burlas cesaron. He utilizado esta metodología «no hacer nada pero intervenir si es necesario» con niños de todas las edades hasta el noveno curso.

Ley núm. 10: Los individuos no pueden negociar con grupos. Las «ideas» que emanan de un grupo son tan poderosas que la personalidad del grupo tiende a ahogar las voces de miembros individuales.

Implicación: Los niños se meten en problemas cuando se enfrentan a un grupo. No hay forma de que un niño, ni siquiera uno de los padres, puedan negociar con el grupo como un todo. Por ende, cuando el niño se enfrenta a un problema de grupo, la única manera de comunicarse es con uno de los miembros.

Qué hacer: Dividan el grupo en sus partes más pequeñas: en individuos. Animen a su hijo a buscar o bien el niño más razonable del grupo y otro adulto que le pueda ayudar. Enriqueta, una de dos niñas de sexto curso que pertenecen a un club de ajedrez que se reúne en el colegio después de clase, regresó a casa quejándose porque ninguno de los niños quería jugar con ella. Incluso el consejero voluntario del club parecía favorecer a los niños. «Es como si yo ni siquiera estuviera allí», le dijo a Boris, su padre, y gran jugador de ajedrez. Boris sospechaba que el padre que hacía de consejero era el que estaba dándo-le el tono al club. Sin embargo, en lugar de hacer acusaciones se ofreció a ir a ayudar a unas cuantas reuniones. Con su padre a la mano, Enriqueta se sintió un poco más valiente, y decidió pedirle a uno de los niños más amistosos que jugara una partida con ella. Eso rompió el hielo y derrumbó también el tabú que existía hasta entonces. Enriqueta estaba feliz de que otros niños empeza-ran a aceptarla como un miembro en plena propiedad.

*　　*　　*

A los padres de niños de todas las edades puede resultarles difícil creer que los axiomas organizacionales anteriores sean ciertos en las vidas de sus hijos. Con cuánta frecuencia decimos o escuchamos decir que «los niños son tan crueles». La verdad es que, ciertos niños, individuos, a veces son crueles; con mucha frecuencia, sin embargo, uno está observando comportamientos de grupos, y los niños están inconscientemente representando cada uno de los preceptos anteriores. No obstante, una vez que estén armados de esa concien-cia, pueden dar pasos concretos para ayudarle al niño a evitar la humillación y la tristeza que acompaña tan a menudo los problemas de equipo.

Utilicen AAPP

Es casi siempre extremadamente difícil para un niño discernir sus propios sentimientos, mucho menos lo que está realmente sucediendo en un grupo y cómo su participación afecta el todo mayor. Tendrán que ayudarle.

De hecho, los grupos pueden ser un criadero de distorsiones cognitivas individuales, rachas de pensamiento ilógico. Un niño plagado de ideas de este estilo no puede ver claramente y es incapaz por lo tanto hasta de pensar en cambiar una mala situación. Sin embargo, las distorsiones cognitivas aso-ciadas con problemas de equipo son definitivamente diferentes. Debido al poder del grupo, siempre hay por lo menos una gota de realidad en los peores temores del niño como individuo sobre sus relaciones con los otros niños. Sí es en efecto difícil entrar, sí se están haciendo juicios, sí hay presión para adaptarse, para dar la medida, para ganar.

Los niños necesitan que se les valide. Necesitan entender que el grupo tiene una personalidad y un comportamiento muy propio, y que no es simplemente problema del nuevo. El niño no es capaz de hacer esto solo. Deben ayudarle a desarrollar habilidades de grupo y a afinar su capacidad de concebir soluciones que le permitan encajar, o tener la fortaleza para no ser parte de un grupo. Todo esto es parte del fomento de la Inteligencia de grupo.

Con ese fin, desarrollé una técnica de cuatro pasos para manejar los equipos, y está representada por las letras AAPP:

Atiendan

Aboguen

Participen

Perseveren

Implementar AAPP, y tener un conocimiento activo de las leyes del grupo es la habilidad básica que los padres necesitan para ayudarle al niño a mantener un sentido de sí mismo en medio de la dinámica de grupo. He aplicado esta estrategia, y he entrenado a padres para que la utilicen, para ayudarles a casi todos los niños que me buscan porque tienen problemas de equipo.

AAPP EN POCAS PALABRAS

AAPP puede guiarlos para ayudarle al niño a hacerse parte del grupo o del equipo sin ceder parte de su esencia interior. El plan de ataque consta de cuatro partes, cada una de las cuales está descrita con mayor detalle después de este recuadro.

Atiendan para descubrir el grano de verdad en la distorsión cognitiva del niño.

Aboguen haciéndole al niño preguntas concretas y concibiendo estrategias pequeñas y fáciles de implementar que el niño pueda utilizar.

Participen tomando conciencia de las actividades de grupo del niño, permaneciendo involucrados y observando la dinámica de grupo en su hogar y el papel que ustedes desempeñan dentro de ésta.

Perseveren no permitiéndose cansarse de las demandas de la participación de su hijo en equipos.

Atiendan. Mantengan el oído sintonizado específicamente a las consecuencias de la presión de grupo. Los sentimientos que salen a flote cuando los niños encaran problemas de equipo son con frecuencia los de vergüenza y de dudas sobre sí mismos, asuntos que van directamente a la esencia interior de un niño. Por ejemplo Ivonne, a quien conocieron al comienzo de este capítulo, se sentía avergonzada de no ser incluida. Pedro pensaba que su contribución no estaba a la altura de la de los otros niños y se preocupaba de que lo juzgaran. Carla se sentía humillada cuando la capitana del equipo le gritaba. Tomás estaba avergonzado de que lo señalaran en público. Todos estos son problemas relacionados con las tensiones entre el «yo» y el «nosotros» que crea la dinámica de grupo. En el preescolar, Ivonne chocó con la tendencia natural de los grupos a excluir a otros. Esteban quería evadir las reglas. Y Carla era seguramente algo revolucionaria.

Su actitud puede cohibir o animar al niño que se está sintiendo mal consigo mismo así que préstenle atención cuidadosa a su tono de voz al hacer las preguntas. Conserven una voz amable, firme, y carente de juicios. Sean pacientes. Puede que le tome un tiempo expresar lo que sucede, digamos por ejemplo que la excluyeron de un juego, así que no lo arrinconen; es posible que necesite hablarles sin mirarlos, como lo sugiero en la página 118. Y traten de no ser invasores ni presionarla para que cuente el cuento más rápido. Es importante respetar su ritmo, y simplemente ir a su paso. (Para ayudarle al niño a hablar, relean el Capítulo 3 para refrescar su memoria sobre las estrategias concretas que se basan en los diversos estilos de expresividad).

Finalmente, tengan en mente esta frase: «Antes de abogar hay que validar». Recuerden que incluso si el pensamiento del niño está algo distorsionado, emergerá algún grano de verdad. Por ejemplo, si dice, «creen que soy un raro», a lo mejor hay algo en la manera como el niño se presenta que lo convierte en blanco fácil. No hagan caso omiso de estos aspectos en el nombre de protegerlo. Validen en cambio y traten de hacerle preguntas concretas como «A lo mejor tienes razón. ¿Por qué crees que opinan eso de ti?»

Aboguen. Cuando se trata de asuntos de equipo, a menudo no es suficiente que los padres sean simplemente oyentes amables. A lo mejor hay que abogar por el niño y producir juntos acciones pequeñas y realistas que el niño pueda emprender para aminorar la impotencia que puedan sentir todos. Nuevamente, las preguntas concretas que descomponen el problema en partes pequeñas fáciles de poner en práctica les ayudarán a todos a sentirse menos abrumados.

Incluso si son capaces de escuchar con cuidado, de todos modos puede ser duro ayudarle al niño si las dificultades que tiene son duplicados de incidentes que sucedieron durante la infancia de uno de los padres: parlamentos que se olvidaron en la obra de teatro, goles que se fallaron, canastas que no se hicieron. Todos tenemos recuerdos de exclusiones o de vergüenzas sociales agudamente dolorosas. ¿Quién no se ha dado de narices contra por lo menos una, si no contra varias, de las leyes de la dinámica de grupo, cuando no encajábamos o competíamos con el líder? Diana, por ejemplo, vino hace poco a mi consulta a hablarme de su hijo José. En el primer año tenía enormes dificultades encajando y siguiendo unas reglas que parecían presentar abrumadoras exigencias comparadas con las que había tenido en guardería. Mientras Diana hablaba de un incidente que había dejado muy afligido a José, se sintió tan emocionada que no me sorprendí cuando dejó escapar, «Eso fue exactamente lo que me sucedió a mí en el primer curso».

Para la mayoría, esos sentimientos dolorosos quedan congelados en el tiempo, lo cual hace muy difícil separar nuestras experiencias de las de nuestros hijos. Asumimos que conocemos las experiencias de nuestros hijos cuando, de hecho, a lo mejor estamos proyectando nuestros sentimientos en ellos. En ese caso, no podrán verdaderamente oír al niño y mucho menos abogar adecuadamente en su favor. Por ende, no salten al ruedo de inmediato; siéntense con sus propios sentimientos y disciérnanlos antes de producir el plan de acción.

Participen. En la medida de lo posible, los padres deberían empaparse de cómo participa el niño y por lo tanto estar en capacidad de observar personalmente su papel dentro del grupo. Puede que en algunos casos la participación de los padres sea obligatoria. Con el creciente número de guarderías cooperativas, por ejemplo, a los padres se les exige que participen en calidad de asistentes del profesor. La enseñanza por núcleos, que también está en aumento en todo el país, requiere que haya un segundo adulto en la clase. Y como por estos días tantos colegios están escasos de personal, es posible que los padres sean invitados a participar como profesores o entrenadores. La conclusión es que la escuela ya no es un lugar solamente para niños. La participación de los padres es la nueva ola del futuro.

En cualquier caso, su participación es un valor agregado. Le ayudará al niño a pensar con mayor claridad y lo capacitará para ver a través de la niebla de la dinámica de grupo. Sus observaciones les ayudarán a todos a entender:

- su papel como parte del grupo;

- cómo interactúa con otros;

- qué tan bien es capaz de aferrarse a sus propias ideas de cara a la presión de los pares;

- la personalidad general del grupo y su ética;

- cómo el grupo trata a otros miembros;

- cómo el grupo maneja a los que no pertenecen;

- el liderazgo del grupo, el capitán del equipo así como la autoridad adulta, en acción.

Su participación puede también hacer sentir al niño realmente como si fuera parte del equipo. Las así llamadas mamás del fútbol (y papás) les ayudan a los niños a pertenecer al grupo, mediante la estrategia de llevar y traer, aparecer en los entrenamientos, proveer el refrigerio, hacer paseos, y abrir sus casas a la socialización. Esto es particularmente cierto de los niños mayores que tienen problemas para hacer amigos. Cuando Gabriel, de trece años, tenía problemas para formar relaciones estables dentro de su equipo, su padre le anunció que habría perros calientes para todos en su casa después del próximo juego. Tener a los compañeros de equipo en su territorio le dio a Gabriel cierta ventaja y lo hizo sentir más seguro. Además, papá pudo observar mejor la dinámica de grupo y se convirtió por lo tanto en un escucha más conocedor cuando Gabriel le hablaba de tratar de hacer amigos.

Una palabra de advertencia, sin embargo: No se involucren con miras a manipular el estatus del niño, o de ganar favor con el líder. La meta de su participación debería ser simplemente la de ayudarle al niño a organizarse en el nuevo grupo a la vez que mantiene su originalidad. La madre de Erica, por ejemplo, los invitaba a comer pizza después de muchos de los partidos locales. Fue bueno para el niño hacer algo que sintiera como «lo suyo» con el equipo y, a la vez generó recuerdos compartidos con el equipo fuera del campo de juego. Igualmente, el papá de Mateo invitó a los compañeros de fútbol de su hijo a una fiesta de final de temporada, y la madre de Claudia ofreció la sala de su casa para que el grupo de arte de su hija pudiera trabajar después del colegio.

La «P» debería también recordarles observar su participación en casa. La familia es un laboratorio para la interacción de grupo. Influye en el estilo del niño con sus compañeros, como lo explicaba en el Capítulo 5, y determina en gran medida cómo el niño equilibrará el «yo» con el «nosotros». Cada vez que participa en un proyecto de grupo, sea un equipo o un conglomerado de amigos, no puede menos que duplicar el comportamiento de la familia, que es su primer equipo. Por ende, si el niño tiene problemas, préstenle atención a lo que está sucediendo en casa. ¿Cómo manejan en casa las interrupciones y exigencias del niño? ¿Cómo responden ustedes cuando infringe las reglas? La clase de colaboración y trabajo en equipo que ustedes requieran puede o bien aumentar o bien mermar la Inteligencia en equipo del niño.

Por ejemplo Eduardo, de once años, pasaba como una tromba por encima de los demás; siempre tenía que ser el primero. Si un compañero estaba hablando, Eduardo interrumpía a menudo con un chiste. No podía conservar sus amistades, porque todos lo veían como un «mandón». Percibido como un quebrantador consuetudinario de normas, Eduardo era aislado de cada uno de los equipos cotidianos de su vida: proyectos escolares, tareas del núcleo, grupos de aficionados y hasta de la pandilla del autobús del colegio.

Conversándolo conmigo, los padres de Eduardo se dieron cuenta de que dejaban de hablar cada vez que el niño tenía algo para decir, incluso en la mitad de una conversación importante. Se le permitía interrumpir a su hermana, o terminar las historias que la hermana menor había empezado a contar. Siempre tenía que probar un juguete o un aparato primero y nunca quería compartir. Cuando se le reprendía, casi siempre contestaba mal. Aunque la impertinencia de Eduardo era ofensiva, sus padres estaban orgullosos de su capacidad verbal para el debate. Claramente, Eduardo, quien era cada vez más egocéntrico, no estaba desarrollando Inteligencia de equipo.

Durante las dos semanas siguientes a nuestra reunión, los padres de Eduardo cambiaron de comportamiento y le informaron, «Vamos a enseñarte a ser más consciente de los sentimientos de los demás». Dejaron de ceder ante todas sus interrupciones y exigencias. Y no le aceptaban que le robara atención a su hermana. En suma, le ayudaron a Eduardo a ver que su comportamiento en casa estaba afectando su comportamiento en el colegio. «Siempre te vas a ver excluido si no tratas de entender lo que está sucediendo».

Dentro de un par de meses, Eduardo era mucho menos mandón; no interrumpía las conversaciones de los otros niños. Estaba empezando a comprender que las reglas no se aplicaban simplemente para los otros niños. Y de esta nueva personalidad surgió una amistad casual en al autobús. Un día, Eduardo se sentó sin la conmoción habitual y simplemente empezó a conversar con otro niño. Cuando hablaron de una afición compartida, las estampas de béisbol, Eduardo contuvo su antaño incontenible afán de robarle la atención al otro niño. Debido a la participación tras bambalinas de sus padres, finalmente consiguió un amigo de verdad. Con el tiempo, un amigo se convirtió en un pequeño grupo, y Eduardo, que empezaba a desarrollar Inteligencia de equipo, pudo convertirse en uno más de los muchachos.

Perseveren. Que el niño participe en deportes de equipo, o tenga una pasión intensa, como la actuación, esto puede ser fatigoso para los padres. Los niños tal vez permanezcan con el mismo grupo seis o más años, y por lo tanto la perseverancia de los padres puede ser el mayor reto de todos. Dada nuestra escasez de tiempo, las obligaciones que nos halan en direcciones opuestas (el trabajo, otros niños, nuestros propios intereses), incluso la fatiga o el aburrimiento (¿han visto alguna vez a un grupo de niños de cinco años tratar de jugar al béisbol?) ¡no es tarea menuda simplemente acompañarlos!

Para hacer más difícil la perseverancia, es posible que haya otros niños en el grupo, o a lo mejor uno en particular, que a ustedes simplemente no les gusta. Y sin embargo tienen que ver a estos niños semana tras semana y tenerlos en su casa. No hay mucho que se pueda hacer al respecto; uno no escoge quién acaba en el equipo o club de los hijos. Por lo tanto, traten de percibir a través de los ojos de su hijo a los niños a los que les cuesta trabajo aceptar. Por

---

PROBLEMAS DE EQUIPO: ¿QUÉ ESTÁN HACIENDO EN CASA?

Los padres de niños a los que les cuesta ser parte de un grupo deben preguntarse si de cualquier modo están animando o tolerando este comportamiento en casa. Pregúntense...

- ¿Le cedemos el centro del escenario siempre que lo exige?

- ¿Le permitimos interrumpir las conversaciones de los adultos?

- ¿Estamos pendientes de cada una de sus palabras?

- ¿Es el hijo o la hija «preferida»?

- ¿Hacemos más flexibles las reglas para favorecerlo?

- ¿Le permitimos reinar sobre sus hermanos?

- ¿Lo excluimos sutilmente?

ejemplo, el niño que a ustedes les parece burdo, o malencarado o arrogante, puede ser el mejor jugador del equipo. Y recuerden esa ley fundamental: los miembros del grupo se sienten a menudo cautivados por líderes que a los padres no les gustan. Recuerden, deben criticar con vehemencia a otro niño solamente en el caso de que éste ponga a su hijo en peligro o si su comportamiento es moralmente objetable.

Concedido, todo esto puede ser agotador. He conocido padres que estaban a punto de tirar la toalla después de uno de esos días en que en la mañana hicieron de ayudantes en la clase del niño más pequeño y por la tarde estuvieron de choferes del entrenamiento del mayor. Una solución es la de escoger. Como lo explicaba en el Capítulo 4, más no es mejor para el niño, y ciertamente no es mejor para ustedes. Consecuentemente, cuando ustedes revisan la variedad infinita de opciones que tiene el niño, sigan las pasiones de éste. Y conozcan las limitaciones de ustedes; cuando se sientan agobiados, no se ofrezcan de voluntarios para otro proyecto de clase u otro trabajo de equipo.

Es cierto que siempre parecen ser los mismos papás y mamás los que acaban de voluntarios en todo. Padres bien dispuestos comprometen tiempo para esta y aquella actividad y antes de darse cuenta se están ahogando. Así que estén atentos al sobrepeso que amenace con hundirlos. Aunque hago énfasis en la importancia de la participación, a veces, para sobrevivir, es absolutamente necesario decir no.

Habilidades de los niños: Cómo hacerles frente a los problemas de equipo

Las siguientes habilidades de los niños casi siempre requieren en un comienzo de asistencia o intervención de los padres. Una vez que le ayuden al niño a atacar el problema de frente, será capaz de enfrentarse solo a los problemas futuros. La idea es hacerle tomar conciencia de los obstáculos y ayudarle a aprovechar su fortaleza interior para saltar por encima de ellos. En el proceso, mantendrá un yo fuerte y bien delimitado a la vez que hace más sólida su Inteligencia de equipo.

Cómo pertenecer sin dejar de ser

Puesto que los grupos son inicialmente rechazadores y no acogedores, los niños nuevos están en desventaja desde el comienzo. Esto no es generalmente problema una vez que el niño ya está en un equipo, pero sí puede serlo el simple hecho de lograr que participe en primer lugar. El fracaso en este aspecto podría afectar negativamente su imagen de su esencia interior.

Jorge, por ejemplo, un niño de nueve años de contextura grande, cuya cara redonda y regordeta le hacía ser blanco de burlas, estaba desencajado porque los papeles para la obra de teatro que se presentaba mensualmente le eran concedidos a otros niños. Sintiéndose inferior y avergonzado, Jorge empezó a portarse mal en el colegio, irritando a la profesora, cayéndose de la silla, siendo cruel con otros niños. Finalmente les dijo a sus padres «ya no quiero ir más al colegio».

Antes de que las cosas se salieran de control, animé a los padres a probar con él el sistema AAPP. Es decir, atendieron de la manera como expuse anteriormente, para superar quejas vagas («el colegio es horrible») y respuestas monosilábicas a sus preguntas acerca del origen de su angustia. Finalmente oyeron una distorsión cognitiva específica: «Nunca me escogen para la obra porque soy demasiado feo, simplemente no tengo la pinta para ser actor». De allí pasó a «Nunca me van a escoger para nada y nunca voy a tener amigos».

Jorge no estaba del todo equivocado en cuanto a que su apariencia contaba. Al fin y al cabo, no era el tipo «en la onda» y apropiado para hacer un papel principal. Pero armados con este conocimiento específico sobre su angustia, sus padres pudieron ayudarle a su hijo a que revalorara su manera de pensar y luego pudieron abogar efectivamente por él.

«¿Quieres hablar con el señor Ocampo, o quieres que lo hagamos nosotros?» Él quería que se hicieran ambas cosas así que fueron a donde el profesor en familia. Por suerte, el señor Ocampo era compasivo y fue increíblemente sincero. Le ayudó a Jorge a entender el carácter y las reglas de este grupo en particular.

«Es cierto, Jorge, en la actuación la apariencia cuenta», le dijo el señor Ocampo. «Pero si hicieras algo para estar un poco en mejor forma, eso podría ayudarte». El señor Ocampo dijo esto de una manera tan gentil que Jorge decidió por primera vez en su vida tratar de hacer un esfuerzo físico. Empezó a comer menos comida «basura» y a jugar al fútbol con los otros compañeros. En unas semanas empezó a sentirse, y a verse, más fuerte.

¿Se volvió Jorge milagrosamente delgado y en forma «después» de su «antes» obeso? No, esas son fantasías de Hollywood y de especiales de televisión. Lo que fue importante, sin embargo, fue que pudo escapar de su círculo vicioso de derrota y empezó a desarrollar Inteligencia de equipo. Se empezó a sentir más cómodo para buscar a los profesores y pedirles ayuda y comenzó a entender contra qué era que se enfrentaba. Al hacer caso con buenos resultados de una sugerencia pequeña y razonable, se sintió motivado a emprender otros esfuerzos. Esto le permitió darse cuenta de que podía ayudarse a sí mismo. No es sorprendente, entonces, que a medida que Jorge adquirió mayor seguridad y se hizo cada vez más consciente de sus habilidades esenciales, fue escogido para representar varios papeles menores, especialmente apropiados para su personalidad. Ser parte regular del elenco, de hecho de un «equipo» de actuación, fue un punto culminante en su año escolar. Y a lo largo de estas luchas y conquistas, Jorge siguió siendo Jorge.

Ser asertivo, sin ser mandón y sin dejarse mandar

A algunos niños les cuesta trabajo hacerse respetar, especialmente cuando la personalidad del grupo se compone de jugadores agresivos y entrenadores dominantes. Estos niños tienden a evadir la participación en equipos porque la presión los hace sentir fatal. De hecho, la falta de asertividad en un niño que tiene problemas de equipo es una de las principales razones por las cuales los padres me buscan. El reto es ayudarle al niño a entender dos asuntos importantes: uno, qué es lo que tiene el grupo que lo hace temer, a lo mejor él no está en sintonía con el carácter del grupo, o quizás el grupo está activamente excluyéndolo, y dos, que es lo que él puede tratar de manera realista de cambiar. Sea cual sea la razón de la dificultad, los padres no pueden dejar que un niño, de cualquier edad, intente resolver solo el problema más de unas semanas. Sentirse derrotado es potencialmente demasiado dañino para la esencia interior de un niño. Con demasiada rapidez los niños pueden quedar marginados. Aunque es imposible para los padres cambiar la personalidad básica de un grupo, deben sin embargo ayudarle al niño a encontrar una manera de hacerse parte del equipo, o de vivir en paz por fuera de éste.

Mariana, de ocho años, y quien participaba en un proyecto escolar de grupo, debía supuestamente inventar algo que cambiara la vida en el segundo milenio. Pero el proceso estaban cambiándole la vida a Mariana, para mal. Los otros la mandaban y la estaban relegando a un papel muy secundario. No solamente no estaba Mariana derivando ninguna satisfacción del proyecto, sino que estaba cada vez más descorazonada. Al atenderle cuidadosamente, Mamá y Papá oyeron una preocupación concreta: «Los otros niños me odian porque creen que soy tonta».

El primer paso fue ayudarle a Mariana a ver que aunque el grupo sí era cerrado, la reacción de los otros niños no tenía que ver solamente con ella. Habían sido compañeros desde la guardería y estaban excluyendo a alguien a quien percibían como nuevo. El simple hecho de hacerle tomar conciencia de la dinámica de grupo y específicamente de su papel en esta ecuación, mejoró su inteligencia de equipo. El siguiente paso fue el de ayudarle a Mariana a buscar una manera razonable de cambiar ella misma. En otras palabras, ¿qué podría hacer ella de modo diferente de cara al grupo?

Los padres de Mariana le recordaron que si todo el grupo parecía abrumador, pensara en términos de miembros individuales. Entonces Mariana se dio cuenta de que podía contar con uno de los niños más amistosos. «¿Quieres venir a jugar a mi casa este fin de semana?» le preguntó de manera directa. La niña le contestó, «Claro». Si en principio tenía ganas de jugar con Mariana, no viene al caso. Lo que sí era importante, no obstante, era que Mariana había hecho algo en lugar de permitir pasivamente que su pensamiento negativo la llevara a marginarse. Adicionalmente, aprendió sobre los beneficios de dividir un grupo en unidades más manejables eligiendo interactuar con uno de los individuos. Esa acción concreta la hizo sentir bien de inmediato. Otras amistades se fueron presentando fácilmente como resultado de sentirse más segura.

Cómo establecer un vínculo entre el yo y el grupo

Como un grupo puede representar un intimidante conglomerado de personalidades diferentes, algunos niños necesitan tener por lo menos un amigo dentro del grupo. Si no pueden hacer pareja con alguno, sienten el equipo como demasiado impersonal y demasiado difícil de manejar. Por ejemplo, gran parte del trabajo escolar se hacía por grupos, que Pedro, de seis años, se sentía verdaderamente angustiado de no poder encontrar un amigo en la clase. Le dijo a su madre, «Mami, yo no les caigo bien. No tengo nadie con quien hablar y me siento muy solo por dentro». Pedro era inusualmente elocuente, pero habla por muchos niños que empiezan a portarse mal o que se salen de equipos. Necesitan un cómplice para sentir que pertenecen.

Pedro, desde luego, había reconocido un grano de verdad, muchos de los niños efectivamente habían estado juntos desde el preescolar, y este era su primer año. Su madre atendió cuidadosamente para descubrir tanto la dinámica del grupo como la contribución de Pedro a la situación. Gradualmente,

Mamá se dio cuenta de que Pedro tendía a abordar a otros niños en el cerrado grupo de manera que prácticamente le garantizaban el rechazo. Los ponía a menudo contra la pared preguntándoles, «¿De verdad quieres jugar conmigo?» O, peor aún, le pedía a un niño que jugara a su juego cuando el otro ya estaba involucrado en otra actividad del grupo. Pedro, percibiendo la exclusividad del grupo, estaba tratando de meterse a la fuerza y lo estaba haciendo de la manera equivocada. Necesitaba aprender cómo participar en actividades de manera que no retara al grupo y no violara las reglas.

La madre de Pedro le ayudó a su hijo a practicar unas frases de entrada más adecuadas. «En lugar de preguntar algo», le dijo, «di lo que quieres directamente como "Juguemos juntos con la pelota". Si quieres invitar a un niño a nuestra casa, dile claramente, "Mamá dice que puedes venir a jugar mañana si tu quieres"». Orientó a Pedro también en algunos asuntos sociales lo cual le ayudó a mejorar su Inteligencia de equipo: «No les interrumpas a los otros niños en medio del juego porque les costará trabajo decir que sí. Búscalos de a uno porque así es más fácil». Mamá también se reunió con el profesor de Pedro y le pidió su ayuda. «Usted es realmente mis ojos y mis oídos cuando Pedro está en el colegio», le dijo al señor Gaviria. «Me sirven su experiencia y su conocimiento». El profesor prometió observar lo que sucedía en clase y en el patio de recreo. El señor Gaviria también le ayudó a Pedro poniéndolo en parejas con niños con quienes él percibiera que había un potencial de amistad.

Cómo ser un buen competidor y al mismo tiempo dar «lo mejor de sí»

Algunos niños evitan las actividades de grupo, cualquiera que sea desde las matemáticas, o béisbol o debate, no porque tengan miedo sino porque sienten que hay un conflicto en competir con los amigos y, posiblemente, robarles atención. Por ejemplo a Rita, de once años, me la enviaron su entrenador y sus padres porque, a pesar de que era una buena atleta, quería salirse del equipo de fútbol. Mientras todo el mundo le decía que era una gran jugadora y cuánto más la necesitaban, más excusas producía para dejar de asistir a los entrenamientos, o para sentarse en la banca. Nadie sabía por qué.

Utilizando AAPP con Rita, traté de atender para descubrir sus preocupaciones específicas y le pregunté, «¿Qué sucede durante el juego?» Rita describió la expresión en las caras de algunos de sus amigos cuando metía un gol. «Creo que se enojan conmigo», confesó Rita, «y me siento mal porque me gusta ganar». Igualmente angustiosa era su catastrófica conclusión: «Si me la paso metiendo tantos goles, nadie querrá ya ser mi amigo». Rita tenía que entender que aunque su desempeño sobresaliente sí podía producir algo de envidia, realmente no tenía ni idea de qué pensaba cada jugador en particular o cómo se comportarían en adelante.

Para que Rita no tuviera que manejar a todo el grupo como un solo ente, le propuse que se enfocara específicamente en una amiga, «la que más te importe». Rita decidió hablar con Sara, quien había sido su amiga mucho antes de que ambas entraran al equipo. También pensó que sería buena idea preguntar lo que quería decir la expresión de su amiga en lugar de asumir lo peor.

Rita finalmente reunió el coraje para preguntar, de forma simple y directa, «¿Sara, te da rabia conmigo cuando meto un gol?» Sin pensarlo dos veces, Sara contestó, «Sí, ojalá yo pudiera ser así de buena. Pero no importa, porque tu eres mi amiga». Rita dio un suspiro de alivio. Las dos niñas entonces desarrollaron una señas secretas que le ayudaron a Rita a permanecer en contacto con Sara durante el juego. Un dedo significaba, «Acércate, necesito ayuda», dos, «Cúbreme, voy por la pelota». Eran ya buenas amigas para empezar, y se unieron todavía más. Más importante aún, Rita dejó de sentir que tenía que dejar de lado su talento para poder conservar sus amistades.

Cómo vivir con las decepciones propias y con las de la familia

Algunos niños tienen un temor tan descomunal a decepcionar al equipo, que preferirían abandonarlo antes que ser parte del esfuerzo. Temen desempeñarse mal y ser responsables del mal resultado para el equipo. Los niños necesitan aceptar que a veces se desempeñarán de manera menos que óptima, y que en algún momento es normal defraudarse a sí mismos e incluso preocuparse de que sus compañeros también se sientan decepcionados por él. Si no desarrollan ese conocimiento y esa aceptación, el espectro de decepción, especialmente el de defraudar a sus compañeros, puede paralizarlos.

Alec, por ejemplo, estaba en un colegio donde, desde la guardería, cada núcleo tenía equipos para diferentes proyectos. Cuando se trataba de conformar un equipo de matemáticas, Alec no quería participar. Cada vez que el profesor anunciaba un «resolvámoslo juntos», Alec montaba una gran función. Finalmente su madre le preguntó, «¿Qué te pasa?» Atendió cuidadosamente y aunque se dio cuenta de que Alec estaba en general ansioso por sus dificultades en matemáticas, eventualmente descubrió su temor concreto: «Si mi equipo pierde, será mi culpa y todos los niños me odiarán para siempre».

En el panorama general, la percepción de Alec era precisa: Las matemáticas eran efectivamente una de las materias en las que Alec era menos fuerte, sus errores en efecto incidirían en el puntaje general del equipo. Algunos de los competidores más furibundos se enojaban cuando alguien daba una respuesta equivocada. Más aún, uno de los integrantes de su equipo era un competidor recalcitrante que podía ser verdaderamente desagradable con los que se equivocaban. Pero también había algo de distorsión cognitiva en el panorama, pues se estaba permitiendo que la reacción de un niño definiera la de todo el grupo. La madre de Alec trató de ayudarle a cambiar de manera de pensar indicándole que el resto de los muchachos lo seguía eligiendo para el equipo. Esto le permitió a Alec ver que nadie lo «odiaba» y que ni siquiera el tirano del grupo podía estar enojado para siempre. Algo aliviado, a Alec le empezó a ir mejor, aunque las matemáticas nunca fueron su fuerte.

Sus padres también abogaron por él. Buscaron a la profesora, le explicaron lo que sucedía y le pidieron a la señorita Sánchez que participara. «Es claro que el equipo de Alec no va a recibir la medalla debido a su desempeño, pero ¿podría quizás hablarles a los niños de otras contribuciones que él hace?» La señorita Sánchez nunca había realmente enfocado los sentimientos de un niño individual que tenía la responsabilidad por el desempeño general de un grupo. Pero después de que hubo varios «resolvámoslo juntos» más exitosos, le dijo a Alec, «Sé que tu equipo quedó de tercero, pero me encantó la manera como perseveraron».

Entonces, tras este pequeño reconocimiento, sucedió algo sorprendente: al día siguiente Alec se unió al club de refuerzo escolar. Se ofreció de voluntario para ayudarle a un niño más pequeño, no en matemáticas sino en escritura. Durante las semanas siguientes, sus fallas en matemáticas le parecían cada vez menos importantes. Y con bastante frecuencia, regresaba del colegio con espíritu animoso, sintiéndose mejor consigo mismo de lo que se había sentido desde el comienzo del cuarto curso.

De hecho, puesto que hacen énfasis en el equilibrio entre el «yo» y el «nosotros», todas las habilidades que les ayudan a los niños a adquirir Inteligencia de equipo también los hacen sentirse mejor consigo mismos. Este tipo de dominio puede significar una diferencia real en cómo el niño se procura un lugar en la clase, en el campo de juego, y en los clubes de actividades después del colegio, sin mencionar más adelante en la vida.

10

Gratitud

Habilidad básica núm. 10: Esperen de sus hijos que sean agradecidos y de esa forma, cultiven su fe y su espiritualidad.

Atrapados en la corriente

Víctor y su esposa Eva, una pareja que conocí en uno de los talleres, me contaron una historia acerca de una salida reciente a un parque de diversiones con otra pareja y sus hijos. Su historia les suena conocida a muchas familias. Los cuatro adultos y los cinco niños, entre los cuatro y los doce años, dedicaron un día completo a las diversiones, los juegos, los refrigerios y los recuerdos. Los niños estaban encantados, mientras que los adultos sufrían el dolor de nuca que les dejaban los «autos de choque», y continuaban el recorrido sobre doloridos pies. Cada pareja había gastado más de cien dólares, pero nadie se quejó porque se trataba, al fin y al cabo, de diversión sana en familia a la usanza de antes.

Sin embargo, de camino al estacionamiento, las familias se encontraron con un almacén de recuerdos estratégicamente ubicado y Tara, la hija de diez años de Víctor, lo puso contra la pared. Quería una camiseta igual a la que su amigo Mario había comprado a la entrada. Eva dijo que no y Tara entró en frenesí. «No es justo», gritó. «¿Y por qué a Mario si le compraron una y a mí no?» Y luego soltó la frase que les produjo un síncope a Víctor y a Eva: «¡Ustedes nunca hacen nada por mí!»

Estoy relatando este incidente porque refleja una realidad cotidiana. Los padres que se parecen a Eva y Víctor, que les dan a sus hijos con agrado, no siempre se dan cuenta de la forma como los afecta la falta de aprecio por parte de los hijos. Con el tiempo, el resentimiento de los padres se acumula hasta que finalmente explota. En estos momentos intensos, los padres no podemos comprender la idea de que fuera del entorno de la vida familiar una tendencia completamente diferente y más consoladora se está sintiendo. Es difícil para nosotros creer que algo remotamente parecido a la gratitud existe entre nuestros jóvenes.

La revolución del cariño y el compartir

La verdad es que la actitud egocéntrica que vemos en algunos de los niños es contrarrestada lentamente por un cambio cultural que Robert Wuthnow, el sociólogo de Princeton denomina una «revolución silenciosa». La observa en el creciente número de grupos que van desde los que son promovidos por organizaciones religiosas, hasta los programas de doce pasos, abarcando reuniones menos formales de gente corriente con preocupaciones diarias, jardineros, inversionistas, y padres del vecindario, para nombrar apenas unos pocos.

En todos estos grupos los hilos comunes son el apoyo y la información, y éstos van formando un nuevo tejido en la vida de los Estados Unidos, un estilo que considera la empatía y la generosidad como los más altos valores. El encuestador George Gallup Jr, lo caracteriza como el movimiento «del cariño y el compartir», y anota que el 40 por ciento de los estadounidenses ya es miembro de alguno de estos grupos; un 7 por ciento adicional tiene interés en participar en ellos; y el 15 por ciento han participado antes en alguno. Los regalos caritativos y el espíritu voluntario también son más comunes que nunca. En nuestros hogares, el 63 por ciento de la población da las gracias antes de comer, comparado con el 43 por ciento en 1947. De hecho, a pesar de los titulares en sentido contrario, a dondequiera que miramos, el cariño y el compartir están en ebullición bajo la superficie.

¿Están recibiendo el mensaje nuestros hijos? Algunos sí, aunque las cifras son difíciles de establecer. Ciertamente yo veo cada vez más padres tratando de impartirles a los momentos familiares un significado apartado del materialismo. Por ejemplo, en el día de Acción de Gracias y en Navidad, algunos papás y mamás llevan a sus niños con ellos a ayudar en servicios voluntarios de alimento y refugio, con miras a dar ejemplo de la virtud de dar. Sorprendentemente, los adolescentes de hoy están más involucrados que nunca en hacer el bien; dedican tanto su tiempo como su dinero a grupos de caridad. Y la participación está gradualmente aumentando en dos venerables instituciones para niños dedicadas al servicio: los niños y niñas guías o Scouts, ambos de los cuales habían visto una drástica disminución en número de integrantes a lo largo de los sesenta y los setenta.

Sin embargo, no se equivoquen: Se trata de una metamorfosis lenta y a menudo invisible. Una cosa es recuperar las tradiciones o matricular a nuestros hijos en los Scouts; y otra cosa es cambiar la tónica del dar y recibir cotidiano entre padres e hijos. De hecho, al asomarnos a los hogares de los demás o al observar lo que sucede en nuestras familias, se encuentra a menudo escasa evidencia de que el movimiento del cariño y el compartir esté en operación. Como lo indica un estudio reciente de la organización *Public Agenda*, con base en Nueva York, el 44 por ciento de los padres que tienen niños entre los cinco y los doce años creen que sus hijos son «malcriados».

El problema es que estamos atrapados en un paradigma movedizo, por un lado nos centramos en los niños y por otro están el cariño y el compartir. De cierta forma es semejante al dilema yo versus nosotros que describía en el capítulo anterior, excepto que en este caso estamos hablando sobre los niños como individuos versus el bien común. Aunque a los padres nos gustaría creer que estamos uniéndonos al movimiento de la sociedad en una dirección más esperanzadora, nuestros hijos parecen tan orientados «a mi» como siempre. Estamos impacientes, queremos que ellos entiendan cuánto hacemos por ellos y cuán poco parece importarles. Al mismo tiempo, tenemos miedo de hacer sentir culpables a nuestros hijos.

La verdad es que hoy el mundo de los niños no está orientado a lograr que los niños reconozcan razones de gratitud, y los padres sin darnos cuenta alimentamos ese estilo. Los niños no entrarán a formar parte del movimiento del cariño y el compartir a menos que los guiemos en esa dirección y les ayudemos a desarrollar la característica esencial que llamo «Gratitud».

Por qué es importante la Gratitud

Los niños no son egoístas por naturaleza. De hecho, como lo indicaba en el Capítulo 9, las investigaciones más recientes indican que incluso los bebés son capaces de sentir empatía. Mas aún, estudio tras estudio pone de presente la importancia de desarollar una mayor empatía entre los seres humanos, especialmente entre padres e hijos. Esta serie de hallazgos es tan nueva que no ha llegado aún a la corriente principal de lo que se escribe sobre psicología. Sin embargo, un pequeño reducto de clínicos ha empezado a comprender la noción revolucionaria de que la crianza no tiene que ser o bien centrada en el niño o bien autoritaria, hasta ahora los dos polos de la teoría de crianza. De hecho, ser buenos padres requiere lo que los psicólogos denominan «mutualidad», una relación en la cual no solamente estén los padres en sintonía con las necesidades del niño sino que se espere del niño que tenga una consideración basada en la empatía hacia los padres. Esta es, de hecho, la fuente de la Gratitud.

Un niño que exhibe empatía se siente más completo. En contraste, el niño que no siente ni empatía ni Gratitud es egocéntrico, poco delicado y está desconectado de los demás, especialmente de sus padres. Ciertamente, si el amor hace girar el mundo del niño, la Gratitud lo mantiene íntegro de varias maneras importantes.

La Gratitud pone en orden el universo familiar. Ptolomeo, el científico griego del siglo II, ubicaba la tierra en el centro del universo. Mil quinientos años después, Copérnico redibujó el mapa astronómico, y representó correctamente a la Tierra como un satélite en lugar del centro del universo. Así debería ser para cada uno de nosotros que compone la constelación familiar.

Los niños que poseen esta característica esencial de la Gratitud comprenden que no son el centro del mundo, la vida no gira alrededor de lo que ellos son ni de lo que ellos quieren. Esto fue reconocido años atrás por el eminente pediatra D.W. Winnicott, cuyo trabajo ilustra indirectamente (y debo agregar que sin la suficiente atribución) el de prácticamente todos los expertos en crianza. Winnicott exponía la teoría de que un niño alcanza cierto nivel de salud mental cuando puede entender a sus padres como seres humanos de tres dimensiones.

La Gratitud crea una mayor conexión permanente entre padres e hijos, al igual que con otros adultos. El niño que aprecia los regalos de sus padres, bien sean las pertenencias materiales así como «regalos» más efímeros como el tiempo y la atención, entiende el significado y la importancia de dar. Da a cambio y expresa las gracias cuando recibe.

La Gratitud es el primer paso para ayudarle al niño a cultivar su ser espiritual. La Gratitud les ayuda a los niños a ver que son parte de un todo mayor y que en el orden natural de las cosas uno da y recibe. Todas las principales religiones, toda escuela de espiritualidad, enseña que debemos estar agradecidos con un ser compasivo e intangible, bien sea que se le defina como un Dios tradicional o como un «Ser superior». El niño necesita esta conexión. Con ella, las decepciones y las pérdidas son mucho más tolerables porque existe un sentido de que hay en operación un plan de mayor envergadura, uno al que, no solamente el niño sino todos debemos responder.

La Gratitud reduce la necesidad que el niño tiene de consumir. Si los niños están agradecidos por lo que tienen, es menos probable que sientan la necesidad de tener más «cosas». Se sienten completos y por lo tanto menos impulsados a presionarnos a comprar, comprar, comprar. Aunque es posible que el niño todavía ambicione los oropeles de la infancia: los juguetes, la ropa, los artefactos de la cultura pop, tener Gratitud le ayudará también a encontrar satisfacción en el logro y en las buenas obras.

En resumen, la Gratitud engendra satisfacción con la vida, un sentido de espiritualidad, una vinculación con un Ser superior, y el sentimiento de que es importante reconocer los sacrificios que los padres y otros han hecho. La Gratitud es obligatoria, una clave para educar hijos con una esencia interior sólida. Pero es uno de los requisitos de la buena crianza que más se descuidan; sencillamente parecemos no darnos cuenta de lo vital que es. La Gratitud funciona como una goma que sostiene unidas a las familias. Es un bálsamo refrescante para los niños en el viaje lleno de sobresaltos por el camino de la vida. La Gratitud es nuestra esperanza en una cultura de excesos. Por ende nuestra última Habilidad básica:

Habilidad básica núm. 10: Esperen de sus hijos que sean agradecidos y de esta forma alimenten su fe y su espiritualidad

La Gratitud les inculca a los niños un respeto básico, un sentimiento de maravilla por la manera como funciona el universo. Ningún niño puede darse el lujo de carecer de ésta. ¿Quién no querría educar un niño que se percata de que el mundo no está en deuda con él y de que es parte de una comunidad más grande en la vida? Esta es la insignia del niño que tiene una esencia interior segura.

Tristemente, no percibo evidencias de este tipo de sentimientos en muchos de los niños que conozco, y los padres están preocupados. Por eso Victor y Eva estaban preocupados por Tara: su descontento de cara a todo lo que recibía indicaba falta de profundidad y desconsideración. Lo que Víctor y Eva y otros padres no se dan cuenta, es que hay mucho que pueden hacer para cambiar la ingratitud de sus hijos, pero primero tienen que entender las causas.

Amenazas esenciales: lo que atenta contra la Gratitud

Claramente, la actitud yo, yo, y yo es, en parte, un asunto de la segunda familia. Ciertamente, no está muy en la onda ser agradecido. Como lo he señalado innumerables veces a lo largo de este libro, la cultura pop promueve un mensaje que alimenta la codicia de los niños: «Soy el número uno. Son mis sentimientos los que cuentan». Inclusive palabras cotidianas de cortesía como «Por favor» y «Gracias» están a menudo ausentes de los vocabularios de los niños; muchos niños hoy en día se sienten entera y totalmente con el derecho. Tara no sintió ni pizca de vergüenza de exigir y gemir delante de los otros niños; es un comportamiento conocido en la segunda familia. En contraste, pocos niños permitirían que sus amigos los oyeran expresándole su aprecio a un adulto («Uy, señorita Suárez, estoy muy contento por todo el tiempo que me está dedicando») o a un compañero («Gracias Camilo, eres un buen amigo»).

Si bien la Gratitud genera una conexión al mundo adulto que es contraria a la segunda familia, no podemos culpar del «yoísmo» únicamente a la segunda familia. Las actitudes de nuestros hijos y nuestra propia renuncia a esperar agradecimientos están influenciadas por otras fuerzas de la cultura en general.

Los niños no ven la conexión causa y efecto entre el trabajo y la adquisición de bienes. Cuando era niño, solía ir a trabajar con mi padre, a ayudarle en la pequeña zapatería que tenía la familia. Me daba cuenta cuántas veces subía y bajaba las escaleras para alcanzar pares de zapatos, y cuántos pares había que probarle a un cliente antes de que estuviera satisfecho. Y a veces tras lo que parecía una eternidad de esfuerzo, el cliente se marchaba sin comprar nada. En resumen, me daba cuenta lo difícil que era para mi padre ganar el dinero. Como resultado, tenía cierto aprecio por la comida sobre la mesa y el techo sobre mi cabeza y mas aún por mis patines.

Hoy los niños no tienen oportunidad de ver, y en muchos casos ni siquiera de comprender, los esfuerzos de sus padres. En parte, es porque casi el

70 por ciento de los trabajadores proveen servicios en lugar de fabricar concretamente un producto. Aunque los trabajadores que trabajan desde casa ahora comprenden entre el 25 y el 30 por ciento de la fuerza laboral (más, si uno tiene únicamente en cuenta a los padres y madres que trabajan) típicamente realizan labores de consultoría u otros servicios abstractos que son difíciles de imaginar para el niño, y mucho más difíciles de compartir. Por ende, los padres que trabajan en casa quizás estén allí físicamente, pero los niños con frecuencia no entienden qué hacen éstos más de lo que entendería un niño cuyos padres hacen turnos de doce horas fuera de casa.

La Gratitud ha adquirido un mal nombre. Los padres tememos que la Gratitud esté un tanto demasiado cerca de la culpa. Durante decenios, el campo de la salud mental ha hecho énfasis en la noción de que es malo para la gente sentirse culpable. En la psico-cultura pop de hoy, la Gratitud es concebida a menudo en el mismo sentido de palabras como «deuda», «humildad», incluso «dependencia».

Mas aún, los últimos veinte años, animados por el soplo del culto a la superación personal, han visto un tremendo aumento en la actitud de víctima. Algunos participantes en programas de doce pasos, terapia pop, y grupos de liberación parecen valorar la queja por encima de la Gratitud. Esto es una ironía y llama la atención por cuanto muchos de estos programas de hecho promueven el aprecio por las bendiciones que uno tiene y la Gratitud hacia un Ser supremo. Especialmente en los grupos dedicados a «niños adultos», la retórica está con frecuencia empapada de echar culpas. Algunos miembros, que también son padres, pasan mucha parte del tiempo hablando de lo que sus padres dejaron de hacer, en lugar de lo que hicieron, cómo fueron heridos cuando niños, en lugar de lo que recibieron.

Concedido, en los últimos años hemos empezado a ver que la corriente del cariño y el compartir ha absorbido un poco el afluente quejumbroso. En la medida en que nos damos cuenta que culpar no le ayuda a nadie, muchos de nosotros estamos poniendo en entredicho la postura de víctima. De todos modos, el clima de hoy en día es tal que estamos un poco recelosos de inducir ese temido sentimiento (la culpa) en nuestros niños. Ni siquiera esperamos las gracias de nuestros hijos. Esto me lleva a nuestra tercera, y más importante, amenaza.

Los padres les dan a los niños cada vez que pueden pero rara vez esperan que les agradezcan. No queriendo aplastar el amor propio de sus hijos, la mayoría de los padres hoy en día no solamente se exceden en elogios, sino que permiten que su propia amabilidad pase inadvertida. Eso es porque tantos de nosotros creemos que la ecuación de la crianza está totalmente cargada hacia el lado del niño. Son nuestros hijos; sencillamente se merecen lo que les damos. Incluso si el niño no es exigente, nunca sentimos que le damos lo suficiente. En Navidad, por ejemplo, según la psicóloga Marylin Bradford, el niño promedio en edad preescolar pide 3,4 juguetes pero recibe (gracias a nosotros) 11,6 juguetes. Unos damos para demostrar amor, otros para tranquilizar nuestra incomodidad interior por estar ausentes tanto tiempo.

Cualquiera que sean las razones de fondo, hoy en día llenamos más que nunca a nuestros hijos de pertenencias materiales: en los Estados Unidos, el gasto en juguetes, por ejemplo, se ha incrementado en 260 por ciento, de $ 6.7 billones de dólares en 1980 a $ 17.5 billones de dólares en 1995. Sin embargo, casi nunca esperamos que los niños expresen Gratitud o reconozcan lo que reciben. Sí claro, a lo mejor ustedes le piden a su hijo de cuatro años que «dé las gracias» cuando le entregan un helado. ¿Pero no creen que es a menudo una petición algo desgastada? ¿Realmente piensan en el significado de la cortesía, qué tan importante es para el niño desarrollar una Gratitud sincera?

Y esto es válido no solamente para las cosas que les compramos a los niños; también se hace extensivo a nuestro tiempo. Como lo indicaba en el Capítulo 2, invertimos, de hecho, más tiempo que nunca en actividades y ambientes orientados a los niños. Pensamos que nuestro trabajo consiste en sacrificarnos, en saltar matones. A veces estos sentimientos quedan en relieve si nuestros padres nos hicieron sentir culpables acerca de todo lo que hacían.

Doris, por ejemplo, una de las mamás de los entrenamientos que asiste religiosamente a todos los partidos de su hijo, me reconoció que sus padres eran maestros en el arte de hacerla sentir culpable. Como resultado, Doris quería ser diferente con sus hijos. Quería que ellos tuvieran la experiencia de amor incondicional y de eterno fluir. Su meta era dar sin esperar nada a cambio.

Ahora bien, no estoy abogando por que dejemos de ser generosos con nuestros hijos, sino que les pidamos que sientan Gratitud por lo que les damos, bien sea que nuestros regalos sean materiales o esfuerzos menos tangibles de tiempo y atención. Estoy sugiriendo que pongamos la Gratitud en nuestra lista de habilidades para fomentar, tenemos que exigir aprecio por parte de nuestros hijos. En el proceso, también debemos evaluar nuestro vocabulario, redefinir palabras como «aprecio», «humildad» y «deuda». La verdad es, si nosotros no enseñamos Gratitud, nuestros hijos no la van a aprender en ningún otro lugar.

Habilidades de los padres: Cómo fomentar la Gratitud

Para mí es un escándalo que en los miles de talleres que he conducido, la mayoría de los padres reconocen que no esperan Gratitud. Algunos, como Doris, tuvieron padres que los hicieron sentir culpables por todo lo que hacían; otros, influenciados en parte por unas dudosas conclusiones extraídas de la literatura en desarrollo infantil, piensan que se supone que los niños sean egocéntricos. Las madres y los padres se declaran vencidos, y asumen que la Gratitud no debería ni enseñarse ni esperarse. Esperan que a lo mejor algún día, cuando los niños ya sean padres, apreciarán todo lo que se hizo por ellos.

Hay otra forma. Como lo explicaba antes, la psicología está gravitando hacia enfocar el carácter mutuo de una relación. Igualmente, la crianza debe pasar de estar centrada en el niño hacia una enfoque verdaderamente mutuo y recíproco entre padres e hijos, y del cual la Gratitud sea un subproducto natural. Con ese fin, he reunido una serie de habilidades de los padres que les permitirá cambiar su propia perspectiva y, a su vez, servirán para fomentar la Gratitud en sus hijos. Están divididas en dos secciones, la primera les recuerda que deben esperar Gratitud; la segunda los anima a propiciar en la familia un ambiente donde se cultive la cultura del aprecio.

Esperar Gratitud... sin culpa

A continuación algunas directrices que les ayudarán a distinguir entre la Gratitud y la culpa. A continuación propongo una herramienta llamada «ESPHR» que les recordará que tienen el derecho a esperar que su hijo aprecie todo lo que hacen y dan.

Conozcan cómo es la Gratitud sana. Lo reconozco, esta importante habilidad luce diferente en cada niño, y a distintas edades. Y al igual que con los otros nueve constructores de esencia de este libro, es importante para ustedes tener en cuenta el temperamento del niño (ver el Capítulo 1) y su estilo de expresividad (Capítulo 3). Sin embargo, puesto que a muchos padres les cuesta identificar la Gratitud, se me ocurrió que sería una buena idea mostrarles la diferencia entre lo que hace por el niño una Gratitud sana y constructora de esencia versus padecer de los «dames» o, lo contrario, sentirse culpable:

El niño que siente una sana gratitud...

- No teme pedir ayuda o favores.

- Comparte, con hermanos y con otros niños.

- No se avergüenza de expresar aprecio por los demás.

- Se da cuenta de que la cortesía cotidiana es amable y correcta.

- Es recíproco dando regalos y con otros gestos de amabilidad.

- Siente como una bendición las cosas buenas que le suceden y está dispuesto a aguantar y probar de nuevo cuando le suceden cosas malas.

- Tiene un sentido de fe en un panorama más amplio y ve a Dios o a un Ser superior como una fuerza de amor que vela por él.

El niño que tiene los «dames»...

- No pide las cosas por favor y no da las gracias, a pesar de que los adultos le recuerdan constantemente que eso es lo cortés.

- No parece darse cuenta cuando ustedes han hecho un esfuerzo especial, ni parece sentirse bien por ello.

- Nada es suficiente; de hecho, cuando dan mucho, esto parece estimular más enojo, más disgusto.

- Le cuesta trabajo compartir aunque sus padres le den casi todo lo que quiere.

- Hace pataleta o se retira hecho una furia cuando no consigue lo que pide.

- No tiene conexión con Dios o un Ser superior, ni con nada de mayores dimensiones que él mismo.

El niño que se siente culpable...

- No es capaz de decirles no a los padres ni a ninguna otra figura adulta de autoridad, o a un niño dominante.

- Dice palabras de aprecio pero no las siente.

- No le gusta pedir nada por el precio que paga.

- Le cuesta establecer límites; si alguien le da algo, siente que lo poseen.

- Se da por vencido con facilidad.

- Concibe a Dios como un Ser superior castigador que lo mantiene a raya.

Recuerden «ESPHR». La gratitud no es nunca opcional, y uno debe siempre fomentarla en el niño, independientemente de su temperamento innato o de su estilo de expresividad. En otras palabras...

- Incluso si es del tipo Intenso/agresivo y tiene la tendencia a coger las cosas, debe aprender a hacer una pausa para dar las gracias.

- Incluso si es Reservado/dependiente y «demasiado tímido» para decirle «Gracias» al conductor del autobús, debe trabajar hacia la meta de ser considerado con los demás.

- Incluso si el niño es Intenso/sensible y detesta el saco que la tía Matilde le tejió porque pica demasiado, esa no es excusa para no darle las gracias.

- Incluso si su hijo es un niño Tranquilo/equilibrado que anda de prisa porque va para un partido y no tiene tiempo de echar una mano, debe aprender a equilibrar sus necesidades con las de la familia.

Lo que «ESPHR» debe recordarnos es:

Enseñen desde temprano.

Sugieran cosas concretas que el niño puede decir o hacer si a él se le ha olvidado.

Pidan reconocimiento.

Hagan notar gestos de amabilidad, en sus hijos y en los demás.

Reconozcan cuando es normal que el niño no sienta gratitud.

A continuación una explicación más detallada de cada elemento:

Enseñen temprano. Incluso antes de los tres años, los niños pueden expresar cortesías básicas, pero ustedes deben comenzar promoviendo activamente la consideración. Por ejemplo, cuando su niño que aún no habla extiende los brazos para pedir una galleta o un juguete, ofrézcanle no solamente la galleta sino un vocabulario de cortesía. Puede sonar pasado de moda, pero díganles, «Dí "por favor" y te la alcanzo». Y luego agreguen, «Ahora di "gracias"». A medida que los niños se van haciendo mayores, anímenlos a ser considerados y a ser recíprocos con las amabilidades de los demás, por ejemplo recordando los cumpleaños de los otros. Sugiéranle que haga regalos para otros también, haciendo énfasis en la idea de que hacer sentir bien a otros nos hace sentir bien a nosotros mismos. Incluso si el niño se está acercando a la preadolescencia, edad en la que las buenas maneras y la cortesía no están en la onda, manténganse en su política. Constituyan la Gratitud en un valor familiar. Háganle saber claramente a su hijo, «En esta casa pensamos que se debe ser cortés y respetuoso de los demás».

Recuerden también que son los detalles los que cuentan. A lo mejor esperamos el agradecimiento de los niños por asuntos «gordos», como regalos, fiestas y vacaciones, pero tenemos la tendencia a hacer caso omiso de los intercambios diarios que tienen que ver con la amabilidad, y que merecen las gracias. Observo con frecuencia cómo detalles amables se dan por descontados. Por ejemplo, la pequeña Serena estaba acostada en el suelo viendo televisión. Cuando Olga, su madre, le pasó el biberón. Los ojos de la niña jamás se desviaron del televisor, su mirada no se movió un ápice. Ni siquiera levantó la mirada, mucho menos dijo «Gracias». Y Mamá simplemente se alejó, sin prestarle la menor atención al intercambio.

Sugieran cosas concretas que el niño puede decir o hacer o si a él se le ha olvidado. La escena anterior subraya la importancia de la S en ESPHR. ¿Qué podría hacer Olga de manera diferente? Cuando le está entregando el biberón a la niña podría llamar la atención de Serena hacia el gesto: «Ten, corazón, aquí tienes tu biberón. ¿Cómo dices?« Naturalmente, es mejor empezar a dar estas pistas desde temprano y ser consistente en el asunto. Cuando el niño que aún no habla derrama la leche, ustedes pueden incluso decir las palabras por el niño: «¡Ay, Mami, lo siento!» Cuando empiece a hablar, seguramente ya expresará sentimientos de este estilo verbalmente. Cuando el niño de tres años recibe un regalo, asegúrense de que le da las gracias a quien se lo dio, bien sea en persona o por teléfono. Y cuando el niño de cinco años se queja en frente de la tía Matilde de su nueva chaqueta, llévenlo a un lado y explíquenle, «La tía Matilde no sabía que el saco te iba a picar. No queremos herir sus sentimientos así que podrías decir algo amable "Gracias"». Sugieran con sutileza al comienzo pero sean insistentes si es necesario con un niño más obstinado.

Incluso sugerir después de que ha pasado una situación puede hacer un impacto. Si el niño ha sido grosero o directamente desconsiderado, repasen y corrijan el comportamiento. Por ejemplo cuando Lucía, de tres años, golpeó a Beatriz, su compañera, su madre no se limitó a detenerla sino que le dijo, «Lucía, eso le hace daño a Beatriz». Luego dirigió de inmediato su atención a Beatriz («¿Estás bien, linda?») y se disculpó, («Siento tanto que Lucía te haya golpeado») Lucía simplemente observó cómo Beatriz recibía toda la atención de su madre. La competencia puede ser una buena motivación para aprender: Cuando algo parecido volvió a suceder, Lucía, quien había «captado» todos los indicios indirectos, dijo inmediatamente, «lo siento». En el caso de niños mayores pueden ser más directos. Cuando Samuel, de ocho años, interrumpía sin cesar a su madre durante la cena, se dirigió a él diciéndole, «Sabes, Samuel, a mí me hiere los sentimientos que no te des cuenta que estoy hablando con tu padre. Lo que yo tengo para decir también es importante. Te agradecería que esperaras tu turno».

Pidan reconocimiento. Si los esfuerzos del niño merecen elogio, igualmente lo merecen por lo menos algunos de los de ustedes. Matriculen al niño en el hábito de agradecerles cosas pequeñas, por llevarlo a algún lado, por ayudarle con las tareas, por hacer la comida. Desde luego que también deben esperar reconocimiento cuando hacen algo muy por encima del deber. Por ejemplo cuando Ana, de siete años, incumplió la promesa de limpiar la jaula del hámster, Clara, su madre, acabó haciéndolo. Sin embargo a Ana no se le ocurrió pensar que le debía dar las gracias.

Pero esto no es culpa de Ana. La Gratitud está sujeta a que nosotros les ayudemos a los niños a tomar conciencia de que estos pequeños gestos merecen un agradecimiento. Le sugerí a Clara que pidiera sutilmente reconocimiento recordándole a Ana su acuerdo inicial: «Ana, me ha tocado hacer todo el trabajo sucio con el hámster. Recuerda lo que prometiste». Entonces debería preguntarle, «¿Qué podemos hacer para que sea más fácil para mí y más probable que tu cumplas tu promesa la próxima vez?« Y, la semana siguiente, cuando a Ana se le olvide limpiar la jaula del hámster, Mamá debe recordarle su compromiso nuevamente y sin temor.

Es bien difícil para la mayoría de los padres aprender a pedir reconocimiento. Pero lo crean o no, a veces los padres sin querer desanimamos la Gratitud haciendo poco caso del esfuerzo genuino del niño por dar las gracias. El niño dice, «Gracias» y contestamos «de nada». Regina, una madre a quien escuché hablándole a Diana, su hija de diez años, cuando miraban un partido de fútbol, parecía entender esto instintivamente. Obviamente habían estado discutiendo y de repente Diana dijo, «Mamá, yo me doy cuenta de todo lo que haces por mí. De verdad lo siento». ¡Diana estaba de hecho reconociendo que su madre tenía sentimientos! Algunas madres a lo mejor habrían dicho, «Qué tontería», o «No te preocupes», o «Lo hago con mucho gusto». Pero esta sagaz madre no desanimó la Gratitud de su hija; antes bien la alentó diciendo «Gracias. Para mi es muy importante que lo sepas y que me lo puedas decir».

Hagan notar gestos de amabilidad, tanto en el niño como en los demás. Elogien al niño cuando es cortés con ustedes («¡Qué niño más bien educado!») o cuando hace algo por otra persona («Me encantó de ti que compartiste tus caramelos con Alejandro»). Y asegúrense de hacer notar cuando alguien más también es amable («Fue muy amable el señor Calderón al ayudarnos a subir al auto las herramientas que compramos»).

Recuerdan la vieja campaña que preguntaba, «¿Han abrazado a su hijo hoy?». Es una buena guía también para medir casos de generosidad y detalles. Adquieran el hábito de preguntarse por lo menos una vez al día, «¿Le he hecho caer hoy en la cuenta de por lo menos un gesto amable?» Los momentos hermosos suceden a diario en nuestros hogares y afuera de éste. Si no lo ven es porque han dejado de prestar atención. Y si ha pasado más de un día en que no han notado gestos amables, ha pasado demasiado tiempo.

Reconozcan cuándo es normal que el niño no sienta Gratitud. Recuerden que independientemente de lo que ustedes hagan, probablemente no reciban Gratitud por parte del niño en las siguientes circunstancias:

- Las épocas de tensión, como un traslado de ciudad u otras circunstancias de trastorno familiar (divorcio, desempleo) pueden ser la causa de que el niño se muestre desagradecido. Pueden ser muchas las razones de esto (ira, temor, tristeza) pero lo importante es saber que la expectativa de Gratitud debe ser aplazada. Por ejemplo, la familia Mesa me llamó cuando se trasladó a otra ciudad con sus hijos de cuatro y dos años, Eduardo y María. A Javier, el padre, lo habían trasladado de repente. Tan pronto llegaron, Felicia, la mamá, se había puesto a la tarea de encontrar para ella un trabajo de medio tiempo y, desde luego, en la de encontrar una buena guardería para los niños. Todo encajaba pero lo que motivaba la llamada era el comportamiento de Eduardo, el mayor, hacia la persona que lo cuidaba. Era retraído y a veces francamente desagradable. Les expliqué que en medio de todos los cambios que había experimentado Eduardo en tan corto tiempo, no podía esperar que su hijo de cuatro años aceptara, mucho menos que fuera cortés, con la nueva persona que lo cuidaba. Debía, en cambio, enfocar sus esfuerzos hacia ayudarle a recuperar un nuevo sentido de seguridad en su medio ambiente. Entre otras cosas, Felicia le mostró a la niñera cómo consolar a Eduardo, a jugar lo que más le gustaba, a hacer emparedados de queso derretido como a él le gustaban. En unas semanas, Eduardo empezó a encariñarse con la niñera. Un día, inclusive le dio las gracias por esos maravillosos bocadillos que eran «casi como los de Mami».

- Cuando el niño siente que no es apreciado, tal vez tenga dificultad para expresar su aprecio por los demás. Libia, por ejemplo, estaba haciendo gran esfuerzo para encajar entre sus compañeros de tercer curso. Continuaban excluyéndola y tratándola mal, y empezó a imitar en casa su actitud. Se volvió grosera, exigente, quejumbrosa y totalmente mal agradecida hasta que papá descubrió la fuente de su angustia con el método AAPP.

- Durante las transiciones y los cambios físicos. La Gratitud puede estar en su punto más bajo, por ejemplo, durante una racha de crecimiento o en medio del aprendizaje para controlar esfínteres. Cuando los niños están empezando a dominar cualquier clase de punto clave del desarrollo, parecen agotar todas sus reservas. Las investigaciones confirman que la «desorganización interna» (fisiológica, química, o biológica) ocasiona en los niños una regresión. Cuando hay una vulnerabilidad interior manifiesta, es difícil para un niño reconocer los esfuerzos de los demás, y todavía más difícil expresar Gratitud. ¡En este aspecto son iguales a cualquier adulto!

Cuando el niño está en una de estas fases, no se den por vencidos del todo. De todos modos es buena idea esperar Gratitud, pero simplemente recuerden que a lo mejor tengan que hacerlo en un nivel menor de exigencia. Carolina, madre de seis que hoy en día son adultos, tenía una de las filosofías más sabias que he oído hasta ahora. «En lugar de pelear por mantener el mismo nivel de cortesía y gratitud», explicaba, «siempre les daba un margen cuando pasaban por una época difícil».

Entonces Carolina complementó con la parte más importante: «Pero siempre les recordaba que estaba haciendo una excepción, las expectativas menos exigentes nunca se convertían en la norma». Por ejemplo cuando Andrea, una de sus hijas, estaba inconsolable por una pena de amor, Carolina no esperaba que estuviera profundamente compenetrada con los sentimientos de sus padres y hermanos. Carolina abordó el tema directamente, lo cual era una buena idea pues le informaba a Andrea cual era exactamente la situación. «Sé que estás pasando por una época difícil», le dijo Carolina. «Me doy cuenta lo preocupada que estás, pero de todos modos no está bien que cuentes con que tus hermanos hagan todos los trabajos de casa. Por ahora está

Cuando el niño es mal agradecido, algo sucede dentro de ustedes, pero la mayoría de los padres estamos tan condicionados a no esperar ni las gracias ni aprecio, que con frecuencia edulcoramos esos sentimientos de dolor y decepción que sentimos. Si alguna de las siguientes señas les suena conocida, puede ser hora de reformular las expectativas.

- Después de un día de celebración para el niño, se sienten decepcionados porque no están seguros si disfrutó la experiencia o si siquiera le importó.

- Sus cumpleaños u otras ocasiones importantes para el adulto transcurren con poco bombo o absolutamente sin ninguna mención.

- Sienten cada vez mayor resentimiento por sentirse ustedes muy generosos... y muy faltos de aprecio.

- Lo ven como «egoísta», «perezoso», y «mal agradecido» o le recuerdan con frecuencia, «hay que dar para recibir».

- Les parece que el niño no tiene siquiera idea de lo que quiere decir "agradecimiento".

- Empiezan a notar con cuánta frecuencia pide favores y con cuán poca frecuencia ofrece ayudarles.

bien, todos pasamos por momentos difíciles y los otros nos ayudamos en esas épocas. Pero en unos días, espero que las cosas regresen a la normalidad». El punto es que, incluso en las épocas en que los hijos de Carolina no podían exhibir Gratitud, no se les daba a entender que el comportamiento egocéntrico o falto de consideración era aceptable.

Cómo crear un ambiente de Gratitud

Las siguientes habilidades de los padres les ayudarán a generar en casa el ambiente que hará que la Gratitud sea una parte integral de su vida en familia:

Den un buen ejemplo. Absolutamente el paso más significativo que ustedes pueden dar para fomentar la Gratitud en el niño es dar buen ejemplo. Esto, más que casi cualquier otra cosa, les inculca a los niños el deseo de ser corteses, respetuosos y agradecidos. Empieza cuando el niño es apenas un bebé, y ustedes expresan verbalmente sus necesidades. Aunque se den cuenta de que no entiende ni una palabra, de todos modos le dicen, «Debes tener tanto hambre, mi amor». Cuando empieza a caminar y se cae, lo consuelan con abrazos e incluso con sabiduría popular que le queda un poco grande. Y cuando ustedes se hacen un «ayayay», le piden que les de «un besito para que sane». Aunque la verdadera comprensión no se ha desarrollado, estas reacciones naturales sientan las bases para que sea luego consciente de los sentimientos de los demás. En resumen, están fortaleciendo su capacidad de sentir empatía.

Además, no subestimen la importancia de ser ustedes corteses y de expresar Gratitud a lo largo del día. El niño absorbe valores cuando ustedes le dicen «Muchas gracias» a la persona que atiende en el restaurante o al hombre que recauda el peaje, o cuando ustedes dan de su tiempo para ayudarle a alguien que lo necesita. Cada uno de estos actos le envía un mensaje importante al niño.

En palabras de Isaac, padre de dos niños, «Lo que cuenta es lo que los niños nos ven hacer a nosotros». Desde cuando los niños nacieron, las cenas del viernes y la asistencia a la Sinagoga los sábados por la mañana han sido importantes. «El veinte por ciento del tiempo», reconoce, «no tengo ganas de ir el sábado por la mañana. Estoy rendido de la semana, y lo que quiero es quedarme en casa. Pero no lo hago». Por la misma razón, la pareja decidió no salir nunca los viernes en la noche. «Muy a menudo hay buena música en los clubes locales, pero sabíamos que sencillamente no les podíamos pedir a los niños que estuvieran en casa para la cena de los viernes si nosotros no estábamos dispuestos a quedarnos».

Compartan creencias con sus hijos. Ciertamente, cada vez más la gente está regresando a profesar la religión de su infancia y uniéndose a comunidades espirituales nuevas que eligieron como adultos. Esto no sorprende cuando se tiene en cuenta que el 94 por ciento de los estadounidenses cree en Dios o en un Espíritu universal, o que el 60 por ciento de los grupos de «el cariño y el compartir» que citaba George Gallup Jr., están relacionados con la iglesia o con otras comunidades de fe. De hecho, más del 40 por ciento de los estadounidense asiste a un servicio semanal; la participación en iglesias hoy en día está casi a la par con las estadísticas recopiladas en los años treinta. Las investigaciones de Robert Wuthnow muestran también que incluso fuera de las religiones organizadas hay grupos de orientación espiritual «que retan y consuelan a los integrantes; que le ayudan a la gente en su recorrido por la fe; y que los animan a ser sinceros y abiertos entre sí».

La espiritualidad y la Gratitud van de la mano. Ser parte de una comunidad así no solamente proporciona apoyo, sino que altera la perspectiva: los entes individuales son percibidos como pequeñas tuercas en el mayor engranaje de la humanidad. ¿Pero y si los niños se quejan de que es «aburrido»?

La respuesta de Isaac es: «Uno asiste y asiste con ellos. A mi me sorprende la cantidad de padres que nos dicen, cuando se enteran de que vamos al servicio religioso todas las semanas, "Nosotros no seríamos capaces de pedirles a los niños que hicieran eso"».

Isaac tiene razón. Si uno es parte de una comunidad espiritual, y esa comunidad refleja los valores y creencias de los padres, expongan al niño a esa comunidad. Empiecen desde cuando el niño es pequeño. Hagan que la asistencia sea una parte normal, incluso agradable, de la vida familiar. A lo mejor su hijo de tres años no se quede quieto, pero pueden hacer pausas, entregárselo a otro niño (¡que seguramente necesita una excusa para dar una caminata!). En palabras de Isaac, «Nuestros hijos lo han estado haciendo durante mucho tiempo. Simplemente no les damos a escoger».

Alberto, también padre, me cuenta que él y Liliana, su esposa, no son rígidos en cuanto al servicio dominical. «Hemos optado por ceder en ciertas tradiciones del domingo. Por ejemplo, los acompañamos a sus partidos de béisbol, siempre y cuando no entre en conflicto con la asistencia a la iglesia más de un par de domingos seguidos». Alberto y Liliana saben que habrá muchas otras discusiones y decisiones a medida que los niños, ahora de once y ocho años, entren en la adolescencia. Pero los valores de su familia y su comunidad religiosa ya están firmemente establecidos.

Incorporen la Gratitud a sus rituales familiares. Hagan de la Gratitud una parte integral de sus rituales diarios y de las tradiciones para ocasiones especiales. Den las gracias por los alimentos o establezcan cualquier otro ritual de agradecimiento a la hora de las comidas. Hagan una reunión familiar en la que todos se turnan para decirle a otro una cosa que aprecie en esa persona, algo que hizo, una cualidad. Pueden participar niños hasta de dos o tres años. Si no quieren hacer esto en un contexto formal, simplemente hagan que la apreciación sea parte de sus cenas del domingo. Si los niños oran, anímenlos a que le den gracias a Dios por todo lo que tienen, y que le piden a Dios bendiciones para todas las personas que ellos aman y aprecian.

Cuando los niños dan regalos, ayúdenles a entender la razón: un regalo material es una manera de decir, «Te aprecio». En los cumpleaños, brinden por sus huéspedes. En el cumpleaños del niño, recuérdenle, «Te compré esta muñeca porque te quiero y doy gracias de que seas mi hijo».

Cumplan promesas. Apreciar a otro ser humano incluye estar ahí para esa persona, cumplir promesas. Manuela, madre soltera de Catalina y Oscar, de seis y cuatro años, me contaba que cumplir promesas es un valor importante en su familia. «Si les digo a los niños que les voy a comprar una película, y no la tienen en el primer almacén a donde voy, busco en otro. Si no la encuentro, por lo menos los niños saben que lo intenté». Aunque sus hijos son bastante pequeños, Manuela ya ha visto su retribución: sus hijos cumplen lo que prometen. Recientemente, sin preguntarle a su madre, Catalina habló cuando no debía y le prometió a Marcela, su compañera, que la invitaría a casa después de la escuela. Según resultó, Manuela había hecho otros planes, así que no era posible. «Catalina se sintió mal por no poder cumplir una promesa», recuerda Manuela, «así que le regaló a Marcela uno de sus animales de peluche, uno que ella sabía que a Marcela le gustaba».

Hagan visible lo invisible. El niño en edad de escuela elemental o guardería cuyos padres invierten semanas en planear su fiesta de cumpleaños, contratar el payaso, comprar y empacar sorpresas, hacer la tarta, pensar el menú, decorar el lugar, generalmente no tienen idea de todo lo que trabajaron para hacer realidad la fiesta. Díganle; que participe en el proceso; que ayude.

También es importante permitirle al niño participar en los asuntos de familia de los cuales nos encargamos rutinariamente. Por eso son importantes los trabajos que se delegan en ellos, pues se dan cuenta de cómo se hacen las cosas. Por ejemplo cada cierto tiempo, (asumiendo que poseen un automóvil), pueden contarles a los niños, «Saben, acabo de llevar el automóvil a reparar. Silverio se demoró casi dos horas de arduo trabajo para descubrir por qué hacía ese horrible ruido». Esto les ayuda a los niños a darse cuenta de que las cosas no se arreglan sin que alguien lo haga. Y, lo que es más, pueden decirles, «¿No les parece que debemos estar muy agradecidos por su trabajo?» Al fin y al cabo, el auto le sirve a todo el mundo en la familia.

Esto es especialmente importante en los hogares donde solamente uno de los padres, generalmente Papá, es quien trabaja fuera de casa. Los niños no asocian sus distantes esfuerzos en el trabajo con su modo de vida. En efecto, los padres con frecuencia vienen a verme y se lamentan del hecho de que sus hijos no entienden cuánto contribuyen ellos a la familia. Cuando les preguntan a los niños, «¿Quién crees que gana el dinero para la familia?», los pequeños casi siempre contestan, «¡Mami!» Eso sucede porque la mayor parte de lo que Mami hace en casa es visible.

Piensen hacia delante. Los padres se ven en situaciones como las de Víctor y Eva en el parque de diversiones porque no se adelantan a ellas ni les explican a los niños. Al oír esta historia, por ejemplo, le sugerí a Víctor que la próxima vez que él y Eva fueran a hacer una expedición semejante, le dijeran a Tara, «¿Cómo crees que nos vamos a sentir si no nos agradeces?» O, «¿Qué crees que sucederá si decimos que no a algo que quieres?» De hecho, Víctor puso a prueba este sistema cuando salieron nuevamente en familia, y de hecho el panorama cambió: no hubo pataletas, Tara se mostró más agradecida, y demostró consciencia de que había un límite al gasto.

Desde luego que si el niño es preadolescente o mayor, y ustedes ya han pasado años cediendo a sus exigencias, los viejos hábitos tanto en él como en ustedes, serán más difíciles de cambiar. Tengan paciencia. Si ustedes cambian la coreografía, es decir esperan que sea agradecido, incluso un niño exigente puede ser transformado en un niño más agradecido.

Celebren los cumpleaños y las fiestas con miras a fomentar la Gratitud.
Aunque no se acuerda bien qué año fue la fiesta, Luisa, ahora en los cuarenta, sí recuerda la fotografía de cumpleaños en que está rodeada de tantos regalos, que su personita de cinco años casi no se ve. Sus hijos, se lamenta, Luisa, reciben incluso más regalos en sus cumpleaños, y esto le preocupa. «¿Qué pasó con las épocas en que se honraba el significado de estos eventos?», se pregunta ella. De hecho, como lo mencionaba al comienzo de este capítulo, muchas familias están empezando a ver los peligros de este tipo de excesos, y sí lo están combatiendo. Algunos limitan los regalos de Navidad y otras ocasiones a uno por niño, o establecen otros sistemas de moderar el exceso.

«Tuvimos que acostumbrar poco a poco a los niños a un solo regalo, pero ese regalo significa mucho más», le decía una madre a un reportero de televisión unos días después de Navidad. «Realmente le hace pensar a uno en cómo es el individuo y en lo que verdaderamente le gusta, en lugar de andar corriendo por todas partes, lista en mano, comprándole a todo el mundo regalos sin significado», dijo Estela, quien había ensayado este año por primera vez el sistema amigo secreto con su familia. Otras familias depositan debajo del árbol regalos menos tangibles, la promesa de divertirse, o una oferta de ayudar con un proyecto. Aún otros hacen una donación a obras de caridad en nombre de esa persona para conmemorar una ocasión especial.

En honor del bar mitzvah (el ritual judío que marca la entrada a la edad adulta) de uno de sus hijos, algunos padres están interpretando literalmente la palabra mitzvah, que quiere decir «bendición». Y, en lugar de hacer una gran fiesta, les piden a los niños que escojan una buena obra y que les pidan a sus amigos y amigas que participen. Piensen en nuevas formas de celebrar en familia. Y recojan las ideas de los niños también. A lo mejor los sorprenden: los niños son capaces de gran sensatez y generosidad... si las fomentamos en ellos.

Habilidades de los niños: cómo lograr que hacer el bien esté en la onda

Al igual que con todos los constructores de esencia de este libro, el niño los necesita a ustedes para desarrollar estas habilidades. Ayúdenle a empezar temprano y con el tiempo, manejará las situaciones solo.

Descubran el canal de expresión que mejor se acomoda

Para dar las gracias, algunos niños prefieren hacer un dibujo o escribir una tarjeta. Miguel, de cuatro años, es demasiado tímido para usar bien las palabras, pero sus padres lo han animado a hacer dibujos o a recortar figuras para las personas a quienes quiere agradecer. Desde luego que si el niño se siente más cómodo con la expresión verbal, debería adquirir el hábito de llamar. La clave importante es practicar la expresión de la Gratitud utilizando los canales que parezcan más naturales. Mientras más lo hace más genuina sentirán la expresión de estos sentimientos tanto el niño como quien la recibe.

Cómo aprender que compartir y dar a cambio son parte de la vida

Necesitamos ayudarles a los niños a ver que dar no es un deber sino una parte intrínseca del ser humano. La vida no es solo recibir, recibir y recibir. De nuevo, veo señales alentadoras de que hay un cambio: en edades cada vez más tempranas, los colegios están haciendo un nuevo énfasis en la importancia de compartir, de apreciar lo que se tiene y no simplemente de pensar qué más se puede recibir hacia el futuro.

Piedad tiene ahora con sus hijos, Mercedes y Daniel, de siete y nueve años, un sistema que creo hace una gran diferencia, y lleva un paso más allá la idea de compartir. Cuando Daniel apenas caminaba, en lugar de hacer énfasis en que era «un buen niño» porque compartía, hacía énfasis en lo bien que esto hacía sentir al otro niño. «Mira, Daniel, hiciste sonreír a Mercedes cuando le diste el juguete. Está muy agradecida contigo». Puede que las palabras no hayan significado mucho para el niño de tres años, pero hoy en día tanto Daniel como su hermana son niños extremadamente inclinados a dar. No me cabe duda de que esto se debe al sutil condicionamiento de su madre. Hacer sentir bien a los demás los hace sentirse bien a ellos.

Cómo sentir que dar a cambio está en la onda

La muerte de la Princesa Diana en 1997 hizo cristalizar una esperanzadora tendencia que empezó hace unos años. Dar a obras de caridad está empezando a ocupar un lugar central en la conciencia pública, y no solamente para los adultos. Escuché recientemente hablar de un maravilloso grupo llamado «*Kids Care Clubs*» (El club de niños que dan), que empezó cuando unos niños y sus padres notaron que la casa de una buena mujer entrada en años estaba deteriorada y se les ocurrió que sería una buena idea ayudarle a arreglarla. La noticia se regó, y «algunos niños» se convirtió en todo un grupo de niños y niñas que se entusiasmaron tanto con el trabajo que arreglaron por completo la casa de la señora. Se sintieron tan bien con lo que habían hecho que empezaron a buscar a otros que necesitaran ayuda. Un gesto amable se convirtió en la creación de un *Kids Care Club* local y eso, a su vez, llevó a Deborah Spaide a escribir el libro, *Teaching Your Kids to Care* (Cómo enseñarles a sus hijos a ser compasivos). El club original se ha convertido en una organización nacional con cientos de sedes.

Existen otros indicios esperanzadores, incluso en la segunda familia, de que los niños están enfrentando la idea de dar de sí mismos. En un episodio reciente de una serie de televisión le pidieron a una pandilla que ayudara en un hogar de ancianos. Al comienzo, los populares niños pensaron que quedarían fuera de onda, pero cuando vieron cuánta alegría generaban, decidieron que era quizás un poco menos «pelmazo» de lo que pensaban.

He visto esto también en la vida real. Algunos colegios tienen un ritual de «amigo secreto» en Navidad en el cual se espera que de manera anónima, cada niño le regale algo o haga algo amable por otro. Al comienzo, a los niños les parece esto un poco «idiota» pero cuando empiezan a ver la alegría que producen en los demás, cambian de actitud. Debemos darles a los niños estas oportunidades, especialmente en los cumpleaños y en las celebraciones importantes, cuando típicamente son premiados con toneladas de regalos y de atención a cambio de los cuales no se les pide nada.

Cómo adquirir «músculos» espirituales

Es importante para los niños verse como parte de un todo mayor. Cada religión organizada o comunidad espiritual, a su manera, les ayuda a los niños a entender que no son los primeros, que hay algo superior a ellos. Creen en Dios, ser parte de la religión organizada, o simplemente tener una práctica espiritual de cualquier orden les ayuda a los niños a sentirse conectados a la familia de la humanidad. Dentro del templo los niños se sienten menos solos. Cuando algo malo le sucede a la familia, hay otros allí, ofreciendo consuelo, ayudando. Ven, por ejemplo, que cuando uno de los padres es operado, los miembros de la congregación lo visitan, hacen las comidas, invitan a los niños a sus casas. Y como lo exponía en el Capítulo

2, estas comunidades les permiten a los niños codearse con personas de todas las edades.

Hacer sacrificios

Como un antídoto a la satisfacción instantánea, debemos ayudarles a los niños a aprender el significado del sacrificio y a verlo como una acción positiva y afirmativa. Como dice el Talmud, «Usted salva una vida, usted salva el mundo». Muchos padres les piden a los niños que les regalen a niños necesitados los juguetes y la ropa que ya no les sirve. Pues bien, ¿y qué tal pedirle al niño que regale algo nuevo o algo que todavía le gusta? Este puede ser un concepto escandaloso incluso para un niño pequeño hoy en día, pero si ustedes se atreven a cambiar este postulado, quizás observen maravillosos resultados.

Leonor estaba aterrada de que David, su nieto de cinco años, pudiera contar más de treinta regalos de Navidad que había recibido de la familia extensa. «David, por qué no miramos estos», le dijo, «y decides con cuáles de verdad vas a jugar». Desde luego que para David era difícil prescindir de su for-

---

LOS ABECÉS DE LA ESPIRITUALIDAD

Ser parte de una comunidad espiritual les ayuda a los niños a aprender sus Abecés espirituales:

- Actividades. Los niños aprenden a entender de qué tratan la empatía y la caridad, haciendo algo. Bien sea que envuelvan regalos de Navidad o pinten huevos de pascua para niños pobres o ayuden en un servicio de comida voluntaria, estas actividades concretas revitalizan la Gratitud de una manera profunda.

- Creencias. A través de estas creencias los niños aprenden un vocabulario para expresar ciertos sentimientos que no hay en el mundo secular: bendito, santo, sagrado. Las creencias colectivas de una congregación sostienen al niño y lo hacen sentirse seguro.

- Comunidad. En todo el sentido de la palabra, la espiritualidad y la religión proporcionan «comunidad». Los niños se deleitan en estos contactos y los absorben; sirven para hacer más sólida la esencia interior del niño.

---

tuna, pero al día siguiente cuando él y su abuela llegaron a la casa Ronald McDonald,* con cinco o seis regalos, alguien los saludó y aceptó agradecidamente los regalos, aceptó su sacrificio. La respuesta cálida y efusiva de quien los recibió fue un regalo que David no estaba acostumbrado a recibir y dejó una honda huella.

El sacrificio puede también significar ir contra la pandilla, adoptar una postura sobre lo que uno valora y sobre lo que es más importante en la vida. Los Levi, Aarón, Herta, y sus dos hijos Samuel y Ruth, hacían parte de una reducida minoría de familias tradicionales judías en una ciudad del estado de Massachusetts. Un año, Halloween caía un viernes, el día en que ellos tenían la costumbre de encender las velas del Sabat y de cenar en familia; la idea de «quiero dulces para mí» no encajaba propiamente. «Les hicimos saber que si querían unirse a sus amigos, podían salir, pero que realmente no nos sentíamos cómodos de que hicieran eso», relata Aarón.

Los niños, muchachos corrientes con muchos amigos, decidieron por sí mismos no salir. En cambio, invitaron a otra familia de la sinagoga a la cena del viernes y se sentaron después, adultos y niños juntos, a leer historias de miedo de la tradición judía. No fue la primera vez que mezclaron culturas o que encontraron un punto medio. Pero lo importante es que no participar en Halloween fue para los niños Levi un sacrificio con sentido que sin duda los hizo sentir satisfechos de sí mismos.

En el proceso de hacer entrevistas para este libro, he hablado con jóvenes de otras familias religiosas que reconocen que resienten haberse perdido algunos eventos dedicados a los niños; muchos inclusive han recibido burlas por ser «santurrones». Pero en el análisis final, sintieron que no habían perdido tanto comparado con lo que habían ganado. En la familia Penagos, por ejemplo, los cuatro niños tenían entre uno y siete años cuando los conocí. Sus padres, Esteban y Josefina, habían sido siempre fieles asistentes a la iglesia. Cada domingo iban todos al servicio y luego almorzaban juntos en un lugar especial. A menos que alguien de la familia estuviera enfermo, nada se interponía entre esta familia y su ritual de domingo. A medida que los niños crecieron, surgieron los conflictos clásicos entre las obligaciones familiares y los amigos, las fiestas de cumpleaños y los ocasionales partidos de fútbol. Pero en esta mañana particular de la semana, a los niños siempre se les instaba a que

---

* Albergues cercanos a los hospitales donde las familias de niños enfermos pueden hospedarse a muy bajo costo, mientras dura el tratamiento. (N. de la T.)

eligieran iglesia por encima de planes con los compañeros, diversión en familia por encima de diversión seglar. Por decir lo menos, éste ha sido un enorme sacrificio para ellos.

Le pedí a Luisa, la mayor, ahora de quince, que fuera la vocera de los niños Penagos. También estaba especialmente interesado en su reacción a la tradición estricta de los domingos que tenía su familia, porque ella ya había pasado por los años más difíciles, entre los doce y los quince, cuando los niños quieren empezar a separarse de los eventos familiares.

«Me he perdido de mucho. A veces a mí no me gustaba ir a la iglesia... pero me siento llena por dentro», me dijo, señalándose el corazón. «Creo en Dios. Creo en mi familia. Y creo en mis padres, hacen lo que dicen que van a hacer. Y, ¿sabe qué? no he perdido ni un amigo en el camino».

Pienso que la aseveración de Luisa, «me siento llena por dentro» resume el propósito y el anhelo de *Cómo educar Niños más Listos, Sanos y Felices*. He visto crecer a Luisa, y he observado cómo pasó de ser una niña larguirucha a una aplomada mujer joven. Es una ciudadana cabal, y no solamente porque haga sacrificios en aras de la espiritualidad. Luisa posee muchas de las características de las que he hablado en estas páginas. Es «buena» en todo el sentido de la palabra, porque tiene un núcleo seguro, una esencia substancial. Sabe cómo escoger y se siente segura de sí misma en el mundo. La expresión que Luisa utilizó es la de una niña sana, rebosante de confianza, decisión y felicidad. Eso sería precisamente lo que me gustaría que todos los niños experimentaran. Y sé que ése es también el deseo de ustedes.